# PARA LER O OCIDENTE

HÉLADE, ISRAEL, ROMA:
AS ORIGENS DE NOSSA CULTURA

# J. H. DACANAL

# PARA LER O OCIDENTE

### HÉLADE, ISRAEL, ROMA: AS ORIGENS DE NOSSA CULTURA

2ª edição / Porto Alegre/RS / 2014

Capa: Marco Cena
Revisão: Do Autor
Projeto gráfico e edição Eletrônica: Suliani Editografia

---

Dados Internacionais de Catalogação na Publicação (CIP)

---

D117p   Dacanal, José Hildebrando
   Para ler o Ocidente: Hélade, Israel, Roma. / José Hildebrando Dacanal. – Porto Alegre: BesouroBox, 2. ed., 2014.
   608 p.; 16 x 23 cm

   ISBN: 978-85-99275-67-2

   1. Literatura ocidental. 2. História. 3. Cultura. 4. Roteiro de leitura. I. Título.

CDU 82(091)

---

Bibliotecária responsável Kátia Rosi Possobon CRB10/1782

Copyright © J. H. Dacanal, 2014.

Todos os direitos desta edição reservados a
Edições BesouroBox Ltda.
Rua Brito Peixoto, 224 - CEP: 91030-400
Passo D'Areia - Porto Alegre - RS
Fone: (51) 3337.5620
www.besourobox.com.br

Impresso no Brasil
Outubro de 2014

# SUMÁRIO

Ao leitor / 11

INTRODUÇÃO / 13

### PRIMEIRA PARTE – HÉLADE

**PERÍODO ARCAICO** / 37

HOMERO / 39
    A Ilíada / 40
    A Odisseia / 44

HESÍODO / 53

A LÍRICA / 57
    A lírica jônio-eólia / 61
        Arquíloco de Paros / 61
        Semônides de Amorgos / 63
        Mimnermo de Cólofon / 64
        Safo de Lesbos / 65
        Anacreonte de Teos / 66
        Outros líricos jônio-eólios / 67
    A lírica da Grécia Continental/Peninsular / 68
        Tirteu de Esparta / 70
        Álcman de Esparta / 72
        Teógnis de Mégara / 73
        Sólon de Atenas / 75
        Píndaro de Tebas / 81

A FILOSOFIA / 85
    Os filósofos naturais / 91
    Os eleatas / 92
    Os pitagóricos / 94
    Heráclito de Éfeso / 95

## PERÍODO CLÁSSICO / 97

A TRAGÉDIA / 99
    Ésquilo / 105
    Sófocles / 110
    Eurípides / 119

A COMÉDIA / 125
    Aristófanes / 127

A HISTÓRIA / 133
    Heródoto / 135
    Tucídides / 137
    Xenofonte / 142

A FILOSOFIA / 147
    Platão / 150
    Aristóteles / 160

A ORATÓRIA / 173
    Demóstenes / 177

## PERÍODO HELENÍSTICO / 185

A HISTÓRIA / 187
    Políbio / 187
    Pausânias / 190
    Plutarco / 191
    Flávio Josefo / 192
    Outros historiadores / 193

A FILOSOFIA / 195
    Epicuro / 195
    Fílon de Alexandria / 196
    Epicteto / 197
    Marco Aurélio / 197
    Plotino / 199

A LITERATURA / 201
    Menandro / 202
    Teócrito / 203
    Calímaco / 204
    O romance grego / 204

## SEGUNDA PARTE – ISRAEL

## PERÍODO PRÉ-EXÍLICO / 213

OS MITOS FUNDADORES / 215
    A Criação (Gênesis 1) / 218
    A Queda (Gênesis 3) / 225
    O Sinai / 235
    A Igualdade / 246
    O Messias / 260

OS PROFETAS CLÁSSICOS / 269
    Amós / 283
    Oseias / 285
    Isaías / 286
    Miqueias / 289
    Jeremias / 292
    Conclusão / 298

## PERÍODO PÓS-EXÍLICO / 301

A DESILUSÃO E A ESPERANÇA / 305
    As Lamentações (de Jeremias) / 305
    O Segundo Isaías / 307
    Os salmos / 312

A CRISE SAPIENCIAL / 317
    Os livros sapienciais / 322
        Salmos / 322
        Cântico dos cânticos / 323
        Provérbios / 323
        Eclesiástico / 324
        Jó / 326
        Eclesiastes / 329
        Sabedoria / 331

## O CRISTIANISMO PRIMITIVO / 339

AS OBRAS / 345

AS PARÁBOLAS / 347

LUCAS / 353
    Os hinos / 355
    Os contos/relatos / 357
    Os discursos / 360

PAULO DE TARSO / 365
    A vida / 366
    O pensamento / 368
        A fé religiosa / 369
        A antropologia mítica / 370
        A concepção política / 381

## TERCEIRA PARTE – ROMA

### A SOMBRA DA HÉLADE / 401

PLAUTO / 405

TERÊNCIO /407

### A ERA DO APOGEU / 411

CÍCERO / 413
    Oratória /416
    Filosofia / 422
        De amicitia / 422
        De senectute / 424
        De republica / 427
        De officiis / 431
        Eloquência e Cartas / 433

A LÍRICA / 437
    Catulo / 439
    Horácio / 442
    Virgílio / 452
    Ovídio / 458

A EPOPEIA E O ROMANCE / 465
    A Eneida / 466
    As metamorfoses / 474
    Farsália / 477
    Satíricon / 481
        O asno de ouro / 487

A HISTÓRIA / 489
    Júlio César / 491
    Tito Lívio / 501
    Salústio / 508
        A conjuração de Catilina / 510
        A guerra contra Jugurta / 512

Tácito / 515
    Anais / 516
    Histórias / 519
    Germânia / 520
    A vida de Júlio Agrícola / 522
    Diálogo sobre os oradores / 523
Suetônio / 525

A FILOSOFIA / 529
    Sêneca / 531
        De brevitate vitae / 535
        Ad Helviam matrem / 536
        De tranquilitate animi / 538
        Sêneca e a escravidão / 540
    Lucrécio / 542
    Fedro / 545

**EPÍLOGO** / 553

AS HERESIAS / 557

OS PADRES DA IGREJA / 563
    Os Padres apostólicos / 565
    Os Padres apologistas / 566
    Os Padres dos séculos IV e V / 568
    O período clássico / 570
        Padres orientais/gregos / 571
        Padres ocidentais/latinos / 572
        Jerônimo / 573

AGOSTINHO DE HIPONA / 575
    A obra / 577
    A cidade de Deus / 578
    As confissões / 581

MONAQUISMO E FORMAS LITERÁRIAS / 589

BOÉCIO / 595

BIBLIOGRAFIA / 599

# AO LEITOR

Inicialmente, minha intenção fora a de abrir esta obra com uma longa introdução erudita, analisando tecnicamente os principais conceitos utilizados – o sentido exato de **Ocidente**, por exemplo – e a metodologia expositiva adotada. Mais tarde concluí que seria perda de tempo. Não para mim, que já a redigira, mas para o eventual leitor. Assim, decidi substituí-la por algumas simples e concisas observações.

1 – Esta obra é o cumprimento, parcial, de uma promessa feita incontáveis vezes a incontáveis alunos ao longo de quase meio século: listar e apresentar as obras-mestras do legado literário ocidental. Por outro lado, considerando minha idade, não sei se terei tempo de elaborar a planejada segunda parte (Europa).

2 – Esta obra não foi escrita para especialistas, ainda que sempre deles me valendo e eventualmente deles adotando o tom. Sempre me atendo, porém sem sectarismo, à sólida tradição erudita da escola anglo-germânica, não raro me afasto consideravelmente da tradicional, convencional e superficial visão franco-ibérica, fortemente marcada pelo iluminismo tardio e quase sempre militantemente antirreligioso.

3 – Por ser um simples roteiro de leitura, esta obra apresenta lacunas, ora decorrentes de sua própria natureza, ora das condições precárias em que foi produzida. Isto, porém, não é

importante: quem ler as obras listadas e recorrer às bibliotecas, físicas ou virtuais, não terá dificuldade em preenchê-las. O desafio é ir diretamente às fontes. Porque então, e só então, como no ato da Criação, em Gênesis 1, far-se-á a luz.

4 – Pela própria natureza informativa do texto, julguei suficiente limitar a bibliografia àqueles títulos que me impunha a honestidade intelectual. E se nisto houver alguma falha ela não terá sido intencional. Quanto às traduções, elas procedem de várias origens. No que tange ao Antigo Testamento, segui sempre a tradução dos Monges de Maredsous (Suíça) – conhecida no Brasil como a **Edição da Ave Maria** –, tradução, aliás, que continua sendo, literariamente, a melhor existente em língua portuguesa, apesar de alguns senões estilísticos, facilmente sanáveis. Nos textos do Novo Testamento ative-me quase sempre à mesma tradução, eventualmente recorrendo ao original grego da edição trilíngue da Biblioteca de Autores Cristianos (BAC). No que diz respeito ao legado de Hélade e de Roma, recorri a traduções de origem muito variada, sempre dando os devidos créditos – aqui também, se alguma falha houver, não terá sido intencional. Por outro lado, todas as traduções da lírica de Catulo, Horácio, Virgílio e Ovídio são de minha própria lavra, bem como a das citações de César, da Eneida, do De supliciis de Cícero, da fábula (As rãs pedem um rei) de Fedro, dos poucos versos de Lucano (Farsália) etc. Na ausência de créditos, as demais traduções procedem das respectivas obras citadas na bibliografia.

5 – Por fim, mesmo com parca esperança, desejaria acreditar que meu modesto esforço possa servir de auxílio a quem, em meio ao monstruoso e crescente acúmulo de informações inúteis, quando não falaciosas, estiver buscando identificar os autores e as obras-mestras que fundaram o Ocidente e que ainda o sustentam.

J.H.D.
Porto Alegre, março 2013

# INTRODUÇÃO

1 – Entre 1900 e 1200 a.C. – a era das grandes migrações no continente europeu e no Oriente Médio – sucessivas vagas de povos de língua indo-europeia vindas do centro-norte lançaram-se sobre os vastos territórios situados a noroeste do Mar Egeu, descendo para o sul até os confins da Península do Peloponeso, diante da ilha de Citera. Pastores e agricultores, sedentários e politeístas, estes povos, denominados *aqueus* e depois conhecidos coletivamente como *helenos*, fixaram-se nas estreitas planícies costeiras das regiões ocupadas, delas expulsando os nativos e nelas semeando incontáveis núcleos urbanos, que em seus primórdios eram apenas um lugar de culto murado que servia de abrigo noturno e fortaleza, tendo em seu entorno campos de pastoreio e lavouras de cereais.

Entre 1600 e 1400 a.C. estes *helenos* avançaram para o leste, sobre as ilhas do Mar Egeu, conquistando e absorvendo a rica e florescente talassocracia mercantil minoica, centrada em Creta, dando origem à *civilização minoico-micênica*, como a denominam hoje os historiadores. Abruptamente, por volta de 1200 a.C., novas vagas de povos de língua indo-europeia – conhecidos como *dórios* –, também procedentes do norte, lançaram-se sobre o sul da Grécia Continental e sobre o Peloponeso, conquistando e devastando as já então ricas e numerosas cidades do litoral leste, muitos de cujos habitantes, fugindo dos invasores, atravessaram o mar e foram ocupar a Eólia e a Jônia, na costa oeste da Ásia Menor (ou Península da Anatólia, hoje Turquia asiática).

A invasão dória sepultou a civilização minoico-micênica, dando origem à denominada *idade das trevas*, que se prolongou por cerca de quatro séculos, sobre a qual há poucas informações – à parte o que se pode inferir das obras de Homero e de Hesíodo e das descobertas arqueológicas dos séculos XIX e XX. Mas sabe-se, por exemplo, que ao final dela, entre 800 e 700 a.C., o rápido crescimento demográfico e a consequente escassez de terras cultiváveis deram origem a violenta crise, contornada através da *era da dispersão*. Ao longo desta, enfrentando o mar em seus ainda frágeis navios e fundando incontáveis colônias agrícolas, os helenos espalharam-se pelas costas do Mediterrâneo ocidental, ocuparam o sul da Península Itálica (Magna Grecia) e a Sicília, chegando além de Massília (Marselha). A leste, espalharam-se por todas as ilhas do Mar Egeu e pela Jônia, alcançando ao norte as mais remotas regiões do litoral do Mar Negro.

Assim nasceu a Hélade, na aurora de uma civilização que, fecundada por outras duas, interpretando o mundo com sua *sofia* e dominando a natureza com sua *tékne*, começaria milênios depois a destruir o planeta.

2 – Entre 1250 e 1100 a.C., possivelmente combinando movimentos de invasão e infiltração, a partir do leste e do sul, e de revolta interna, tribos e grupos de língua semita já conhecidos como *israelitas* dominaram Canaã, a estreita faixa de terra situada entre o extremo norte do deserto do Sinai e os contrafortes das colinas sírias e delimitada a oriente pelo Jordão e a ocidente pelo Mediterrâneo. Conquistando e/ou absorvendo os núcleos cananeus, também semitas, que ali viviam agrupados em algumas poucas cidades-Estado típicas da primeira Idade do Ferro, os israelitas – em sua origem pastores transumantes e agricultores tradicionais – sedentarizaram-se definitivamente

em Canaã e fizeram desta e de seu rígido monoteísmo um baluarte que no futuro desempenharia papel crucial na história do Ocidente e até mesmo do planeta.

Por volta de 1000 a.C., operando sobre as bases da anterior civilização cananeia, os israelitas organizaram-se como Estado monárquico, que a seguir, por cerca de um século, floresceu de forma rápida e surpreendente, no *crossing-over* da importância das já então milenares rotas comerciais da região com a momentânea situação geopolítica favorável, resultado das crises sucessivas que naquele período abalavam as monarquias vétero-orientais do Crescente Fértil.

Foi neste breve período – a *monarquia unificada*, como a denominam os historiadores – que, sob as semilendárias figuras dos reis Davi e Salomão, por um milagre de seu deus Javé ou por simples vicissitude histórica, na diminuta e em sua maior parte sáfara Canaã assentaram-se os fundamentos de uma nação que se manteve em pé por quase meio milênio. E que, espantosamente, no século XX, quase três milênios depois, sob os auspícios da ONU, tentaria ressurgir, sustentada pela função tática de coadjuvante sucessiva dos dois maiores impérios que o mundo já viu. E sempre e ainda aferrada, pelo menos *pro forma* e *pro domo sua*, à tradição da mais rigorosa ética que a espécie humana já criou e da mais sofisticada das antropologias, que nem mesmo a Hélade superou.

3 – Entre 900 e 600 a.C., frentes pioneiras de povos de língua indo-europeia procedentes, provavelmente, da costa noroeste da Península da Anatólia começaram a estabelecer colônias no litoral sul da Península Itálica. Subindo pelo Mar Tirreno, um destes grupos aportou à desembocadura do Rio Tibre (Óstia) e, espalhando-se por suas margens, ocupou a região que depois viria a ser conhecida como *Latium* – de onde se derivou o gentílico *latino*, isto é, habitante do *Latium*.

Segundo uma lenda, instrumentada politicamente e imortalizada artisticamente por Virgílio em sua obra Eneida, estes adventícios, comandados pelo príncipe troiano Enéas, filho de Anquises e de Afrodite, eram fugitivos de Ílion (Troia), que a haviam abandonado depois de ter sido conquistada e destruída por uma confederação de *gregos* – nome que os latinos davam aos *helenos* – procedentes do sul (Tessália, Peloponeso, ilhas do Egeu etc.).

De acordo com outra lenda, Roma, a capital do Lácio, fora fundada em meados do séc. VIII a.C. por dois irmãos, Rômulo e Remo. Na realidade, a verdade histórica talvez seja mais prosaica e os primeiros *latinos* a se estabelecer nas acidentadas colinas romanas, a cerca de 40 km da foz do Rio Tibre, talvez não fossem mais que uma aldeia de salteadores/lavradores que controlavam a navegação rio-acima e rio-abaixo, cobrando pedágio dos mercadores. Seja como for, a aldeia cresceu rápida e organizadamente e por volta de 350 a.C. dominara todo o Lácio e submetera todas as cidades dos etruscos – os primitivos habitantes da região. E algumas décadas depois a Península Itálica caíra em seu poder. O Império romano começara a nascer.

Assim, pelos estranhos caminhos do processo histórico, os primitivos, incultos e tardios *latinos* seriam aqueles que, herdando o monumental legado civilizatório de *helenos* e *israelitas* e enquadrando-o em sua aparentemente rústica mas altamente operacional concepção de *jus* como direito/obrigação, assentariam em concreto os fundamentos do futuro do Ocidente.

4 – O legado artístico-literário-antropológico das três culturas que estão na origem do Ocidente é um acervo civilizatório monumental, lenta e disparmente acumulado ao longo de um milênio, aproximadamente. Dos relatos de Homero e do canto de Débora (Juízes 5) a Meditações, de Marco Aurélio, passando pelos filósofos, historiadores e dramaturgos atenienses, pelos livros sapienciais israelitas e pela lírica latina, as obras que integram este acervo apresentam algumas características técnicas – internas e externas – específicas, decorrentes das condições em que foram produzidas e das vicissitudes que enfrentaram ao

serem transmitidas de geração em geração. As principais destas características estão referidas nos itens que seguem.

*Lacunas* – A fragilidade do papiro, a raridade do pergaminho, o custo da reprodução (cópias manuais), as condições de conservação, os acidentes naturais, as guerras e outros variados fatores – além da contínua e implacável ação do tempo – nos obrigam a considerar quase um milagre o fato, por exemplo, de a Ilíada e a Odisseia terem atravessado incólumes, ou quase, cerca de dois milênios e meio – isto é, até Gutenberg! Mas Homero é uma exceção.

Pois se há suficientes razões para acreditar que as obras chegadas até nós representam a parte fundamental do que foi produzido na Grécia e em Roma ao longo de um milênio, é verdade também que as perdas são incalculáveis, tanto em qualidade quanto, principalmente, em quantidade. Qualquer leitor medianamente informado sabe disso. Aqui basta citar três exemplos, os mais conhecidos. De tudo o que os grandes dramaturgos atenienses – Ésquilo, Sófocles e Eurípides – produziram, apenas cerca de uma quinta parte chegou aos dias de hoje. Do ingente esforço de Aristóteles para reunir uma centena e meia de Constituições das principais cidades da Hélade, somente a de Atenas furtou-se à ação do tempo. E em Roma não foi diferente. Entre as perdas irreparáveis estão partes essenciais da obra dos historiadores Tácito e Tito Lívio.

Sobre isto nada há a fazer. Mas estranhamente – ou nem tanto – em Israel tal não ocorreu. O problema de parte considerável do legado israelita é outro, como se verá a seguir, pois no que tange à sua conservação/transmissão ele atravessou os milênios praticamente intacto e, segundo provam os Manuscritos do Mar Morto, descobertos a partir de 1947, este legado já estava fixado por volta de 150 a.C. A que se deve ter isto acontecido em Israel? Ao que tudo faz crer, as causas deste fenômeno são duas, imbricadas de forma indissolúvel. A primeira é a natureza religiosa deste legado. Os textos israelitas são preponderantemente *textos sagrados*, ligados intrinsecamente à fé e

Introdução

ao culto, com todas as consequências daí advindas: reverência imemorial, disseminação ampla, uso contínuo etc. A segunda é decorrência direta da primeira: o caráter sagrado e ritualístico de tais textos impunha que parcela considerável da população – basicamente homens – soubesse ler e escrever. Não por nada na Antiguidade os israelitas eram conhecidos como *o povo do livro*. E, segundo o cálculo de alguns historiadores, entre eles a alfabetização girava em torno de vinte por cento. Sabe-se que no Império romano este índice não atingia dois por cento.

Estas razões seguramente explicam a diferença. Em certo sentido, o mesmo aconteceu com a Ilíada e a Odisseia, também textos *sagrados*, no sentido de serem *epopeias nacionais* dos helenos. E óbvia e indiscutivelmente com os textos cristãos – o dito *Novo* ou *Segundo Testamento*. Mas qual é a característica específica, única, comum aos textos israelitas/cristãos? Ela está ligada à *autoria*.

*Autoria* – Costuma-se afirmar apressadamente que o conceito/princípio de *propriedade intelectual/autoral* era fluido e até mesmo inexistente na Antiguidade, tendo se firmado apenas a partir do florescimento do individualismo na Renascença e da consolidação dos valores da burguesia mercantil e industrial. Esta é uma generalização perigosa. E falsa, evidentemente, pelo menos no que diz respeito à Grécia e a Roma. Se assim não fosse, como explicar que obras antiquíssimas e, digamos, *menores* – em relação à Ilíada e à Odisseia – como os poemas de Hesíodo, de Safo e de Arquíloco tenham sobrevivido aos séculos, se não íntegros pelo menos com sua autoria cabalmente definida? O mesmo se pode afirmar, por exemplo, dos poemas de Sexto Propércio e da correspondência de Plínio, o Jovem – e de tantos outros textos de autores latinos de importância ainda menor.

A verdade é que na Grécia e em Roma o conceito de propriedade intelectual/autoral se consolidou muito cedo. E por isto os textos e os autores do legado civilizatório helênico e latino que chegaram até nós estão, salvo raras exceções, identificados e nominados, representando *um tesouro para sempre*, como disse Tucídides a respeito de sua própria obra, aliás intacta e insuperável. Evidentemente, na Europa, a partir do final da Idade Média, com o rápido enriquecimento dos burgos, com o acúmulo de grandes fortunas privadas e com o desenvolvimento da ciência e da indústria, a função áulica do artista nas cortes e na Igreja tendeu a perder importância e sua habilidade e suas obras começaram a se tornar produtos em um mercado ávido, que se expandia em dimensões antes inimagináveis. O que, aliás, à parte a amplitude, não era algo novo: o mesmo ocorrera na Grécia, no período dito *helenístico*, em Roma nos áureos tempos de prosperidade imperial e no próprio Renascimento, como o demonstram, ao tratar de tal tema, Hauser e Auerbach em suas obras clássicas.

Deixando à parte esta discussão, que não vem ao caso aqui prolongar, em Israel a questão da autoria e, consequentemente, da redação e da datação dos textos que compõem seu legado literário é de natureza radicalmente diversa. E tão complexa que nos últimos três séculos batalhões de especialistas a ela dedicaram suas vidas. E continuam dedicando. E milhares de obras sobre ela foram, estão sendo e serão escritas. Por quê?

Porque em Israel o texto foi/é a materialização da Divindade suprema, através da revelação de Seu Ser transcendente e da narração de Sua ação criadora. Estando interdito pronunciar Seu nome e vedada Sua representação figural, o texto é a única via para conhecer a Divindade, que dele detém a propriedade/posse. Por isto os oráculos dos profetas começavam sempre com a fórmula ritual, fixa: *Assim diz o Senhor...* A expressão *povo do livro* com que a Antiguidade os identificava era, portanto, muito mais do que uma metáfora para *israelitas*. Porque para eles o texto registrado sobre um suporte ou enunciado através dos oráculos não era apenas sagrado em virtude de sua natureza cultual: ele era/é *o sagrado*, a voz da Divindade suprema e única. Daí diretamente decorrentes, já no período alexandrino/helenístico, no entrecruzar-se da tradição sapiencial

Introdução

oriental com a lógica platônica ocidental, nasceram os conceitos de *Sabedoria* e *Logos*, intercambiáveis e identificados com a Divindade, conceitos que viriam a ser instrumentalizados com insuperável eficiência pela seita dos *nazarenos*.[1]

Em resumo, em Israel *o texto era religião* e a ideia de *autoria*, no sentido helênico/latino, era desconhecida, mesmo porque não fazia qualquer sentido nem possuía qualquer funcionalidade. Afinal a Divindade era extremamente ciosa de Suas prerrogativas!

Esta concepção sofre brusca alteração quando, nos séculos imediatamente subsequentes às campanhas de Alexandre Magno, o rígido providencialismo transcendente sinaítico entra em violento choque com o avassalador racionalismo imanente helênico. Neste novo e perturbador cenário, a milenar visão de mundo israelita perde seu inabalável horizonte e se esgarça perigosamente. E então vêm à luz as joias mais raras – lado a lado, com mitos da Criação, da Queda e do Decálogo – do legado civilizatório israelita: os ditos *livros sapienciais*, como Jó, Eclesiastes, Sabedoria e Eclesiástico, alguns de cujos autores rompem com a tradição do anonimato. O direito autoral deixara de ser privilégio exclusivo da Divindade! A Antiguidade entrava em seu crepúsculo. A leste, Israel e a Hélade ensaiavam amalgamar-se e a oeste Roma desconhecia distâncias e cobria o mundo à sua volta com os infrangíveis tentáculos de seu Império. Ainda tênue, a aurora do Ocidente começara a iluminar o Mediterrâneo. A lenda de um Menino e a realidade de um novo mundo estavam prestes a nascer. Mesmo assim, na segunda metade do século I d.C. a identidade de Marcos, de Mateus e, mais tarde, de João permaneceriam envoltas nas sombras do anonimato. Não foi o caso de Lucas e Paulo de Tarso, que em seus textos reivindicam com vigor sua *identidade autoral*. Não por coincidência, eles eram os mais helenizados entre os intelectuais israelitas que moldaram o cristianismo primitivo.

---

[1] Sinônimo, até a destruição de Jerusalém (70 d.C.), de *cristianismo primitivo*.

Seja como for, mesmo para os modestos objetivos desta obra – listar e, em alguns casos, comentar brevemente os textos fundamentais do monumental legado intelectual do Ocidente – é em Israel que se encontra o problema técnico mais espinhoso. Os especialistas o denominam *história da redação*. Ele não é de fácil compreensão para o leitor não especializado. E é impenetrável e, antes que tudo, inaceitável para o leitor religioso – isto é, para aquele que vê o acervo literário israelita, incluindo o Novo Testamento, como *logos tou Theou, verbum Dei, palavra de Deus*. Apesar disso, ou por isso mesmo, é imprescindível analisá-lo, ainda que sucintamente.

*Redação* – Pelo menos desde os gramáticos alexandrinos, nos séculos III e II a.C., passando por Quintiliano, São Jerônimo e outros e chegando aos grandes filólogos e linguistas europeus dos séculos XVIII, XIX e XX, um texto, no referente – se assim se pode dizer – à sua *materialidade externa* é definido e analisado sob quatro aspectos fundamentais: autoria, datação, autenticidade e transmissão. Em outras palavras, busca-se responder a quatro perguntas básicas: Quem escreveu o texto? Quando o escreveu? Aquele a quem se atribui a autoria foi realmente quem o escreveu? De que forma e em que condições o texto chegou até o presente?

Em muitos casos pode ser difícil ou até impossível responder às duas primeiras perguntas. Contudo, as respostas, se encontradas, são simples e diretas: o texto foi escrito por tal autor em tal data. Bem diverso é o caso das outras duas. Em primeiro lugar elas envolvem problemas que quase sempre se interpenetram. Em segundo – particularmente no caso de textos muito antigos –, as respostas encontradas podem ser variadas, hipotéticas, fluidas e até mesmo contraditórias. Seja com for, em termos gerais a terceira pergunta diz respeito diretamente a *intervenções* sobre o que se presume tenha sido o *texto autêntico*, original. Estas intervenções podem ser involuntárias (perda parcial, erros de cópia etc.) ou voluntárias (supressão, interpolação, modificação, ampliação etc.). E a quarta pergunta diz respeito diretamente às formas de transmissão (argila, pedra, pergaminho, papel etc.), tipos de reprodução (cópias), uso, divulgação, conservação etc.

Para este conjunto de características, condições e fatores que poderíamos denominar *vida/biografia do texto* os especialistas utilizam modernamente a expressão *história da redação*. No que importa aqui, no que tange ao acervo literário grego e romano supérstite, a história da redação é relativamente pouco atuante – e acima já foi explicado o porquê disso.[2] Claro, além das obras de Homero, que são sem dúvida o caso mais importante e famoso, há vários outros, como o das cartas de Platão – em particular a VII, já discutida pelos alexandrinos –, das obras de Aristóteles, das obras de Anacreonte, de algumas cartas de Cícero, das interpolações em Tácito etc. Mas tais casos são impressionantemente poucos se comparados com a importância e a dimensão que a questão assume quando referida ao acervo israelita/cristão. Neste a história da redação adquire tal magnitude que pode ser considerada orgânica, intrínseca a ele. A tal ponto que – no verdadeiro *ghetto* técnico-bibliográfico que se ocupa de tal tema – não raro as discussões raiam o perfunctório, o bizantino, o absurdo. Mas, pelo menos em parte, há razões para tanto. Quais são elas?

Ignoremos completamente que este acervo – a *Bíblia*, como de ora em diante será chamado – fundamentou ao longo de três milênios, e ainda fundamenta, a fé de incontáveis milhões de crentes, que nela buscaram e buscam razão e consolo para mitigar sua dor no vale de lágrimas da existência. Também adiemos, momentaneamente, analisá-la, em algumas de suas partes, como legado perene, como arqueologia viva que será lembrada enquanto a essência da natureza humana for a mesma. E a vejamos apenas como um conjunto de escritos que documentam uma *cultura*, isto é, a visão de mundo de um grupo humano em determinado período histórico e em um espaço geográfico específico.

---

[2] V. p. 18.

Sob este ângulo, a Bíblia é caótica, para dizer pouco. Imagine o leitor um conjunto de mais de 70 obras – sem contar as que foram alteradas, desfiguradas, desprezadas, eliminadas ou simplesmente perdidas –, díspares no tamanho, na forma e no conteúdo, redigidas ao longo de cerca de um milênio, em regiões diferentes, em estágios civilizatórios diversos, em contextos históricos variados. Obras, quase todas, sem autoria conhecida, sem datação segura, muitas delas várias vezes re-escritas, refundidas, corrigidas, censuradas, ampliadas ao longo dos séculos por variados autores, justapostas não raro ao acaso[3] e finalmente reunidas a partir de critérios nem sempre lógicos. Obras incoerentes e até conflitantes, inclusive em seus fundamentos e conceitos religiosos e teológicos – conceitos que deveriam dar-lhes unidade e dos quais resulta, pelo contrário, uma complicação adicional para quem se dispõe a analisá-las em uma visão de conjunto: a completa ausência de critérios de diferenciação entre relatos míticos, lendários, ficcionais e históricos.

Alguém – e não necessariamente um crente – poderia qualificar tais afirmações de inadequadas e até de injustas, pois são produtos da aplicação de métodos helênicos, racionalistas, a textos israelitas, religiosos.[4] Não há espaço aqui para tal discussão. E ela nem vem ao caso. Basta ler a Bíblia, que, no Velho Testamento, não raro é um recorrente ordálio de crimes horrendos, de violência inaudita, de vinganças brutais, de desabrida imoralidade, de desatada luxúria, de convulsão e de caos, muitas vezes colocados à sombra tolerante da Divindade e não raro por Esta chancelados. Uma prova irrefutável enfim – como poderia alguém sarcasticamente afirmar! – de que o homem *foi* criado por Deus à sua imagem e semelhança...

Pois é exatamente este cenário de horror, de loucura e de insensatez que expõe à luz crua da realidade a eterna batalha

---

[3] Um caso clássico, entre outros, é o Livro de Isaías. V. adiante, p. 286.
[4] Aliás, a utilização dos métodos analíticos da ciência bíblica por crentes convictos pode ser considerada um comportamento esquizoide.

entre civilização e barbárie, entre instinto e controle, entre regramento e desordem. No entanto, é na Bíblia que se encontram algumas das mais perenes e sublimes páginas já produzidas pela espécie humana. Porque a Bíblia, muito antes que um manual de fé, é um espantoso documento antropológico, um dos três relicários supremos em que se guardaram e se guardam as nem sempre veneráveis raízes do Ocidente.

## O legado ético-civlizatório

Filhotes de panda transferidos do interior da China para as encostas dos Andes permanecerão pandas para sempre – eles e seus descendentes –, desde que o hábitat lhes seja favorável, a começar pela existência de bambu e a inexistência de predadores. Filhotes de puma transferidos para o interior da China também permanecerão pumas para sempre, pressupondo que o novo hábitat lhes forneça condições de sobrevivência, ligadas neste caso não apenas à ausência de predadores mas fundamentalmente à existência de presas – já que são carnívoros e de nada lhes serve o bambu. Suposta a manutenção de tal cenário, as duas espécies se perpetuarão por incontáveis milênios, permanecendo idênticas a seus ancestrais do continente de origem.

Se a mesma experiência for realizada com humanos, o resultado será exatamente idêntico. E inteiramente diverso. Pois se quéchuas recém-nascidos forem levados para o interior da China e de lá recém-nascidos chineses trazidos para as encostas dos Andes, a espécie não sofrerá nestes indivíduos qualquer mutação. Mas os indivíduos sim: os quéchuas se tornarão chineses e os chineses quéchuas. Esta é a diferença: a espécie humana, para o bem e para o mal, tem a capacidade de *criar cultura*, isto é, de organizar sistemas de vida diversos, de adaptar-se ao meio e de adaptar o meio às necessidades, de criar e transmitir visões de mundo variadas, específicas e até conflitantes. Enfim, a capacidade de elaborar os elementos que formatam as *civilizações*. Ou formatavam. Porque com as redes de transportes rápidos e de comunicações instantâneas desenvolvidas no século XX tal não mais ocorre. E jamais voltará a ocorrer. E até tornou-se difícil hoje imaginar que na Idade do Ferro e, em algumas regiões, ainda em meados do século XIX escassas centenas de quilômetros e acidentes topográficos comuns eram condições suficientes para manter grupos humanos em secular isolamento, rompido apenas por intempestivas migrações em massa, por gigantescas e longas campanhas militares ou por intermitentes e irregulares contatos comerciais.

Neste cenário, exatamente ao longo da Idade do Ferro e – tomada a Grécia Continental como centro – em um raio de mais ou menos mil quilômetros se desenvolveram sucessiva e concomitantemente as três grandes civilizações do Mediterrâneo que, insumidas no *melting pot* da Antiguidade tardo-clássica (*c*. 200 a.C.-200 d.C.), gestaram o Ocidente: a helênica, a israelita e a romana.

Não faz parte, sequer minimamente, seguir adiante, nesta trilha e analisar sistemática e ordenadamente nesta obra este extensíssimo tema. Como já foi dito e como se verá logo a seguir, seu projeto e seu método são outros. E também outro seu objetivo. Contudo, de acordo com o referido plano, aqui é o lugar para apresentar, de forma didática e sintética, os princípios/conceitos fundamentais que impregnavam cada uma destas civilizações, depois insumidas em uma única. Estes princípios/conceitos, que serão explanados pontualmente nos sucessivos textos exemplares comentados no corpo da obra, são aqui condensados tendo como guias os mitos fundadores da Hélade – Prometeu, Orestes/Atena, Édipo, Antígone; de Israel – a Criação, a Queda, o Decálogo, a história de Davi/Natã, a Ressurreição; e Roma – Rômulo e Remo, a Loba, a Fundação.

## 1 – Hélade

A visão de mundo helênica é imanente e racionalista.

❖ O homem/a espécie humana é um fenômeno da natureza, como outro qualquer, e está só em um mundo inóspito e hostil. Até os deuses, entidades criadas por ele à sua imagem e semelhança, podem encarnar forças maléficas que não raro buscam destruí-lo. Assim, ilhado e abandonado, minúsculo e desprezível ser perdido na vastidão do Universo, o indivíduo está à mercê de forças superiores e incontroláveis que regem a ele e a tudo o que o cerca: a *anánke*, ou necessidade/fatalidade; a *aretê*, ou força/poder; e a *tyche*, ou *sorte/fortuna*. Da primeira ele não pode fugir, a segunda ele precisa conquistar e na terceira ele não pode confiar.

❖ Entregue a si próprio, cercado pelo perigo e com a desesperança a seu lado, ao homem só é dado um caminho para a salvação: o conhecimento. Se tiver forças para conquistá-lo e se a sorte desvelar seu rosto como esperança. Este conhecimento deve começar por onde ele deve começar: por si. Por isso no pórtico do templo de Apolo em Delfos estava escrito: *Conhece-te a ti próprio*. Por isso Heráclito de Éfeso dizia: *Investiguei-me a mim mesmo*. Porque o conhecimento é o início da sabedoria.

❖ O mundo não tem regras pré-determinadas. Mas o conhecimento possibilita descobrir as leis fixas da natureza e construir as leis variáveis da sociedade. E o conhecimento leva à descoberta de que o homem é um *animal social* (Aristóteles), isto é, só existe como parte de um grupo, pois como indivíduo isolado não consegue desenvolver as capacidades *em potência* com que a natureza o dotou e que o definem como animal específico.

❖ No início o grupo era formado por indivíduos unidos pelos *laços de sangue* (família/clã). Com o tempo, ele se ampliou, se transformou e atingiu o estágio final de seu desenvolvimento ao ser insumido na *pólis* (cidade) e por ela remetido ao passado.[5] Ao contrário do que ocorria nos grupos de sangue,

---

[5] Neste estágio ele adquire condições de pensar e buscar suas origens.

na *pólis* o indivíduo pôde então desenvolver livremente[6] suas capacidades até o limite de suas possibilidades. Por isso o indivíduo, na qualidade de *cidadão*, pertence à *pólis* e esta lhe pertence. Ela não existe sem ele e ele não existe sem ela. Em consequência, para cada um e para o conjunto de seus membros, a *pólis* é a única e última *ratio*.

❖ Cada *pólis* tem seus próprios deuses. E a função deles é personificá-la. Os deuses são a encarnação da *pólis*. Nela só existe uma religião: a religião do Estado. E este é o poder supremo e totalitário.

## 2 – Israel

A visão de mundo israelita é transcendente e providencialista.

❖ A Criação/o Universo nasceu de um ato de Deus – único, eterno, onipotente, onisciente e perfeito.

❖ Coroamento da Criação e glória do Criador, feitos à imagem e à semelhança deste e destinados à felicidade, o homem e a mulher sucumbiram, ainda na aurora dos tempos, à tentação do conhecimento e do poder, rompendo a ordem universal e afrontaram o Eterno. Como retribuição e pena, através deles o mal, a dor, o sofrimento e a morte entraram no mundo, tornando-se perpétua e maldita herança sua e de seus filhos e transformando a terra em um vale de lágrimas.

❖ Furibundo e impotente – a lógica não medrou em Israel! – diante do descaminho da Criatura, destinada à glória de ser Sua obra-prima, e condenada à perdição por Seu erro de cálculo, o Criador a expulsa de Sua presença e lhe impõe trilhar o áspero mas único caminho capaz de fechar as comportas da catástrofe desatada pelo infando crime primal da rebelião: a repressão dos instintos pelo medo. Porque o temor do Senhor

---

[6] No sentido de que já não mais está entregue completamente às forças irracionais e incontroláveis da natureza.

é o início da sabedoria, o Criador, agora Javé, entregou à Criatura um Código de Leis que, se respeitadas, seriam o penhor de sua sobrevivência como espécie. Nascia assim, no Sinai, personificada em Moisés, a civilização de Israel.

❖ Cioso de Seus direitos e ciente da labilidade de Sua Criatura, Javé estatuiu um preço pelo dom concedido: a exclusividade. "Eu sou o Senhor teu Deus... Não terás outros deuses diante da minha face" – disse Ele.[7] O monoteísmo tornava-se assim o sinete que, indelével e para sempre, marcaria a civilização de Javé. Com todas as consequências dele decorrentes.

❖ A igualdade entre os integrantes da espécie humana é o primeiro corolário, necessário e universal, do monoteísmo: "Amarás teu próximo como a ti mesmo".[8] Este mandamento não raro esquecido, abandonado, desprezado e até renegado ao longo dos séculos e dos milênios pelos que se autoproclamavam os herdeiros da sagrada tradição de Javé, alimentou em Israel a voz estentórea dos profetas a clamar por igualdade e justiça, sustentou os argumentos dos mártires diante de seus verdugos no Império e justificou sempre a fúria dos reformadores pós-teodosianos.[9]

❖ A separação entre o público e o privado é o segundo corolário do monoteísmo. Porque Javé é único e Seus filhos são todos iguais, o poder é delegação da Divindade e a autoridade é serviço prestado àqueles por quem o detém transitoriamente. Esta seminal e rígida separação entre público e privado é a intransponível barreira levantada pelo monoteísmo contra a deificação do Estado e contra o totalitarismo desta decorrente.[10] Israel é o berço da igualdade, da liberdade individual e da democracia no sentido moderno do termo. E não a Hélade. E o monoteísmo foi o fundamento.

---

[7] Êxodo 20,2a-3.
[8] Levítico 19,18.
[9] Inclusive na América Latina, na segunda metade do século XX, quando o cristianismo tridentino, já em seu estertor, rendeu-se patética e tragicamente ao espúrio canto de sereia de seu inimigo mortal, o totalitarismo marxista-leninista, esta ideologia de facínoras, tardia, bastarda e criminosa mutação do milenar legado sinaítico.
[10] V. 2 Samuel 11-12 e Romanos 13.

## 3 – Roma

A visão de mundo romana é pragmatista e contratualista.

❖ No início eram dois irmãos, Rômulo e Remo. Abandonados ainda recém-nascidos, uma loba foi sua mãe. O animal apiedou-se deles e alimentou-os com seu leite. A História começa quando um deles fez um sulco com o arado e disse: "Daqui para cá, este pedaço de terra é meu. Eu mato quem o atravessar". O outro quis invadi-lo e o irmão o matou. Assim nasce Roma.

❖ O mundo é simples e seu fundamento é a propriedade: se posso, tenho; se tenho, posso. Este é o princípio da sobrevivência do indivíduo.

❖ Este princípio, com o tempo, transforma-se em *jus* (ordem, mandato, imposição, direito) para regular a vida de todos e garantir a segurança de cada um. Assim, este *jus* é elevado à condição de *lei*, que governa a todos e que por todos deve ser respeitada. Como decorrência, ela é a suprema proteção de todos os que diante dela são cidadãos (*cives*) e iguais.

❖ Respeitada a lei e ao abrigo dela, os cidadãos, como iguais, são livres para estabelecer qualquer acordo/contrato (*pactum*) entre si, desde que submetido a outro imperativo do *jus*, que os faz iguais: os contratos devem ser cumpridos (*pacta sunt servanda*). Porque o respeito ao pactuado é a salvaguarda do direito de cada um dos pactantes e a garantia da concórdia geral (da sociedade).

❖ A propriedade é a única garantia do cidadão contra o arbítrio (violação do *jus*) dos seus iguais e contra o arbítrio do Estado (Cícero).

# PRIMEIRA PARTE

---

# HÉLADE

No disperso mas fértil solo da Hélade por primeiro germinou a árvore do Ocidente, que, depois, fecundada pela ética de Israel e pela disciplina de Roma, cobriria o planeta, conquistando-o e transformando-o, para a glória e para a desgraça da espécie humana. Esta verdade permanecerá para sempre. Enquanto aquela permanecer a mesma e/ou enquanto não destruir a si própria e às demais.

Estas afirmações – que Tucídides de Atenas subscreveria, e em parte subscreveu – não provocariam espanto a qualquer das mentes brilhantes que a Hélade produziu, porque ali a Arte, a Filosofia, a Ciência, a História e a Oratória alçaram-se a tais alturas que dela podem ser consideradas autênticas criações.

Como se viu – e adiante ainda mais se verá ao se abordar os legados de Israel e de Roma –, é evidente equívoco afirmar e acreditar que o legado helênico contém em si tudo o que de significativo já foi pensado, registrado e realizado pela espécie, tendo restado aos pósteros apenas deduzir corolários evidentes, extrair ilações óbvias e fazer anotações secundárias ao pé das páginas da história do Ocidente. E do planeta. Sim, é um imperdoável equívoco, por variadas razões. Mas compreensível, por outras tantas. Sem entrar em digressões paralelas que – tão fascinante é tal tema! – nos afastariam por longo tempo dos objetivos estabelecidos, é suficiente referir a primeira de tais razões, de natureza intrínseca.

Não é necessário saber grego. Nem ser erudito. Bastam alguma formação, mediana inteligência, instrutor razoável e decidida coragem de arredar do caminho as montanhas de lixo subintelectual acumuladas na Academia e fora dela nos últimos séculos e, particularmente, nas últimas décadas. E depois, ao longo de alguns poucos meses ler, em passáveis traduções, algo como duas dezenas de obras/excertos dos clássicos da Hélade, começando com a Odisseia e terminando com Vidas paralelas. Então, à luz meridiana que há quase três milênios ilumina o Mediterrâneo, qualquer mente ainda não desvirtuada pela ganga inútil das modernidades vazias se perguntará entre surpresa e contrita: Por que perdi tanto tempo lendo tantos tolos? E instintivamente passará a acreditar que *os gregos já sabiam tudo!*

Não. Não é assim. E é ingenuidade de neófito ou falha de formação acreditar nisso, desdenhando ou desconhecendo a complexa e profunda antropologia nascida em solo israelita e a precisão e a operacionalidade do pragmatismo desenvolvido às margens do Tibre. Mas a reação é compreensível. Porque em quase todas as áreas do conhecimento o gênio helênico descobriu e fixou para a eternidade possível – *memento* Tucídides! – e de forma insuperável os parâmetros da natureza humana, de suas potencialidades e de seus limites. E assim, absorvido pacificamente pela *romanitas* e conflitivamente pelo legado sinaítico – gerando o cristianismo –, moldou o *cânone ocidental.*

Não cabe, mais uma vez, nos limites despretensiosos desta obra, seguir a longa e trabalhosa via perlustrada sistematicamente pelos grandes eruditos europeus dos séculos recentes. Por isto quebramos logo caminho pelo primeiro dos atalhos do Ocidente.

\* \* \*

O longo período de quase um milênio que vai de Homero a Plutarco – ou, talvez, a Marco Aurélio – é tradicionalmente dividido em três segmentos pelos historiadores. O primeiro, denominado *arcaico* (ou *pré-clássico*), vai de *c.* 800 a.C. às Guerras Médicas (480 a.C.); o segundo, denominado *clássico*, das Guerras Médicas à morte de Alexandre Magno (323 a.C.); e o terceiro, denominado *helenístico* (ou *alexandrino*), da morte de Alexandre até *c.* 200 d.C.

A terminologia pode variar, as datas são apenas datas e a periodização em tais casos é sempre um recurso didático frágil. Mas adequado para organizar sistematicamente a matéria. Tal sistematização será aqui adotada, sem discuti-la tecnicamente nem segui-la dogmaticamente. E sempre adaptando-a a seu objetivo: informar com simplicidade e clareza

# PERÍODO ARCAICO

O período arcaico abrange cerca de três séculos (*c.* 800-480 a.C.), no início dos quais, já ao final da *idade das trevas* e no começo da *era da dispersão*, a Hélade nasceu para o mundo, desenhando o longo arco que vai do extremo nordeste do Mar Negro até muito além das Colunas de Hércules, no oeste do Mediterrâneo, passando pela constelação de ilhas do Egeu, pela Grécia Continental/Peninsular, pelo sul da Itália (Magna Grécia) e pela Sicília.

Nesta era, marcada por crescente atividade mercantil, acelerado crescimento demográfico, importantes inovações tecnológicas (náutica, forjaria, ceramística etc.), intenso processo de colonização agrícola (via emigração), rápida urbanização, acumulação de riquezas, disseminação da escrita e da educação formal, conflitos políticos e mudanças sociais, vieram à luz as primeiras e perenes criações intelectuais do gênio helênico. Seguindo o roteiro estabelecido e a simplificação exigida, inclusive no que tange às datas, a produção literária/artística[11] do período arcaico será dividida em quatro partes: Homero, Hesíodo, a lírica e a filosofia (pré-socráticos).

---

[11] Sempre em sentido amplo, isto é, incluindo também obras de natureza analítica, como as de filosofia, por exemplo.

# HOMERO

Desde os gramáticos alexandrinos, no século III a.C., até hoje a *questão homérica* ocupa os especialistas. Quem foi Homero? Onde viveu? Em que época? A Ilíada e a Odisseia, a ele atribuídas, foram mesmo escritas por ele? Ou são obras de vários autores, resumidas, revisadas, melhoradas e *editadas* por Homero? No caso de ter existido...

Seja ele quem tenha sido e o que tenha feito, a Ilíada e a Odisseia sobreviveram física e artisticamente aos séculos e aos milênios. E depois de terem servido de seguro norte civilizatório a toda a Hélade foram insumidas no legado tripartite do Ocidente, realizando ainda hoje o milagre, sempre novo, que faz da arte a criação suprema da espécie: tornar palpáveis no presente mundos materialmente desaparecidos nas névoas de um longínquo passado mas espiritualmente ainda vivos, perenes, nas marcas indeléveis deixadas aos pósteros como herança.

# A Ilíada

De acordo com a tradição, Homero era cego e viveu na Jônia, mais especificamente na ilha de Quios, não muito distante das cidades litorâneas de Mileto, Éfeso, Priene etc., na costa leste da Ásia Menor (Península da Anatólia).

Esta tradição pode ter sentido apenas simbólico, identificando o artista como o vate, o vidente, que solitário, único e diverso dos demais vê o mundo com os olhos da alma. Ou pode ter base histórica, e Homero seria realmente cego. Ou, finalmente, conteria a fusão da realidade factual com a interpretação simbólica. Quanto à questão, os especialistas se dividem, mas a maioria deles acredita que a tradição traz a marca da verdade histórica, pelo menos no referente aos dados geográficos e à autoria da Ilíada. Aliás, este é o adequado ponto de partida para apresentar a obra.

Segundo Heródoto,[12] Homero teria escrito/organizado a Ilíada na primeira metade do século VIII (800-750 a.C.). A Jônia, com seus muitos centros litorâneos e insulares, era então uma região altamente urbanizada e desenvolvida para a época. Dominada por uma aristocracia próspera, refinada e cosmopolita, nela sobressaiam os grandes proprietários dedicados à indústria (estaleiros, metalurgia, tecelagem, ceramística etc.), ao comércio e à agricultura.

Na encruzilhada da Europa com a Ásia, esta sociedade formara-se lentamente ao longo dos três ou quatro séculos subsequentes à devastadora invasão dória na Grécia Central e se considerava – em grande parte com razão – descendente direta, e herdeira por direito, dos reis e príncipes corsários, os *saqueadores de cidades* da era minoico-micênica. Neste

---

[12] II, 53.

ambiente de aristocratas arrogantes, ricos e conscientes de seu poder, que viviam cercados de servos e escravos em confortáveis palácios e mansões, nasceu a Ilíada, centrada tematicamente sobre vingança, ódio, saques, crimes e carnificinas. Não é um paradoxo incompreensível?

Não. A idealização e a falsificação do passado por uma classe dirigente é um fato que pode ser observado recorrentemente na história dos grupos humanos nos últimos milênios. Através deste processo, tais classes, recém-emersas das sombras da inexistência e das trevas da inconsciência, buscam duplo objetivo: criar e consolidar para si uma identidade e demonstrar e justificar para os outros o seu poder. Ao se ler a Ilíada a partir de tal ângulo, emerge da obra, de forma difusa mas clara, a visão de mundo da aristocracia jônia, visão que se desvela como bifronte: de um lado, a consciência de seu passado bárbaro ainda recente – felizmente deixado para trás! – e, de outro, a ação para embelezá-lo – por necessário para si como identidade e por útil contra os outros como propaganda intimidatória. Então a Ilíada é apenas isto?

Claro que não! Se o fosse, teria desaparecido quase sem deixar vestígios, como tantos cantos épicos seus contemporâneos, que também celebravam a *idade heroica*. Ou como outros, que se salvaram mas, lembrados apenas pelos títulos, dormem sepultos pela pátina do tempo, esquecidos nas bibliotecas. Então por que a Ilíada atravessou os séculos? O que foi que realizou este milagre? A honra ultrajada de Aquiles e sua fúria emburrada por perder a escrava Briseida? A arrogância desmedida de bárbaros mal emersos do pântano de uma animalidade informe, infectada e pervertida pela consciência de seu poder? O horror das maçantes carnificinas em sequência ou o rubro-vivo do sangue a tingir de morte as águas do Escamandro?

Não é por nada disso! É porque, como diz Werner Jaeger,

A obra de Homero, em sua totalidade, está impregnada de uma *visão filosófica* sobre a natureza humana e sobre as leis eternas que regem o mundo [...] Na *Ilíada* nenhum dia é tão repleto de confusão humana que faça o poeta esquecer de observar como o sol nasce e se põe sobre as labutas cotidianas, como o repouso vem depois do trabalho e como o sono, que descansa os músculos, domina os mortais.[13]

Sim, imperecível, a Ilíada sobreviveu à ação devastadora do tempo porque Homero – lado a lado com o autor de Gênesis 1 e 3 – entalhou as primeiras pedras que fundamentam a monumental herança literária do Ocidente. E não importa qual foi o tributo por ele pago para cantar seu mundo mal saído da barbárie, não importa quantos ele tenha sido, nem se foi ele ou não o lendário cego de Quios. Importa que pelo menos um artista genial – e podemos chamá-lo de Homero, como sempre foi – deixou indeléveis suas marcas ao longo das páginas da Ilíada, e também em parte da Odisseia. Uma destas marcas, já objeto de admiração dos alexandrinos, são suas comparações. Delas vão aqui citadas três, começando com a mais famosa, sempre lembrada por líricos posteriores e seguramente conhecida pelo autor do Livro do Eclesiastes:

*A vida e a floresta*
Assim como nascem as folhas, assim nascem os homens. Folhas há que o vento espalha sobre a terra, mas outras produz a floresta poderosa, quando torna a primavera. O mesmo se dá com os homens: nasce uma geração, outra se acaba.
                                                    Canto VI

*Os dois Ajaces*
Assim como, em terreno de pousio, dois bois cor de vinho puxam a charrua ajustada e com esforço igual se entesam, à raiz dos cornos lhes surde e escorre o suor e só o jugo polido os mantém afastados um do outro, enquanto

---
[13] *Paideia*, p. 60-61.

seguem o sulco e a charrua corta a superfície do campo, assim os dois Ajaces, marchando lado a lado, conservavam-se unidos.

Canto XIII

***Aquiles e o Escamandro***
Assim como um homem, para regar um terreno, conduz o curso de uma fonte de água escura, através de plantas e jardins, com a enxada na mão, afastando os obstáculos do sulco e ao adiantar-se a corrente rolam os calhaus e a água, rápida, desce ruidosa pelo terreno em declive, ultrapassando o próprio guia, assim, sempre, as águas do Escamandro alcançavam Aquiles, por mais rápido que fosse, pois os deuses são superiores aos homens.

Canto XXI

E assim poderíamos continuar, por incontáveis páginas, citando, admirando, comentando e interpretando o fascinante mundo da Ilíada, com sua assombrosa beleza, captada, entalhada e perenizada quando – como diria o próprio cego de Quios – a aurora, com seus róseos dedos, abria trêmula a cortina do Ocidente...Mas o implacável Cronos, o deus do tempo, estuga o passo e avança célere, muito mais do que nos entornos da mítica Ílion, às margens do Escamandro, quando ali podiam os herois de Homero assentar suas tendas por dez longos anos...

Aliás, para encerrar, é interessante lembrar que a Ilíada, com sua quase rígida unidade de ação, espaço e tempo, se presta menos do que a Odisseia para análises de natureza técnica, pois aquela apresenta poucas fissuras como narrativa, ao passo que esta é organicamente heterogênea e sincopada, em vários sentidos. Mesmo assim, sob tal ângulo é impossível deixar de referir a passagem, não tão famosa quanto deveria, em que Heitor, Alexandre (Páris) e Helena conversam.

Enquanto lá fora a batalha estronda, feroz, Heitor irrompe, armado e furibundo, nos aposentos de Páris, junto ao palácio de Príamo, e o acusa de covarde. Páris responde de forma conciliadora. E Heitor cala-se. Então Helena, em espantosa e imorredoura combinação de retórica fria e agressiva sedução, convida-o a sentar-se ao seu lado e, "com palavras doces como mel", lhe diz

> [...] entra, agora, senta-te aqui, meu cunhado, pois tu és quem mais sofre por minha causa, cadela que sou, e pelos desvarios de Alexandre. Talhou-nos Zeus um ruim destino, a fim de que, depois, sejamos assunto de poemas para os homens que hão de nascer.
> 
> Canto VI

Não é espantoso? Ignoremos, como o prudentíssimo Heitor a ignorou, a refinada malícia da sedutora cunhada – a mais bela mulher da Hélade... Mas sublinhemos que também nesta área os "modernos" nada de novo inventaram: sim, há quase três milênios Homero já fazia *metaficção*! Para tal servem os clássicos: para dissolver nossa ignorância e assim impedir que nossas faces se tinjam do vivo rubor da vergonha.

## A Odisseia

Nesta obra o cenário é radicalmente outro. Não mais o passado idealizado e a propaganda *pro domo sua* da aristocracia de *parvenus* da Jônia urbana mas a realidade prosaica e "burguesa" do presente quase-rural de latifundiários, envolta em lendas pedagógico-decorativas. Disto resulta que, milênios depois, se para o leitor a Ilíada é cansativa como panegírico porém sólida como narrativa, a Odisseia é desconjuntada como narrativa porém fascinante como enredo. Evidentemente, a questão não é tão simples assim, mas, a quem desejar, qualquer breve e competente introdução a Homero será suficiente para navegar com segurança e gosto pelo encantado *mundo de Odisseu*, tão familiar e tão estranho ao mesmo tempo. À parte isso, em termos histórico-literários a Odisseia suscita problemas muito mais complexos e interessantes do que a Ilíada. Destes, são listados a seguir alguns dos mais importantes.

• A diversidade de tempo e espaço e a variedade de temas indicam que a obra foi escrita por mais de um autor e em épocas diferentes. Por outro lado, vários indícios – entre os quais as famosas comparações, menos numerosas do que na Ilíada, mas nem por isto menos notáveis – apontam para Homero, que, além de ser o autor de alguns cantos, teria realizado o trabalho de recolher, finalizar e *editar* os demais, dando ao conjunto deles a unidade possível através de uma *moldura* adequada, no caso a personagem Ulisses. Mas esta óbvia natureza compósita da obra leva a outros problemas, insolúveis até hoje e possivelmente para sempre, sobre o local e a data exatos de redação dos vários cantos e do próprio trabalho de edição/compilação. Com certa segurança, segundo os especialistas, é possível afirmar apenas que alguns cantos pré-existiam a Homero, que já eram muito antigos, que foram redigidos possivelmente em locais diversos e que o trabalho de reuni-los na forma em que se encontram hoje foi executado em época bastante posterior à redação da Ilíada – e com isto estamos de volta às questões da autoria e da identidade de Homero. Aliás, uma hipótese interessante é a de que este seria um rapsodo/aedo natural da Jônia que teria viajado pelas ilhas do Egeu e por toda a Grécia Central em busca de material para suas obras (a ilha de Ítaca está situada a noroeste da Península do Peloponeso). Mas esta e outras não são mais do que meras conjecturas. Apenas de um fato tem-se absoluta certeza: por volta de 600 a.C. a Odisseia e a Ilíada eram atribuídas a Homero e eram amplamente conhecidas em toda a Hélade na forma preservada até hoje.

• A Odisseia, pela variedade dos recursos técnicos utilizados, é um manancial em que se encontram todas as formas e fórmulas da arte milenar da fabulação – e delas os narradores do Ocidente jamais se livraram e jamais se livrarão, enquanto existirem, por mais que tolamente muitos deles se aferrem a modernosidades tão vazias quanto inúteis. Amplamente desenvolvidas ou apenas sugeridas *en passant*, tudo se encontra na Odisseia: ficção realista, ficção fantástica, ficção simbólica, narração em primeira pessoa, narração em terceira pessoa, intromissão do autor, rememoração (*flash-back*), antecipação etc. Não faltam nem mesmo dois aedos – Demôdoco e Fêmio – que em seus cantos cantam façanhas de grandes heróis, como aquelas, por exemplo, da Guerra de Troia. Da qual, aliás, Ulisses participara...

Realmente, parodiando a fórmula fixa empregada na obra para qualificar Ulisses, Homero era *um autor de muitos ardis...*

● Também tematicamente a Odisseia é abrangente. A Ilíada está centrada rigorosamente em dois pontos: as façanhas bélicas de heróis, que, condenados ao sofrimento e à morte, lutam em desespero por sua honra e por sua parte no botim, e as patranhas patéticas de deuses de fancaria, que, por figurarem o destino humano, são irresponsáveis, imprevisíveis e incontroláveis. A Odisseia não. Dispersa e contraditória, compósita e desconjuntada, uma linha de força a perpassa do início ao fim, servindo-lhe assim de moldura e transformando-a no que possivelmente foi o objetivo de seu autor/*editor*: a metáfora, ainda que difusa e nem sempre convincente, de uma sociedade civilizada e pacífica recém-emersa da barbárie e da guerra. Não, evidentemente, da barbárie da Ilíada e da Guerra de Troia, mas da longa e trevosa noite que cerca de quatro séculos antes se abatera sobre a Grécia Central/Peninsular com a devastadora invasão dória e o fim da era minoico-mecênica.

Em sua caleidoscópica abrangência temática, a Odisseia conta histórias de aventuras, de amor e de vingança e pode ser vista como um romance de formação (*Bildungsroman*) – de Telêmaco e do próprio Ulisses – ou como a celebração da vida doméstica. Estes e outros muitos temas presentes na obra despertaram ao longo dos séculos a preferência de leitores e comentaristas. Como contribuição, aqui são lembrados dois episódios. O primeiro, recorrentemente citado, é o de Nausícaa, carregado de latente mas explosiva tensão erótica, que, espantosamente, se mantém pulsante através dos milênios e sobrevive a qualquer tradução. O segundo episódio é o de Argo, injustamente esquecido, no qual Ulisses e seu cão moribundo protagonizam outra das páginas mais absolutamente imortais da arte literária ocidental.

## Nausícaa

A Esquéria, país dos feácios, é – na quase sempre delirante geografia da Odisseia – a parte oeste da ilha de Corcira (atual Corfu). Alcínoo, rei da Esquéria, mora na cidade, em seu palácio. É noite. Nausícaa, sua filha, bela como uma deusa e já em idade núbil, dorme em seu quarto, enquanto junto à porta entreaberta velam duas escravas. Atena – a protetora de Ulisses – entra sorrateira, na forma de uma amiga, e a faz sonhar: como pode ela, Nausícaa, ser tão negligente, não mantendo o enxoval limpo e organizado, apesar de já estar preparada para o casamento?

Quando acorda, ao chegar a aurora, Nausícaa lembra o sonho e pede ao pai que mande preparar o carro puxado por mulas. Amontoa nele seu enxoval e, acompanhada de várias escravas, vai ao lavadouro, que fica longe da cidade, na foz de um rio, junto ao mar. Lavados os tecidos e postos a corar sobre pedras limpas, Nausícaa e as escravas põem-se a jogar bola. De repente, de trás de alguns arbustos junto ao rio, sai um homem nu, coberto apenas pelas folhas de um ramo de árvore. As escravas fogem, aos gritos, apavoradas. Apenas Nausícaa, firme, enfrenta o desconhecido – Ulisses, que há pouco chegara à praia, nadando.

Neste momento, que remete ao início do episódio, quando Atena – a representação do destino – usa a ideia das núpcias próximas como estratégia para salvar seu protegido, o que até então fora uma inocente cena campestre se transmuta em campo de batalha, na qual se entrechocam, em turbilhão, as emoções de dois estranhos protagonistas: a filha do rei, no fulgor de sua beleza juvenil, e um homem nu, um náufrago desgrenhado e sujo, mal saído das águas.

Em Nausícaa adivinha-se o ardente pulsar do instinto, a fascinação pelo desconhecido, a curiosidade incontrolável, a consciência do poder e do dever. Esta vence, a tensão desaparece e o inesperado acontece: a adolescente se transforma em mulher e assume o controle da situação! Em Ulisses nada é necessário adivinhar: ele é velho conhecido... desde Troia! Sabe-se tudo sobre ele e ele de tudo sabe. Sabe que agora é refém, que caminha sobre frágil fio, que o próximo passo pode trazer a salvação. Ou a morte. Homero, não por simples casualidade, colocou neste episódio as duas comparações que, para mim, se elevam, tecnicamente, muito acima de todas as demais por ele criadas – inclusive as da Ilíada – porque atingem o nível sumo da funcionalidade estilística e retórica: a primeira, a do leão, pela força impactante do paradoxo; a segunda, a da palmeira, pela delicadeza paralisante da imagem.

Quando, despertado pelo alarido das jovens a brincar, Ulisses decide sair do esconderijo, na voz do narrador onisciente surge a primeira:

> Como o leão nutrido nas montanhas caminha, desafiando chuvas e ventos, confiado na sua força e, de olhos dardejantes, persegue bois, ovelhas ou corças silvestres, porque a fome o impele a acometer os rebanhos e a assaltar os currais – assim Ulisses era obrigado a ir para entre as donzelas de belas tranças, apesar de estar nu, pois a necessidade o constrangia.

O paradoxo é absoluto. Mas como? O leão, o rei dos animais, teme jogar-se em meio a bois, ovelhas e gazelas? Ulisses, o de muitos ardis, receia aparecer diante de um bando de meninas inofensivas? Sim – e este é o paradoxo desvelado pela inversão: o leão e Ulisses *estão* frágeis e não têm escolha. Eles são prisioneiros da fome e do destino.

A segunda comparação surge quando, iniciado o movimento de aproximação e ultrapassada a linha de não-retorno, Ulisses – *à faute de mieux!* – volta a ser Ulisses e – está no texto! – com ardilosa bajulação assim fala a Nausícaa, de níveos braços:

> Os meus olhos, na verdade, nunca viram ente mortal assim, homem ou mulher; por isso, olho-te com admiração. Beleza semelhante só vi em Delos, outrora, onde tinha ido acompanhado de um grande exército – foi um rebento novo de palmeira, que crescia junto ao altar de Apolo. Do mesmo modo que meu espírito ficou longo tempo maravilhado, ao ver o prodígio, pois nunca brotara na terra planta igual, assim, donzela, eu te admiro, e me extasio diante de ti.

Nausícaa não resiste. E que mulher resistiria a esta telúrica e sublime metáfora vegetal? Com isto, rompida a fronteira do imponderável, a cena readquire equilíbrio. Mas Nausícaa, tornada mulher em um átimo de eternidade, toma plena posse de si e, *regrada e fria qual Nestor da lenda*, assume impertérrita o controle da situação. E Ulisses, o de muitos ardis, obedece, disciplinado, à frágil donzela, elevada agora a símbolo de uma pedagogia vitoriosa em uma sociedade civilizada e pacífica. Para o protegido de Atena, Ítaca – a salvação – começava a emergir à distância, no iluminado horizonte do possível.

### Argo

Próximos ao palácio, Ulisses e Eumeu conversam:

> Entrementes, um cão, que estava deitado, levantou a cabeça e as orelhas: era Argo, o cão que o paciente Ulisses tinha criado, sem dele tirar proveito algum, antes de ir para a sacra Ílion. Depois, correra, na companhia dos rapazes, atrás de cabras selvagens, de veados e de lebres. Agora, porém, na ausência de seu senhor, jazia abandonado, sobre o estrume de mulos e de bois, que se acumulava defronte o portal, até que

os servos de Ulisses o levassem, para adubar as terras. Ali, pois, estava deitado Argo, todo comido de piolhos. Como reconhecesse Ulisses, agitou a cauda e baixou as orelhas; mas já não tinha forças para se aproximar do seu senhor. Ulisses notou isto e, voltando a cabeça, enxugou uma lágrima, que passou despercebida a Eumeu, a quem se apressou a dizer:

– Parece-me esquisito, Eumeu, que este cão esteja deitado no estrume. Ele é belo de corpo, mas não se pode saber se à beleza ajuntava a velocidade na carreira, ou se era um desses cães de mesa, de que cuidam os senhores só por luxo.

Tu, porqueiro, respondeste-lhe:

– Este cão pertencia a um homem que morreu longe de nós. Se tu o visses ainda ativo e belo, tal como Ulisses o deixou, ao partir para Troia, em breve admirarias a sua força e ligeireza. Caça que perseguisse nas profundezas da floresta não lhe escapava; tinha um faro apuradíssimo, para seguir-lhe o rasto. Mas agora está consumido pela doença. O senhor morreu, longe da pátria; e as mulheres, negligentes, não se importam com ele. Os servos, por sua vez, não querem cumprir o seu dever quando não estão sob a vigilância dos patrões. Zeus, o deus longividente, tira aos homens metade do seu préstimo, apenas lhes sobrevém o dia da escravidão.

Depois de assim falar, entrou no palácio e dirigiu-se para a sala, para junto dos pretendentes. Neste momento, a morte negra apoderou-se de Argo, que tinha visto, há pouco, Ulisses, passados vinte anos.

As técnicas e os temas que se sucedem e se entrelaçam nesta página suprema da narrativa do Ocidente são tantos que forneceriam – a Auerbach, a Hauser ou a qualquer outro dos grandes eruditos europeus do século XX – matéria suficiente para longo e luminoso ensaio. Ou para todo um livro. Aqui citá-la é o que resta. E prestar contido tributo ao cão e à lágrima.

Ulisses já se encontrava há algum tempo em Ítaca, mas ainda incógnito. Depois de estudar cuidadosamente a situação, à distância, na casa do porqueiro Eumeu, onde se hospedara disfarçado de estrangeiro, vai com ele até o palácio, pela primeira vez desde o retorno. Argo, o longevo cão, doente e abandonado, é o único a reconhecê-lo: abaixa as orelhas e abana a cauda. E morre. Não sem antes o narrador fazer Ulisses enxugar uma furtiva lágrima, perenizando o cão fiel como personagem e eternizando a abscôndita lágrima como a primeira da arte ocidental a registrar

da vida a esvair-se a dor universal.[14]

## Excurso

Ao final do prefácio à sua tradução da Odisseia – a melhor em língua portuguesa – diz o padre Dias Palmeira, comentando o caráter de Ulisses e seu bem-sucedido retorno a Ítaca:

> Mas com a morte dos pretendentes Ulisses não ficou reintegrado de todo ao seu mundo. Só com seu reconhecimento pela esposa e por Laertes foi que ele conseguiu o que outrora o fazia suspirar e dizer:
> *Nada é mais doce do que a pátria e do que os pais, ainda que o exilado habite em um suntuoso palácio, longe da família, em terra estranha.*
> Canto IX
> Esta total integração do herói na pátria e no remanso de seu lar foi o seu triunfo supremo, que, pelo engenho da sua inteligência e pela constância nas provações, lhe restituiu a antiga felicidade, mil vezes mais doce do que a imortalidade que lhe oferecia Calipso. E o poeta, que o acompanhou em todos os passos das suas viagens, soube traduzir na música dos seus versos o caráter humano da sua personalidade e conservar-lhe viva na alma, apesar das seduções de Circe e de Calipso, a fé nos ideais superiores que

---

[14] Dacanal, J. H. *Última lira* (inéditos).

dão significado à vida – o sentimento da pátria e da família e a consciência da própria responsabilidade e da dignidade humana. Por esta razão e por sua beleza poética, a Odisseia mereceu a admiração dos séculos e os seus versos chegam até nós como uma mensagem de valores éticos que dignificam o homem.

Sinceramente, não sei se como jesuíta – considerando os saques, as patranhas e a vida nada *edificante* da personagem –, eu subscreveria integralmente as palavras do grande helenista português... Bem, pensando melhor, talvez sim. Era 1957. Eu tinha 13/14 anos e cursava o 2º Ginasial no Seminário de Santo Ângelo, dos Missionários da Sagrada Família. Estávamos traduzindo odes de Horácio. Creio que Ad Leuconoem. Ou talvez outra. Não importa. O fato é que, um tanto saliente e inoportuno, ousei comentar que o conteúdo da ode não era, digamos, muito *católico*... O mestre olhou-me, perplexo. Mas, depois de um longo instante de silêncio, recuperou-se, bateu violentamente na mesa com a mão espalmada e disse, quase gritando: – Sim, eles eram pagãos! Mas não interessa! Interessa que vocês aprendam latim!

Ah, a milenar e insuperável pedagogia greco-romana, herdada pela herdeira do Império dos Césares e hoje tragada irreversivelmente na voragem da sociedade tecnológica e da barbárie crescente! Mas, como dizia meu mestre, isto não interessa! Interessa apenas que o padre Dias Palmeira também poderia afirmar: – Sim, Homero era pagão! O que não deve me impedir de reconhecer sua genialidade.

# HESÍODO

Seguramente posterior a Homero, cuja obra conhece e, inclusive, utiliza como fonte, Hesíodo nasceu e viveu na Beócia – sudeste da Grécia Continental –, possivelmente em meados do século VIII a.C. Seu pai, pobre, viera da Jônia e se tornara comerciante e proprietário rural médio bem-sucedido, o que deve ter-lhe permitido dar ao filho boa formação. A tradição é unânime em atribuir a Hesíodo três obras, todas modestas em extensão:[15] O escudo, A teogonia e Os trabalhos e os dias. A primeira, que tem por tema principal uma passagem da Ilíada – a descrição do escudo de Aquiles –, é de reduzida importância e quase esquecida. Não é o caso das outras duas.

### Teogonia

A Teogonia, como o próprio título diz, trata da origem dos deuses, dispostos como em uma árvore genealógica. Mas não se limita a isso. Baseado em Homero, em hinos diversos, em informações de vários santuários e certamente em ideias próprias, Hesíodo faz um longo inventário de divindades, mitos e cosmogonias, organizando verdadeira enciclopédia das crenças

---

[15] Em conjunto, não chegam a 100 p., em formato médio.

dos povos que compunham a Hélade, enciclopédia perenizada e insumida depois na memória cultural do Ocidente. A tal ponto que poucos sabem ter sido Hesíodo o primeiro a nomear as Nove Musas protetoras das artes, as Três Parcas etc. Apesar do pouco interesse que sua leitura desperta hoje, e de não alcançar a profundidade e a exemplaridade insuperáveis dos mitos semitas paralelos, a Teogonia é fundamental para o estudo da história das religiões, dos mitos dos povos de línguas indo-europeias e, particularmente, da antropologia filosófica. Basta dizer que os mitos de Prometeu e Pandora são, por um lado, quase idênticos ao de Gênesis 3 – ainda que dele se distanciem claramente em vários aspectos. Tudo isto faz com que a Teogonia, mesmo se hoje considerada *arqueológica*, permaneça fascinante em algumas de suas partes.[16] Mas nem de longe tanto quanto Os trabalhos e os dias, que, pela vivacidade formal, pela perenidade de alguns temas e pela passionalidade confessional foi, é e será penhor da permanente atualidade de Hesíodo. Enquanto a natureza humana for a mesma, segundo reza o mantra tucidideano...

## Os trabalhos e os dias

Estilisticamente desigual e tematicamente heterogênea, Os trabalhos e os dias começa retomando os mitos de Prometeu e Pandora – já referidos na Teogonia – e apresentando o das cinco idades da Humanidade. A seguir continua com um libelo contra o irmão, Perses, e contra a injustiça. Finalmente, termina com um longo elenco de conselhos sobre agricultura, navegação, comércio, casamento, civilidade etc. A parte intermediária é a que mantém quase intacta a perenidade de Hesíodo.

---

[16] Este é o caso do mito do assassinato do pai, tramado pelos filhos, de comum acordo com a mãe. O tema dele é o poder. E não o sexo, mero detalhe circunstancial ligado à estrutura patriarcal da família. Em consequência, desaparecida esta estrutura nas modernas sociedades industriais do Ocidente, a interpretação sexual do mito homiziou-se nos escuros desvãos das tolas e estéreis divagações da pseudociência psicanalítica.

Irritado com o irmão, vagabundo e pródigo, com os juízes, parciais e corruptos, que haviam favorecido aquele na divisão da herança paterna, e com os poderosos, arrogantes e insaciáveis – possivelmente os latifundiários da Beócia, seus vizinhos –, Hesíodo levanta a voz e se transforma no primeiro pedagogo, filósofo e ideólogo consciente da Hélade, assentando sua doutrina, repetem os comentadores, sobre três pilares fundamentais: o trabalho, a justiça e a piedade – esta última entendida como reverência aos deuses e aceitação da *moira*, ou destino.

Com seu tom direto, áspero e confessional, Hesíodo lembra não raro seus contemporâneos de Israel, os primeiros grandes profetas clássicos do século VIII a.C.[17] E isto se transforma em problema insolúvel e em marca indelével, como se tornaria para toda a Hélade e para Platão e Aristóteles.[18] Pois como proclamar o valor do trabalho em uma sociedade fundamente impregnada pelos ideais aristocráticos do patriciado urbano-rural e escravista da Jônia, reverenciados e disseminados na Beócia e em toda a Hélade pelos cantos homéricos, supremo panegírico a guerreiros, piratas e saqueadores? Como defender a justiça em um mundo no qual a ética – qualquer que fosse – não existe como valor coletivo e no qual a força e o acaso[19] regem o destino solitário de cada indivíduo? Como pregar a piedade em uma sociedade cujo panteão de deuses nada mais era que uma camarilha de irresponsáveis, pândegos, adúlteros, canalhas, vingativos e pérfidos das mais variadas estirpes?

Em Israel os profetas tinham diante de si, a infundir-lhes ânimo, a fé inquebrantável dos eleitos, ainda que poucos, e atrás, a sustentá-los, a fortaleza de Javé, justo, eterno, único e transcendente, jamais maculado pela ganga onipresente na Humanidade lábil. Hesíodo nada tinha. E no entanto, neste cenário adverso e sáfaro, ele proclama sua verdade, movido por seu

---

[17] V. adiante, p. 269ss.
[18] V. adiante, p. 169ss.
[19] V. acima, p. 26.

*dáimon* – tal como Sócrates mais tarde[20] – e tendo por sustentáculo – tal como Amós, pela mesma época[21] – a independência e a liberdade de um *farmer* que nada a ninguém devia e nada a ninguém pedia. E é comovente ouvir, por sobre os milênios, sua voz solitária, entre iracunda e irônica, enunciar o eterno *credo* do *outsider*, por ele primeiro redigido:

### *A justiça e a injustiça*

Hoje, nem eu nem meu filho quereríamos ser incluídos entre os justos.

Mau é ser um homem justo se o injusto é tratado com mais justiça.

### *O irmão preguiçoso*

Agora vens me procurar! Não te darei nem te emprestarei nada. Vai trabalhar, ingênuo Perses!

O trabalhado não é vergonha. A preguiça sim. Trabalha, Perses! E então o preguiçoso terá inveja de teus bens!

Oh, Perses, criança grande! Chegar rapidamente à perdição é muito fácil. O caminho é plano e está perto. Mas os deuses imortais colocaram o esforço diante do êxito. Longo e íngreme é o caminho que leva a ele. E é áspero no início. Mas à medida que te aproximas do topo ele se torna fácil.

### *O preço do conhecimento*

O ingênuo aprende apanhando.

### *A preguiça e seu resultado*

A fome é companheira do vagabundo.

### *A frugalidade equilibrada*

Alegra-te ao abrir e ao terminar um odre de vinho. Mas economiza quando ele estiver pela metade, pois é pouca a economia que se faz quando quase vazio.

---

[20] V. adiante, p. 156.
[21] V. adiante, p. 283.

# A LÍRICA

No conjunto do legado helênico, a lírica ocupa lugar relativamente modesto, tanto específica quanto genericamente, na escala de importância definida pelos pósteros. Especificamente, como produção simbólica/artística, ela vem em terceiro lugar, depois da epopeia de Homero e da tragédia/comédia de Ésquilo, Sófocles, Eurípides e Aristófanes. Genericamente, como parte de toda a produção literária da Hélade, seu lugar é ainda mais modesto, aparecendo apenas depois da filosofia, da história e até mesmo da oratória, se nesta incluirmos A defesa de Sócrates, de Platão.

Evidentemente, tal afirmação pode, e deve, ser tomada em termos relativos, por várias razões. Em primeiro lugar, pela própria monumentalidade, além da diversidade e exemplaridade, do legado helênico. Em segundo lugar, porque, produzidos quase todos no período dito *arcaico*, os textos/poemas que chegaram até nós são, com raríssimas exceções, fragmentários, além de relativamente poucos e de autoria algumas vezes controversa. Em terceiro lugar, porque, apesar de poucos e fragmentários, os textos/poemas supérstites são mais que suficientes como testemunhas de um *pattern* artístico altamente desenvolvido e sofisticado. Em quarto lugar, porque, por tudo isso, eles comprovam que, definitivamente, foi na Hélade que a lírica ocidental nasceu.[22]

É tradicional dividir a lírica do período arcaico em *monódica* e *coral*. Sob o aspecto histórico-formal, tal divisão é justificada e importante, pois a lírica *coral*, própria de solenidades públicas e eventos festivos, é assim denominada por ser recitada/cantada, acompanhada de instrumentos musicais, por conjuntos ou grupos, ao estilo dos modernos *jograis*, tendo sido uma etapa fundamental no longo processo que culminou na tragédia ática (ateniense). Por sua parte, a lírica *monódica* (de *monos* = um, único) denominava o ato de uma pessoa, sozinha, recitar/cantar um poema, também com o acompanhamento de um instrumento musical – lira ou flauta. Originariamente, tanto aquela como esta eram denominadas *mélica* (de *mélos* = música). O termo *lírica* surgiu mais tardiamente, em meados do século III a.C., entre os filólogos alexandrinos,[23] mantendo a partir daí e até hoje o mesmo sentido: o ato de alguém, solitariamente, exteriorizar suas emoções com palavras mais ou menos elaboradas – o poema.

Estes são temas importantes, e não raro complexos, para a teoria literária e para a história da arte do Ocidente, desde Aristóteles.[24] Mas para os objetivos desta obra mais adequado é, seguindo de longe e sumariamente W. Jaeger, abordar a produção mélica/lírica do período arcaico grego sob o ângulo do tema. Se tal procedimento foge à controvérsia, pelo menos simplifica a exposição.

Por volta de meados do século VII a.C., quando Roma era, possivelmente, apenas um aldeia de salteadores e sobre Israel/Judá já pairava iminente a catástrofe pelas mãos dos babilônios, a Hélade surgiu no horizonte da História, iluminada pe-

---

[22] Para alguns, o primeiro lírico verdadeiramente *ocidental* seria Catulo (*c.* 87-55 a.C.), por sua sensibilidade mais "moderna", menos formal. Ainda que possa não ser meramente acadêmica, tal discussão não cabe aqui. V. adiante, p. 439.
[23] V. Schüler, op. cit., p. 31.
[24] V. Snell, p. 91.

los róseos dedos da Aurora – como, de novo, diria Homero. Cerca de cinco séculos depois da devastadora invasão dória na Grécia Continental/Peninsular e sobre os escombros da civilização minoico-micênica e dos incontáveis grupos autóctones, que desapareceram quase sem deixar vestígios, a Hélade se erguia triunfal, prenunciando, para o bem e para o mal, o futuro do Ocidente e o destino do planeta. Já não era mais apenas a poderosa, rica, ilustrada e consciente aristocracia jônia, que, para justificar seu poder no presente, transformara, pela voz de Homero, os reis-piratas da era minoico-micênica em herois impolutos e em seus supostos antepassados. Nem, muito menos, os modestos proprietários rurais do sul da Grécia Continental, personificados em Hesíodo, o ideólogo da parcimônia dos *farmers* e do trabalho duro e inevitável e o crítico da justiça censitária. Tudo isto pertencia agora à pré-história da Hélade.

O desenvolvimento de novas técnicas (náutica, forjaria, agricultura etc.), a crescente utilização da moeda, a expansão do comércio, da indústria e da produção de alimentos, o rápido crescimento demográfico, a decorrente e necessária fundação de colônias, a disseminação da escrita e da educação, o acelerado processo de urbanização e a acumulação de riqueza em escala jamais antes vista ou imaginada haviam criado a Hélade como uma civilização cujos fundamentos eram a unidade étnico-linguística e a identidade cultural-ideológica.

Do extremo nordeste do Mar Negro ao extremo noroeste do Mediterrâneo (Marselha), ao longo de milhares de quilômetros das estreitas planícies costeiras e dos extensos vales fluviais do interior, incontáveis cidades, díspares em quase tudo, formavam um interminável rosário de contas desiguais,[25] mas todas ligadas pela mesma língua e pelo mesmo sistema de organização: o grego e a *pólis*. Foi neste mundo, foi na Hélade urbana que a lírica ocidental nasceu, dividida desde seu berço entre,

---

[25] Calcula-se que seu número devia girar em torno de 1.500, com uma população que variava entre apenas algumas centenas e muitas dezenas de milhares de pessoas.

de um lado, expressar as emoções do indivíduo, já liberto dos laços constritores da tribo e/ou do *grupo de sangue*, e, de outro, celebrar o passado e defender o presente da *pólis*, ou cidade--Estado, por definição totalitária, na qual este mesmo indivíduo, querendo ou não, era organicamente parte da casta dos cidadãos. Nas palavras de Snell:

> Na época dos líricos é que se organiza a *pólis* grega [...] e no lugar da antiga estrutura feudal se forma uma comunidade organizada segundo leis. Não deve parecer surpreendente o fato de que a consciência individual e a organização estatal da *pólis* surjam ao mesmo tempo, pois ser cidadão é algo diverso do que pertencer à massa informe e sem vontade.[26]

A tensão entre indivíduo e Estado, que em Israel não existe, pois que ali o poder é delegação e a autoridade é serviço,[27] é na Hélade marca genética da ordem civil e se tornaria sua dúplice herança legada ao Ocidente.

Em decorrência, a lírica, o primeiro e genuíno produto da cultura da *pólis*, reflete esta tensão, movimentando-se no espaço situado entre estes dois pólos: o indivíduo e o Estado. Isto justifica, pelo menos em termos didático-informativos, que a lírica do período arcaico possa ser vista sob o ângulo de duas grandes correntes temáticas, não raro presentes em um mesmo autor: aquela da Jônia/Eólia, a primeira a surgir, preponderantemente individualista/intimista, e a da Grécia Continental/Peninsular, posterior e marcadamente social/ideológica.

---

[26] Snell, p. 118.
[27] V. adiante, p. 246.

# A lírica jônio-eólia

Em perspectiva histórica, é perfeitamente compreensível que a lírica tenha surgido na região da Jônia e da Eólia, na costa oeste da Ásia Menor e no centro-nordeste do Egeu. Ali, séculos antes que a Hélade se formasse, já existiam grandes concentrações urbanas, impregnadas de uma atmosfera acentuadamente cosmopolita, decorrência da posição geográfica – encruzilhada do Oriente com o Ocidente –, da composição étnico-social heterogênea e de sua economia mercantil-industrial, avançada para a época. Dos fragmentos, poucos, e dos nomes, relativamente numerosos, que sobreviveram à ação implacável do tempo e à perda da frágil memória dos pósteros emerge um cenário difuso, mas impactante, de um mundo marcado pela expansão da consciência individual, pela reflexão sobre o mundo e pelos conflitos sociais, segundo já se evidencia no primeiro deles, o *outsider* Arquíloco de Paros.

## Arquíloco de Paros
(c. 650 a.C.)

Filho de uma escrava, soldado por profissão, talento versátil, ilustrado, temperamental e iconoclasta, Arquíloco de Paros é considerado o primeiro lírico do Ocidente e o mais importante de todos os jônio-eólios, talvez mesmo de todos os autores do período arcaico, à exceção de Píndaro de Tebas. O que se conhece de sua obra não permite um julgamento seguro. Mas basta para considerá-lo o símbolo máximo de uma civilização que há muito ultrapassara seu zênite e marchava, no século VII a.C., para o ocaso, insumida no vasto espaço da Hélade, que já então se alçava no horizonte, conduzida pela retardatária Ática, onde o gênio helênico logo refloresceria, inesperado e insuperado, à luz brilhante do sol mediterrâneo.

Dos fragmentos de Arquíloco, três estão entre os mais citados, certamente por revelarem, isoladamente, sua surpreendente versatilidade e, em conjunto, sua agressiva personalidade. Um deles, no qual define o amor/instinto como agonia e luta, justifica os que lhe atribuem o título de primeiro lírico do Ocidente:

> Um desejo de amor
> Em segredo de meu coração se apossou,
> Com densa névoa velou os olhos meus
> E do peito todo pensar delicado expulsou.

Outro é uma invectiva feroz, na qual dá vazão à sua fúria contra um amigo que o traíra:

> Que ali os hirsutos trácios o torturem,
> E padeça penas muitas comendo o pão dos escravos.
> Enregelado pelo frio, coberto de algas,
> Batendo os dentes como um cão,
> Que ali fique, de rosto no chão, na praia musgosa,
> Assim eu queria ver quem me injuriou,
> Espezinhando a lealdade.
> E dizer que por algum tempo foi meu amigo...

Finalmente, em um terceiro, histórico-literariamente diverso de tudo o que dele se conhece, Arquíloco de Paros rasga o código de honra do guerreiro, testemunha a vulgarização de velhos símbolos e reduz a pó a compacta ideologia de casta em que a aristocracia jônia assentara no passado seu poder:

> Um trácio se vangloria agora de meu escudo,
> Arma excelente, que atirei longe, ao fugir.
> Ao diabo o escudo!
> Salvei minha vida
> E logo vou arranjar outro melhor!

Diante de tais versos, quem não lembra imediatamente da couraça de Aquiles, usada por Pátroclo e, quando este é morto, transformada em valiosa presa de guerra? Ou do comportamento das mães espartanas, referido por Heródoto, as quais, diante do cadáver dos filhos tombados na batalha, antes de qualquer coisa queriam saber se eles tinham sido feridos nas costas, ao fugir, ou no peito, ao enfrentar corajosamente o inimigo?

Para o iconoclasta de Paros, a honra não é mais virtude e o escudo não é mais símbolo. E um escudo, ora, um escudo se compra na forjaria da esquina! Definitivamente, a velha Jônia, sua orgulhosa e poderosa aristocracia e seus heróis de fancaria criados por Homero haviam sido sepultados pelos séculos! Despejado das ilhas do Egeu e das costas da Ásia Menor, o *Geist* helênico buscava novas plagas para cumprir seu destino. Na ainda quase agrária Ática, politicamente em convulsão, Sólon e Clístenes preparavam sua nova morada.

## Semônides de Amorgos
(*c.* 650 a.C.)

Um dos primeiros líricos jônios, Semônides de Amorgos foi contemporâneo de Arquíloco. Entre os fragmentos que dele restaram, o mais conhecido é aquele que começa com a citação da mais famosa das comparações de Homero:

> A coisa mais bela disse o homem de Quios:
> O suceder-se das gerações dos homens
> É como o suceder-se das gerações das folhas.

No entanto, eles ouvem tal advertência
Mas não a acolhem em seus corações.
Todos conservam as esperanças
Que brotam nos corações dos jovens.
Enquanto dura a flor dos anos
Têm os mortais o coração leve
E traçam mil planos irrealizáveis.
Ninguém deles pensa na velhice e na morte,
Nem na doença enquanto têm saúde.
Insensatos!... Não sabem que para os mortais
Breve é o tempo da juventude e da existência.
Aprende isto! E pensando no fim da vida
Deixa tua alma comprazer-se em algo agradável.

## Mimnermo de Cólofon
(*c*. 600 a.C.)

Mais ou menos na mesma linha temática de Semônides de Amorgos, Mimnermo de Cólofon lamenta o fim dos prazeres de Afrodite e diz:

Quero morrer quando cessar
Dos segredos do amor a fome,
E dos suaves favores do leito.
Estes e outros são as flores
Da juventude de homens e mulheres.
Sobrevindo dolorosa a velhice,
Deformadora de homens formosos,
Cuidados amargos roem as entranhas,
Cessa a alegria da luz do sol,
Vem a repulsa dos jovens e o desprezo das mulheres.
Amarga os deuses a velhice fizeram![28]

---

[28] Tradução de Schüler, op. cit.

## Safo de Lesbos
(*c.* 600 a.C.)

Safo de Lesbos, honrada por seus pósteros como a *décima musa*, não foi a única mulher a escrever poemas, no período arcaico e depois. Mas foi a única que, por sua rara inteligência, por sua extrema sensibilidade e por sua trágica solidão em um mundo em que às mulheres competia apenas procriar e fiar, transformou-se em símbolo perene da busca pela igualdade entre os sexos – que em Israel o monoteísmo contém implícita e óbvia desde seus primórdios (Gênesis 3) e em Paulo de Tarso é explícita e imperativa (Gálatas 3,28) mas que na Hélade patriarcal jamais foi sequer imaginada, nem mesmo entre a classe dirigente, com a relativa exceção, talvez, da Esparta dos séculos VII e VI.[29]

Seguramente integrante desta classe em uma cidade rica e próspera, com uma aristocracia mercantil numerosa e cosmopolita, Safo busca a sobrevivência no fechado círculo de suas iguais no sexo, na classe social e na desdita. E as páginas que, dois milênios e meio depois, Werner Jaeger sobre ela escreveu – talvez as mais impactantes de *Paideia* – são a prova de sua perenidade no Ocidente. Se seu infeliz amor por Faon e seu suicídio ao lançar-se do simbólico cimo das rochas da ilha de Lêucade são históricos ou não, é impossível saber. Evidente é, porém, que ela foi a primeira e a última *feminista* a transformar seu destino e sua dor em memoráveis poemas de uma aristocrata do espírito e não em patéticos lamentos de tantas tolas da pseudomodernidade. Com dizem os primeiros versos de um deles, com o inconfundível frescor de quem alcançou descobrir o mundo e com a contida contundência de quem de sua dor extrai a coragem para lhe devolver o desprezo:

---

[29] V. Jaeger, p. 102.

Hélade

> Alguns dizem que sobre a negra terra
> O mais belo é um esquadrão de cavaleiros;
> Outros que um batalhão de infantaria;
> Outros que uma esquadra de navios.
> O mais belo é o ser querido
> Que o coração anela.

---

## Anacreonte de Teos
(*c.* 570-*c.* 480 a.C.)

As conhecidas *Odes anacreônticas*, de temática semelhante às do persa Omar Khayyan, são muito posteriores e não foram escritas pelo poeta de Teos. Do verdadeiro Anacreonte salvaram-se apenas alguns fragmentos, além de um poema considerado completo pelos estudiosos:

> Potranca trácia, por que me fitas
> Com estes olhos oblíquos
> E sem piedade foges de mim?
> Nota bem: se eu te puser o freio
> E empunhar as rédeas,
> Chegarei contigo à meta na corrida.
> Mas agora pastas no prado
> E segura zombas de mim,
> Pois te falta destro cavaleiro que te monte.[30]

A partir deste poema e de outros poucos fragmentos supérstites, é difícil dizer se Anacreonte de Teos faz jus à fama que alcançou entre a posteridade. Mais difícil é, porém, ter que suportar os que se julgam "modernos" por empregarem termos grosseiros de duplo sentido.

---

[30] Tradução de Schüler.

## Outros líricos jônio-eólios

A tradição guardou memória segura e o tempo preservou fragmentos importantes de vários outros líricos jônio-eólios. Entre eles se destacam Alceu de Lesbos (*c.* 600 a.C.), aristocrata convicto e ativo participante das lutas políticas de sua cidade mas autor de poemas ritmados de sabor popular amplamente difundidos, principalmente aqueles que celebram o vinho e as festas.

Calino de Éfeso (*c.* 600 a.C.), famoso por seus poemas que conclamavam a juventude a lutar e a morrer pela pátria ameaçada pelo inimigo e, assim, talvez o único dos líricos jônio-eólios a se identificar tematicamente, ainda que apenas circunstancialmente, com a lírica da Grécia Continental/Peninsular.[31]

Outros ainda podem ser citados, como Simônides de Ceos (*c.* 660-*c.* 570 a.C.) e seu sobrinho Baquílides (*c.* 650 a.C.), autores de muitos poemas de circunstância, como *epinícios* – obras em louvor dos vencedores em competições esportivas. Do primeiro foi conservado também um breve poema típico da lírica jônio-eólia:

> Por seres homem, não digas
> O que sucederá amanhã.
> Havendo alguém feliz,
> Como prever por quanto tempo o será?
> Pois rápida que nem a mosca de asa veloz,
> Assim é a mudança.[32]

---

[31] V. a seguir, p. 68ss.
[32] Tradução de Schüler.

# A lírica da
# Grécia Continental/Peninsular

A cultura grega alcançou pela primeira vez sua forma clássica na estrutura social da *pólis*... Inclusive quando se assenta de forma total ou parcial sobre fundamentos aristocráticos ou agrários, a *pólis* representa um novo princípio, uma forma mais sólida e mais completa de vida social. É da maior importância, para nosso objetivo, constatar como a *pólis* grega encontra sua expressão primeiro na poesia e depois na prosa.[33]

Os líricos da Grécia Continental/Peninsular – Tirteu de Esparta, Álcman de Esparta, Teógnis de Mégara, Sólon de Atenas e Píndaro de Tebas – são numericamente poucos se comparados aos da Jônia/Eólia. Mas, a partir dos fragmentos que possuímos, este fato é de reduzida importância. Muito mais relevante é observar que, em uma visão de conjunto, os líricos jônio-eólios refletem tematicamente um mundo descentrado e heterogêneo, no qual as emoções individuais e as circunstâncias imediatas, por definição dispersivas, se voltam sobre si próprias e nisso encontram seu limite. Os da Grécia Continental/Peninsular, pelo contrário, surgem como arautos – mesmo que por negação, como Teógnis de Mégara – e integrantes de um tempo em que começa a gestar-se o *milagre helênico*, fundado sobre a *pólis*, o qual, logo a seguir, no século V a.C., se revelaria em todo seu esplendor, ainda que fugaz, iluminando

---
[33] W. Jaeger, p. 84-85.

por algumas décadas os céus do Mediterrâneo, traçando, com sua esteira de luz, os caminhos da Europa e do Ocidente.

No século VI a.C., a Jônia/Eólia há muito encerrara seu ciclo vital. E seus líricos e filósofos,[34] a meditar sobre o sentido da vida e a investigar a natureza do mundo, dão voz ao presente e anunciam o futuro. Como diria outro filósofo, cerca de dois milênios e meio depois, "a coruja de Minerva alça voo apenas ao cair da noite". E, na Hélade, seu rumo era então o sudoeste...

Ali, na Ática, na Beócia e no Peloponeso nascia uma nova sociedade. Nesta, ao contrário do que ocorrera com os núcleos urbanos litorâneos da Jônia/Eólia – estreitamente interligados pelas rotas marítimas e pela economia mercantil-industrial –, cada *pólis* evoluíra em relativo isolamento e desenvolvera, de acordo com a herança dos ancestrais e as condições do meio, características próprias e específicas, sem cuja compreensão é impossível analisar e avaliar adequadamente os eventos transcendentais que convulsionaram toda a Hélade no longo século que vai das Guerras Médicas à batalha de Queroneia (338 a.C.). Contudo, estas características peculiares de cada *pólis* da Grécia Continental/Peninsular são, no que aqui importa, menos decisivas do que as comuns a todas elas por serem decorrência de um mesmo processo histórico-social: a lenta mas irreversível substituição, ao longo da *era da dispersão*, do poder absoluto da antiga e restrita nobreza latifundiária dos séculos IX e VIII pelo poder, também absoluto, da nova e também restrita mas numericamente mais ampla aristocracia urbano-agrária. Esta, no século VII começou a transformar-se rapidamente em urbano-industrial, no litoral, e em toda a parte passou a enfrentar a pressão dos novos grupos sociais emersos no bojo deste processo, do qual a crescente utilização da moeda foi componente essencial.

É impressionante observar como este cenário, de cores tão vívidas quanto de sombras ameaçadoras, se revela nos poemas

---

[34] V. adiante, p. 85ss.

dos líricos da Grécia Continental/Peninsular do século VI, mesmo em Esparta, que, marchando na contramão da Hélade, tem em Tirteu e Álcman o último lucilar de vida espiritual antes de mergulhar na militarização sem retorno e na noite sem aurora.

Como diz W. Jaeger na citação acima, é primeiro nos líricos da Grécia Continental/Peninsular que a *pólis*, a caminho do seu apogeu, se apresenta ao mundo em todo seu esplendor.

## Tirteu de Esparta
(*c*. 650 a.C.)

Esparta foi, por um lado, caso único entre as cidades helênicas e, por outro, alçou-se ao patamar de modelo insuperável do ente histórico-civilizatório denominado *pólis*.

Nascida, possivelmente, no século IX a.C., quando um grupo restrito da nobreza dória ocupou o fértil vale do curso médio-inferior do Eurotas e transformou os primitivos habitantes da região em *periecos* – algo como os *servos da gleba* da Idade Média –, Esparta desapareceu logo depois do desastre de Leuctra (371 a.C.), mergulhando para sempre nas sombras da desimportância em meio a uma Hélade que já caminhava rápida e coletivamente para o ocaso.

Não cabe aqui analisar o fascinante processo de formação do Estado espartano e as componentes que lhe deram especificidade e exemplaridade inigualáveis.[35] Basta dizer que, originando-se de uma operação militar, Esparta seguiu caminho próprio entre as cidades gregas e já no século VII a.C. transformara-se em uma cidade sitiada interna e externamente, comandada por uma casta aristocrático-militar – sucedânea da antiga nobreza dória – ocupada exclusivamente em explorar os periecos,

---

[35] V. o cap. de *Paideia* sobre o tema.

sufocar os hilotas (escravos) e defender-se dos messênios, secularmente irredentes e finalmente expulsos das planícies da margem direita do Eurotas. Como diz W. Jaeger, seria equivocado pensar que nunca houvera vida espiritual em Esparta. Havia – e as escavações arqueológicas recentes o comprovam –, mas no final do século VI a.C. ela se estiolara completamente, não por coincidência nas décadas que se seguiram à definitiva expulsão dos messênios, quando a militarização do Estado espartano deixou de ser produto circunstancial de um processo histórico específico para transformar-se em única razão de sua própria existência.

Tirteu de Esparta é a encarnação consumada deste processo. Ele é o artista que Platão, Lênine e os totalitários de todas as épocas apreciariam ter em sua República. Nele a ideologia totalitária da *pólis* helênica e a estrutura militarista do Estado espartano se fundem em uma liga sem fissuras. Em sua lírica, não são as armas que cedem lugar à arte mas são aquelas que se transformam nesta. Se a lírica patriótica de Calino de Éfeso é historicamente circunstancial, a lírica política de Tirteu é organicamente bélica. Ela é a voz de Esparta, que ecoa pelos séculos afora, até hoje ainda, quando o conceito de *pátria* tende a perder seu conteúdo clássico, insumido no *mare nostrum* da globalização planetária. Mas esta voz renitente de um passado morto continua a ressoar etérea no presente, perenizada pelo milagre da arte:

> Gloriosa é a morte nas primeiras linhas
> Do soldado que luta pela terra em que nasceu.
> Não há vergonha maior do que mendigar
> Longe da pátria e dos férteis campos,
> Amargando o exílio com a mãe estremecida,
> O velho pai, os filhinhos, a esposa amada.
> Tangido pela penúria, pela pobreza aviltante,
> Este verá o desprezo entre os estranhos.
> Infâmia será para sua gente,
> Mancha na heroica imagem, arauto de covardia e de opróbrio.

Não há para o exilado nenhuma ajuda,
Nem respeito, nem conforto, nem dó.
Lutemos, portanto, com ânimo por esta terra.
Enfrentemos a morte, sem apego à vida!
Jovens, combatei unidos,
Sufocai o medo, bani a fuga vergonhosa.[36]

Ou:

Para um homem, de nada adianta ter tudo,
Se não tiver valor guerreiro.
Se não for capaz de enfrentar a morte na batalha
E lutar corpo a corpo com o inimigo.
Isto é virtude!
Este o galardão mais alto e mais glorioso
Que pode um jovem alcançar entre os homens!

## Álcman de Esparta
(*c.* 650 a.C.)

Segundo a tradição, Álcman era natural de Sardes (Jônia), tendo se tornado cidadão de Esparta e ativo participante da vida pública da cidade. Há abundantes fragmentos de seus poemas, muitos dos quais apresentam grande semelhança temática e formal com a lírica jônio-eólia, de caráter individual/intimista. Mas aqui mais interessante e suficiente é citar o que diz W. Jaeger sobre a *lírica coral* de Álcman:

> Seus versos, escritos para coros de jovens espartanos, brotam do humor penetrante e vigoroso realismo da raça dória [...]. As canções de Álcman [...] nos mostram que o espírito de competição entre o sexo feminino não era menor do que entre o sexo masculino. Elas revelam também, com a maior

---
[36] Tradução de Schüler.

clareza, que a condição da mulher na vida pública e privada de Esparta era muito mais livre do que entre os jônios, influenciados pelos costumes asiáticos, e do que entre os atenienses, influenciados, por sua vez, pelos jônios.[37]

Nada a admirar nisto. Com todos os homens válidos em permanente estado de guerra contra periecos, hilotas e messênios, as mulheres da casta dirigente eram por definição obrigadas a assumir o comando do grupo familiar. Aliás, pesquisas recentes registram o mesmo fenômeno nas favelas e nos *barrios* das grandes cidades da América Latina. O tempo é outro, a guerra é outra e a classe social também, mas a natureza humana continua a mesma. E ela tem horror ao vácuo de poder.

## Teógnis de Mégara
(*c.* 650-*c.* 580 a.C.)

As rápidas e profundas transformações em curso na Hélade a partir de inícios do século VII, com a redução dos fluxos migratórios em direção à periferia – a *era da dispersão* –, a rápida expansão das atividades comerciais e industriais, a disseminação do uso da moeda e a urbanização crescente provocaram na Ática e na Beócia a decadência da antiga nobreza latifundiária, a ascensão dos plebeus enriquecidos neste novo cenário histórico-econômico e a instabilidade político-social. Os paradigmas da reação intelectual – na voz dos líricos – a este processo foram Sólon de Atenas e Teógnis de Mégara, que são reflexos invertidos em um mesmo espelho.

Se, como se verá, diante do caos iminente e da previsível ruína de uma cidade dividida Sólon de Atenas propõe como solução a execução de reformas que reduzam os conflitos e

---
[37] *Paideia*, p. 102.

restabeleçam o equilíbrio social, Teógnis de Mégara, no polo oposto, prega o retorno ao passado, quando o poder absoluto da nobreza latifundiária era garantia de paz e tranquilidade. Ao contrário de Sólon, um dissidente com visão de estadista, Teógnis de Mégara, sem esperanças no futuro, atua como porta-voz de uma classe ameaçada. Um de seus poemas mais conhecidos, dirigido a Cirno, seu pupilo, não pode ser mais claro como símbolo condensado de situações recorrentes através dos séculos:

> A cidade continua, de fato, a mesma. Mas as pessoas são outras. Indivíduos que não possuem qualquer noção do que sejam a justiça e a lei, que ontem cobriam seus corpos com grosseiras vestes de couro de cabra e que viviam fora da cidade, são hoje pessoas importantes e os que eram importantes são hoje pobres-diabos [...]. Esta sociedade sem salvação ama apenas a fraude, a traição e a impostura.

Mas seria equivocado ver em Teógnis de Mégara simplesmente a voz isolada e raivosa de um ressentido, que se volta com explícita contundência contra os casamentos de aristocratas decadentes com plebeias ricas ou contra os pais que oferecem suas filhas aos *parvenus* endinheirados, como nesta célere passagem:

> Para escolher animais de raça, como carneiros, asnos e cavalos, só levamos em conta o que é nobre. Mas em tais casamentos sacrificamos sem vacilar nosso próprio sangue. A riqueza mistura as linhagens.

Teógnis de Mégara é muito mais do que isto. Por suas ideias e pela forma como as expressou, ele se alça à função de ideólogo de sua própria classe, quando esta, por volta do início do século VI a.C., começa a se transformar em partido e a lutar contra o poder universal do dinheiro e contra o avanço ameaçador das massas sem *pedigree*, ricas ou não. Por isto sua influência estendeu-se para muito além da época em que viveu e atuou, alcançando Platão e seu círculo. Onde quer que, na Hélade dos séculos V e IV a.C., houvesse um aristocrata defendendo seus interesses, ele carregava debaixo do braço os poemas e ditos de

Teógnis de Mégara.[38] E um destes ditos basta para comprovar que ele não era apenas um representante orgânico e um ideólogo paradigmático de sua classe. Ele era também um lírico clássico, na linha temática dos jônio-eólios:

> Infeliz sou por minha juventude
> E por minha velhice:
> Por esta, por já ter chegado;
> Por aquela, por já ser passado.

## Sólon de Atenas
(640-558 a.C.)

Se Tirteu é a voz do Estado espartano e de sua casta militar no momento em que ambos, indissoluvelmente imbricados, atingem o estágio final de um processo secular de formação sob condições específicas e paradigmáticas, Sólon de Atenas é um aristocrata dissidente que, diante da crescente agitação social e da previsível ruína da cidade, se eleva acima de todos e, com a *imperatoria vis* dos eleitos pela História, assume o papel de arauto universal da razão e da justiça e declara que sobre estas o Estado ateniense deve assentar seus fundamentos como penhor de sua sobrevivência no futuro. A lírica de Tirteu de Esparta é a encarnação coletiva de um Estado em armas na voz de um cidadão exemplar. A lírica de Sólon de Atenas promulga, pela voz de um gênio solitário, a Constituição de um Estado ainda inexistente. Assim, se na lírica de Calino de Éfeso fala uma cidade sitiada, na de Teógnis de Mégara uma classe social condenada e na de Tirteu de Esparta fala o Estado, na lírica de Sólon de Atenas fala a natureza humana, como no mais famoso de seus poemas, que tem por tema a *eunomia* (a boa lei, o bom governo) e sobreviveu quase na íntegra:

---
[38] *Paideia*, p. 196.

Nossa *pólis* jamais perecerá pela vontade de Zeus
Nem pelo desejo dos benditos deuses imortais,
Pois a tão magnânima protetora, filha do poderoso pai,
Palas Atena, a protege com suas mãos.
Contudo, os próprios cidadãos, com seus desvarios,
Querem destruir a grande *pólis*, ávidos por riquezas.
E nefastos são os desígnios dos líderes do povo,
Aos quais estão reservadas muitas aflições
Por seus desatinos,
Pois são incapazes de controlar sua arrogância
E de refrear seus desejos. [...]
[...]
Enriquecem praticando atos injustos,
Não poupando os bens sagrados e nem mesmo os públicos,
Roubam com avidez, cada qual por seu lado,
Não respeitam os sagrados fundamentos da Justiça,
Que, em silêncio, conhece o passado e o presente
E que no futuro certamente os punirá.
Esta chaga incontrolável já atinge toda a *pólis*
E rapidamente conduz à desastrosa escravidão.
Que provoca a sedição e a guerra adormecida,
Que ceifa a feliz juventude de muitos.
Assim, por causa de seus inimigos,
A bela cidade é destruída por conspirações...
Estes males atingem todo o povo:
Muitos pobres partem para terras estrangeiras,
Vendidos e carregando humilhantes grilhões.
[...]
Desta forma, a desgraça alcança a todos em sua própria casa,
E as portas das casas são incapazes de contê-la.
Ela salta por sobre os altos muros
E atinge até aquele que, fugindo,
Se recolhe ao recesso de seu lar.
Meu coração ordena
Ensinar tais coisas aos atenienses:
Que o mau governo causa à *pólis* males sem conta
E que o bom governo tudo dispõe em ordem e proporção.
E muitas vezes põe a ferro os injustos,

Reduz a violência, barra a arrogância
E controla os desmandos,
Seca as flores nascidas da desgraça,
Corrige as leis dúbias,
Coloca limites aos atos arrogantes,
Põe fim à dissensão,
Faz cessar o ódio gerado pela funesta rivalidade.
Assim, graças a ele[39] reina a ordem
E a proporção entre os homens.
Ao povo concedi os privilégios necessários,
A ele não subtraindo nem acrescentando honra.
Aos que tinham poder e eram admiráveis por seus bens
Garanti que não sofressem desonra.
E assim, de pé, protegendo a ambas com forte escudo,
Não permiti que nenhuma das duas partes
Vencesse injustamente.

Esse poema, reproduzido em suas partes fundamentais, é um dos textos mais impressionantes da literatura universal e sobre ele foram escritos inúmeros ensaios e extensas obras. Aqui são imprescindíveis algumas observações.

1 – A superposição de pelo menos três níveis de pensamento, antropologicamente falando, é surpreendente e impactante neste poema. Nos primeiros cinco versos, a concepção mítico-religiosa de mundo aproxima o poema dos relatos que no Livro de Êxodo dão forma a Moisés, o lendário legislador de Israel.[40] A seguir, abruptamente, aparecem, imbricados, o racionalismo quase rasteiro de uma violenta diatribe política destinada a esmagar os adversários, na linha de Demóstenes e Cícero, e o idealismo quase ingênuo de um legislador que tenta encontrar fundamentos transcendentes para justificar sua

---

[39] Isto é, o bom governo.
[40] Alguém poderia afirmar que se trata de um recurso retórico (*captatio benevolentiae*) destinado a conquistar a simpatia do público. O tom arcaico que impregna todo o poema desautoriza tal interpretação. Contudo, mesmo que tal argumento fosse aceito, ele em nada afeta esta análise.

posição e sua ação (a defesa da justiça, do direito, da equidade etc.), na linha, mais uma vez, dos profetas clássicos de Israel. Esta espantosa combinação de elevada exigência moral e de realismo político devastador presentes no poema permite qualificar Sólon de Atenas como o primeiro grande estadista do Ocidente, no mesmo nível de Péricles – tal como este aparece, idealizado, em Tucídides – e incomparavelmente superior a Augusto, com sua complacente autossuficiência, que transborda de seu testamento,[41] e a Constantino, cuja rústica genialidade estratégica e operacional preparou o caminho para insumir bárbaros e cristãos na *romanitas*. Por isto, sem exagero, pode-se afirmar que Eunomia, ao lado dos Dez Mandamentos e da Lei das Doze Tábuas, é um dos textos fundadores do Ocidente.

2 – A absolutização da *pólis* e a presença perfunctória dos deuses deixam claro que o totalitarismo, e não a democracia – no sentido moderno do termo –, é criação grega. A democracia – sempre no sentido moderno do termo – finca suas raízes em Israel e tem por fundamentos não a *pólis* e seus deuses inconsistentes mas Javé e o monoteísmo.

3 – A inconsistência do transcendente e o idealismo jurídico – já encontrados em Hesíodo – explicam por que o *direito* não é uma criação do gênio helênico mas de descendentes de salteadores, os rústicos e práticos camponeses das margens do Tibre, que o fundamentaram simplória e solidamente sobre a propriedade e o poder e não sobre elegantes e sofisticados elucubrações mítico-religiosas e/ou filosóficas.

4 – Sólon de Atenas não é um ingênuo, é claro. Ele é apenas um filho de seu tempo, um tempo de transição entre o mundo arcaico/agrário da nobreza latifundiária da Grécia Continental/Peninsular dos séculos VIII e VII, no qual sangue e terra eram sinônimos de poder, e o mundo urbano, mercantil e industrial da Ática dos séculos VI e V, no qual a quantidade de moeda e o conhecimento técnico determinavam quem comandava os *demos* e a própria Atenas.

---

[41] V. Cochrane, p. 11.

Como se sabe, a força de sua personalidade, a amplitude de seu conhecimento e a decorrente autoridade moral conduziram Sólon ao poder supremo. Mas ele conhecia a natureza humana. E assim, aristocrata dissidente e revolucionário, ao contrário de Platão, aristocrata conservador e político de ocasião, que dois séculos depois se aproximaria do tirano Dionísio de Siracusa para tentar tornar real sua república ideal, Sólon de Atenas nunca precisou escrever a patética Carta VII, matriz original de todos os tolos sonhadores políticos de qualquer época. Pelo contrário, e exatamente por conhecer a natureza humana, Sólon abandonou espontaneamente o poder e retirou-se de Atenas, não sem antes redigir seu imortal epitáfio, com o qual não deixou a vida mas apenas a política e assim entrou para História da espécie, enquanto esta for a mesma:

> Afastei-me da pátria.
> E o poder e a tirania,
> Estas eu não as quis.
> Disto não me envergonho,
> Mesmo quando me acusam
> De ter maculado minha glória.
> Com a ajuda dos deuses,
> Cumpri minha promessa:
> Não aprecio usar a violência dos tiranos.

Decisão coerente com o que ele dissera em outro poema, anunciando algumas décadas e quase dois séculos antes, respectivamente, tanto a violência provocada pela tirania ilustrada de Pisístrato quanto os desastres gerados pela democracia comandada por demagogos arrogantes e irresponsáveis como Cleon:

> Se padeceis infortúnios por vossa covardia,
> Não imputeis às divindades parte deles,
> Pois vós mesmos os aumentastes, dando-lhes abrigo.
> E por isto caístes em funesta escravidão.
> Caminhais todos com passos de raposa,
> Mas tendes a mente fútil.

> Na verdade, dais atenção à língua
> E às palavras de homens astuciosos
> E não olhais o que realmente acontece.

Mas Sólon de Atenas não foi apenas o estadista genial, o líder incontestado, o paradigma da moralidade e da ação políticas. Ele foi tudo isso porque foi muito mais que isso. E a prova se encontra em um fragmento surpreendente, no qual medita sobre as forças incontroláveis que regem o destino humano, responsáveis pelos incompreensíveis azares da Fortuna. Quatro séculos antes do autor do Livro de Jó – produto do choque entre o providencialismo transcendente israelita e o racionalismo imanente helênico –, Sólon de Atenas se debruça sobre os problemas da retribuição e da justiça divina:

> A Moira traz aos mortais tanto o mal como o bem,
> Irrecusáveis mostram-se os dons dos deuses.
> Perigo há em todas as empresas
> E ninguém sabe no começo como será o fim.
> O que procura agir habilmente
> Cai, por ser-lhe vedado prever,
> Em fragorosa e terrível desgraça.
> E ao que procede mal
> A Divindade proporciona bom êxito,
> Redenção da insensatez.[42]

Evidentemente, não há aqui, ao contrário do que ocorre no Livro de Jó, a tentação da revolta contra a Divindade nem o consolo oferecido pela fé em Seus arcanos desígnios. Em Sólon de Atenas há apenas a gélida constatação do absurdo que não raro impera no mundo.

Diante dos atenienses que não entendiam por que renunciara ao poder e o censuravam por isso, ele não deve ter ficado admirado. Sólon de Atenas sabia que o verdadeiro poder é o do conhecimento. E que, como Sófocles mostraria um século depois, quem o tem está fatalmente condenado à solidão.

---

[42] Tradução de Schüler.

## Píndaro de Tebas
(521-441 a.C.)

Nascido em Cinoscéfalos, nas proximidades de Tebas, capital da Beócia, Píndaro é, cronologicamente, o último dos grandes líricos gregos. No entanto, sua obra, formal e tematicamente arcaizante, é estranha e distante para a sensibilidade ocidental moderna, isto é, pós-renascentista. Se os líricos jônio-eólios falam de si e da fugacidade da vida; se em Tirteu de Esparta ressoa o bélico fragor de um Estado sitiado; se em Teógnis de Mégara ecoa a voz da nobreza ameaçada e sem futuro da Grécia Continental/Peninsular; se em Sólon de Atenas brilha a luz nascente do gênio helênico prestes a alcançar seu zênite na Ática, em Píndaro de Tebas fulgura derradeira, em paradoxo, a beleza etérea e sublime de um mundo em seu ocaso.

Nas duas vozes dissonantes dos filhos da Ática e da Beócia a lírica grega atinge seu ponto culminante: em Sólon, o mais antigo, o mundo, fluido, se move em direção do futuro; em Píndaro, quase um século depois, o mundo, estático, se congela no passado.[43]

Teógnis de Mégara é um ideólogo que reage, furioso, ao deprimente espetáculo da aristocracia em decadência e da plebe em ascensão. Píndaro é um artista que parece tudo ignorar, buscando refúgio na beleza fulgurante das lendas que encantam e na força quase divina dos atletas que celebra. Para ele, deuses e herois, indistintos, são o imemorial legado da nobreza, a verdadeira construtora, no passado, de uma Hélade

---

[43] O paradoxo encontraria solução no processo histórico: a Atenas de Sólon lideraria a desesperada e vitoriosa resistência aos persas e a Tebas de Píndaro se manteria à parte e simpática aos invasores.

que se esvai célere, no presente. Píndaro não é, porém, apenas um reacionário arcaizante nos temas e na forma. Ele é, antes de tudo, um aristocrata do espírito, que compõe, com Sólon de Atenas e Tucídides de Halimunte, a tríade das personalidades mais fascinantes – quase misteriosas – nascidas sob os céus da Hélade.

A obra de Píndaro é/era extensa, do que são prova as quase duas dezenas de volumes que dela haviam reunido os gramáticos alexandrinos. Mas, à parte alguns epinícios – odes em homenagem aos vencedores de competições esportivas –, da mesma poucos fragmentos restaram. Além disso, a métrica para sempre perdida, a forma e o conteúdo arcaizantes e a sofisticação da linguagem dificultam sua leitura, tornando-a, na prática, acessível apenas a especialistas. E como traduzir, por exemplo, aquela sublime invocação à ilha de Delos, um dos fragmentos supérstites do seu *Hino a Zeus*, no qual os deuses – contemplando-a de cima, dois milênios e meio antes de Gágarin!!! – a denominam

> multifulgente astro
> da cerúlea terra,

por sua cegante alvura em meio ao infinito azul do Mediterrâneo?!

É impossível alongar esta breve análise da obra daquele que, ao lado de Hesíodo e de Epaminondas, é o mais famoso dos filhos da Beócia.[44] Mas é imprescindível citar o excerto da oitava Ode Pítica, no qual se encontra sua definição de *homem*, uma das mais memoráveis já criadas pelos gênios do Ocidente:

---

[44] Os ensaios de Snell e Jaeger sobre Píndaro são leituras indispensáveis aos interessados.

A sorte dos mortais
Cresce um só momento
E um só momento basta
Para a lançar por terra,
Quando o cruel destino
A venha sacudir.

Efêmeros! Que somos?
Que não somos?
O homem, o sonho de uma sombra.
Mas, quando sobre ele
Os deuses lançam sua luz,
Claro esplendor o envolve,
E doce então é a vida! [45]

---

[45] Tradução de Péricles Eugênio da Silva Ramos.

# A FILOSOFIA

A lírica, a ciência e a filosofia são irmãs gêmeas. A primeira medita sobre o mundo. A segunda o disseca. A terceira o interpreta. E as três nasceram na Jônia, filhas do mesmo processo histórico.

Como foi antes referido,[46] a ocupação do sul da Grécia Continental/Peninsular pelos dórios a partir, aproximadamente, de 1200 a.C., pôs fim à florescente civilização minoico-micênica e fez com que parte dos habitantes das grandes cidades, particularmente os integrantes da elite, migrassem para o norte, ocupando e colonizando a costa ocidental da Ásia Menor – depois conhecida como Jônia – e as ilhas da região. Ali, a meio caminho entre o Oriente e o Ocidente, ao longo de cerca de quatro séculos, desenvolveu-se avançada e próspera civilização dedicada a indústria, à agricultura e ao comércio.

Caracterizada por grandes concentrações urbanas litorâneas e favorecida pelos avanços da náutica, da forjaria, da ceramística, da tecelagem etc., a Jônia tornou-se o centro da Hélade e do Mediterrâneo, estendendo sua influência dos confins do Mar Negro às costas europeias do Oceano Atlântico e alcançando seu zênite entre 850 e 650 a.C. Berço do Ocidente, em seu apogeu a Jônia produziu Homero e no início de seu ocaso

---

[46] V. acima, p. 13.

a lírica, a filosofia e a ciência deram seus primeiros passos. Ali o poeta, filósofo e matemático Anaximandro (610-547 a.C.) desenhou o primeiro mapa-múndi, estabelecendo as bases da ciência geográfica, no que foi seguido pelo viajante, explorador, escritor e geógrafo Hecateu (*c.* 550 a.C.). Ali os *físicos*[47] começaram a investigar a natureza. Dali partiram Xenófanes, Anaxímenes e Pitágoras para a Magna Grécia, onde os *eleatas*[48] delinearam os princípios da metafísica e da ciência. Ali, pela primeira vez na história da espécie, a visão de mundo mítico--sacral começou a bater em retirada diante do avanço da visão de mundo lógico-racional.[49] Foi a Jônia enfim – com a Magna Grécia, sua extensão – a pátria dos *filósofos pré-socráticos*. Ou *pré-platônicos*, como também foram denominados.

Por várias e variadas razões, algumas das quais serão a seguir mencionadas, não se busca aqui estudar detalhadamente a vida, a obra e a influência destes filósofos, cujo número alcança cerca de duas dezenas, mas apenas fornecer alguma notícia a seu respeito.

1 – A lírica, a filosofia e a ciência nascem na Jônia como produto de um amplo e complexo processo histórico-civilizatório de urbanização e globalização de toda a bacia do Mediterrâneo a partir de fins do século X a.C., quando o intenso movimento migratório dos séculos anteriores na Europa e no Oriente Próximo se esvai e a região entra em longo período de relativa estabilização. Neste contexto, a população e as cidades litorâneas – do Mar Negro ao Oceano Atlântico – cresceram rapidamente, a produção da indústria se expandiu em ritmo nunca antes visto e os navios, as mercadorias e a informação chegavam aos portos mais remotos do mundo então conhecido. Controlada por uma poderosa, pacífica e diversificada aristocracia industrial-mercantil e centrada nas costas da Ásia Menor

---

[47] V. a seguir, p. 91ss.
[48] Ib.
[49] Snell, p. 309.

e nas ilhas do Egeu, nascia então uma sociedade urbana economicamente rica, culturalmente cosmopolita, socialmente heterogênea e, para a época, politicamente aberta e pluralista. Nestas metrópoles, o mundo agrário já não mais impunha seu ritmo e o tempo cíclico das estações e das colheitas fora substituído pelo tempo finito da produção e da circulação de mercadorias. E as lendas e os deuses do passado haviam se transformado em tema dos cantos de aedos e rapsodos nas agradáveis tertúlias nos fechados salões dos aristocratas e nas grandes praças abertas à plebe livre. E não demorou muito para que aparecessem os poetas lamentando o tempo fugaz que se esvai e para que Heráclito de Éfeso – injustamente denominado *o obscuro* – proclamasse que Homero e os demais contadores de tretas para engambelar tolos deviam ser moídos a pauladas! O tempo do reinado das lendas e da aristocracia que em seu próprio proveito delas se servira tendia para o fim. E começava o tempo do *logos*, anunciado por artistas e intelectuais que, pessoalmente ligados ou não às classes dirigentes, eram coletivamente os porta-vozes dos novos grupos sociais emersos do processo de expansão da economia, da ampliação do conhecimento e do contato com outros povos e outras civilizações, processo que ao longo dos séculos fora minando irreversivelmente a hegemonia ideológica e os valores seculares da velha e arrogante aristocracia, que nos tempos de Homero se apresentava convicta como a herdeira direta dos já então lendários reis-piratas da idade minoico-micênica.

O espírito desta nova época vem à tona agressivamente na lírica *engajada* de Arquíloco de Samos e na crítica feroz de Heráclito de Éfeso. Mas é na contida contundência de um fragmento de Xenófanes de Cólofon (*c.* 530 a.C.) que este espírito se revela ao mundo com clareza meridiana:

> A cidade cobre de honrarias e presentes os atletas vencedores dos certames e, no entanto, nenhum deles é tão digno quanto eu, pois maior que a força de homens e cavalos é nossa sabedoria. Só um falso costume faz com que nos com-

portemos assim. Não é justo preferir a simples força física à sabedoria. Não é por contar entre seus cidadãos com um lutador proeminente ou com um vencedor do pentatlo que uma cidade tem uma organização justa. Por maior que seja sua alegria pela vitória, nem por isto terá seus armazéns cheios [de víveres].[50]

Em tudo o mais diferentes – como ideólogos de suas respectivas e díspares civilizações –, os rebeldes da Jônia nos séculos VII e VI e os profetas de Israel nos séculos VIII e VII surgem a nossos olhos organicamente idênticos e desempenham idêntica função histórico-social. Estes, os intelectuais de Javé, em seus oráculos incendiários defendiam os ideais perenes da justiça, da igualdade e da liberdade individual, gravados, no passado, a ferro e fogo nas tábuas do Decálogo e ameaçados, no presente, pelo avanço das estruturas do Estado totalitário vétero-oriental, materializado na monarquia davídico-salomônica. Aqueles, os profetas do *logos*, combatiam no presente pela autonomia individual, pela liberdade de pensamento e pelo reinado da razão contra o autocratismo político-ideológico da aristocracia do passado. Quem poderia então imaginar que meio milênio depois, ou pouco mais, o Decálogo sinaítico e o *logos* heraclitiano emergiriam unidos do vasto mar helenístico para reinar soberanos sobre o Ocidente por muito mais de mil anos, consubstanciados hipostaticamente no *Credo* niceno e em sua filosofia trinitária!? Realmente, estranhos são os caminhos do Senhor, como diria o Salmista! Ou do processo histórico, como diria Tucídides...

2 – A leitura e o estudo dos filósofos pré-socráticos é tarefa altamente especializada. E por vários motivos, dos quais os principais são abaixo relacionados.

• Estes filósofos – segundo já foi referido – vivem em um período histórico de transição, no qual se imbricam, na

---

[50] V. *Paideia*, p. 171.

Jônia, três fenômenos: rápida expansão e cosmopolitização da sociedade urbana, redução do poder da outrora fechada e restrita casta aristocrática e aparecimento de uma nova elite intelectual racionalista e cética, que entra em conflito com a visão de mundo mítica e religiosa do passado. Os filósofos pré-socráticos são os pioneiros do pensamento lógico e científico, por eles formulado de forma tateante, difusa e não raro pouco clara.

• Os textos em que está vazado este pensamento e que sobreviveram ao tempo são, com raríssimas exceções, apenas fragmentos de extensão reduzida – às vezes compostos apenas por algumas palavras.[51] E todos são de segunda mão, isto é, são citações que aparecem em obras de outros autores, a começar com Platão, Aristóteles etc.

• Por consequência, a tradução/interpretação de tais textos/fragmentos é sempre um trabalho árduo, complexo e de resultados pouco seguros. E varia de acordo com a concepção, os interesses e o conhecimento linguístico de cada autor – incluindo aqueles em cujas obras são citados. Tome-se como exemplo um entre os vários fragmentos de Heráclito de Éfeso:

$$\mathring{\eta}\theta os\ \mathring{α}ν\theta ρ\acute{ω}πoυ\ δα\tilde{ι}μoν$$

Em termos de morfologia e sintaxe, esta frase é simples e clara, desde que subentenda o verbo $εστ\grave{ι}$ (é), fato corrente em grego. O problema é a semântica, isto é, o sentido da frase. Com efeito, das três palavras do fragmento, apenas $ανθρώπου$ pode ser considerada unívoca, significando *homem* – em sentido genérico, como *Mensch* em alemão e *human being* em inglês.[52] Quanto a $\mathring{\eta}θ os$, pode significar caverna, casa, morada,

---
[51] Em conjunto formam poucas dezenas de páginas. O grande erudito alemão Hermann Diels os reuniu no século XIX em sua obra famosa *Die Fragmente der Vorsokratiker*.
[52] No fragmento, a palavra está no *caso genitivo*, significando, portanto, *do homem* (sentido possessivo).

comportamento, modo de ser, visão de mundo etc. E δαῖμον espírito, princípio, força, característica, interioridade, natureza etc. Em consequência, a tradução deste fragmento varia de acordo com cada língua e seu léxico e com cada tradutor e suas preferências – para nem falar de seus conhecimentos linguísticos! Em resumo, por estar isolado de qualquer contexto redacional, é praticamente impossível determinar o sentido exato da frase. E isto sem considerar o contexto histórico, social, cultural etc.

Outro exemplo, diverso, mas também interessante e também de Heráclito, é

τῳ τόξῳ ὄνομα βίος, ἔργον δὲ θάνατος,

cuja tradução literal em português é simples, clara e satisfatória:

para o arco o nome (é) vida, a obra porém (é) morte.

Diferentemente do exemplo anterior, o sentido aqui parece claro: é um trocadilho, pois em grego βίος significa *vida* e βιός *arco*. Assim pois, à parte a acentuação, a mesma palavra traz em si a vida e a morte (a seta mata). Mas seria apenas um trocadilho possibilitado por sons quase idênticos? Ou ele serviria para expressar a ideia de que a vida é um espaço de tempo entre a morte (o nada anterior à existência do ser) e a morte (o fim da existência)? Mais que difícil, é simplesmente impossível saber.

Como diria Cícero,[53] estudar os filósofos pré-socráticos é tarefa extremante complicada, e não devemos perder demasiado tempo com eles...

3 – De maneira sucinta e didática, os filósofos pré-socráticos podem ser divididos em quatro grupos principais, de acordo com suas ideias.

---

[53] *De officiis*, v. adiante, p. 431ss.

## Os filósofos naturais

Os *filósofos naturais*, ou φύσικοι/*físicos*,[54] como os denominou Aristóteles, são também chamados de *milésios*, por serem todos de Mileto, uma das grandes metrópoles da Jônia. Neste grupo, tradicionalmente incluem-se Tales (*c.* 600 a.C.), Anaximandro (idem) e Anaxímenes (*c.* 580). São *filósofos naturais* por investigarem as origens da natureza, ou *physis*, palavra que então significava algo como *todo o existente no Universo* – inclusive o homem, menos as coisas criadas por este.

Em outras palavras, os filósofos naturais foram os primeiros a tentar investigar a realidade – a natureza, o mundo, ou como se queira – a partir do conceito de causa e efeito, deixando de lado os mitos (lendas) e a religião (os deuses). Para Tales, considerado por Aristóteles o fundador da filosofia, o princípio de tudo é a água. Para Anaxímenes, o primeiro a dizer que a Lua é iluminada pelo Sol, é o ar. Para Anaximandro, discípulo de Tales, a origem de tudo é o ilimitado e não a água. Contudo, ele defende a ideia – surpreendentemente moderna – de que foi na água que a vida começou e que o homem, portanto, descende dos peixes. Para Xenófanes de Cólofon (*c.* 570 a.C.), que, segundo a tradição, continuava ativo com quase cem anos, o princípio de tudo é a terra. Apesar disto, ele geralmente não é incluído entre os filósofos naturais porque foi além e defendia a ideia de um Deus único, imutável e eterno, à semelhança do Motor Primeiro de Aristóteles.

---

[54] Talvez, hoje, a melhor tradução para φύσικοι seja *fisiólogos*.

## Os eleatas

De acordo com Heródoto, os habitantes de Foceia, na Jônia, por não suportarem a dominação persa, abandonaram sua cidade em 546 a.C. e, atravessaram o Mediterrâneo, chegando até a Córsega. Dali, cerca de dez anos depois, derrotados por etruscos e fenícios, foram obrigados a partir para a região de Regio, no sul da Península Itálica, onde fundaram Eleia (atual Velia). Segundo a tradição, abonada por Aristóteles, o antes mencionado Xenófanes de Cólofon, que era também poeta e viajante, residiu em Eleia e ali foi mestre de Parmênides, o fundador e o principal representante da *escola eleata*, à qual são sempre associados os nomes de Zenão de Eleia e Melisso de Samos.

Os eleatas foram muito famosos em sua época e Platão em seus diálogos[55] os denomina *partidários do todo* – isto é, os que defendem a unidade do Ser – e *grupo eleático*,[56] elevando-os à categoria de verdadeira escola filosófica. Para Parmênides, como ele diz em um longo poema,[57] do qual restaram cerca de 200 versos, o homem é um peregrino sobre a terra e sua missão é buscar o conhecimento, necessitando da ajuda divina para penetrar nos mistérios do Ser. Como dizem unanimemente seus comentadores, em Parmênides, e nos demais eleatas, estão as raízes da frondosa árvore que depois viria a florescer no monumental edifício teórico/metafísico levantado por Platão e Aristóteles.

Zenão foi discípulo de Parmênides, tendo posteriormente se transferido para Atenas. Ali foi pedagogo/professor por longo tempo, tendo se tornado muito conhecido por sua atividade e por suas ideias, a tal ponto que é citado por Platão em seus

---

[55] *O sofista*, *Teeteto* e *Parmênides*.
[56] τοῦ ὅλου στρατιῶται e ἔθνος ελεατικὸς, respectivamente.
[57] Ao qual a tradição deu o título de περὶ φύσεως – sobre a natureza.

diálogos,[58] que o considera o criador da *dialética* – no sentido de *arte do debater*, ou da controvérsia. Com ela, naturalmente, Zenão procurava destruir os argumentos dos adversários das ideias de Parmênides. Apesar de absolutamente não ter a importância de seu mestre, Zenão é o nome mais lembrado dos eleatas por seu famoso paradoxo sobre Aquiles e a tartaruga – ou sobre a flecha e o alvo. Neles, jogando indevidamente – como já dizia Aristóteles, que o critica duramente – com as noções de *espaço* e *tempo*, Zenão tenta provar um absurdo: Aquiles jamais consegue alcançar a tartaruga e a seta jamais atinge seu alvo.

Melisso de Samos, apesar de não ter nascido em Eleia, é o terceiro e, injustamente, o menos conhecido dos eleatas. Almirante da frota de Samos, em 440 a.C. infligiu memorável derrota à esquadra de Atenas, então governada pelo grande Péricles. Mas a vingança dos atenienses não se fez esperar. Pouco tempo depois Samos foi reduzida a escombros e sua população morta ou escravizada e vendida. E assim, pelos azares do destino, Melisso de Samos viveu como desterrado e foi esquecido. Em Atenas ninguém ousava pronunciar seu nome, que era uma afronta ao então todo-poderoso Péricles. No entanto – muitos anos depois da morte de Péricles, é claro –, Platão[59] o cita como integrante do grupo dos eleatas. Melisso de Samos escreveu uma única obra[60] e nos dez fragmentos dela supérstites transparece com clareza sua filiação eleática: o Ser é incriado e eterno no tempo e indivisível e infinito no espaço.

Odiado pelos atenienses, esquecido por quase todos e criticado ferozmente por Aristóteles, o infeliz almirante de Samos, filósofo do Ser e vencedor de Péricles, bem poderia parodiar Hamlet:

> Entre o mar e Atenas há mais coisas do que pensa a vã filosofia...

---

[58] Por exemplo, em *Alcibíades*.
[59] No *Teeteto*.
[60] περὶ φύσεος ἤ περὶ τοῦ ὄντος (Sobre a natureza e sobre o ser).

## Os pitagóricos

Pitágoras de Samos (*c.* 560-*c.* 500 a.C.) nasceu na Jônia mas viveu no sul da Itália. Eternizou-se pelo teorema que traz seu nome e por ter fundado a seita secreta/escola filosófica dos pitagóricos. Como nada deixou escrito, suas ideias são conhecidas apenas por citações de autores posteriores e por seguidores, como Filolau de Cróton (Cortona), que viveu na segunda metade do século V a.C., e Arquitas de Tarento, contemporâneo de Platão.

Os pitagóricos acreditavam na transmigração das almas e consideravam o Número como o fundamento de todas as coisas. Dedicaram-se ao estudo da geometria, da matemática, da acústica, da música e da astronomia, podendo ser considerados legitimamente os iniciadores das que hoje são denominadas *ciências exatas*.

## Os atomistas

Os atomistas, que haviam sido completamente esquecidos, voltaram a ser lembrados a partir do grande desenvolvimento das ciências nos séculos XIX e XX e das pesquisas cada vez mais aprofundadas sobre a natureza da matéria. Neste grupo são incluídos Leucipo de Abdera (*c.* 480 a.C.), Demócrito de Abdera (*c.* 460-370 a.C.) e Anaxágoras de Clazomene (*c.* 500-428 a.C.).

Leucipo, segundo Aristóteles, foi o criador da teoria dos átomos, depois desenvolvida por Demócrito, seu discípulo. Segundo ele, tudo o que existe é resultado da combinação de átomos e de vazio. Os átomos são infinitos e ao se chocarem produzem todos os fenômenos, inclusive a visão, o conhecimento etc. Além disso, Demócrito, ao lado de Heráclito de Éfeso, é uma das personalidades mais interessantes, entre os pré-socráticos, pelos fragmentos sobre educação e, como se diria hoje, sobre psicologia. Eis alguns:

Para os desprovidos de inteligência é melhor serem dominados do que dominar.

Magnanimidade é suportar pacientemente a falta de tato.

Aos tolos é a desgraça que ensina, não a palavra.

Quanto a Anaxágoras, protegido de Péricles e astrônomo famoso, a ele dever ser creditada a teoria, dita moderna, do *big bang*, pois afirma que todos os fenômenos, no início, estavam concentrados em um conjunto indistinto, tendo adquirido sua forma específica apenas posteriormente, ao se separarem uns dos outros e formarem o Universo tal com existe.

# Heráclito de Éfeso

Há dois pré-socráticos – dos quais, aliás, restam muitos fragmentos – que a tradição não liga a *escolas* específicas: Heráclito de Éfeso (*c.* 500 a.C.) e Empédocles de Agrigento (*c.* 450 a.C.). Empédocles, membro de uma família ilustre de sua cidade, é um eclético, revelando influências dos *físicos*, dos eleatas e dos pitagóricos. Para ele, a água, a terra, o fogo e o ar são o princípio de tudo, mas são regidos pela força do Amor e do Ódio, que pairam acima deles. Quanto a Heráclito, ele não é apenas o mais importante de ambos como também um dos mais conhecidos entre todos os pré-socráticos, até mais talvez do que Tales de Mileto, Demócrito de Abdera e Parmênides de Eleia.

Personalidade singular, inteligência poderosa, publicista e polemista, profeta do *Logos* (razão/ordem) universal e da alma imersa no Todo, Heráclito de Éfeso é, sem dúvida e à parte Homero, o filho mais ilustre da Jônia. Porém mais do que em Homero – o artista que condensa organicamente uma época e recria uma Jônia arcaica, ideal, mítica e atemporal, não tocada pelos ventos revolucionários de uma Hélade ainda distante e em lenta gestação e de uma Ática então ainda rural e insignificante –, em Heráclito de Éfeso sente-se o pulsar fremente do futuro prestes a explodir sobre o Mediterrâneo – vasta antessala do Ocidente –, a banhar Israel, então já decadente, a Hélade, a caminho do apogeu, e Roma, dormente ainda em seu rústico berço. E talvez seja apenas um destes estranhos acidentes históricos, mas não deixa de assumir tons simbólicos a tradição segundo a qual o autor do Quarto Evangelho e do híbrido hino do *Logos* divino encarnado[61] tenha escrito sua obra em Éfeso – na Jônia, concruz do Oriente com o Ocidente –, transformando-se assim em fundador distante da *filosofia trinitária*, exarada no *Credo* de Niceia, a Carta Magna do cristianismo, no qual, como disse Toynbee, se fundem todas as culturas da Antiguidade tardo-clássica.

Pai da dialética – no sentido que Hegel dá ao termo –, paladino da ação criadora e vivificante, do conflito entre os opostos,[62] Heráclito de Éfeso foi também o criador da antropologia filosófica e da *metafísica do transitório*, ao elaborar o conceito de que a espécie, lançada no torvelinho universal, descobre o tempo, que não é senão a percepção das mudanças[63] ocorridas entre o *antes* e o *depois*, isto é, entre dois pontos fixos que registram o movimento dos astros. Esta percepção, segundo foi visto,[64] já impregnava a lírica jônio-eólia, muito anterior a Heráclito. Este, porém, é o primeiro a registrar analiticamente o instante em que no Ocidente – qual a Afrodite de Boticelli, a surgir, solene e triste, do oceano infindo do tempo cíclico – a noção do tempo histórico e da fugacidade universal se revela como a herança fatal e trágica da espécie.

---

[61] João 1,1-11.
[62] "O conflito é o pai de todas as coisas" (Fragmento 53).
[63] "Ao mesmo rio não se vai duas vezes" (Fragmento 91).
[64] V. acima, p. 61ss.

# PERÍODO CLÁSSICO

A partir de meados do século VII a.C. o eixo da história da Bacia do Mediterrâneo, que por quase meio milênio fixara-se na região nordeste, começou a deslocar-se lentamente na direção do sudoeste. O avanço dos persas na Ásia Menor, a crescente concorrência dos fenícios no mar, o sucesso das colônias gregas na Magna Grécia e na Sicília, a consolidação definitiva de Esparta como potência militar, o êxito das reformas sociais e políticas de Sólon e Clístenes na Ática e a rápida expansão da economia industrial-mercantil de Atenas e de outras cidades das ilhas próximas e do Golfo de Corinto reduziram drasticamente a até então incontestada supremacia geoeconômica e a decorrente influência cultural da Jônia sobre toda a Hélade.

O conjunto destes fatores compunha o difuso cenário de um novo mundo a despertar, na antemanhã de seu fugaz e fulgurante apogeu. Apenas tais fatores, porém – e mais não é possível dizer sem correr o risco de cair em perfunctórias divagações filosóficas –, dificilmente teriam liberado as poderosas forças vitais adormecidas sob o solo de uma Ática que mal nascera para a História e cujo destino parecia não ser outro que o de tornar-se apêndice da velha Jônia esvaída ou de uma Magna Grécia em recente e veloz expansão. E eis que então, aleatoriamente como sempre, um fator externo, inesperado, acendeu a frágil chama que incendiaria o Mediterrâneo e abriria caminho para *o século de Péricles* e para *o milagre helênico*.

Este fator foi a Pérsia, à época a maior potência da Ásia. Em seu auge, depois de conquistar a Babilônia e quase todo o Crescente Fértil em meados do século VI a.C., os persas de Dario e Xerxes decidiram marchar para o oeste e por um fim definitivo ao que, por primeiro, Heródoto identificou como um conflito entre a Ásia e a Europa, entre o Oriente e o Ocidente.[65]

E assim, atravessando o Bósforo, os persas lançaram-se aos milhões, em vagas sucessivas, ao longo de dez anos, sobre a Grécia, que, esperando contra toda a esperança, resistiu à avalanche oriental e, liderada por Atenas, miraculosamente venceu em Maratona (490 a.C.), Salamina (480 a.C.) e Plateia (479 a.C.), em dramáticos e memoráveis eventos que determinaram, a longo prazo, os rumos da história da Europa e do Ocidente. E a curto prazo transformaram a Ática e Atenas em centro geopolítico e em capital intelectual da Hélade. Nascia assim o império ateniense e abria-se então um espantoso ainda que efêmero ciclo no qual a força criadora da espécie atingiria alturas antes e depois jamais igualadas. Ou pelo menos jamais superadas.

Este ciclo, que se estende, por convenção, das ditas *guerras médicas* (persas) até o curto reinado de Alexandre Magno (356-323 a.C.), é denominado *período clássico*. E dele aqui, seguindo o modesto plano desta obra, será abordada apenas a produção literária, dividida didaticamente em tragédia, comédia, história, filosofia e oratória.

---

[65] *História*, I, 1-5.

# A TRAGÉDIA

A tragédia grega – e, por extensão, o teatro – tem sua origem remota possivelmente nos rituais de fertilidade ao ar livre, com os quais, no final do inverno e no início da primavera, no hemisfério norte, as sociedades primitivas celebravam a morte e a ressurreição do mundo, o retorno do Sol, o reinício da vida etc. Na Ática, por exemplo, honrava-se Dionísio, o deus do instinto genésico, em rituais denominados *tragédias* – termo originado de τράγος (bode), que metaforicamente carregava o significado de *puberdade, lubricidade, instinto sexual*. À parte a etimologia, sabe-se com absoluta certeza que a tragédia grega – também denominada *drama ático* – originou-se proximamente de uma forma evoluída daquelas antigas celebrações, típica de sociedades já em processo avançado de organização e urbanização: a chamada *lírica coral*. Nesta, em ocasiões festivas, grupos de jovens de ambos os sexos apresentavam, através de espetáculos de canto e dança, as velhas lendas – ou *mitos* – da comunidade, reatualizando-as de forma *naturalista*, se assim se pode dizer. Em Atenas, por exemplo, um dos temas era a viagem de Teseu, o lendário fundador da cidade, que, dali partindo, acompanhado de um séquito de virgens ia até Creta, para derrotar o Minotauro.

Com o tempo, um dos integrantes destes coros foi se destacando do grupo, especializando-se em *narrar* tais eventos míticos, que até então eram memorados apenas figurativamente. Dali a Frínico[66] e a Ésquilo foi apenas um passo, com a substituição do narrador por duas ou mais personagens que dialogavam entre si e com a progressiva redução da função do coro, que de protagonista coletivo e único passa a comentador dos eventos em cena. Tendo por pátria a Ática, nascia assim o drama ático. Ou *tragédia*.

Deixando de lado sua evolução formal ao longo do século V a.C., é indispensável referir sucintamente as componentes fundamentais que definem a natureza da tragédia:

1 – A tragédia é a primeira manifestação política altamente elaborada do *espírito ático*. Nela se fundem a visão racionalista/imanente da lírica jônio-eólia – produto de uma secular estrutura civilizatória já em seu ocaso – e a urgência desesperada de ordenar um mundo em alucinante transformação, que, mal nascido para a História, marchara periclitante à beira do abismo durante as convulsões políticas do século VI a.C. Na lírica jônio-eólia o indivíduo enfrenta solitário a fugacidade do tempo e a inanidade do mundo. E no drama ático ele continua solitário. Porém a diferença é que neste sua solidão é imperativamente solidária, já que suas decisões repercutem sobre toda a comunidade. O individualismo jônio não encontrara espaço no Estado ático em formação. No drama ático, o indivíduo enfrenta a consciência de seu destino social e o assume virilmente como membro da *pólis* e como agente de um destino coletivo. Assim, as velhas lendas, que as transformações do século anterior haviam tornado caducas, no início do século V a.C. em Atenas são esvaziadas de seu sentido original e transformadas em veículos portadores de uma nova e revolucionária visão de mundo.

---

[66] Considerado por muitos o primeiro dos trágicos. Sua data de nascimento é incerta. Mas sabe-se que em 494 a.C. apresentou em Atenas *A tomada de Mileto*, peça pela qual foi multado, por ter exagerado no realismo das cenas.

2 – O drama ático é, portanto, um fenômeno essencialmente urbano e através dele – rompidos os laços tribais do sangue, desaparecidos os deuses das lendas e rompido o tempo cíclico das estações e das colheitas – o indivíduo, solitário e frágil, entregue à própria sorte, se vê diante do fatal desafio de assumir seu destino ou perecer. E assim, remontando às atávicas raízes da *pólis* primitiva – rústica mas segura fortaleza em que à noite a comunidade buscava abrigo –, o indivíduo, sem o conforto de um passado jônio e sem a proteção de um Javé israelita, entrega-se, indefeso e sem saída, ao Estado, que promete a salvação em troca de sua alma. Este é o tema central das maiores criações do drama ático: quer aceitando, reverente e agradecido, a salvação por ele oferecida, como na Oréstia, de Ésquilo; quer enfrentando-o, convicto e dolente, como em Antígone de Sófocles; quer destruindo-se a seu serviço, como em Edipo-rei, do mesmo Sófocles; quer, ainda, desprezando-o e odiando-o, como em Medeia, de Eurípedes, a nêmesis fatal do indivíduo é sempre o Estado, ou quem o representa.

A Ática agrária desaparecera para sempre, como já o percebera Sólon de Atenas. E, como o mesmo Sólon intuíra, nascera o Estado autocrático e totalitário, divinizado por Ésquilo no final das Eumênides e, nem um século depois, violentamente denunciado, em paradoxo, pelo latifundiário e burguês Platão através da interposta voz de Sócrates na Apologia. Em escassas décadas, a Ática, a última e a mais rara joia engastada na coroa da Hélade, precipitara-se do Olimpo celestial ao Tártaro infernal...

3 – O drama ático, patrocinado pelo Estado,[67] foi essencialmente um instrumento de doutrinação política manipulado pela elite aristocrática. Como diz Hauser:

---

[67] Os espectadores eram pagos, pelo erário público, para assistir às peças.

A tragédia grega era teatro político no sentido mais estrito da expressão. A férvida prece pela prosperidade do Estado no final da *Oréstia* (As Eumênides) mostra claramente qual era o objetivo (da peça).[68]

Liberta da visão religiosa intrínseca à representação dos mitos na sociedade pré-urbana, a tragédia os transforma em *cena*, integrando-se organicamente à vida da cidade e dando--lhes nova função ao colocá-los a serviço do Estado. Como em nenhum outro momento na história do Ocidente, o teatro grego foi uma arte áulica em seu sentido mais rigoroso, manipulada pela aristocracia de sangue, que no século VI a.C., em Atenas e em outras cidades da Hélade, fora obrigada a dividir o poder com os *parvenus* urbanos enriquecidos mas que ainda continuava detendo em suas mãos o monopólio da formação e da informação.

4 – A arte é símbolo e, como tal, é emoção aderida à matéria. A matéria é o veículo – no caso, a palavra. E a emoção é a amplitude e a profundidade da percepção do artista em relação ao destino humano – no caso, a visão de mundo própria do *milagre helênico*. O drama ático, portanto é a perenização deste milagre através da palavra carregada de emoção. Aristófanes afirma, em As rãs, que a tragédia fora assassinada pela filosofia. Com razão: depois da Guerra do Peloponeso e da queda de Atenas, a matéria do drama ático adentrara as impenetráveis sombras do passado e a desbordante emoção dos poetas cedera lugar à fria análise dos historiadores e metafísicos. Porque só como passado podiam vê-la Tucídides, Xenofonte, Platão e, mais tarde, Aristóteles. Evidentemente, o crime não fora cometido pela filosofia mas, sim, pelo *Logos* ordenador do mundo, como diria Heráclito de Éfeso. Obviamente, o abusado e iconoclasta Aristófanes não estava preocupado com tais detalhes...

---

[68] V. Hauser, p. 113, e também Jaeger, em *Paideia*, p. 225.

5 – Os dramaturgos atenienses escreveram centenas, talvez milhares, de peças ao longo do século V a.C., apresentadas e levadas ao palco em concursos literários e festivais de teatro patrocinados pelo Estado. Dos dramaturgos, três continuam, e continuarão para sempre, sendo lembrados, lidos e eventualmente representados – Ésquilo, Sófocles e Eurípides. E das quase 200 peças que eles produziram foram salvas da ação deletéria dos séculos apenas cerca de três dezenas. Além de fragmentos mais ou menos extensos, alguns dos quais encontrados milagrosamente no século XX, enterrados nas ferventes areias do Egito.

6 – A leitura das tragédias pressupõe – a não ser para os hoje raríssimos conhecedores do grego clássico – ter à mão uma tradução razoável. É também essencial possuir o que podemos denominar de *noção histórica*. Esta é algo simples para especialistas. Porém não para estudantes ou para o leitor comum. Porque, à parte Os persas, de Ésquilo, todas as tragédias abordam conjuntos de temas[69] lendários/míticos, tais como os ligados à cidade de Tebas, à guerra de Troia, à família dos Atridas (Agamenon, Orestes etc.) e outros. Portanto, o leitor/espectador não deve, nem pode, sob pena de nada entender, confundir o enredo e as personagens de tais peças com a época, o lugar e as pessoas do tempo em que as mesmas foram escritas e/ou representadas – o século V a.C. em Atenas. Em outras palavras e com exemplos simples, quase simplórios: Orestes não viveu em Argos nem foi julgado em Atenas no século V a.C.! Édipo não reinou em Tebas durante a invasão persa, ou seja lá quando! Nem andou por Atenas pela mesma época! E Medeia não cometeu suas loucuras em Corinto! E possivelmente em lugar nenhum! Todos estes homens e mulheres eram/são *personagens de antigas lendas dos povos helenos*. Lendas que o aristocrata e latifundiário Ésquilo, o general Sófocles e o filho

---

[69] Também denominados *ciclos* (de lendas).

de uma verdureira chamado Eurípides utilizaram para escrever suas peças. Estes autores, sim, viveram no século V a.C. em Atenas! Quem quiser vislumbrar algo da vida real dos habitantes da Atenas de então deve ler As nuvens, As rãs, As aves e outras comédias de Aristófanes, um satírico por excelência, que faz do dia a dia e dos fuxicos da cidade o tema central de muitas de suas comédias.

Por outro lado – e esta é uma observação ainda mais importante –, sob a roupagem de temas lendários as tragédias ressumam, e nem poderia ser diferente, *o espírito da época*. E às vezes de uma forma explícita, como é o caso da Oréstia, de Ésquilo, impressionante e insuperável panegírico ao Estado ateniense, ou de Antígone, de Sófocles, em que se desnuda impiedosamente o violento conflito subterrâneo entre a *raison d'État* e a liberdade do indivíduo na Atenas de meados do século V a.C. E assim por diante.

7 – As tragédias gregas, assim como todas as obras máximas da arte literária universal, são para serem lidas. Ou, eventualmente, no caso específico, assistidas. E não para serem citadas, comentadas, dissecadas – a não ser quando parte de atividade profissional/pedagógica. Inequivocamente, ler as luminosas e memoráveis páginas que Werner Jaeger[70] e Arnold Hauser,[71] entre outros eruditos, produziram sobre o tema seria um grande passo adiante. Quanto aos comentários a seguir, feitos sobre os três grandes trágicos áticos e sobre algumas de suas obras, eles já terão alcançado seu objetivo se conseguirem despertar em algum leitor o interesse em conhecer uma, uma que fosse, de tais obras.

---

[70] *Paideia.*
[71] *História social da literatura e da arte.*

# Ésquilo
(*c.* 525-456 a.C.)

Ésquilo nasceu em Elêusis, povoação localizada não distante de Atenas. Filho de grandes proprietários rurais – membros da antiga nobreza ática –, Ésquilo recebeu educação esmerada na própria Atenas, onde residiu durante a maior parte de sua vida. Combateu, como soldado, em Maratona (490 a.C.) e Salamina (480 a.C.) e morreu na corte do tirano Hieron, na Sicília. Segundo a tradição, escreveu pelo menos 90 peças, das quais restaram apenas sete: Oréstia (trilogia composta por Agamenon, As coéforas e As eumênides), As suplicantes, Prometeu acorrentado, Os persas e Os sete contra Tebas.

Discípulo e herdeiro de Frínico, Ésquilo de Elêusis revolucionou a lírica coral técnica e tematicamente e foi desde sempre considerado o criador do drama ático. Mesmo em tradução, ler as infelizmente poucas peças que dele sobreviveram é uma experiência inesquecível, só comparável àquela experimentada diante do estilo torrencial de algumas cenas das grandes obras de Eurípides e, à distância, de Shakespeare. Da hierática e solene grandiloquência de As suplicantes, ainda arcaica e quase integralmente coral, à avassaladora amplitude temático-ideológica da trilogia que forma a Oréstia, passando pela desatada fúria racionalista e rebelde de Prometeu acorrentado, Ésquilo é o arauto do milagre grego em sua aurora. Porque no mundo de Ésquilo, pelo menos nos monumentais destroços que dele o tempo nos deixou, a razão se sobrepõe ao mito, a cidade à tribo, a Europa à Ásia e Atenas à Hélade, em densa atmosfera marcada pela visão triunfalista e ingênua própria das nações e das civilizações em seu nadir.

Mas esta concepção primitiva e ingênua, profundamente orgânica em uma Ática que nascia fulgurante para a Hélade e para a História, em momento algum obnubila a fria análise da realidade objetiva e da natureza humana, como se pode ver nas violentas diatribes de Prometeu contra a tirania:

> Sois inexperientes! E como inexperientes governais, acreditando habitar uma fortaleza que jamais a dor de assalto tomará! Pois não vi eu dois tiranos sendo dela abaixo precipitados?! E verei ainda um terceiro, o que agora governa (cair) de pronto e mais ignominiosamente ainda! Tremer pareço diante dos novos deuses e, frágil, diante deles me curvar?

Na terceira parte da Oréstia (Eumênides), onde aquela célebre pergunta retórica condensa magistralmente o código do Sinai e afirma, apoditicamente, que não há raça, que a espécie é a mesma e a repressão é o imprescindível e inefugível sustentáculo da civilização:

> Mas quem acatará a justiça se nada tiver a recear?!

Nos lamentos sobre a insensatez dos indivíduos, em Os persas:

> Quando o homem caminha descuidado de seu destino, até os céus se voltam contra ele e favorecem sua desgraça.

Ou na crueza de seu implacável veredito sobre a audácia da massa, em Os sete contra Tebas:

> Quão arrogante é a plebe, tão logo se vê livre do perigo!

Mal sabia ele, o heroico soldado de Maratona e Salamina, que as contundentes falas de suas personagens e do coro – referidas diretamente à tirania dos Pisistrátidas, às convulsões sociais que a sucederam e à invasão persa – poderiam ser lidas, nem meio século depois, como espantosas profecias anunciando, com idêntica ou maior precisão, a futura situação de

Atenas, mergulhada no caos da peste, na anarquia da guerra, no desastre da Sicília, na derrota diante de Esparta e na decadência irreversível!

Não subsistem dúvidas de que tanto técnica quanto tematicamente a chamada Oréstia (ou Orestíada) é a mais importante das obras de Ésquilo –, a começar pelo fato de ser a única de suas várias trilogias a ter sobrevivido íntegra ao tempo. E seria longo, como também às demais, analisá-la. Contudo, é importante fazer duas ou três observações sobre Prometeu acorrentado, peça que, apesar de falha em sua unidade – inclusive, segundo alguns, ela não seria de Ésquilo –, é fascinante, exacerbante em sua inquietante e não raro misteriosa profundeza temática.

Como se sabe, ao tempo de Ésquilo a lenda – ou mito – de Prometeu, o divino rebelde, ainda continuava fluida e instável, como diriam os antropólogos modernos. Em outras palavras, o mito não se fixara em definitivo, nem em sua forma, nem, muito menos, em seu significado. Dele existiam várias e variadas versões, díspares e até claramente conflitantes. Em uma delas, recolhida cerca de dois séculos e meio antes por Hesíodo em A teogonia, Prometeu surge não como benfeitor mas – à semelhança de Adão no mito semita paralelo de Gênesis 3 – como o responsável por todas as desgraças da Humanidade.

Por outro lado, sendo Prometeu acorrentado a segunda parte de uma trilogia cujas primeira (Prometeu portador do fogo) e terceira (Prometeu libertado) perderam-se para sempre, é absolutamente impossível determinar a real concepção esquiliana da lenda. E para convencer-se disto basta imaginar qual seria nossa visão da Oréstia se dela houvesse sobrevivido apenas As coéforas, sua segunda parte!

Assim, por óbvia e inevitável consequência, o divino rebelde criado por Ésquilo será para nós e para sempre aquele que aparece em Prometeu acorrentado. E este, sem qualquer dúvida, é o grande benfeitor da Humanidade, o mártir que por ela se sacrifica roubando dos deuses e a ela entregando o fogo sagrado, penhor do progresso e de todas as técnicas e de todas as artes. E nem poderia ser diferente: na febril e explosiva atmosfera das poucas e efêmeras décadas em que nasceu, cresceu e alcançou seu apogeu o império mercantil-industrial ateniense, outra versão do mito seria impensável. E incompreensível. Não por nada, também assim ele foi visto no Renascimento e na Europa pós-revolucionária, burguesa, industrial, expansionista e imperialista do século XIX. Hoje, no século XXI, diante da cataclísmica explosão demográfica planetária e da consequente e irreversível destruição da natureza, a versão hesiódica do mito de Prometeu – próxima à de Gênesis 3 – e não a esquiliana é a que inevitavelmente começa a impor-se.

Aliás, a análise comparativa das grandes semelhanças e das óbvias diferenças entre, de um lado, o mito helênico de Prometeu em suas várias versões e, de outro, o mito israelita da Queda original, fixado em Gênesis 3, conduz necessária e inevitavelmente ao mundo das origens do pensamento e da cultura ocidentais. Apenas para dar um exemplo: a monumental construção antropológico-teológica paulina,[72] na qual a morte vicária e expiatória de Jesus de Nazaré redime e salva a Humanidade decaída, contrapõe o manso Messias israelita, o Servo Sofredor de Javé, ao rebelde Prometeu helênico, o furibundo acusador de Zeus. Assim, em Israel o Criador é inocente e na Hélade a Divindade – seja Zeus, seja na versão de Hesíodo, o próprio Prometeu – é a culpada pela dor que fere os homens no infindo vale de lágrimas do mundo.

À primeira vista, estas duas concepções parecem radicalmente opostas. Na verdade não o são, pois, sendo a Humanidade a mesma, tanto no mito helênico quanto no israelita a vítima é sempre ela própria... E o Salvador é necessariamente um sonho transcendente: um deus pela própria natureza (Prometeu) ou um homem elevado à condição divina (o Messias).[73]

---

[72] Particularmente em Romanos, Gálatas e Coríntios 1 e 2.
[73] Esta é a fé de Paulo de Tarso e de todo o cristianismo primitivo, a qual nada tem a ver com a construção teológico-filosófica e helênico-israelita posteriormente exarada no *Credo* de Niceia.

Não é de admirar, portanto, que mais de uma vez, nos primeiros séculos do cristianismo, os Padres da Igreja tenham comparado o suplício de Prometeu à morte do Messias, argumentando que ambos padecem por seu extremado amor à Humanidade sofredora.[74]

Como se vê, o *logos* de Heráclito, Platão e João não é a única ponte que une a Hélade a Israel!

Para encerrar, vale a pena transcrever uma longa citação de Jaeger, na qual se podem ouvir, ao longe, em contraponto, o surdo ribombar das explosões e o fragor do III Reich transformando-se em ruínas:[75]

> Quando o coro de *Prometeu* diz que só pelo caminho da dor se alcança o mais elevado conhecimento, atingimos o fundamento original da religião trágica de Ésquilo... A linha de seu desenvolvimento retroage de *Prometeu* a *Os persas*, onde a sombra de Dario proclama este conhecimento, e às contritas e dolorosas invocações de *As suplicantes*, onde as Danaides buscam desvendar os insondáveis desígnios de Zeus, chegando até *A orestíada*, na qual, no solene canto do coro no início de *Agamenon*, a fé pessoal do poeta encontra sua mais sublime expressão... Com a invocação "Zeus, seja ele quem for", (Ésquilo) se coloca em posição de adoração diante da última porta atrás da qual se oculta o eterno mistério do Ser, o Deus cuja essência só pode ser intuída mediante o sofrimento que sua ação provoca:
>
> "Ele abriu aos mortais o caminho do conhecimento através desta lei: pela dor à sabedoria. Em lugar do sonho nasce no coração a dor que recorda a culpa. E contra sua vontade alcança o espírito sua salvação. Apenas assim nos é dada a graça dos deuses que governam com violência desde seu santo trono".

---

[74] V. Séchan, p. 12ss.
[75] *Paideia* foi escrito, em grande parte, durante a II Guerra Mundial.

# Sófocles
(*c*. 496-406 a.C.)

---

Sófocles nasceu em Colono, povoado que era quase um bairro da Atenas de então. Seu pai, rico fabricante de armas – setor altamente próspero da economia da época –, pôde dar-lhe sofisticada educação. Dotado de inteligência brilhante, beleza física, habilidade esportiva e dotes artísticos, Sófocles alcançou fama rapidamente. Aos dezesseis anos foi escolhido para celebrar a vitória de Salamina e antes de completar trinta derrotou Ésquilo em um concurso de tragédias, tornando-se logo reconhecido como grande dramaturgo. Foi um dos ministros do Tesouro de Atenas e em 440 a.C., nomeado general por Péricles, participou da violenta repressão aos samnitas insurretos. Em 415 a.C., com quase 80 anos, integrou a desastrosa expedição à Sicília, ao lado de Nícias. Ativo até seus últimos dias de vida, ainda em 411 ocupava um posto na administração no *demos* em que nascera. Ali, em Colono, morreu nonagenário, em 406 a.C., dois anos antes da derrota e da ocupação de Atenas pelos espartanos, tendo sido assim testemunha ocular de praticamente todo o fugaz ciclo vital do império mercantil-industrial ateniense.

Longevo como poucos e prolífico como ninguém, há notícia de que Sófocles escreveu pelo menos cento e vinte e três peças. Delas restaram, à parte fragmentos, quase todos insignificantes, apenas sete: Ajax, Filoctetes, Electra, Traquínias, Édipo-rei, Édipo em Colono e Antígone. No imensurável desastre representado pela perda de cerca de noventa por cento da produção dos três trágicos gregos, Sófocles foi quantitativamente o mais prejudicado – em seu caso as peças supérstites não chegam a seis por cento. Mesmo assim, como ocorre com Ésquilo e Eurípides, sua leitura, além de ser uma experiência inolvidável, fornece uma visão luminosa, ainda que incompleta, de seu mundo e dos cimos alcandorados a que ele alçou o drama ático.

Sem entrar na bizantina disputa sobre a superioridade/inferioridade de um ou de outro, é evidente que entre Sófocles e Ésquilo não há a abissal distância existente entre este e os derradeiros representantes da lírica coral, como Frínico e outros. Nem temática nem, muito menos, tecnicamente. Se Sófocles eleva o drama ático a alturas antes inimagináveis e depois jamais alcançadas e muito menos superadas, nem por isto deixa ele de ser um êmulo e continuador de Ésquilo, inclusive nas inovações técnicas. Mas, ainda que contemporânea por várias décadas, a arte sublime de ambos traz a marca específica e indelével da experiência de cada um e dos pontos críticos de inflexão do meteórico ciclo do poder imperial de Atenas. E não poderia ser diferente. Ésquilo nasce já no final do longo ciclo de convulsão social e de instabilidade política na Ática, ao qual se seguem e se consolidam as reformas de Clístenes. Soldado em Maratona e Salamina, ele assistiu ao intempestivo e heroico parto do império ateniense nos campos de batalha e ao seu subsequente e glorioso apogeu. E sua visão de mundo, primitiva e arcaica, hierática e solene, traz a marca inconfundível das civilizações novas, que ingênuas e triunfalistas sobem pela primeira vez ao palco da História. Sófocles, por sua vez, nasce pouco antes da invasão persa, cresce em meio ao fragor das batalhas, integra a elite do império em seu zênite, participa da guerra com Esparta, acompanha Nícias na catastrófica expedição à Sicília e desaparece em meio ao caos e apenas dois antes de consumar-se a derrota e a ocupação de Atenas. E sua visão de mundo, contida e rebelde, translúcida e cortante, grandiosa e severa, impregnada de dor e pungência, é o legado imortal de quem, dos iluminados páramos do Olimpo aos tenebrosos abismos do Averno, tudo viu e a tudo assistiu, sem nada a fazer que não, viril e dolente, emprestar sua voz a personagens que sucumbem esmagadas pelo peso de seu inefugível destino. Por isto, muito mais do que no infindo e exasperante desespero de Electra, na atroz e autocomplacente solidão de Filoctetes, na desatada e teatral insânia de Ajax ou no ciúme louco e "burguês" de Dejanira a tecer insciente seu crime, muito mais do que nestas personagens é em Antígone e em Édipo que o drama ático atinge seu ponto culminante e do qual, por sobre os milênios, ressoa poderosa e perene a voz de Sófocles.

## Antígone

Antígone, disse Hegel, é a expressão do conflito entre o direito do Estado e o dever da família, sendo esta, assim considerada, uma espécie de etapa intermediária entre a tribo coletivista e indiferenciadora e a *pólis* igualitária e protetora. Em outros termos, um conflito entre o direito de sangue dos clãs aristocráticos e a lei positiva da *pólis* democrática.[76] Assim é, e tal tema, enunciado com meridiana clareza, retorna recorrentemente à tona.

Mas a obra vai muito além e, sob a densa e providencial névoa das falas torrenciais de Antígone e Creonte, pulsa secreta e poderosa uma ideia tão nova e revolucionária que até então jamais na Ática alguém ousara desvelar e menos ainda defender: o direito do indivíduo a um espaço privado, último e

---

[76] No sentido grego do termo *democrático*, totalmente estranho ao sentido moderno do mesmo.

sagrado refúgio da dor, espaço interdito pela original vocação totalitária e pelo ubíquo e oblíquo olhar vigilante da *pólis*[77]. Em outras palavras, Antígone, sob o disfarce protetor das arcaicas roupagens do direito de sangue, já remetido por Ésquilo ao impenetrável território da lenda, é uma precursora de Sócrates, trinta anos depois[78] condenado à morte por facínoras que, para livrar-se de incômoda testemunha de seus crimes, buscavam doloso amparo em antigas leis de um mundo tragado pelo tempestuoso turbilhão histórico do início do século V a.C., do qual, como a etérea Afrodite da lenda, emergira gloriosa e brilhante a Atenas imperial.

A *pólis*, paroquial e autorreferente, há muito deixara de existir e sua natureza intrinsecamente totalitária, penhor, no passado, de seu êxito como formação histórico-social, transformara-se no presente em inútil e perigosa tralha no imenso e vasto mundo de uma Hélade cosmopolita cujos produtos e cuja cultura cobriam o Mediterrâneo e o Egeu, alcançando os remotos confins do Mar Negro e as costas mais afastadas do Adriático e do Tirreno. Neste novo cenário, esgarçados os laços que o ligavam à comunidade da *pólis*, o indivíduo – e não apenas o integrante da classe dirigente – vê abrir-se diante de seus olhos um infinito horizonte de oportunidades e direitos. É neste momento que surge – ou, pelo menos, que passa a ter uso corrente – na língua grega o termo *cosmopolita*, isto é, *cidadão do mundo*. Mas, como em toda mudança, havia um preço a pagar: a perda da teia protetora da comunidade e a decorrente solidão *política*. Na Hélade, portanto, a parteira da ideia da liberdade e da autonomia individuais foi a queda dos já arcaicos muros da *pólis*, postos abaixo pelo processo intempestivo de urbanização e globalização do mundo mediterrâneo nos séculos VI e V a.C. Em Israel aquela ideia nascera pelo menos meio milênio antes, como componente orgânica da fé monoteísta, distante mas diamantino fundamento da democracia no sentido moderno/europeu do termo.

---

[77] Sobre isto, v. 27.
[78] *Antígone* foi escrita em 430, pouco antes do início da Guerra do Peloponeso.

Seria longo prosseguir nesta fascinante senda das origens do Ocidente. Mas o certo é que o gênio de Sófocles registrou, indelével, um momento crucial de inflexão histórica da Hélade. Mas não apenas isto. Se apenas assim fosse, teria escrito A guerra do Peloponeso ou Apologia de Sócrates. Sófocles era um artista e, com a perecível matéria da História, construiu a provisória perenidade da Arte. E assim, na voragem de catástrofes em sequência que em ritmo alucinante arrastam para o abismo as personagens impotentes frente a seu trágico destino na desolada casa dos Labdácidas, transfigurou Antígone, pálida coadjuvante nas antigas lendas, e a transformou não apenas no memorável ícone de uma época mas também e antes de tudo no universal e eterno símbolo da Humanidade sofredora e peregrina, desde sempre e para sempre envolta no insondável mistério de seu destino e perdida no imenso vale de lágrimas que é a terra.

Por isso, para muitos – e para mim também – Antígone é a realização suprema da arte literária ocidental. E diante da diáfana e etérea luz que dela emana até as mais sublimes criações dos grandes gênios que vieram depois perdem algo de seu fulgor.

## Édipo-rei

Para muitos outros, a maior obra de Sófocles – e da dramaturgia – é Édipo-rei. Deixando à parte preferências pessoais e circunstâncias e estugando o passo, por demais lento, nesta longa aventura, mal apenas encetada, pelos caminhos do Ocidente, o que importa é perguntar: o que é Édipo-rei? E responder.

Édipo-rei é a representação do drama do conhecimento. Em outras palavras, seu tema central é aquele mesmo de Gênesis 3 – a Queda original –, do coro no início de Agamenon e de Prometeu acorrentado. Mas se o tema é o mesmo na lenda semita, nas peças de Ésquilo e na de Sófocles, as perspectivas são díspares. Nos três casos, o salário do conhecimento é a dor – como diria Paulo de Tarso. O novo estatuto por ela definido, porém, varia radicalmente. No Éden, a perdida felicidade da insciência é contrabalançada por um providencialismo transcendente que, apesar de difuso, estende um manto protetor sobre as criaturas decaídas. Em Ésquilo os deuses se perdem em meio à névoa de um indefinido antropomorfismo e a salvação vem, finalmente, não da ambígua ação do divino rebelde em favor das criaturas mas da ação imanente destas, criadoras da *pólis*, encarnada em Atenas, que acolhe Orestes e funda, triunfante, a civilização helênica e, *ça va sans dire*, universal. Em Sófocles nada mais resta: o transcendente já não existe, a *pólis*, periclitante, começa a esvair-se nas sombras do passado mítico e as criaturas, solitárias e entregues à própria sorte, vagam sem rumo em um mundo inóspito, sem deuses e sem esperança.

Na monumental arquitetura técnica de Édipo-rei – que supera o *cênico* e inaugura o *teatral*, depois levado ao paroxismo por Eurípides e Shakespeare –, Sófocles constrói uma personagem que é, ao mesmo tempo, o criminoso, a vítima, o investigador, o acusador, o defensor, o juiz, o condenado e o algoz, expondo assim a natureza agônica do conhecimento, que nasce da interação do indivíduo com o mundo que o cerca. Este *drama do conhecimento* se desenrola em quatro atos, rigorosa e genialmente concatenados na peça, como em um processo de investigação policial:

1 – O desastre: o conflito com o mundo.
2 – A investigação: a busca das causas.
3 – O resultado: o autoconhecimento.
4 – A consequência: a autocondenação.

No primeiro ato, revela-se o desajuste. Ao ser qualificado de *enjeitado*, Édipo identifica a existência de uma clivagem entre ele e o mundo e descobre não saber quem é. Instintivamente, movido pela pulsão do conhecimento, ele busca eliminar a clivagem e para tanto sai à procura de informações. Mas nem Delfos nem seus pais solucionam o problema. Pelo contrário, a situação se agrava. Édipo então foge. Armado com a racionalidade operacional – a *tékne* –, tanto como força física quanto como argúcia intelectual, ele supera os perigos, ascende ao trono de Tebas e julga assim ter eliminado a clivagem e se ajustado ao mundo. Na verdade, por Édipo não ter decifrado a mensagem críptica da Esfinge – tu próprio és o enigma e a solução! –, o conflito se eleva então a um nível ainda maior de intensidade.

No segundo ato, a fuga para frente se torna inviável. A hora da verdade se aproxima. Mas Édipo não sabe e, mais uma vez armado com a *tékne*, define o rumo e o ritmo da investigação, insciente ainda de que o conhecimento ordena e explica mas também revela e condena. Por isto, seguro e arrogante, desafia Tirésias:

– Graças ao meu conhecimento destruí a Esfinge e salvei Tebas.

Ao que o adivinho responde, implacável:

– Este conhecimento será a tua ruína.

No terceiro ato, a *tékne* cede lugar à *sofia* – o conhecimento de si e do mundo. Pois quem tem a capacidade de responder às perguntas de outrem terá fatalmente que responder às suas próprias. Édipo as fizera. Agora a elas responde. Assim, sua *tékne* se alça ao nível de *sofia*, ele alcança o autoconhecimento, encontra finalmente seu lugar no mundo e a clivagem desaparece, sendo substituída pela autocondenação. Porque sem conhecer a si próprio é possível conhecer o mundo mas é impossível encontrar para si um lugar no mundo sem antes conhecer-se a si próprio.

No quarto ato, como corolário do autoconhecimento alcançado pelo herói, o coro estende a condenação a toda a espécie:
– Ó gerações de mortais, como considero vossa vida igual ao nada!

E assim, por sobre os séculos e os milênios, se irmanam no mesmo pó a lendária Tebas helênica dos Labdácidas construída por Sófocles e o mítico Éden semita imaginado pelo redator de Gênesis 3, abrangendo a partir de Alexandre Magno e dos autores sapienciais toda a porção do orbe que no futuro seria chamada de *Ocidente*. E toda a Humanidade.

## Édipo em Colono

Apressando o passo, antes de seguir caminho com Eurípides, é necessário lembrar Édipo em Colono. Esta peça, escrita possivelmente por volta de 408 a.C., quando Sófocles tinha quase noventa anos, foi apresentada então em um concurso e representada, posteriormente, em 401 a.C., em uma Atenas já derrotada e ocupada. Formando, apenas temática e não tecnicamente, uma trilogia com Édipo-rei e Antígone – o ciclo de lendas sobre Tebas –, é delas estruturalmente independente, como aquelas entre si.

Cego, velho e peregrino, expulso de Tebas, Édipo vaga pelo mundo, guiado pela filha Antígone. E chega a Atenas, para pedir asilo a Teseu, então rei da cidade. Aparecem depois em cena também Ismênia e Polínices, irmãos de Antígone, e Creonte, rei de Tebas. Apesar da oposição inicial do povo, Teseu acaba por conceder asilo a Édipo, que no bosque sagrado das Eumênides desaparece misteriosamente nas profundezas da terra.

Além de ser um repositório dos temas e das técnicas de Sófocles e do próprio drama ático, a peça tornou-se famosa principalmente pelo longo hino que imortaliza Colono, a aldeia natal do autor, na qual, segundo a lenda, Édipo fora sepultado:

> Chegaste a Colono, dos vigorosos cavalos, a mais bela região da terra!
> Chegaste a Colono, onde o rouxinol modula perpetuamente seu melancólico canto ao calmo abrigo dos bosques floridos ou sob a hera fosca como o vinho!
> Chegaste a Colono...

E assim, o sublime canto entoado pelo coro se transmuta na perene elegia que desde então ressoa e para sempre ressoará aos ouvidos daqueles que como Sófocles e Édipo, mesmo na dor e na solidão, se curvam à beleza efêmera do mundo antes que o negro manto da noite caia sobre Colono, sobre a Ática e sobre a terra!

# Eurípides
(*c.* 480-406 a.C.)

Eurípedes nasceu na ilha de Salamina, a oeste de Atenas. As informações a respeito de sua origem social são muito divergentes. Segundo alguns, sua família pertencia à aristocracia rural ática. Segundo outros – entre os quais Aristófanes –, a mãe de Eurípides era "vendedora de legumes", ou verdureira, pertencendo, portanto a uma família de pequenos proprietários rurais, fornecedores dos mercados de Atenas. Ainda que não totalmente improvável em uma sociedade caracterizada por rápidas mudanças econômicas e sociais – como foi o caso da Ática no século V a.C. –, esta última informação, atribuída à maledicência de Aristófanes, parece pouco coerente com a sofisticada formação que as peças de Eurípides revelam. Seja como for, não há dúvida de que ele fazia parte da alta elite social e intelectual de Atenas na segunda metade do século. Tanto é que, ao morrer, residia na corte do rei Arquelau, da Macedônia, de quem era amigo muito próximo.

Do total da produção de Eurípides – pelo menos setenta e cinco títulos listados –, foram conservadas dezoito peças, representando mais de vinte e cinco por cento, o que é muito se comparado com o total de obras supérstites de Ésquilo e Sófocles. Entre as peças mais conhecidas de Eurípides estão Medeia – a única realmente famosa –, Hipólito, As fenícias, As troianas, As bacantes, Electra e Ifigênia (duas). Contudo, mesmo em obras quase esquecidas, como Andrômaca, o gênio de Eurípides explode em cenas de uma força dramática jamais superada, como na furibunda *retórica do ciúme*, que irrompe incontido nos diálogos entre Andrômaca e Hermíone, ou no feroz confronto ético entre Peleu e Menelau. Mas, como em toda a obra de Eurípides, esta linguagem torrencial e desabrida se revela aqui também como tênue véu a encobrir as monumentais ruínas de um mundo já desaparecido.

Aliás, a leitura em sequência das obras de Ésquilo, Sófocles e Eurípides pode ser comparada à do explorador que enfrenta o desafio da maior escalada de sua vida. E que, depois de ter atingido sua meta, do alto do cume conquistado contempla deslumbrado, através do éter translúcido, a planície distante, quando, de inopino, vê-se envolto em violento turbilhão de neve e vento, que o cegam e o deixam sem referências. Assim se sente o leitor que avança ordenadamente pelas trilhas milenares abertas por primeiro pelos supremos guias e luminares da arte dramática do Ocidente.

No início da escalada, com Ésquilo, solene, hierático e íntegro, o mundo oscila, agonicamente mas seguro, entre o arcaísmo quase bárbaro da herança minoico-micênica e o triunfalismo desbordante da Ática vitoriosa sobre a Ásia e de Atenas assim alçada aos céus fulgurantes de capital de uma Hélade que então transpunha os umbrais de seu apogeu e de seu surpreendente destino.

A seguir, a meio caminho da longa jornada, já no rarefeito ar de um mundo em que os velhos deuses começam a se tornar dispensáveis, Sófocles assume a função de guia e conduz o leitor ao cume, sobre o qual reina, portentosa e absoluta, sua gélida visão de uma Humanidade desgarrada e dolente a arrastar-se solitária e contrita pelos vales tenebrosos de uma existência sem sentido e sem consolo, condenada a carregar eternamente o fardo maldito do autoconhecimento, a letal herança da única espécie que decifrou a Esfinge de seu destino. E então, intempestiva e feroz, a fúria dos elementos se desata e o leitor vê, estarrecido, a terrífica mas lógica construção sofocliana desfazer-se em mil pedaços e emergir do caos o estranho mundo de Eurípides.

É fácil afirmar, como fazem seus comentadores competentes, que este estranho mundo é na verdade o escoadouro de todas as forças conflitantes que convulsionaram o mundo clássico helênico, e particularmente Atenas, em seu ocaso. Ou que assim é por nele conviverem o *realismo burguês* de uma numerosa elite cosmopolita em uma metrópole poderosa, a retórica despudorada e agressiva da *nova educação* dos sofistas e a força inaudita de uma *filosofia sistemática* que avançava velozmente sobre os caminhos abertos pelos *fisiólogos* da Jônia e pelos *metafísicos* da Magna Grécia. É fácil afirmar tudo isto e, acima de tudo, é verdadeiro. Nada, porém, para o não-erudito, substitui a experiência única e inolvidável da leitura direta e compacta de todas as peças de Eurípides. É como se – retomando a imagem acima utilizada – o leitor, impotente e aturdido, envolto em terrível borrasca, fosse precipitado do cume abaixo, rolando por ravinas e precipícios até ser lançado, exangue mas lúcido, em um ponto qualquer perdido da planície.

A imagem pode ser rebuscada, mas é adequada. Nenhum dos grandes trágicos nem dos demais autores da época – com exceção, talvez de Tucídides – deixa o leitor tão opresso e perplexo. E, principalmente, nenhum o deixa tão desorientado. Porque o mundo de Eurípides é um mundo despedaçado, destroçado, sem norte e sem salvação.

Tematicamente, suas personagens ora falam como os patifes consumados e as mulheres furibundas de Shakespeare; ora como as comoventes criaturas de Sófocles e as hieráticas figuras de Ésquilo; ora como as etéreas heroínas de Racine e os idealizados heróis de Corneille, ora como os patéticos bufões de Molière e Ben Jonson ou de comediógrafos de arrabalde. Às vezes, os conflitos explodem com a fúria, contida ou desatada, dos instintos mais primitivos, como em Strindberg ou Nelson Rodrigues. Outras, eles transmutam-se em espantosos torneios de retórica dignos de bem treinados rábulas diante de um tribunal qualquer. Ou então, inversamente, dão oportunidade a frias e sofisticadas análises políticas que nada ficam devendo a Tucídides!

Tecnicamente, este estranho e delirante carrossel temático é não raro potencializado por inacreditáveis golpes de cena, que parecem antecipar – e não vai nisto nenhuma ironia – os vazios e cansativos *efeitos especiais* de uma Hollywood decadente ou os *chineses voadores* em ascensão no final do século XX: Medeia desaparece em um carro de fogo, Ifigênia é substituída miraculosamente por uma corça, um deus qualquer intervém, intempestivo, para que todos sejam felizes para sempre etc. Mas, sem contestação, o golpe de cena mais assombroso – ou mais genial, pelas implicações filosóficas que dele alguém poderia extrair – é aquele de Helena. Nesta peça, Helena não é Helena, é apenas um fantasma, um simulacro, assim transformada por vingança de Hera. E enquanto gregos e troianos se massacram, a verdadeira Helena vive tranquila em um perdido recanto do Egito! Segundo este enredo de Eurípides, no qual parece ter se baseado o autor de uma conhecida telenovela mexicana, a guerra de Troia não passou, portanto, de um monstruoso equívoco, já que sua causa, a mulher que Páris raptara, não era Helena mas uma fraude! Com o agravante de ter sido esta forjada pelos deuses...

Certa vez, a atriz francesa Fanny Ardant afirmou que "o mundo mudou muito desde de Homero, mas continuamos contando as mesmas histórias". E utilizando os mesmos truques, pode-se acrescentar. Aliás, o próprio Eurípides faz isto em As troianas pela boca de Hécuba, quando esta *cita* Homero, repetindo o célebre diálogo entre Helena e Heitor:[79] a dor é o preço da fama e nosso sofrimento é o penhor da nossa sobrevivência na memória dos pósteros!

Longo seria, e não cabe aqui, analisar mais profunda e detalhadamente o surpreendente, desconcertante, caleidoscópico e quase sempre caótico mundo de Eurípides. Mas entre as centenas de passagens memoráveis de suas peças, vale a pena citar pelo menos parte da fala – de sabor tucidideano – de Teseu em As suplicantes:

---

[79] V. acima, p. 44.

> Três são os partidos nas cidades: o primeiro é o dos ricos inúteis, que sempre querem mais; o segundo é o dos pobres, que carecem de sustento, são agressivos em suas demandas e extremamente invejosos, estão sempre prontos a injuriar os ricos e são enganados por falsos líderes; o terceiro é o daqueles que, estando a igual distância de ambos, são o sustentáculo da sociedade e obedecem às leis da cidade.

Sim, o mundo em nada mudou. E por isso os trágicos gregos continuam modernos como sempre. E assim continuarão para a eternidade, não importa se, cada vez mais cobertos pela densa pátina do olvido, descansem eles, solitários e incompreendidos, nas bibliotecas, virtuais ou não, pela avassaladora e crescente vaga da ignorância dos pósteros.

# A COMÉDIA

As origens do drama ático – ou tragédia – são bastante claras: como diz Jaeger,[80] já os próprios espectadores do século V a.C. o ligavam à lírica coral – mesmo porque haviam sido testemunhas oculares da evolução desta para aquele. O mesmo não ocorre com a comédia, que não podia então, nem pode hoje, ser vista como simples culminação de formas e temas há muito familiares aos atenienses, e à elite de todas as cidades da Hélade. Parece claro, porém, que a comédia ática – resumidamente, Aristófanes – nasce da confluência de modelos formais – herdados de um passado recente – e do próprio contexto histórico do presente. Estes modelos formais são dois.

O primeiro deles é o *komos* – de onde se origina a palavra –, isto é, as antigas farsas, com seu humor grosseiro, agressivo e licencioso, próprias de uma Ática ainda agrária, marginal e provinciana. Com a quase intempestiva urbanização e a transformação de Atenas em império mercantil-industrial e em metrópole da Hélade a partir da segunda metade do século VI a.C., o *komos* migrou, junto com a população, para a zona urbana.

---

[80] *Paideia*, p. 325.

O segundo modelo formal é o da própria lírica coral, que por esta mesma época também migrara para Atenas e para outras cidades da Grécia Continental, mas procedente da Jônia. Ali, em Atenas, como foi visto, a lírica coral evoluíra para o drama ático, ou tragédia. E desta o *komos*, depois comédia, absorveu o elemento material, isto é, a cena, o palco. Quanto ao contexto histórico no qual nasce a comédia ática, ele é obviamente o da crise política e social de Atenas e do ocaso de seu império a partir da Guerra do Peloponeso e da derrota diante de Esparta.

No *crossing over* daqueles dois modelos formais e deste contexto histórico se gesta a comédia ática, que pode ser definida como a representação da contemporaneidade sob a ótica de uma crítica social e política contundente e implacável, instrumentada não raro – com o claro objetivo de ampliar o público-alvo – por um humor pouco refinado e licencioso, características, aliás, que remontavam às suas próprias origens. Dela, da comédia, Aristófanes foi, é e será para sempre no Ocidente o modelo insuperado e insuperável. Dele apenas Shakespeare e, em parte, Molière se aproximaram.[81]

---

[81] De Crátino e Êupolis, comediógrafos contemporâneos de Aristófanes, quase nada restou, nem material nem esteticamente.

# Aristófanes
(445-385 a.C.)

As informações sobre a vida de Aristófanes são relativamente escassas. Sabe-se apenas que nasceu em Atenas, e foi processado pelo famoso *demagogo* Cleon, alvo de suas violentas críticas. E que, segundo Platão, sua impiedosa caricatura de Sócrates em As nuvens teria sido decisiva na condenação deste à morte. Aristófanes escreveu entre 45 e 50 peças, das quais apenas onze foram conservadas: A paz, Os acarnianos, Os cavaleiros, As nuvens, Assembleia de mulheres, Lisístrata,[82] Os pássaros (As aves), As vespas, As convocadas (As termofórias), As rãs e Pluto.

Disse Aristófanes que Sófocles apresenta os homens como eles deveriam ser e Eurípides como eles na realidade o são. Aceite-se ou não tal opinião, é possível estendê-la a Aristófanes e afirmar que este os apresenta *como eles não devem ser*, tendo assim definido, há dois milênios e meio e para sempre, a natureza específica da comédia ática e, por extensão, da comédia ocidental em seu patamar mais elevado. Para compreender a grandeza e a importância do gênio de Aristófanes basta ler a sucinta porém magistral análise que dele faz Jaeger.[83] Seguem em parte esta análise os breves comentários abaixo sobre o papel da *comédia ática* ou, a rigor, de Aristófanes no contexto da sociedade ateniense do século V a.C.

---

[82] Na tradução/adaptação brasileira de Mário da Gama Kury, *Assembleia de mulheres* e *Lisístrata* receberam os títulos de, respectivamente, *A revolução das mulheres* e *A greve do sexo*.
[83] *Paideia*, cap. V.

1 – Ao contrário da tragédia, a comédia não nasce nem jamais foi – a não ser tardiamente, e apenas em Atenas, ao que se supõe – patrocinada pelo Estado. A tragédia, como a lírica coral, de onde se originara, era rigorosamente oficial/áulica e institucional, feita pela elite, dirigida à elite e financiada pelo erário público. Queira-se ou não, nunca houve no Ocidente atividade/produção artística mais oficial e mais *engagée* do que as tragédias representadas em Atenas e, depois, em outras cidades da Hélade. Como já foi dito anteriormente, até os espectadores, obviamente da elite, eram pagos para assistir a tais espetáculos. Em resumo, na função de instrumento de educação da elite, a tragédia era orgânica ao Estado ateniense, como fora antes a lírica coral nas cidades da Jônia, em Esparta e na própria Atenas. A comédia, um gênero híbrido e espúrio, nada tinha a ver com isto. Pelo menos até Aristófanes, quando, paradoxalmente, a partir do final do século V a.C., ela passou a ocupar em Atenas a função educadora que fora da tragédia, como diz Jaeger. Com sinal invertido, evidentemente. Como foi possível tal mutação? A resposta a tal pergunta somente pode ser encontrada ao se analisar o contexto histórico.

2 – Aristófanes entra em cena, literalmente, em 425 a.C., com A paz, uma peça antibelicista, audaciosa e até perigosa naquele momento. A guerra entre Atenas e Esparta, iniciada quatro anos antes, seguia até então um curso favorável aos atenienses e seu império mercantil-industrial parecia não correr nenhum risco. Por isto, opor-se à guerra era, naquele momento, afrontar a opinião pública da cidade. No entanto, poucos anos depois, fracassado o armistício conhecido como *A paz de Nícias* – este era um dos principais generais atenienses – e consumado o desastre da catastrófica expedição à Sicília, a situação inverteu-se radicalmente, provando que Aristófanes tinha razão: em pouco tempo o império ruiu, Atenas foi derrotada e em 404 a.C. ocupada pelos espartanos, que ordenaram a destruição de seus muros. A institucionalização da violência sob o

governo títere dos Trinta Tiranos e a subsequente morte de Sócrates, em 399 a.C., decretaram o fim irreversível de um mundo no qual, como disse Platão, o excesso de liberdade levara ao excesso da falta desta mesma liberdade. Foi neste mundo em rápida desagregação que Aristófanes viveu e foi nele que seu gênio transformou o grosseiro e licencioso *komos* em espelho imortal da sociedade ateniense e em tribuna moral de um censor desesperado a clamar insone pelo retorno de um passado intempestivamente sepultado sob as ruínas do império que Péricles conduzira ao apogeu.

Porque nascido e educado ao longo dos últimos anos do esplendor de Atenas e do *milagre ático*, Aristófanes estava irremediavelmente condenado tanto a lembrar a glória daquele fugaz sonho do passado quanto a afrontar a avassaladora miséria do presente, perenizando assim em sua arte insuperável tanto a voz presente de seus contemporâneos quanto o lamento futuro de todos aqueles suficientemente longevos para testemunharem o naufrágio irreversível de seus mundos. E é chocante – e patético, se levado a sério – ver Aristófanes, em As rãs, acusar Eurípides de ter destruído a tragédia e, por extensão, corrompido toda a Hélade! Ora, sob tal perspectiva, como diz Jaeger, Aristófanes seria tão ou mais responsável do que Eurípides. Na verdade, ambos são testemunhas e porta-vozes de seu tempo e sua arte se alimenta e se constrói sobre os escombros do império ateniense e sobre as ruínas da Hélade clássica. E por isso Ésquilo, para Aristófanes, é o símbolo de um tempo no qual a fé ainda era possível. Mas este tempo perdera-se para sempre. A civilização da *pólis* encerrara seu ciclo vital, seus deuses haviam desertado de seus templos e o gênio helênico avançava tateante mas célere pela vastidão do Mediterrâneo "em busca de um novo centro divino", que seria encontrado – provisoriamente, como é da natureza de toda ação humana – no racionalismo do monumental sistema platônico-aristotélico do século IV a.C. e finalmente no hibridismo helênico-israelita do gentio-cristianismo e dos primeiros

Padres da Igreja, rigorosamente formatado, por imposição de Constantino, o Grande, em 325 d.C., no também monumental *Credo* de Niceia, a Constituição da futura Cristandade euro--ocidental.

3 – Outro aspecto, entre vários possíveis, a destacar em Aristófanes é o retrato vivo, multifacetado e surpreendente de uma época. Raramente na arte literária e jamais na comédia um autor desenhou cenário tão completo, abrangente e profundo da sociedade de seu tempo. Abordando temática e criticamente a política, a educação, a moral, a filosofia, a relação entre os sexos e a própria arte, as peças de Aristófanes são uma fonte inesgotável de informações diretas e objetivas sobre a Atenas do final do século V a.C. e do início do século IV a.C. Evidentemente, como é da própria natureza da comédia, que não raro funda seus efeitos na referência direta a fatos e circunstâncias familiares ao espectador, obras como As nuvens e As rãs, por exemplo, para serem plenamente apreciadas exigem um razoável nível de informação histórica. Por outro lado, pequenas adaptações em outras, como Lisístrata e Assembleia de mulheres, são suficientes para fazer com que Aristófanes ressurja no fulgor de seu gênio incomparável e com a força de sua irreverência irresistível.

4 – Restam duas observações. A primeira transcendental na história política do Ocidente. A segunda quase apenas anedótica.

Estamos limitados, obviamente, às obras supérstites. E é fato que nestas Aristófanes aborda de forma direta praticamente todos os temas candentes de sua época. Mas não o da escravidão, que em Lisístrata é citada *en passant*, como um pressuposto, um fato natural. É compreensível. Ao contrário da visão histórica parcial e pedestre da tradição iluminista de matriz franco-ibérica, a democracia – no sentido euro-ocidental do termo a partir do século XIX – não nasceu na Hélade mas em Israel, enraizada organicamente no monoteísmo sinaítico, fonte perene que alimenta o profetismo clássico dos séculos VIII e VII a.C. e desemboca no igualitarismo radical paulino de Gálatas 3,28.[84] Em Atenas, e em toda a Hélade, o que se denominava *democracia* – governo dos distritos/departamentos – era um sistema rigidamente censitário ao qual tinha acesso apenas quem reunisse concomitantemente três condições: varão adulto, livre e proprietário. No contexto da espantosa liberdade pública alcançada pela elite ateniense no período de seu ocaso, Aristófanes foi institucionalizado e, assim, podia questionar e demolir tudo, menos a base estrutural da *pólis*, em Atenas e em toda a Hélade: a escravidão! Afinal, nisto a sociedade grega era mais ou menos idêntica às sociedades coloniais escravocratas nas Américas nos séculos XVIII e XIX.

Quanto à segunda observação, ela pode ser considerada anedótica, mais por causa de São Jerônimo, o grande padre da Igreja do século IV, do que por ela própria. Expliquemos.

Em 382, o papa Dâmaso decidiu fixar um novo texto-padrão latino para a Bíblia e entregou a tarefa a Jerônimo, considerado o maior erudito de sua época. Esta nova tradução, denominada *Vulgata*, foi posteriormente declarada oficial/autorizada pela Igreja romana. Em sua tarefa, para o Novo Testamento Jerônimo trabalhou sobre uma tradução já existente, conhecida como *Vetus latina*. Para o Antigo Testamento, porém, utilizou os originais em hebraico/aramaico e/ou em grego. E traduziu assim o versículo 1,5 do Livro do Eclesiastes:[85]

> Perversi difficile corriguntur et stultorum infinitus est numerus.[86]

---

[84] "Não há judeu nem grego, não há escravo nem livre, não há masculino nem feminino, pois vós todos sois um em Jesus, o Messias."
[85] Também conhecido por *Cohélet*, obra escrita talvez em Jerusalém, ou em Alexandria do Egito, provavelmente em aramaico e por volta de meados do século III a.C.
[86] Os perversos dificilmente se corrigem e o número dos estultos é infinito.

Ocorre que esta tradução é considerada totalmente incorreta pelos especialistas, unânimes em afirmar que (em português) o verdadeiro sentido do versículo é algo como:

> O que está torto não pode ser endireitado e o que falta não pode ser calculado.

Seja como for, aqui importa que o dito

> O número dos tolos/néscios/estultos/imbecis/idiotas é infinito

sempre foi no passado, e ainda hoje é, atribuído ao autor do Livro do Eclesiastes, ou então à tradução idiossincrática de Jerônimo. Mas este dito não é originalmente de Jerônimo, nem, muito menos, do autor do Livro do Eclesiastes. É de Aristófanes, que em As rãs, segundo a tradução de Jaeger, assim faz Dionísio falar, no Hades, quando Ésquilo lá chega, depois de morrer:

> Vamos, Ésquilo! Sai daqui! Vai salvar a cidade[87] com sãos conselhos e educa os néscios, que são infinitos.

Bem, quer Jerônimo tivesse lido ou não Aristófanes, inegável é que ambos enunciaram uma verdade milenarmente comprovada.

---

[87] Atenas.

# A HISTÓRIA

O conceito de *história* – entendido como *res gestae*,[88] ou a narração de eventos protagonizados no passado por indivíduos ou grupos da espécie humana – é uma criação autenticamente helênica. Deixando à parte a discussão sobre a natureza das narrativas/crônicas surgidas em civilizações como a chinesa, a egípcia, a babilônia, a suméria etc., é suficiente sublinhar que ao conceito de *história*, da mesma forma que ao de *ciência*,[89] é completamente estranha a ideia de seres ou forças transcendentes. Aliás, com o argumento de embasar-se em testemunhas diretas, em registros fidedignos e em uma adequada e universal compreensão da natureza humana, a *história* reivindica, pelo menos desde Tucídides, o estatuto de *ciência*. E seu berço foi a Hélade.

Delimitada, portanto e concomitantemente, pela realidade imanente como objetivo, pela observação direta ou testemunhal como método, pela formatação *in progress* como sistema, pela interpretação adequada como decorrência intrínseca

---

[88] *Feitos* ou, literalmente, *coisas realizadas*. Título de várias crônicas históricas da Idade Média, escritas em latim.
[89] Isto é, comprovação irrefutável de eventos/fenômenos fundada em provas de variada natureza. Com base em documentos confiáveis, nas ditas *ciências humanas*. E em repetibilidade constante sob condições idênticas, na área das ditas *ciências exatas*.

e pela narração ordenada como forma de apresentação, a *narrativa histórica* está ausente[90] do espaço civilizatório israelita, por definição transcendente e providencialista, no qual a *narrativa mítica*, esta sim, possui função orgânica e determinante, como se verá, na construção de uma cosmologia altamente sofisticada e de uma antropologia mítica muito superior à helênica em coerência e profundidade.

Voltando atrás: ao contrário do drama e da comédia, a história – como a filosofia – nasceu na Jônia e não na Ática. Sem entrar na complexa questão das origens da *consciência histórica*, como a denominam os especialistas, parece evidente que ela começa a surgir no horizonte da Hélade primitiva a partir da rápida urbanização da Jônia na alta Idade do Ferro, do subsequente desenvolvimento de novas técnicas de produção industrial (forjaria, ceramística, náutica etc.) e da grande expansão do comércio. Este processo levou, de um lado, à ruptura definitiva da visão cíclica do tempo, orgânica às civilizações agrárias, e, de outro, à concomitante percepção das diferenças entre o *antes* e o *depois*, nascida da observação das sucessivas mudanças. A civilização agrária cedia lugar ao tempo linear das inovações.

Foi na Jônia, pois, que a história nasceu, com os *logógrafos* – ou escrevedores de relatos. E deu um passo adiante com Hecateu de Mileto (*c.* 550 a.C.). Este, viajante incansável, cronista de costumes e o primeiro geógrafo, em sua obra Volta ao mundo ridiculariza as lendas do passado, comprovando assim que o racionalismo da burguesia industrial-mercantil jônia passara a moldar toda a visão intelectual da Hélade e não apenas – como foi visto – a lírica e a filosofia. Aliás, a vida e a obra de Heródoto exemplificam paradigmaticamente este processo.

---

[90] Quanto à hibridização helênico-israelita, típica do período pós-alexandrino, a qual alcança seu coroamento no cristianismo de Niceia, v. adiante, p. 317ss.

# Heródoto
(*c*. 480-*c*. 430 a.C.)

---

Heródoto nasceu em Halicárnasso, na Ásia Menor, então sob domínio persa. Sua família pertencia à elite, pelo menos em termos econômicos. Ainda muito jovem, envolveu-se na política e foi obrigado a exilar-se em Samos, uma das maiores e então das mais prósperas ilhas da Jônia.

Nesta época começou a escrever e a viajar por toda a região do Mediterrâneo, observando e registrando os costumes de muitos povos *bárbaros* – como eram então denominados pelos gregos todos os que não falavam sua língua. Por volta de 455 a.C., retornou a Halicárnasso e ali novamente participou da política. Em 447 a.C. viajou para Atenas e alguns anos depois para Túrio, no Golfo de Tarento (sul da Itália/Magna Grécia), com um grupo de colonos atenienses. Acredita-se que tenha falecido em Atenas, logo no início da Guerra do Peloponeso. Tais dados, porém, são incertos. Sua única obra conservada é História, tradicionalmente dividida em nove livros, cada um dos quais leva o nome de uma das Musas.

Chamado de *pai da história* por Cícero, Heródoto merece tal qualificativo. E todos que o leem disso não duvidam. Herdeiro dos já citados *logógrafos* e de Hecateu de Mileto, Heródoto se eleva a novo e próprio patamar quando, logo no início de sua obra (I, 4), verbaliza com clareza a espinha dorsal de sua visão de mundo e de sua narrativa: a oposição entre a Ásia e a Europa, oposição que, gestada ainda nos tempos de um passado lendário, se materializara na gigantesca invasão persa no presente do narrador.

Evidentemente, mesmo sendo pioneiro tanto na elaboração dos conceitos antagônicos de *Oriente* e *Ocidente* quanto na exposição das causas que acredita estarem em seus fundamentos e das consequências que haviam sido testemunhadas por todos os seus contemporâneos, Heródoto não é sempre coerente nem, muito menos, rigorosamente sistemático. Mas não vem ao caso analisar a solidez de suas teorias nem detalhar seus defeitos. Porque se Heródoto é realmente um historiador, moldado pelo racionalismo helênico de seu tempo, ele é antes de tudo um viajante, um curioso, um contador de histórias verdadeiramente fantásticas, nos dois sentidos do termo: fantásticas nos temas de que tratam e fantásticas no irresistível fascínio que exercem sobre o leitor. E seria injusto – além de tolo e absurdo – exigir de Heródoto ser o que ele não é. E ele não é um gênio, um filósofo da natureza humana, um pensador político como Tucídides. Nem mesmo um mestre da autopromoção e um brilhante jornalista *avant la lettre* como o Xenofonte de A retirada dos dez mil (Anábase). Heródoto é um observador do espetáculo que é o mundo, um contador dos aspectos *folclóricos*, um caçador de fatos anedóticos, enfim, um historiador com alma de ficcionista. Mas sem perder jamais nem o bom senso – temperado por um realista e irônico pessimismo sobre seus semelhantes – nem a capacidade de perceber com clareza a diferença entre o real e o lendário, entre o imaginado e o imaginário.

E basta. O resto poder ser deixado para os especialistas. Porque se existe um Heródoto perene, ele é aquele que faz a delícia do leitor curioso e descompromissado. E que sempre a fará enquanto a natureza for a mesma, com diz o nunca por demais citado mantra de seu contemporâneo Tucídides.

# Tucídides
(*c*. 465-*c*. 400 a.C.)

---

Tucídides, filho de Oloro, nasceu no *demos* de Halimunte, na Ática, e pertencia à alta aristocracia ateniense. Trineto de um rei da Trácia também chamado Oloro, Tucídides possuía grande fortuna e, como ele mesmo relata (IV, 105), era concessionário de minas de ouro naquela região. Durante a Guerra do Peloponeso, no posto de almirante/comandante da frota ateniense, foi para lá enviado a fim de defender Anfípolis e outras cidades trácias, então alvo dos ataques do grande general espartano Brásidas. Não obtendo êxito, foi condenado à morte – ou ao ostracismo – e por isso refugiou-se em Esparta. Ali permaneceu, por vinte anos, período durante o qual viajou por várias regiões da Grécia e do Mediterrâneo, recolhendo material para sua obra. Sua morte deve ter ocorrido em Atenas, ou na Trácia. Plutarco (Vida de Cimon, IV) e outros afirmam, sem fornecer maiores detalhes, ter ele morrido de forma violenta.

A Guerra do Peloponeso narra o longo e devastador conflito entre Atenas e Esparta e cobre o período que vai de 431 a 411 a.C. Os sete anos restantes da guerra, cujo término ocorre em 404 a.C., com a ocupação de Atenas e a derrubada de seus muros, foram historiados por Xenofonte, na primeira parte de Helênicas, ficando assim completa a obra que Tucídides, talvez por ter falecido antes, deixara inconclusa.[91]

Tucídides é o maior historiador de todos os tempos. E A guerra do Peloponeso, sua única obra, está entre os primeiros títulos

---

[91] V. adiante, p. 142ss.

de qualquer lista das obras-mestras do Ocidente. Entre os historiadores latinos, unicamente Salústio e Tácito o seguem, de longe. No Brasil, apenas a terceira parte de Os sertões (A luta), de Euclides da Cunha, pode reivindicar, também à distância, alguma semelhança com aquela.

Com Tucídides, como afirma Werner Jaeger,[92] não é a história que se faz política. É o pensamento político que se faz história, ao mesmo tempo em que esta reivindica para si o estatuto de *ciência*, na trilha aberta pelos filósofos jônios e eleatas. Mas, afinal, o que faz tão única a obra de Tucídides e por que ela o coloca entre os supremos luminares da herança intelectual do Ocidente?

Preliminarmente, é necessário sublinhar que a leitura de A guerra do Peloponeso no original foi sempre considerada, mesmo pelos grandes helenistas, extremamente dificultosa, em virtude de sua sintaxe elíptica e rarefeita e de seu estilo duro e denso. Contudo, nos últimos cinco séculos, do esforço conjunto e sucessivo de muitos resultou a elaboração de traduções sérias e competentes em pelo menos duas dezenas de línguas – inclusive em português.[93] Com isto, tanto os que não dominam suficientemente o grego quanto os que dele nada conhecem têm hoje acesso relativamente fácil à obra. Isto posto, portanto, pode-se tentar expor sucintamente as razões pelas quais a obra de Tucídides é tão importante e coloca seu autor entre os grandes pensadores da tradição intelectual universal. Estas razões são várias e algumas delas podem ser facilmente listadas:

1 – Tucídides é o criador da *ciência histórica* tal como ela é desde então entendida no Ocidente. Por isto, ler A guerra do Peloponeso é como estar a seu lado, na aurora dos tempos, no instante em que ela, a ciência histórica, nascia para o mundo. A mesma sensação temos, ainda que em nível

---

[92] *Paideia*, p. 347.
[93] A tradução é de Mário da Gama Kury e, até recentemente, integrava o catálogo da Editora Universidade de Brasília.

incomparavelmente menos intenso, quando lemos Políbio, Salústio, Tácito, Villehardouin,[94] partes de La democratie en Amérique[95] e a citada parte de Os sertões.

2 – Tucídides utiliza um método tão simples quanto insuperável: apresenta-se, explica a importância do tema, expõe os antecedentes próximos e distantes do conflito e a seguir narra seu desenrolar ano a ano.

3 – Tucídides investiga os fatos, analisa seu significado e com visão gélida e impassível, absoluto e soberano desprezo pelo inútil e pelo anedótico e assombrosa acuidade conclui que a guerra entre Atenas e Esparta fora decorrência de forças econômicas, políticas, culturais e psicológicas em choque.

4 – Tucídides, através de uma espantosa sequência de discursos magistrais, colocados na boca de seus personagens, elabora sua monumental visão filosófico-antropológica e com a granítica concisão de seu estilo e a *imperatoria vis* de seus vereditos afirma, categórico, que sua obra é *um tesouro para sempre* (I, 22),[96] proclamando assim a diamantina fé em sua própria eternidade enquanto eterna for a natureza humana.

Por tais e outras razões, é impossível deixar de transcrever pelo menos uma das dezenas de passagens memoráveis construídas por Tucídides. E qual delas escolher entre tantas obras-primas? Os discursos de Péricles talvez sejam datados demais para o leitor atual. O diálogo entre melienses e atenienses – diante do qual Maquiavel, Hobbes, Lênine e outros parecem aprendizes de poucas luzes – é por demais extenso. O discurso do representante de Plateia, diante da ruína da cidade e da chacina em massa que se seguirá no instante em que sua fala for

---

[94] *A conquista de Constantinopla.*
[95] Alexis de Tocqueville.
[96] Em grego: κτῆμά ἐς αιεί.

concluída, é apavorante. Assim, é melhor esquecê-los a todos e optar por uma de suas não menos famosas descrições/análises. Poderia ser a da peste em Atenas (II, 47-54) – que infectou o próprio Tucídides. Creio, porém, ser aqui mais adequado referir a parte inicial da passagem tradicionalmente conhecida como "a psicologia da guerra civil".

Depois de pintar (III, 69-81) em cores tétricas o que ocorrera na ilha de Corcira, atual Corfu, devastada pelas sucessivas carnificinas protagonizadas por facções rivais, Tucídides abre a lente de sua visão e descreve (82-84) o horror em que mergulhara a Hélade inteira. É particularmente famoso o parágrafo sobre a alteração do sentido das palavras em tempos de guerra:

> A tais níveis de atrocidade esta revolução (em Corcira) chegou. E ela pareceu ainda mais espantosa por ser a primeira. Porque depois toda a Hélade, por assim dizer, foi palco de convulsão, em virtude dos conflitos que explodiram por todas as partes. Os líderes do partido popular buscavam o apoio dos atenienses e os da facção oligárquica o dos espartanos. Quando havia paz, não teriam tido qualquer motivo para solicitar a intervenção deles. Mas agora, por estarem em guerra, os partidos procuravam alianças para destruir seus inimigos e para fortalecer suas posições. E estes apelos encontravam eco entre os que estavam dispostos a apoiar qualquer revolta. As cidades foram então afetadas por muitas e graves calamidades, como resultado de tais conflitos, que ocorrem e continuarão sempre ocorrendo enquanto a natureza humana for a mesma,[97] ainda que mais ou menos intensos, e também díspares, segundo forem diversas as circunstâncias. Em condições de paz e prosperidade, as cidades e os indivíduos têm ânimo melhor disposto, já que não são obrigados a enfrentar graves dificuldades. A guerra, porém, ao destruir a paz do dia-a-dia, é a fautora de violências e adequa as paixões dos indivíduos às circunstâncias do momento.

---

[97] Este é um conceito recorrente em Tucídides.

As cidades encontravam-se então dominadas pelas revoltas e os retardatários, quando informados de algo ocorrido onde quer que fosse, extremavam ainda mais sua brutalidade, fosse em ataques traiçoeiros, fosse em atrozes represálias. A tal ponto que o costumeiro sentido dos termos que designam as coisas passou a ser arbitrariamente invertido. A audácia insana era tida por louvável lealdade à (respectiva) facção e a prudente hesitação por estudada covardia; a moderação por fraqueza e a extrema sagacidade por total incompetência; o entusiasmo temerário por nobreza de caráter e a análise cuidadosa por pretexto para evadir-se. O imprudente passava por confiável; o que tinha sorte em dar um golpe era visto como inteligente e como ainda mais hábil o que o desmascarava. Por outro lado, quem tinha cuidado para não necessitar de tais expedientes era considerado destruidor do partido e covarde diante dos adversários [...]. A confiança recíproca tinha por base não as leis sagradas mas a cumplicidade no crime.

# Xenofonte
(430-*c.* 355 a.C.)

---

Xenofonte nasceu no *demos* (departamento) de Ésquia, nas proximidades de Atenas, e morreu em Corinto. Seu pai chamava-se Grilo e sua família devia ter posses, pois Xenofonte recebeu educação em Atenas e pertenceu ao círculo de Sócrates. Segundo a tradição, este o teria salvo, carregando-o nas costas, ferido, em uma batalha, durante a Guerra do Peloponeso. Apesar de sua vida agitada, com intensa participação na política, Xenofonte foi um escritor prolífico. Dele se conservam uma dezena de obras, das quais as mais célebres são Anábase – também denominada A retirada dos dez mil –, Helênicas, Ciropedia (A educação de Ciro) e uma biografia de Sócrates, conhecida pelo título latino *Memorabilia* (Fatos memoráveis).

A biografia de Sócrates é de grande interesse para os estudiosos do *mito de Sócrates*. Para Xenofonte, este é um excelente cidadão, virtuoso, religioso e respeitador das leis, pouco se parecendo com aquele insistente inquiridor, pedagogo obsessivo e brilhante orador que, como dizem os especialistas, é uma criação literária de Platão.

Ciropedia é um romance histórico que tendo por tema, supostamente, a vida de Ciro, o Grande, rei da Pérsia, na verdade é um extenso elenco das qualidades do estadista ideal, na visão de Xenofonte. Tão ideal que Ciro fala como um sofista brilhante, discursa como um orador insuperável, governa como um político genial, guerreia como um estrategista invencível, age como um moralista impoluto e raciocina como um filósofo grego. E seu discurso no leito de morte é uma peça de oratória digna de Tucídides ou Demóstenes. Ciropedia, apesar de algumas passagens algo enfadonhas, é uma obra surpreendente que, dois milênios e meio depois, continua viva e não raro fascinante. E exatamente porque, construída no empíreo de um mundo ideal, talvez seja, ao lado da República, de Platão, a mais elaborada das *utopias* já produzidas. Por isto, nada mais adequado que transcrever aquela página imortal que abre a obra, página cujo conteúdo tentará ser – pela visão etérea do ficcionista político Xenofonte – radicalmente desmentido nas duzentas que a seguem:

> Embebidos nestes pensamentos, observamos que mais prontamente obedecem os animais a seus pastores do que os homens a seus chefes. Os animais caminham por onde os conduzem, pastam nos campos a que os levam, não entram naqueles de onde os desviam, e consentem que tirem deles todo o proveito. Não consta que jamais houvesse entre eles alguma sedição, ou para não seguir voz de seus pastores, ou para não consentir que deles se utilizassem. Pelo contrário, a ninguém são mais inclinados do que aos que os governam e que deles se aproveitam. E que fazem os homens? Esses contra ninguém mais facilmente se levantam do que contra aquele em quem reconhecem pretensões de governá-los. Portanto, deduzimos destas reflexões que mais facilidade tem o homem em governar os animais do que em governar os próprios homens.[98]

Helênicas é uma obra fundamental para a história da Grécia no período abrangido. Sua primeira parte é a continuação de A guerra do Peloponeso, deixada incompleta por Tucídides. Começando exatamente no ponto em que este interrompera sua obra (ano de 311 a.C.), Xenofonte continua até o final do conflito (404 a.C.) e segue adiante até a batalha de Mantineia (362 a.C.), que marca o fim da breve hegemonia tebana. Apesar de sua indiscutível importância documental, Helênicas é um texto

---

[98] Trad. de João Félix Pereira.

burocrático e sem brilho. Mas seria injusto comparar a correta visão cronística de Xenofonte com a monumental construção histórico-política e filosófico-antropológica de Tucídides. Na verdade, em Helênicas devem ser louvadas duas qualidades, que pertencem antes ao homem que a escreveu do que propriamente à obra. A primeira é que Xenofonte não apenas completou A guerra do Peloponeso como também procurou ater-se ao método e ao estilo de seu autor. A segunda é que Xenofonte reprime seus talentos de ficcionista e jornalista – essenciais em Ciropedia e Anábase, respectivamente – para manter-se disciplinadamente nos limites da crônica histórica. Mais do que isto: o caráter do homem revela-se em outro episódio. Reza a tradição que depois da morte de Tucídides o único exemplar de A guerra do Peloponeso encontrava-se nas mãos de Xenofonte. Ele o editou – isto é, mandou fazer várias cópias da obra – e assim salvou-a para a posteridade.[99] A ser verdadeira tal versão, o prolífico e polígrafo Xenofonte deixou aos pósteros, consciente e honestamente, a tarefa de julgar a obra de Tucídides, sua própria obra e seus próprios atos. Seguramente com a certeza e a segurança de que nem ele nem Tucídides seriam injustiçados!

## Anábase

A qualidade das obras acima referidas e a honestidade intelectual do homem que as escreveu não teriam sido suficientes para perpetuá-las, e ao autor, na memória das gerações e ao longo dos milênios. Mesmo porque elas pouco foram lidas

---

[99] De acordo com antiga hipótese, retomada recentemente por alguns especialistas, Xenofonte teria cobrado alto preço: o Livro I de Helênicas seria da autoria de Tucídides! Até isto, porém, se poderia perdoar a quem possibilitou que hoje possamos ler A guerra do Peloponeso...

no passado, e menos ainda hoje. E a honestidade intelectual do *editor* é um detalhe quase esquecido diante da *imperatoria vis* histórica que impregna a monumental construção de Tucídides. Mas com Anábase é diferente. É sobre esta obra que repousa a fama e a perenidade de Xenofonte.

Deixando à parte detalhes específicos e questões controversas,[100] Anábase – ou A retirada dos dez mil – é a história da expedição militar de Ciro, o Jovem, contra seu irmão Artaxerxes II, rei da Pérsia. Ressentido contra o irmão, que tão logo subira ao trono, depois da morte de Dario II, o pai de ambos, o colocara na prisão por algum tempo, Ciro, depois libertado, retornara à sua satrapia na Ásia Menor, mas jamais esquecera o episódio. Por isto, em 401 a.C., ele reúne alguns milhares de mercenários gregos, em sua maioria soldados desmobilizados ao final da Guerra do Peloponeso, em 404 a.C. A expedição parte de Sardes em março de 401 a.C. e chega a Cunaxa – nas proximidades de Babilônia – em setembro. Os gregos enfrentam e derrotam as forças de Artaxerxes II. Mas Ciro morre na batalha. E então começa a retirada dos mercenários, que se estende por cerca de um ano, com a chegada deles a Bizâncio em outubro de 400 a.C.

Como no caso de Heródoto, A retirada dos dez mil não é uma obra para ser discutida – a não ser por eruditos. É uma obra para ser lida. Considerada ao longo dos séculos como texto fundamental de estratégia militar – altamente ficcional, segundo muitos – e como impressionante documento antropológico e histórico, A retirada dos dez mil é antes de tudo uma reportagem genial, possivelmente a mais genial produzi-

---

[100] E há vários e várias. Por exemplo, quanto ao título. *Anábase* em grego significa *subida* ou *ida* (da costa para interior) e *katábase* significa *descida* ou *volta*. Portanto, o título deveria ser *katábase*, já que (v. adiante) a obra trata do retorno de uma expedição militar. Quanto à autoria, ela a rigor não é contestada, mas não se deve esquecer que o próprio Xenofonte, em *Helênicas* (III, 1) atribui a obra a um tal de Temistógenes de Siracusa. Aos interessados nestas e em outras questões a edição espanhola da Aguilar fornece as informações básicas.

da até hoje. E, para mim, a melhor peça publicitária de todos os tempos – em causa própria, é claro. Mas que importa para o leitor, de hoje e de sempre, se Xenofonte se insinua, lento, e a seguir se apresenta, com indisfarçável desfaçatez, como – apesar de não tê-lo sido – o brilhante e inigualável estrategista que em meio a ingentes dificuldades e múltiplos perigos conduz com mão firme seus comandados de volta à pátria?! Ou, no limite, que importa se ele nem foi autor da obra?! O que importa mesmo é o fascínio que ela produz no leitor. E neste ponto Xenofonte é superior a Heródoto. E é natural que o seja.

Em primeiro lugar porque a unidade temática e a linearidade narrativa dela decorrente – a história da expedição tem início, meio e fim – determinam as características fundamentais da obra, muito diversa da de Heródoto, que por sua própria natureza é heteróclita e sincopada. Em segundo lugar porque Xenofonte, como as obras antes referidas deixam claro, é um profissional do texto, um estilista competente, versátil e altamente treinado. Um mestre da retórica, capaz de manejar a língua a seu bel-prazer e de moldá-la a seus objetivos.

Na opinião dos helenistas, com ele e Platão o dialeto ático – que depois dominaria o espaço do Mediterrâneo, transformando-se na língua franca da Antiguidade tardia – alcança o ponto mais alto de clareza e capacidade expressiva. Na Jônia, no tempo de Heródoto, a língua grega não atingira ainda tal patamar. E na Ática, com Tucídides, ela parece estranhamente incapaz de alçar-se às sublimes alturas de sua sofisticada elaboração mental. Neste sentido, o polimorfo e elegante Xenofonte já revela características dos autores do século IV. O leitor de hoje, porém, pode tranquilamente ignorar as análises dos eruditos. Para ele o essencial é ler, em uma boa tradução, A retirada dos dez mil, um dos perenes monumentos do legado literário helênico.

# A FILOSOFIA

Uma das mais conhecidas pinturas do Renascimento é aquela de Rafael Sanzio, na Biblioteca do Vaticano, no qual aparecem Platão e Aristóteles passeando pelos corredores da Academia.[101] Em sua monumental composição, o artista imagina, capta e congela o exato instante em que os dois filósofos materializam no espaço, pelo movimento das mãos, a essência de suas respectivas doutrinas: Platão aponta para o alto e Aristóteles para baixo.

À parte a genialidade do artista, que seleciona, concentra, ordena e expõe visualmente a concepção de sua própria época, e o simbolismo da imagem, que resume a história da civilização ocidental, o quadro de Rafael consegue traduzir a difusa impressão – se exata ou não, tal não vem ao caso – do leitor que séculos depois se aventura a atravessar as seis ou sete mil páginas que formam a gigantesca obra deixada pelos dois máximos arquitetos espirituais do Ocidente. Platão se movimenta no espaço abstrato e rigoroso dos conceitos lógicos para – utilizando-os como *tékne*, ou ferramental – alcançar a *sofia*, isto é, o domínio de si próprio, o ordenamento da vida em sociedade e o conhecimento de Deus, o Sumo Bem. E Aristóteles mergulha na realidade empírica do

---
[101] V. adiante, p. 150ss.

mundo físico para dissecá-lo e assim conhecer as leis que governam o Universo. Simplificada e resumidamente, pode-se afirmar que o primeiro segue a trilha aberta pelos eleatas e o segundo a inaugurada pelos jônios. E que depois de ambos, insumidos e absorvidos – particularmente Platão – por um milênio e meio no triunfante universalismo ético-religioso da tradição israelita-cristã, a espécie humana em nada evoluiu. Pelo contrário, apenas regrediu. Pois se as perguntas e as respostas sobre a origem e o sentido do Universo continuam sendo praticamente as mesmas, a aplicação dos princípios lógico-científico por ambos elaborados permitiram, por um lado, conhecer e controlar, em dimensão espantosa, as leis da natureza e, por outro, elevaram a um patamar talvez irreversível o potencial de destruição e o nível de irracionalidade desta mesma espécie humana em relação a seu entorno. Mas como, uma vez desatada, a fúria do *genius scientiae* é incontrolável e o famoso aforismo de Lord Keynes[102] continua mantendo plena validade, resta-nos apenas recordar Horácio em Ad Leuconoem:

> Dum loquimur fugerit invida aetas.
> Carpe diem; quam minimum credula postero.[103]

Esquecendo isso, é imprescindível lembrar que analisar a obra de Platão e Aristóteles e estudar sua importância e sua influência no mundo greco-romano, na elaboração da vitoriosa *filosofia trinitária*[104] do cristianismo de Niceia, na formação da Cristandade europeia pós-constantiniana e medieval, na marcha avassaladora da ciência e da técnica do Ocidente pós-renascentista e na vertiginosa homogeneização urbano-industrial planetária no século XX é tarefa para eruditos –

---

[102] *A longo prazo estamos todos mortos* – dizia ele quem lhe recordava que a longo prazo os problemas poderiam ter solução.

[103] Em tradução livre: *Enquanto conversamos, foge implacável o tempo. Aproveita o presente; em nada confies no amanhã.* V. adiante, p. 442ss.

[104] Como a denominou Cochrane. V. bibliografia.

hoje cada vez mais raros. E mesmo estes tropeçaram, no passado. E tropeçarão no futuro, se ainda existirem. Particularmente em relação a Platão, porque sua obra vasta e complexa, sua visão poliédrica e polimorfa e, em especial, sua refinada habilidade retórico-estilística podem levar ao descaminho os pouco sensíveis à ironia e ao sarcasmo presentes em muitos de seus diálogos. Seja como for, a partir do início do século XX os interessados em ler Platão e Aristóteles passaram a contar com facilidades inimagináveis em séculos anteriores: as obras de ambos estão disponíveis em competentes traduções e existem bons comentários introdutórios.[105]

Por fim e como sempre, é aconselhável lembrar que as observações feitas a seguir não são mais do que notas despretensiosas de um amador que leu toda a obra de Platão e perlustrou a pedregosa e não raro quase intransitável via que passa pela de Aristóteles.

---

[105] É caso das edições da Editora Aguilar. A edição da obra completa de Platão, por exemplo, conta com excelente *Introdução* de J. A. Miguez.

# Platão
(427-347 a.C.)

Platão nasceu em Atenas. Seus pais, Aríston e Perictione, eram riquíssimos e descendiam das mais antigas famílias da nobreza latifundiária da Ática, tendo entre seus antepassados o rei Codro e o legislador Sólon. Pouco se conhece sobre o período da juventude de Platão, mas ele próprio conta, na Carta VII, que pensara então em seguir a carreira política, incentivado por amigos e familiares. Sabe-se também que nesta época compôs poemas e tragédias, obras que se perderam ou foram por ele próprio destruídas.

Discípulo de Sócrates, o famoso pedagogo que seria transformado na personagem mais importante de seus diálogos, Platão sofreu profundo abalo quando o mestre foi condenado à morte em 399 a.C., o que o fez exilar-se em Mégara, importante cidade comercial do sul da Beócia, sobre o Golfo de Corinto. Dali partiu nos anos seguintes para longas viagens pelo Mediterrâneo, visitando o Egito, as costas da África, a Magna Grécia e a Sicília. Detendo-se por algum tempo em Tarento e Siracusa, tornou-se amigo de seus *tiranos*, respectivamente Arquitas e Dionísio, o Velho. Por volta de 390 a.C., com quase quarenta anos, retornou a Atenas e ali fundou a Academia, em um pequeno estádio no distrito de Colono, a três quilômetros do centro da cidade, onde ministrou aulas até o final de sua vida. Apenas duas vezes afastou-se temporariamente dali, para retornar à Sicília: em 366 e 361 a.C., a fim de ser conselheiro político de Dionísio, o Jovem, conforme seu patético relato na Carta VII. Aristóteles de Estagira foi seu discípulo mais famoso.

# O pensamento de Platão

No Livro V de As leis, diz Platão que "todos os assuntos humanos, sem exceção", são determinados por três causas fundamentais: Deus, o acaso/a oportunidade e o conhecimento/a formação. Se, laicizando a terminologia, *Deus* for substituído por *natureza*, ninguém mais do que o próprio Platão é exemplo de tal princípio. Com efeito, dotado pela natureza de talento incomum, vivendo em espaço e tempo de inigualável esplendor intelectual e tendo recebido a mais sofisticada formação então disponível à elite da Hélade, Platão absorveu e elaborou toda a herança cultural do Mediterrâneo e com sua obra delineou e esquadrinhou toda a monumental cantaria sobre a qual se assentou, se assenta e se assentará o Ocidente enquanto a natureza humana for a mesma – para repetir o nunca por demais repetido mantra tucidideano.

Platão é um Proteu perturbador e fascinante em suas mutações, revelando-se ao mesmo tempo simples e complexo, palpável e fugidio, luminoso e obscuro, abstrato e concreto. Porque ele é tudo: educador e filósofo, teólogo e ficcionista, orador e político, místico e lógico, ideólogo e antropólogo, estadista e psicólogo. Gélido e emotivo, demolidor e sublime, lírico e racional, sonhador e realista, ele é a craveira do Ocidente. Como diante de Ésquilo, de Sófocles, de Eurípides e de Tucídides, diante de Platão a posteridade ocidental encontra sua verdadeira medida e seus gênios se revelam em sua exata dimensão: raríssimos dele mal se aproximam e nenhum o supera. Para perceber isto, basta lê-lo. Mas como lê-lo? Lendo, simplesmente.

Sem dúvida, A república e As leis contêm partes cansativas, além das realmente envelhecidas. E vários dos grandes diálogos – como Protágoras, Teeteto e Górgias, entre outros – são áridos e abstratos em algumas passagens, em particular quando a lógica conceitual e a dialética, ou arte da discussão, assumem o primeiro plano. Por isto é aconselhável iniciar a caminhada com os diálogos menores – só na extensão –, como Íon e Críton, por exemplo. Ou com Alcibíades, modelo paradigmático, marcado por certa leveza, do método maiêutico[106] de Sócrates-personagem, além de tocar em vários temas centrais de outros diálogos. Por certo, um orientador de bom senso e com visão histórica pode ser de grande ajuda. As observações que seguem, são breves notas de leitura, um tanto desordenadas, referidas a temas de meu interesse pessoal. Mesmo assim, talvez possam despertar, ou aumentar, a curiosidade de leitores interessados.

1 – A formação de Platão se estende ao longo das quase três décadas de duração da Guerra do Peloponeso, o devastador cataclisma que varreu toda a Hélade na segunda metade do século V a.C. Nascido em 427 a.C., três anos após o início do conflito, Platão mal entrara na adolescência quando o desastre da Sicília (315 a.C.) transformava-se em negro prenúncio do futuro. E o início de sua idade adulta transcorreu sob o signo da derrota e da ocupação de Atenas por Esparta (404 a.C.), da morte de Sócrates, da violência dos Trinta Tiranos e do lento e fugaz renascimento do poder ateniense, com a formação da Segunda Liga Marítima. Contemporâneo de Sófocles, Tucídides, Aristófanes, Eurípides, Xenofonte e de tantos outros luminares da vida política, intelectual e artística de seu tempo, já em idade madura testemunhou o desastre de Leuctra (371 a.C.), do qual Esparta jamais se recuperaria, e os dez anos da breve hegemonia tebana, encerrada em Mantineia (362 a.C.). Discípulo de Sócrates em sua juventude, foi mestre de Aristóteles na Academia e em seus últimos anos viu Demóstenes dar seus primeiros passos na carreira política, enquanto lenta mas continuamente o poder macedônio avançava para submeter a Ática e toda a Hélade

---

[106] Μαῖειν *(maiein)* significa *dar à luz*. A mãe de Sócrates era parteira.

centro-oriental. E ao morrer, em 347 a.C., o império ateniense praticamente desaparecera. Faltava apenas o golpe final, que viria, cerca de uma década depois, em Queroneia (338 a.C.), pela espada de Felippe II, o pai de Alexandre, o Grande, ex--discípulo de Aristóteles e futuro conquistador do mundo.

Em outras palavras, do alto de sua inconteste genialidade e favorecido pela incomum longevidade, Platão foi protagonista e testemunha do apogeu e do ocaso de Atenas e da Hélade ao longo do século que fundou o Ocidente, depois fecundado por Israel e por Roma. E daquele século e para o Ocidente sua obra transformou-se em marca indelével para a eternidade.

2 – Para quem pertence – é meu caso – à derradeira geração modelada no diamantino crisol da fé niceno-tomista e iluminada pelo hoje esvaído fulgor ético-intelectual da Igreja tridentina, ler a obra completa de Platão é surpreendente.[107] Mais do que isto, é assombroso. Por várias razões, que podem ser genericamente resumidas em uma: a teologia, a ética e a espiritualidade do cristianismo ocidental estão/estavam profundamente impregnadas pela visão platônica. Em teologia, os conceitos de Deus como Sumo Bem,[108] da imortalidade da alma[109] e do castigo/recompensa após a morte são recorrentes. Este último, inclusive, é apresentado, em Timeu, sob a forma quase idêntica à cristã – julgamento, céu, inferno e purgatório. Em relação à ética comportamental e à espiritualidade, são incontáveis as passagens em que Platão prega, em termos praticamente idênticos aos do cristianismo ocidental, o *controle dos instintos*, *a importância da virtude* e a necessidade de *cuidar da alma* como único caminho para alcançar a felicidade e aproximar--se de Deus. E quando, no Livro I de As leis, ele afirma que no íntimo de cada indivíduo se trava uma luta violenta entre o bem e o mal, sua visão é a mesma de Paulo de Tarso em Romanos 7

---
[107] V. *Paideia*, p. 1065, onde Jaeger aborda, *en passant*, o tema.
[108] Ou como "medida de todas as coisas", fazendo a inversão de Protágoras.
[109] Em *Fédon*, mas não apenas neste diálogo.

e dos Padres da Igreja. Não é de admirar, portanto, que a partir da primeira metade do século II d.C., no Oriente e no Ocidente, tantos intelectuais de língua e formação gregas tenham aderido ao cristianismo. Afinal, eles já eram cristãos, isto é, platônicos... Depois de ler Platão é fácil entender por que Toynbee afirma que o cristianismo é o amálgama de todas as grandes civilizações do Mediterrâneo na Antiguidade.

3 – Ler Platão é surpreendente também por outros motivos. Por exemplo, *Pax summum bonum* (A paz é o sumo bem), famosa afirmação de Santo Agostinho em A cidade de Deus, está originalmente no início de As leis. A *teoria do super-homem*, supostamente elaborada por Nietsche, se encontra plenamente desenvolvida por Cálicles em Górgias. A concepção de que o mundo é uma guerra nunca foi tão claramente apresentada quanto no início de As leis. Até mesmo o conceito de arte como *mimesis*, unanimemente dito de Aristóteles, é na verdade, e sem qualquer dúvida, de Platão.[110] E assim por diante.

4 – Em A república Platão constrói, utopicamente, uma sociedade ideal. E nela não há lugar para os artistas. A passagem é muito citada mas os argumentos que embasam a posição de Platão nunca são referidos. Estes, de natureza pedagógico-política, são apresentados tanto em A república quanto em As leis.

O ponto de partida é a visão da arte como *mimesis*, isto é, como representação da natureza humana. Ora, como nesta coexistem o bem e o mal e como o artista, imitando-a, não pode restringir-se apenas às ações *edificantes*, ele, o artista, não pode ter espaço em uma sociedade cuja meta fundamental é, por definição, formar cidadãos íntegros e responsáveis. Na eterna luta entre barbárie e civilização, o legislador Platão é, também por definição, o paladino intransigente desta. Sem jamais, porém, perder a lucidez. Há, quase no final do Livro V de As leis, uma

---

[110] Aparece, pelo menos, em *Íon*, em *A república* e em *As leis*.

passagem em que ele volta ao tema, já tratado em A república, e o disseca, com a concisão, a clareza e a *imperatoria vis* do gênio:

> Existe, legislador, entre nós um velho mito que jamais nos cansamos de repetir e que merece universal aprovação: uma vez que o poeta tenha se assentado sobre a trípode[111] da Musa, ele já não é mais dono de seu espírito, deixando então, à maneira de uma fonte, fluir livremente o que a ele chega. E como a arte é imitação, vê-se obrigado, já que as personagens que cria têm emoções contraditórias, a contradizer frequentemente a si próprio. E não sabe, naquilo que elas dizem, de que lado está a verdade. O legislador, por sua vez, no que diz respeito à lei, não pode fazer o mesmo, isto é, apresentar dois pontos de vista sobre a mesma questão.

O que mais há a dizer a respeito? Lênine – o criador da mais sofisticada ideologia de facínoras que a espécie já conheceu –, tendo-o lido ou não, homenageou Platão com sua famosa *boutade*:

> O artista tem todos os direitos, inclusive o de ser expulso.

Disso se conclui que ambos eram, pelo menos, medianamente inteligentes, pois sem frequentar oficinas literárias alcançaram compreender a verdadeira natureza da arte e do artista.

5 – A transformação de Atenas no grande império mercantil-industrial do Mediterrâneo no século V a.C. e o vertiginoso processo de globalização do vasto espaço situado entre o leste do Mar Negro e as Colunas de Hércules tornaram arcaicas e liquidaram as estruturas paroquiais e totalitárias da *pólis*, abrindo caminho à formação de uma visão cosmopolita e universalista entre a elite helênica – particularmente nas cidades litorâneas –,

---

[111] Em Delfos, a Pitonisa sentava-se sobre uma *trípode*, ou banquinho de três pés, para enunciar seus oráculos. E assim o artista... (N. do. E.).

base indispensável sobre a qual se organizariam depois os primeiros Estados nacionais do Ocidente.

O choque entre a razão de Estado e os direitos individuais em Antígone, de Sófocles, a iconoclastia teológica de Eurípides, a execução de Sócrates e a monumental obra filosófica, política e pedagógica de Platão são os elos de uma cadeia que anunciam a aurora de um novo mundo, no qual o indivíduo, livre dos grilhões da *pólis*, constrói sua própria cidadela interior, assentando-a sobre os fundamentos da igualdade, da liberdade e da autonomia. Pelo menos como teoria de valor parcial – apenas para a elite – e como distante utopia. Porque diante de tais ideais erguia-se, indestrutível e intransponível, a *grande muralha*, intrinsecamente orgânica à economia da Antiguidade: a escravidão. E a esta apenas alguns a citam, poucos a discutem e ninguém a contesta.

Platão e Aristóteles, herdeiros de um mundo que ruíra fragorosamente e vagava sem norte "em busca de um centro divino", são obrigados, *à contre-coeur*, a enfrentar a questão que emergia, candente, dos escombros da Hélade para atormentar, insone, a razão universalista que eles encarnavam, movendo-se, inseguros, sobre a tênue linha entre o passado já irrecuperável e o futuro ainda indevassável. Em ambos, o mal-estar diante do tema é evidente. Mas Platão – por motivos óbvios para quem conhece sua obra – é o mais paradigmático. E ao abordar a questão, quase ao final do Livro VI de As leis, o faz de forma tão oblíqua que a passagem de fato poderia servir como argumento aos que colocam em dúvida a autenticidade da obra.[112] Mas tal argumento é historicamente frágil. De um lado porque em nenhum outro lugar Platão ataca a escravidão em seus diálogos, nos quais ela aparece como um fato suposto, dado; e de outro porque a visão de Platão é coerente com a de sua época.[113] Aliás, nascido quase meio século depois, Aristóteles

---
[112] Por ser sua última, afirma-se, Platão não a teria revisado e partes dela poderiam ser glosas ou acréscimos do *editor*, Felipe de Oponte.
[113] V. a seguir, p. 169ss.

vê a escravidão como fato econômico e político objetivo e, ao referir que ela é alvo de críticas, deixa transparecer o mesmo mal-estar que Platão, ainda que sob ângulo diverso.[114] Mas não antecipemos. Afinal, como Platão vê a escravidão?

Em As leis, dialogando com o cretense Clínias e com o espartano Megilo, o protagonista é o Ateniense, inominado *alter ego* de Platão. E o que ele diz sobre a escravidão? Resumindo e ordenando silogisticamente a passagem, mais ou menos o seguinte:

a – A escravidão é um assunto que "levanta todo tipo de dificuldades".

b – Porque "estabelece uma diferença inevitável entre o escravo, o homem livre e o senhor" (de escravos).

c – Daí decorre que, "sendo o homem um animal de comportamento difícil, que não está disposto a aceitar tal diferença [...], a posse de escravos é uma fonte de problemas".

A seguir, o Ateniense apresenta vários procedimentos operacionais destinados, digamos, a *minimizar prejuízos*. E assim o assunto é dado por encerrado.

A passagem é surpreendente e contém um raciocínio circular – a escravidão é fonte de dificuldades; logo, possuir escravos cria dificuldades –, de fato não parecendo digna de Platão. E mereceria, no original grego, uma profunda análise estilística, do tipo daquelas dos grandes eruditos europeus do século passado, como E. Auerbach, L. Spitzer ou D. Alonso. Mas o texto é claro: Platão, o revolucionário, o defensor da igualdade das mulheres e da universalização do ensino público gratuito para as crianças,[115] o teólogo do monoteísmo lógico e da imortalidade da alma e o pregador das virtudes *cristãs* e da frugalidade *monástica*, se detém diante da *grande muralha*. Mas é este o mesmo Platão que, à maneira de Jesus de Nazaré,

---

[114] *Política* I, 2. V. adiante, p. 169ss.
[115] Apenas para os cidadãos, é claro.

afirma, em Górgias, que é melhor ser vítima de uma injustiça do que praticá-la? É. E como poderia ser diferente se, segundo foi dito antes, a escravidão era o fundamento da economia na Antiguidade? Se a riqueza de sua família provinha do latifúndio escravista?

A escravidão era um círculo de ferro. E só se surpreende com a posição de Platão quem desconhece a história das civilizações do Mediterrâneo ou quem, limitado pelas viseiras ideológicas da pedestre tradição iluminista de matriz franco-ibérica, ignora ou desconsidera a antropologia e a ética de Israel, cujo rígido monoteísmo foi a pedra angular sobre a qual Paulo de Tarso, quase meio milênio depois de Platão e Aristóteles, assentaria os fundamentos do igualitarismo radical e universal enunciado em Gálatas 3, 28:

> Não há judeu nem grego, não há livre nem escravo, não há homem e mulher, pois todos sois um em Jesus, o Messias.

6 – Quais são as mais belas páginas de Platão? Entre tantas, quase incontáveis, sem qualquer dúvida aquelas de A defesa de Sócrates e as últimas de Fédon, sobre as quais e por sobre os milênios as almas sensíveis continuam e continuarão vertendo suas lágrimas enquanto a natureza humana for a mesma e enquanto houver um representante da espécie, um que seja, a pairar, contrito e dolente, sobre o caos da vulgaridade e da barbárie.

Outros, mais etéreos, e talvez mais sábios, preferirão os mitos, ou lendas, entre os quais sobressaem os da caverna, o do carro alado, os de Er e o da Atlântida. Não creio, porém, que algum deles possa medir-se em concisão, clareza, abrangência e profundidade com o mito israelita da Queda em Gênesis 3. Seja como for, para concluir, seguem abaixo duas passagens, pouco citadas, ou menos conhecidas. A primeira (Leis I, quase ao final), eventualmente citada, compara o mundo a um espetáculo de marionetes. A segunda (Leis V, no início), virtualmente desconhecida, trata da educação dos filhos. Escritas ontem – melhor, hoje pela manhã! –, elas dispensam comentários.

## O espetáculo de marionetes

Imaginemos cada um de nós, seres vivos que somos, como um boneco fabricado pelos deuses; se (feito) apenas como um passatempo para eles ou com um objetivo sério, isto não temos condições de saber. O que de fato sabemos é que as paixões, que estão em nós como cordéis ou fios internos, nos arrastam e nos impelem, já que são opostas, em sentidos contrários e para ações conflitantes, sobre a linha-limite que separa a virtude e o vício. Segundo nos diz a razão, é necessário que cada um se deixe conduzir por apenas um destes cordéis e não se desligue jamais dele, resistindo à tração dos outros. Esta tensão é a regra de ouro, a sagrada regra de ouro que se chama *a lei da cidade*.

## A educação dos filhos

Que ninguém, portanto, se apegue às riquezas por causa de seus filhos, com o objetivo de deixá-los o mais ricos possível: tal coisa não é o melhor nem para eles nem para a cidade. Uma fortuna que não atraia aduladores e que, ao mesmo tempo, não os deixe passar dificuldades é para os jovens a mais equilibrada e a melhor de todas. Assim, em harmoniosa combinação com as circunstâncias que nos rodeiam, ela lhes proporcionará uma vida sem sofrimentos. O que temos que legar aos filhos não é ouro mas um grande respeito por si próprios. E, segundo penso, lhes legaremos esta virtude corrigindo a tendência da juventude à falta de vergonha; contudo, o que faz nascer a virtude nos jovens não são nossas admoestações, quando insistimos em que eles devem respeitar a todos. O legislador sábio e sensato tentará, antes de tudo, fazer com que os homens maduros respeitem os jovens. E que evitem, principalmente, que qualquer jovem os veja fazer ou ouça dizer coisas vergonhosas. Pois naquilo em que falta vergonha aos velhos é natural que aos jovens também falte pudor, e ainda mais do que àqueles. O que mais importa na educação da juventude [...] não está em fazer advertências e estabelecer normas mas em que todas as advertências feitas aos outros sejam também a norma de nossa própria vida.

# Aristóteles
(384-322 a.C.)

Aristóteles, por antonomásia denominado o Estagirita, nasceu em Estagira, cidade da Península Calcídica (Trácia/Macedônia, nordeste da Grécia Continental), região colonizada nos séculos VII/VI a.C. por gregos vindos do sul, particularmente de Eubeia e do Peloponeso. Seu pai, Nicômaco, que descendia de famosa família de médicos, os Asclepíadas, seguiu a carreira dos antepassados e foi médico e amigo do rei Amintas II, da Macedônia, pai de Filipe II e avô de Alexandre Magno. Como tal, viveu por muito tempo no palácio real de Pela, onde Aristóteles passou sua infância. Sua mãe, Féstide, provinha de uma família de Cálcis de Eubeia, ilha das costas da Ática. Nicômaco e sua mulher faleceram quando Aristóteles ainda era criança, sendo ele então entregue a Próxeno, um parente, honestíssimo, que se tornou seu tutor, dando-lhe esmerada educação. Matriculado aos dezessete anos na Academia, foi ali discípulo de Platão por vinte anos. Quando este morreu, em 347 a.C., Aristóteles deixou Atenas e viajou para o norte, desenvolvendo atividades em Assos e Mitilene (Lesbos). Em 343 a.C. foi chamado por Filipe II a Pela, para ser preceptor do filho, Alexandre. Quando Filipe II morreu e Alexandre tornou-se rei, Aristóteles voltou a Atenas, em 336/35 a.C. e fundou o Liceu,[116] em um ginásio situado no bairro de Ilissos, na periferia da cidade.

---

[116] Considerado, historicamente, a primeira Universidade do Ocidente. Entre outros cursos, ali lecionava-se filosofia, história, economia, política, retórica, antropologia, pedagogia, psicologia, física, fisiologia, medicina, anatomia, botânica, zoologia, matemática, astronomia, teologia e literatura.

Em 323 a.C., com a morte de Alexandre Magno, a Grécia rebelou-se, sob o comando de Demóstenes, e Aristóteles deixou Atenas – para, segundo conta a tradição, "evitar que fosse cometido outro crime contra a filosofia"[117] – e foi para Cálcis de Eubeia, já sob controle dos macedônios, fixando-se na propriedade que pertencera à família de sua mãe. Com efeito, pouco depois o Areópago de Atenas o condenou à morte, sob a acusação de ser filomacedônio. Há algum tempo já enfermo, Aristóteles faleceu no ano seguinte.

Seu testamento, conservado na íntegra, é uma peça digna da rara inteligência e do elevado equilíbrio moral e psíquico do gênio solitário que fundou a lógica, a ciência e a Universidade no Ocidente. Possivelmente é de seus últimos anos um dos raros fragmentos que de suas cartas se salvaram, no qual afirma:

> Quanto mais solitário e isolado estou, mais amo as lendas.

A leitura da obra de Aristóteles é uma tarefa complexa e árdua em algumas partes, que até especialistas consideram difíceis. Em outras, contudo, ela não apresenta maiores problemas. Sobre isso, são necessárias algumas observações.

1 – Aristóteles é absolutamente diverso de Platão. Este, como foi dito, é poliédrico e multiforme, qual o Proteu da lenda. Mais do que isso, é um artista genial, cujas raízes mergulham, profundas, no solo da *pólis* e de seus mitos. É um estadista teórico que, diante do desastre de Atenas e da Hélade, em esforço titânico tenta encontrar para elas um novo norte. É um profeta incansável em busca da salvação para seu mundo devastado pelos sucessivos cataclismas bélicos e políticos. E por tudo isso parte de sua obra, datada, envelheceu irremediavelmente. Mas quando, mediados pelo artista, das insondáveis profundezas do gênio vêm à tona o antropólogo, o pedagogo e o psicólogo, então faz-se a luz sobre o Mediterrâneo e sobre o Ocidente e por sobre os milênios seus leitores vão às lágrimas,

---
[117] Óbvia referência a Sócrates.

pelas personagens, por si e pela Humanidade dolente. Diante de Platão, Aristóteles é quase um *bárbaro*, no sentido grego do termo. Platão é um cidadão de Atenas, último e glorioso rebento da velha Ática e de sua pretérita nobreza latifundiária. Aristóteles é um quase-órfão, um *self made man*, um adventício, um trácio, um filho da periferia geográfica e cultural da Hélade clássica, um cosmopolita e cidadão de uma nova era. Objetivo, frio, metódico, e sistematizador, Aristóteles dedica-se conscientemente a levantar uma muralha entre o público e o privado, entre as lendas remetidas às sombras do passado e a ciência experimental herdeira do futuro, entre a *pólis* decadente e o Estado Nacional emergente. Por isto, como todos os precursores, é um solitário, cuja intimidade só pode ser tenuemente entrevista em seu testamento e nos raros fragmentos supérstites de suas cartas.[118] E se Sócrates, personagem de Platão e do ocaso da *pólis*, foi, como disseram os Padres da Igreja, o primeiro mártir cristão, Aristóteles, personagem de si próprio, foi, na aurora do novo mundo inaugurado por Alexandre Magno, o criador do ferramental lógico por aqueles utilizado para afrontar e liquidar o paganismo. Mas se a História – como a túnica de Clio – não tem costuras, ou rupturas, às vezes ela detém os passos. Pois, paradoxalmente, este mesmo ferramental lógico, mais de um milênio depois, assentou as bases da sociedade industrial e lenta mas irreversivelmente minou os fundamentos da Cristandade europeia/ocidental. Contudo, deixemos isto à parte, pelo menos por ora.

2 – A obra de Aristóteles, tal com a conhecemos, é produto de um processo de elaboração totalmente estranho, se comparada com a de Platão. Com exceção de alguns textos de reduzida importância, considerados quase unanimemente apócrifos, e de outros poucos cuja autenticidade é controvertida,[119] toda a obra de Platão foi redigida, sem qualquer dúvida, de próprio

---

[118] V. adiante, p. 582.
[119] Destes, o mais importante é a famosa *Carta VII*.

punho – como até mesmo o leitor não especializado pode perceber – e sobreviveu praticamente na íntegra, com exceção das tragédias e dos poemas, por ele próprio destruídos, segundo refere a tradição. O caso de Aristóteles é completamente diverso. Em primeiro lugar, todos os escritos de sua primeira fase – os diálogos, por exemplo – e as cartas, de várias datas, desapareceram, restando deles apenas escassos fragmentos. Em segundo, de acordo com os especialistas nada, ou quase nada, de sua obra é de próprio punho[120]. Toda ela é resultado de anotações – feitas por alunos e depois reunidas para publicação – ou do trabalho em equipe de professores do Liceu. Por isso podem ser percebidas no texto incoerências, repetições, falhas, montagens mal feitas etc. O que levanta sério problema adicional: o da fidelidade. Mas este, por motivos óbvios, é insolúvel. A obra de Aristóteles não é outra senão aquela assim estabelecida pela tradição, desde os gramáticos alexandrinos. E nada há a fazer.

3 – Partes da obra de Aristóteles, à semelhança do que ocorreu com a de Platão, também envelheceram irremediavelmente. Tais partes, em sua maioria, se encontram nos tratados de política – seja nos de natureza utópica, com A república e As leis, de Platão, seja naqueles de natureza empírica, como A política, de Aristóteles. Mas é evidente que em Aristóteles estas partes, mesmo envelhecidas, conservam um valor histórico/documental imensurável – e até chocante. Este é o caso, por exemplo, das passagens que tratam da escravidão.[121]

4 – Grande parte da obra de Aristóteles é plenamente acessível ao leitor de formação cultural média, que em A poética, A política, A economia doméstica e em A ética a Nicômaco encontra passagens fascinantes e perenes suficientes para comprovar que efetivamente os gregos tudo sabiam sobre a

---

[120] À parte o testamento, apenas *A Constituição de Atenas* seria exceção. Que, na verdade, é uma cópia, na segunda parte. Da primeira restaram apenas fragmentos.
[121] V. adiante, p. 169ss.

natureza humana e que – à parte a ciência aplicada – depois deles nada foi criado de novo, embora fossem reféns de um mundo ao qual eram absolutamente estranhos os conceitos de *igualdade universal* e *liberdade política individual* (no sentido de separação entre o público e privado). Por isso mesmo a leitura da terceira parte de A economia doméstica é uma experiência impressionante, pois é uma verdadeira homilia – que poderia ter sido escrita por algum dos Padres da Igreja dos séculos III/IV – sobre o amor e a concórdia entre os esposos. Talvez Tertuliano a tivesse diante dos olhos ao ditar sua mais célebre frase: *Alma naturaliter christiana...*[122] Aliás, o texto é bastante estranho no conjunto da obra aristotélica e deve ter sido escrito pelo próprio Aristóteles em seus últimos anos de vida. Ou então é apócrifo. Um dos indícios a favor desta possibilidade é que dele não se tenha conservado a versão grega.

Mas deixemos tais questões para os especialistas. Mesmo porque o leitor não poderá preocupar-se com elas quando tiver que enfrentar o núcleo duro formado pelas obras que deram a Aristóteles o título de fundador da lógica formal e da ciência do Ocidente. Estas obras – que perfazem mais de mil páginas em formato e corpo médios – são A física, A metafísica e A lógica.[123] As duas primeiras podem ser consideradas, digamos, *legíveis* para o leitor de formação mediana, seja pelo espaço que nelas ocupam as informações e as análises referidas aos antecessores e aos contemporâneos de Aristóteles, seja porque o nível de abstração normalmente não ultrapassa o da lógica conceitual que marca alguns dos grandes diálogos de Platão. Bem outro é o caso das obras que formam o Organon, em particular Analítica primeira e Analítica posterior. Nestas, dedicadas à lógica formal, a exposição atinge tal grau de rarefação que o leitor se pergunta, perplexo, qual e que

---

[122] A alma é cristã por natureza.
[123] Esta obra, tradicionalmente conhecida por *Organon*, reúne *Categorias, Sobre a expressão, Analítica primeira, Analítica posterior* (ou segunda), *Tópicos* e *Argumentos sofísticos*.

tipo de mente humana teria sido capaz de elaborá-las! E não é de admirar que assim reaja, pois, segundo Kant, depois de Aristóteles a lógica não precisou dar nenhum passo atrás mas também não conseguiu dar nenhum passo à frente! E com isto está dito tudo. Pelo menos no que aqui importa. Porque se alguém pretender ler meticulosamente e entender plenamente estas obras terá que contratar um bom professor de lógica formal. De preferência capaz de expor o conteúdo com a ajuda, em quadro ou tela, de demonstrações gráficas. Como se fazia no Liceu, segundo se pode deduzir do texto...

5 – A mente poderosa de Aristóteles investiga, analisa, classifica e sistematiza. Platão coloca a lógica a serviço de seu gênio artístico e de seus ideais éticos e políticos. Aristóteles faz da lógica uma ciência independente e a coloca a serviço do conhecimento universal (holístico). Platão é o criador do conceito de *mimesis*. Aristóteles toma o conceito e o disseca, estabelecendo os princípios perenes e inabaláveis da teoria da arte literária e da teoria da arte em geral. Platão cria personagens que viverão para sempre na mente dos pósteros enquanto a natureza humana for a mesma. Aristóteles, nos inesquecíveis capítulos iniciais da Ética a Nicômaco, faz o inventário de um saber antropológico que não foi nem será jamais superado. Platão, em A república e em As leis, constrói sociedades utópicas, formatando-as segundo seus próprios ideais. Aristóteles reúne as Constituições de 158 sociedades reais[124] e decreta que as sociedades mais estáveis são aquelas em que a classe média é numericamente preponderante[125]. Platão dedica sua vida à busca incansável da Verdade e do Sumo Bem. Aristóteles estabelece que o limite final desta sisífica e tantálica busca é o Motor Primeiro, o Motor Imóvel, o Criador, tenha qual nome tiver.

---

[124] Desta pesquisa monumental salvou-se apenas *A Constituição de Atenas*, descoberta, incompleta, no século XIX.
[125] V. adiante, p. 167.

E assim, neste limite final tocam-se, simbolicamente, as duas supremas criações da espécie: a civilização mítico-sacral israelita-cristã e a civilização lógico-científica helênica. No que nada há de paradoxal. Porque em ambas a Humanidade é a mesma.

Immanuel Kant, no final de Crítica da razão prática, afirma, copiando Platão e Aristóteles:[126]

> Há duas coisas que enchem minha alma de admiração: o céu estrelado sobre mim e a lei moral dentro de mim.

O leitor do século XXI pode acrescentar uma terceira causa para seu espanto: o fato de que quase três milênios depois de Gênesis 1-3 e dois e meio depois de Platão e Aristóteles a Humanidade não avançou um milímetro neste campo. Apesar da espantosa parafernália tecnológica por ela criada.

6 – Quais as mais belas páginas de Aristóteles?

Antes de tudo, o termo *belas* não é seguramente o mais adequado. No caso de Platão sim, pois ele é um artista *sui generis*. Mas Aristóteles é *apenas* um cientista completo. Portanto, em seu caso é mais correto falar em páginas *impactantes* ou *definitivas*. Em Platão elas são muitas, incontáveis. Em Aristóteles também. Aqui – deixando para o final aquelas que tratam da escravidão – vão transcritas as poucas que o espaço permite.

**A pulsão do conhecimento**
Todo homem – por natureza – deseja saber.
Metafísica I, 1

A pobreza de nossos métodos é a causa de que eles (os filósofos primitivos) sejam tão incapazes de observar ou de analisar segundo as regras da boa lógica.
Sobre a geração e a corrupção I, 2

---

[126] V. Francisco de P. Saramanch *in Aristóteles – Obras*, prólogo, p. 33.

O estudo especulativo da verdade é em parte fácil e em parte difícil. Prova disso é que nunca se alcança a verdade em sua totalidade nem nunca se está completamente afastado dela. Cada filósofo diz algo de novo [...] e a seguir outros nada, ou muito pouco, acrescentam. Seja como for, considerado o conjunto, alcançam-se alguns resultados importantes. Vista sob tal ângulo, a Filosofia parece coisa fácil. Mas a impossibilidade da posse total ou mesmo parcial (da verdade) nos revela sua verdadeira dificuldade [...]. Talvez a causa desta não esteja nas coisas mas em nós. Porque da mesma forma que os olhos dos morcegos parecem inúteis (para ver) à luz do dia, assim também parece comportar-se a inteligência de nossa alma em relação às coisas que se manifestam com a mais cegadora evidência. Portanto, não devemos agradecer apenas àqueles de cujos pontos de vista compartilhamos mas também àqueles que analisaram com certa superficialidade os problemas. Porque também eles contribuíram com algo: nos obrigaram a exercitar nosso espírito crítico e inquiridor.

Metafísica II, 1

### *A virtude está no meio*

A virtude moral [...] é um termo médio entre dois defeitos: o excesso e a falta. A natureza dela provém de sua tendência ao equilíbrio, tanto nos impulsos quanto nos atos. Por esta razão é difícil praticar a virtude. Encontrar o meio-termo em toda situação é tarefa que pressupõe esforço, da mesma forma que determinar o centro da circunferência é algo próprio do sábio, não do aprendiz. Assim, por exemplo, é fácil para qualquer um [...] distribuir dinheiro e ser pródigo. Mas, ao contrário, quanto, quando, com que objetivo e de que forma não está ao alcance de todos e é algo difícil. E o correto emprego do dinheiro é tão raro quanto é louvável, bela e honesta tal prática.

Ética a Nicômaco II, 9

### *A classe média*

Sem qualquer dúvida, o Estado ideal é aquele que possuir o maior número possível de pessoas iguais. E esta igualdade se encontra primordialmente na classe média.

Consequentemente, um Estado de classe média é melhor organizado [...]. Além disso, cidadãos deste tipo estão em melhores condições de segurança no Estado, porque não cobiçam para si os bens dos demais – ao contrário do que fazem os pobres – nem os demais cobiçam suas riquezas [...]. E pelo fato de que ninguém conspira contra os cidadãos de classe média nem eles conspiram contra ninguém, eles vivem livres de perigo [...]. É evidente, portanto, que a comunidade governada pela classe média é também a melhor e que possivelmente são bem governados aqueles Estados em que a classe média é mais numerosa do que as outras duas[127] ou, pelo menos, mais numerosa que do que uma delas.

Política IV, 9-10

*A religião popular*

As crenças religiosas servem para que o povo simples e ignorante seja levado a respeitar as leis e tudo aquilo que diz respeito ao bem comum.

Metafísica XII, 8

*A moeda: medida universal de valor*

Desta maneira, a moeda é uma espécie de intermediário que serve para avaliar todas as coisas, reduzindo-as a uma medida comum [...]. Com efeito, a moeda submete tudo a uma única medida. Todas as coisas são avaliadas em moeda.

Ética a Nicômaco V, 5

*A natureza do tempo*

O tempo não existe sem a mudança. Com efeito, quando não sofremos nenhuma mudança em nosso pensamento ou em nossa vida interior ou quando não percebemos nossas mudanças internas, temos a impressão de que o tempo não correu. É a mesma impressão sentida por aquelas pessoas que, segundo a lenda, adormeceram em Sardes ao lado dos heróis. Com efeito, elas uniram o antes ao imediatamente depois, fazendo dos dois um só e eliminando o intervalo, por ser este um estado livre de sensações. Se, portanto, o

---

[127] Isto é, a dos muito ricos e a dos muito pobres.

instante não tivesse diferenças e fosse idêntico a si e único, neste caso o tempo não existiria. Pela mesma razão, quando não percebemos o passar do tempo nos parece não ter existido período intermediário [...]; portanto, não há tempo se não houver movimento ou mudança [...].[128]

A física IV, 11

## Aristóteles e a escravidão

A *pólis* helênica era totalitária e escravista, ao contrário do que reza a pedestre lenda de origem franco-iluminista. Os grandes historiadores e eruditos europeus do século XX – como A. Toynbee, A. Hauser, W. Jaeger, M. Eliade e tantos outros – sabiam disso. E todos os que leram Platão e Aristóteles também sabem. Abordar amplamente tal tema não faz parte do projeto desta obra.[129] Mas, como no caso de Platão, é necessário pelo menos apresentar a visão de Aristóteles sobre a escravidão, seguramente surpreendente para os ingênuos crentes da *democracia grega*.

Platão, segundo foi visto, aborda o tema de maneira apenas incidental, e com evidente desconforto. Aristóteles demonstra o mesmo desconforto, mas tenta, sem resultados, equacionar o problema nos três primeiros capítulos de A política. E a ele volta em várias passagens de outras obras suas. Resumidamente, o pensamento de Aristóteles sobre a questão está preso, como o de Platão – e não poderia ser diferente –, ao círculo de ferro do estatuto escravista, sobre o qual se assentava a economia de todas as sociedades do Mediterrâneo na Antiguidade. À luz

---
[128] Dois milênios e meio antes de H. Bergson, portanto, Aristóteles já definira com precisão a natureza do *tempo psicológico*.
[129] Para informações iniciais, v. Dacanal, J. H. *Eu encontrei Jesus*, p. 289ss.

dos princípios ditos *democráticos* ocidentais dos séculos XIX e XX, alguns dos textos selecionados podem parecer chocantes para desavisados e desinformados. A vantagem é que, por isto mesmo, todos eles dispensam comentários.

> Alguns acreditam que é contra a Natureza um homem ser senhor de outro homem, porque o que torna um homem escravo e outro livre é somente uma convenção, pois entre eles não há nenhuma diferença natural e portanto isto é injusto porque se baseia na força.
>
> A política I, 2

> A utilidade dos escravos difere pouco daquela dos animais. O trabalho físico exigido pelas necessidades da vida é tarefa de ambos, isto é, tanto dos escravos como dos animais domésticos. O objetivo da Natureza, portanto, é diferenciar o corpo dos livres daquele dos escravos: estes fortes para os serviços necessários; aqueles [...] úteis para a vida cidadã [...]. É evidente, portanto, que há pessoas que são livres e outras que são escravas por natureza. E para estas pessoas a escravidão é uma instituição correta e justa. Mas ao mesmo tempo não é difícil ver que os de opinião contrária também têm razão, em certo sentido [...].
>
> A política I, 2

> [...] como vimos, o escravo é uma das partes ou divisões da propriedade (do cidadão).
>
> A política I, 3

> Se, pois, a Natureza não fez nada em vão ou sem um fim determinado, é forçoso concluir que ela fez tudo por causa do Homem. Por isto, até a guerra é, em certo sentido, uma forma de adquirir (bens) – a caça, com efeito, é uma parte dela –, (forma) que é empregada de maneira adequada contra os animais selvagens e contra aqueles seres da espécie humana que, apesar de terem sido destinados pela própria natureza para viverem na servidão, se negam a se submeter. Esta, com efeito, é uma guerra justa.
>
> A política I, 3

Já ficou estabelecido antes que o escravo é útil apenas para as necessidades da vida, de maneira que, com toda a evidência, necessita apenas de uma quantidade limitada de virtude, a estritamente suficiente para cumprir adequadamente suas tarefas sem tornar-se revoltado e covarde.

A política I, 5

Uma coletividade de escravos e de animais inferiores não é um Estado [...], porque os escravos não têm qualquer participação em uma vida decente e com objetivos definidos.

A política III, 5

Em Esparta os escravos alheios são utilizados como se fossem próprios, da mesma forma que os cachorros e os cavalos.

A política II, 2

Os escravos e os animais pouco podem fazer pelo bem comum [...], pois o princípio que os define é sua própria natureza.

A metafísica XII, 10

Não se comete injustiças em relação ao que nos pertence de forma absoluta, como no caso dos escravos, que são propriedade.

Ética a Nicômaco V, 6

# A ORATÓRIA

O termo *oratória*[130] designa aqui especificamente *o produto* da atividade do *orador*, isto é, da pessoa que redige/pronuncia *orações*, no sentido genérico de *discurso*. De acordo com seu tema e/ou função, esta atividade se divide em vários tipos, dos quais os principais são a *oratória política* e a *oratória forense*.[131] A primeira é própria dos parlamentos e das assembleias e a segunda dos tribunais. Há um terceiro tipo, aqui fundamental, que, na falta de uma expressão consagrada, será denominado *oratória redacional*. Esta, como se verá a seguir, foi amplamente utilizada na Antiguidade por historiadores e assemelhados,[132] que em suas obras inseriam discursos por eles próprios redigidos mas atribuídos, com ou sem base factual,[133] a personagens históricas.

---

[130] O termo *retórica* pode ter, em português o mesmo sentido. Contudo, preferiu-se o termo *oratória*, já que *retórica* possui também outros sentidos, ainda que todos eles afins. Etimologicamente, *oratória* vem do latim (*orator* = orador) e *retórica* do grego (*retoriké* = discurso, arte oratória).

[131] Como já está dito em *Górgias*, de Platão. Outros tipos de oratória são a fúnebre, a religiosa (*sermão*), a comemorativa (*panegírico*) etc.

[132] O evangelista Lucas foi um dos últimos a utilizar esta técnica. Em Atos dos Apóstolos há, entre outros exemplos considerados clássicos: o discurso de Estêvão em Jerusalém (7,2-53) e os de Paulo de Tarso em Mileto (20, 18-35), na despedida diante dos anciãos de Éfeso, e em Atenas, no Areópago (17,22b-31). V. adiante, p. 360ss.

[133] Tucídides, ao detalhar seu método de trabalho, aborda esta questão (I, 22). A passagem é famosa. V. a seguir.

Assim conceituada a oratória, no período dito *clássico* da Antiguidade helênica são quatro os autores mais importantes: Tucídides, Xenofonte, Platão e Demóstenes.

## Tucídides

Tucídides é o criador da oratória redacional. Ou, pelo menos, aquele que a elevou ao patamar supremo da perfeição e da funcionalidade.[134] Com efeito, A guerra do Peloponeso não existe e nem pode ser imaginada sem a sequência assombrosa de assombrosos discursos que a permeiam do início ao fim e que dela são organicamente indissociáveis.

Em Tucídides, os discursos possuem, *grosso modo*, duas funções essenciais: a descritiva/narrativa e a conceitual/ideológica. No primeiro caso o elemento preponderante é a factualidade – e tanto a oração fúnebre de Péricles (II, 35-46) quanto a fala do representante de Plateia momentos antes da execução em massa pelos tebanos e espartanos (III, 53-58) podem ser lembrados como exemplo. No segundo caso o elemento preponderante é o analítico – e entre os vários exemplos que poderiam ser aduzidos o mais representativo é, sem dúvida, o debate entre melienses e atenienses (V, 84-114).

À parte, portanto, o conteúdo histórico concreto que possam conter ou não, tais peças oratórias são por natureza – e não apenas em Tucídides – uma *técnica* da qual se vale o autor para melhor atingir seus objetivos como *narrador*. Neste sentido, a oratória redacional é de natureza claramente diversa da oratória

---

[134] Já em Homero há vários discursos pronunciados por personagens. Heródoto também utiliza tal recurso. E nas peças de Eurípides há longas falas que mais parecem perorações diante de um tribunal. Em sua introdução a *As três filípicas*, de Demóstenes, Ísis Borges B. da Fonseca faz breves mas interessantes observações sobre a questão.

em sua conceituação clássica, tal como por primeiro a definiram Platão, segundo já foi dito, e Aristóteles, no parágrafo inicial de A retórica.

## Xenofonte

Xenofonte, tanto quanto Tucídides, faz largo uso da oratória redacional. E, como este e como todos os demais que a utilizaram, com os mesmos objetivos. Contudo, Xenofonte não é Tucídides e nenhuma de suas obras é banhada pela etérea e refulgente luz da suma genialidade, nem possui a diamantina solidez da ainda que provisória eternidade que impregna A guerra do Peloponeso. Mas, no que tange à oratória redacional, Xenofonte se revela um mestre, tanto em Helênicas quanto em Anábase. E em Ciropedia, no já mencionado discurso de Ciro,[135] se alça a um nível jamais atingido nas demais obras suas.

## Platão

Platão é um caso à parte na oratória grega. Não por utilizar amplamente o recurso da oratória redacional em vários de seus grandes diálogos – O banquete é o melhor exemplo. Nem por Menexeno, que é uma longa oração fúnebre, na qual paradigma e paródia se mesclam de forma tão inusitada quanto insuperável. Não, Platão é um caso à parte porque é dele a mais famosa e a mais genial de todas as peças oratórias de todos os tempos,

---
[135] V. acima, p. 142.

e um dos primeiros na não tão extensa lista dos textos monumentais da produção literária ocidental: A defesa de Sócrates.[136]

Mas, afinal, indiscutivelmente escrita por Platão, supostamente pronunciada por Sócrates diante de um tribunal e inegavelmente transformada pelo tempo no supremo testemunho político da densa e carregada atmosfera que evolvia a conflagrada arena em que o império ateniense agonizava diante de uma Hélade mesmerizada, A defesa de Sócrates é oratória redacional, forense ou política? Ora, que importa isto?

Que importa se os sempre frágeis conceitos classificatórios se liquefazem impotentes diante da força inaudita e do milagre sublime do gênio que paira por sobre os milênios e para sempre pairará enquanto a natureza humana for a mesma? Que importa se Platão, o discípulo, cuidadosa e meticulosamente construiu sua obra, palavra por palavra, nos longos e dolorosos anos que se seguiram à trágica morte do mestre? Que importa se seu autor não foi mais que o misterioso instrumento da História escolhido para fixar para a eternidade o preciso instante em que a *pólis*, a Ática e a Hélade enfrentavam a esfinge fatal de seu futuro na derradeira encruzilhada de seu destino? Que importa se Sócrates, envolto na densa e impenetrável aura de personagem real e mito platônico, foi – como diriam depois os padres da Igreja – o último cidadão da *pólis* helênica e o primeiro mártir da Cidade de Deus?

O que importa é que A defesa de Sócrates, em sua inaudita concentração de experiência antropológica, de *imperatoria vis* e de habilidade técnica, *é um tesouro para sempre*. E assim será até o último dia da espécie, quando o negro manto da noite cair sobre o último dos humanos. Porque "a maior realização de Platão é, sem dúvida, a plástica figura do mestre no preciso instante de sua hora suprema [...]. Nenhuma representação do ser humano atingiu, até nossos dias, a força expressiva de Sócrates [...], que enfrenta a morte com majestosa, olímpica e quase divina atitude".[137]

---

[136] Também conhecida como *Apologia*.
[137] J. A. Miguez, "Introdução a Teeteto", *in Platon*, Aguilar, p. 887.

# Demóstenes
(*c.* 384-322 a.C.)

Demóstenes nasceu em Atenas, e era filho de um rico fabricante de armas e de uma *bárbara*, originária da Citia. Em 14 de outubro de 322 a.C., logo depois da derrota dos gregos diante das tropas macedônias comandadas por Antípatro, Demóstenes suicidou-se tomando veneno, para não cair nas mãos de seus inimigos, que o haviam cercado na pequena ilha de Caláuria, diante das costas da Argólida.

Tendo perdido o pai quando ainda criança, os tutores apropriaram-se de toda sua herança, e Demóstenes jamais a recuperou, apesar de tê-los processado e vencido a causa. Nesta oportunidade atuou em defesa própria, produzindo e pronunciando seus primeiros discursos forenses. Segundo a tradição, Demóstenes era de compleição franzina e de saúde frágil, além de gago.[138] Contudo, sua invulgar inteligência e seu esforço persistente, aliados à qualidade de seus mestres – entre os quais estava Platão –, fizeram dele o mais famoso orador da história do Ocidente, ao lado de Marco Túlio Cícero. Ligados organicamente à nêmesis da *pólis* ateniense e da república romana, ambos tiveram um fim trágico, pagando aos fados alto preço por sua glória e por sua fama. E assim ambos se transformaram em paradigmas insuperados e insuperáveis de uma arte que foi no passado ferramenta primeira e arma indispensável para a

---

[138] Para superar este defeito e melhorar sua dicção, conta-se que ele colocava pequenos seixos sob a língua e, dirigindo-se até a praia, procurava sobrepor sua voz ao rumor das ondas.

conquista e a manutenção do poder e que ainda hoje mantém resquícios nada desprezíveis de sua perdida função.

Roubado por seus tutores e em precária situação financeira, Demóstenes começou sua vida profissional e sua prática forense como logógrafo – *ghostwriter*, se diria hoje –, escrevendo discursos para clientes que não tivessem condições de defender-se em juízo. Mas seu destino estava desde sempre traçado e em 354 a.C., com cerca de 30 anos de idade, iniciou sua carreira política, transformando-se a seguir em orador genial e em líder incontestável do partido antimacedônio de Atenas, papéis que definiriam sua vida e sua morte.

Desde os chamados *gramáticos alexandrinos* (séc. III a.C.), a vida e a obra de Demóstenes despertaram o interesse dos estudiosos, que sempre o consideraram o mais importante e o maior dos grandes oradores de seu tempo.[139] Este interesse, que se mantém até hoje, se baseia em fundamentos sólidos, alguns dos quais são abaixo brevemente referidos.

1 – As obras atribuídas com segurança a Demóstenes e que chegaram até o presente são relativamente numerosas – mais de uma dezena – e representam para os historiadores uma fonte essencial de informações sobre a política interna e externa de Atenas e de outras importantes cidades gregas ao longo da segunda metade do século IV a.C. Destas obras, quatro delas são consideradas unanimemente as mais importantes: as três Filípicas[140] e A oração da coroa.

2 – O incontestado papel de paladino de Atenas e, por extensão, do moribundo modelo das cidades-Estado gregas, que afundara irremediavelmente ao longo de um século em recíprocas, sangrentas e sucessivas carnificinas e que começara a ser rapidamente esmagado pelo Estado nacional macedônio então

---

[139] Entre eles estavam seu figadal inimigo, Ésquines, além de Isócrates, Lísias e outros.
[140] Há uma quarta, cuja autenticidade alguns especialistas colocam em dúvida.

em ascensão, transformou Demóstenes em ator decisivo, em testemunha privilegiada, em cronista meticuloso e em vítima infeliz de uma causa há muito perdida mas por ele ainda defendida com a firme fé de um inútil mártir e com a louca temeridade de um impoluto herói.

3 – Os discursos políticos de Demóstenes, em consequência, se movem em meio a uma atmosfera de fim-de-mundo e, com sua devastadora lucidez, estão envoltos em uma aura de ingênua e desmedida arrogância, que, para muito além da temeridade, beira a insanidade, como se ele, qual Atlas da lenda, carregasse consciente e solitário sobre seus ombros o destino da Hélade e o peso do mundo em vã e inglória luta contra os adversos fados. Neste sentido, seria instrutivo, mais do que isso, seria fascinante traçar um paralelo oblíquo entre Demóstenes personagem de si próprio e Sócrates personagem de Platão. Este, Sócrates, desafiador e contrito, afrontando a morte em defesa do espaço privado, que os facínoras da política, sob o manto protetor da cidade-Estado helênica, totalitária e obsoleta, lhe negavam, para assim destruí-lo; e aquele, Demóstenes, temerário e convicto, buscando em desespero manter viva a chama de uma ideia há muito tragada pela voragem dos novos tempos, materializados na globalização do Mediterrâneo e no emergente Estado nacional macedônio. Irmanados mártires na defesa de uma causa, ambos salvaram-se íntegros para a História. Mas, como a dupla face de Jano, enquanto o primeiro já descortinava o futuro do Ocidente, o segundo contemplava apenas o passado da Hélade.

4 – As Filípicas e A oração da coroa são, com já foi dito, as obras máximas de Demóstenes. As Filípicas, os mais conhecidos e importantes discursos dos seus duros anos de luta sem trégua contra Filipe II da Macedônia, foram pronunciados entre 351 e 341 a.C. Estes discursos permitem seguir, passo a passo, ao longo de uma década, as manobras políticas e

militares do rei da Macedônia, destinadas a conquistar e consolidar seu poder sobre toda a Hélade, o que permitiria depois a seu filho, Alexandre, avançar em campanha fulminante por sobre as ruínas do império persa e alcançar a longínqua bacia do Indo. Dos três, o último, ou Terceira Filípica, é o mais importante exatamente por apresentar uma visão de conjunto da luta de Atenas contra Filipe, das táticas deste, das divisões entre os gregos e principalmente, três anos antes da derrota em Queroneia (338 a.C.), das esperanças ainda acalentadas por Demóstenes e do desastre já prenunciado pelos fatos por ele analisados.

• A oração da coroa e A defesa de Sócrates, de Platão, são as duas obras máximas da oratória ocidental, igualando-se em termos de *retórica*, apesar das diferenças abissais que as separam em outros e variados sentidos. Tal tema não pode ser aqui abordado, mas a importância desta obra magistral de Demóstenes exige, pelo menos, alguns breves comentários.

• A oração da coroa é assim denominada porque nela Demóstenes defende ser merecedor da coroa de ouro que em 337 a.C. um correligionário, Ctesifonte, propusera lhe fosse entregue em reconhecimento à sua honestidade e aos seus altos serviços em defesa da Atenas. Ésquines, líder do partido pró-macedônio e também conhecido orador, interpôs um recurso contra a proposta, argumentando que a mesma era ilegal. Passaram-se os anos, mas em 330 a.C., finalmente, a moção foi aprovada e os dois mortais inimigos enfrentaram-se na tribuna. Demóstenes obteve arrasadora vitória e recebeu a coroa. Ésquines foi condenado ao exílio e expulso de Atenas, desaparecendo para sempre, sem deixar vestígios.[141]

• A oração da coroa contém, por definição e em nível paradigmático, as três componentes orgânicas da *arte de convencer*, conforme a definição de Aristóteles no início da

---

[141] Na bibliografia disponível não foram encontradas informações adicionais. Seria interessante saber, por exemplo, se ele sobreviveu a Demóstenes e se teve alguma participação nos episódios que levaram à morte deste.

Retórica: o *ethos* – ou autoridade moral; o *pathos* – ou emoção imperativa; e os *entymemas* – ou argumentos apodíticos. A autoridade moral eram as duas décadas da solitária cruzada de Demóstenes pela salvação de Atenas, contra Filipe, contra tudo e contra todos; a emoção imperativa está na diamantina convicção de ter recebido, dos fados ou dos deuses, a missão histórica de salvar a cidade; e os entymemas são o passado glorioso de Atenas, construída e defendida pelo heroísmo de seus cidadãos, e o vergonhoso presente, urdido pela ação insidiosa e diuturna de covardes, poltrões, corruptos, vendidos e traidores. Amalgamadas pelo *kairós* (o momento oportuno) – materializado no desejo de receber o prêmio e nos fantasmas de Queroneia –, estas componentes irrompem, com devastadora força vulcânica, das profundezas misteriosas em que se chocam, aleatórias, a fatalidade do processo histórico e a necessidade do gênio individual. E produzem A oração da coroa, na qual, com sua carga explosiva e suicida, a fé, a fúria, a impotência, o desespero e o ódio desbordam todos os limites civilizatórios e ignoram todos os cálculos de risco. Diante da urgência vital e do furor incontrolado de Demóstenes neste discurso, Cícero[142] – das Catilinárias, do De supliciis e até mesmo da chamada Segunda filípica – soa artificial e artificioso; Platão – de A defesa de Sócrates – se mantém, sublime, em outro plano da realidade; e Vieira – de Pelo bom sucesso... e Do bom ladrão – adquire sabor histriônico...

● As passagens antológicas de A oração da coroa são muitas. Basta aqui citar três delas. A primeira, bastante famosa, assume a forma de uma versão minimalista do diálogo entre melienses e atenienses em Tucídides (V, 84-114), sublinhando a impotência da palavra diante da *ultima ratio* da força bruta:

> Nas questões em que eu derrotava os embaixadores pela palavra, Filipe, pelas armas, anulava minhas vitórias.

---
[142] V. adiante, p. 416ss.

A segunda, cujo argumento Políbio retomaria dois séculos depois para aplicá-lo a Aníbal em Zama, lança sobre a fatalidade a culpa pela derrota em Queroneia:

> Que culpa cabe a Demóstenes se o poder de alguma divindade, ou os fados, ou a incompetência dos comandantes, ou a maldade dos traidores ou a combinação de todas estas adversidades abalaram tudo e provocaram o desastre?

A terceira, compreensivelmente pouco citada pelos comentadores, por sua espantosa e inaudita ferocidade continua, por sobre os milênios, a produzir calafrios nos leitores:

> Tendo bastante o que falar a respeito de ti e dos teus, ó Ésquines, hesito, contudo, sobre por onde deva começar e sobre o que mencionar em primeiro lugar.
> Devo recordar primeiro que Fromes, teu pai, com grossos pedaços de madeira nos pés,[143] servia na casa de Élpias, que ensinava o alfabeto junto ao templo de Teseu? Ou que tua mãe, entregando-se a diuturnos amores no mercado público, criou-te como insigne palhaço? Ou direi que Formio, o flautista das galés, escravo de Díon, de Freárria, retirou tua mãe daquele honrado ofício? [...] Tua mãe, que, como todos sabem, era chamada de *Empusa*,[144] alcunha que lhe foi dada porque ela se entregava a todos, pronta a submeter-se a qualquer exigência! E, na verdade, que outra razão poderia ser o motivo de tal nome!?[145]

Para concluir, é impossível deixar de transcrever, dispensando inúteis comentários, a última página de *Paideia*, com a qual Werner Jaeger encerra tanto sua obra genial quanto sua análise da obra de Demóstenes. Depois de se perguntar sobre o que teria acontecido se os gregos tivessem vencido em Queroneia, se as subsequentes revoltas não tivessem sido afogadas em sangue pelos macedônios e se Demóstenes não tivesse

---

[143] Por ser escravo.
[144] A cheia de pus.
[145] Tradução de Adelino Capistrano.

encontrado na morte por suicídio a liberdade que já não podia esperar para seu povo, ele reponde, fazendo-nos compreender por que, ao contrário de As filípicas, A oração da coroa permanece viva, por sobre os séculos para os leitores:[146]

> Ainda que tivessem vencido, os gregos já não podiam ter um futuro político, nem livres da dominação estrangeira, nem a ela submetidos. O modelo histórico do Estado grego caducara [...]. E é um equívoco medir sua evolução pela craveira do Estado Nacional moderno [...], pois os gregos não chegaram a desenvolver uma consciência nacional em sentido político [...] Aristóteles afirma em A política que os gregos poderiam dominar o mundo se se organizassem como Estado único.[147] Esta ideia, porém, surgiu no horizonte helênico somente como problema filosófico. Contudo, *uma* vez, apenas uma, na batalha final de Demóstenes pela independência de sua pátria, a Grécia foi varrida por uma onda de sentimento nacional, traduzida em realidade política através da resistência comum frente ao inimigo externo. Foi então que, em sua hora extrema, o Estado agonizante da *pólis* alçou-se, nos discursos de Demóstenes, à categoria de eternidade. A força tão admirada e tão decadente da oratória política, inseparável daquela ideia de Estado, ergue-se uma vez mais, nestes discursos, às alturas supremas de importância e dignidade. Para em seguida extinguir-se. Sua última e grandiosa batalha é A oração da coroa. Nesta já não estão em jogo fatos políticos mas, sim, o julgamento da História e da personalidade do homem que governara Atenas ao longo daqueles anos. E é extraordinário observar como Demóstenes continua lutando por seu ideal até seu último alento. Tal atitude poderia ser vista – já que a História acabara de ditar seu pétreo veredito – como mera expressão de seu gosto pelo conflito. Mas não é assim. É que, se naquele momento seus antigos adversários se atreviam a deixar seus covis e julgavam-se no direito de julgá-lo

---

[146] É natural que *As filípicas* surjam aos olhos do leitor atual como *datadas*. E como poderiam não sê-lo, se escritas e pronunciadas no *calor da hora*?
[147] VII, 7.

definitivamente em nome da História, era imperativo que ele, Demóstenes, se levantasse, também pela última vez, para falar ao povo sobre o que pretendera e sobre o que fizera desde o primeiro instante. Uma vez mais surge aqui diante de nossos olhos, como destino, tudo o que em As Filípicas observáramos como luta presente: o peso da herança, a dimensão do perigo, a gravidade da decisão. Em A oração da coroa Demóstenes dá testemunho, com espírito verdadeiramente trágico, da grandeza de seus atos e exorta o povo a não desejar ter tomado outra decisão que não aquela que o passado lhe impusera. E então o brilho deste passado volta a resplandecer e o fatal desenlace, apesar de toda sua amargura, está em harmonia com ele.

# PERÍODO HELENÍSTICO

A formação do primeiro Estado Nacional do Ocidente sob a liderança de Filipe II da Macedônia e a meteórica mas avassaladora guerra de conquista de seu filho Alexandre Magno, que alcançou as margens do Indo, decretaram o fim da Hélade clássica e da forma sócio-histórica sobre a qual se fundara: a *pólis*, ou cidade-Estado. Assim encerrava-se o multissecular conflito entre Oriente e Ocidente, entre gregos e *bárbaros*, conflito presente, como ficção, já na Ilíada de Homero e transformado depois em história nas gigantescas operações bélicas em solo europeu – conhecidas como *guerras médicas* – no século V a.C. Semibárbaros ou semigregos, os macedônios e suas falanges ocuparam e unificaram todo o Mediterrâneo central e oriental, levando consigo sua língua, seus professores, seus estadistas, seus filósofos, suas técnicas e sua visão de mundo e abrindo assim um novo ciclo na história econômica, política, militar e intelectual do Ocidente. Conhecido como *período helenístico*, este ciclo durou cerca de três séculos, delimitados ao final pela hegemonia imperial romana e pelo rápido e crescente avanço do cristianismo.

Resumidamente, o período helenístico pode ser definido como uma longa era de transição fundamente impregnada pela abrumadora herança filosófico-científica da Hélade, que progressivamente se estiola diante da força da ética monoteísta israelita-cristã e da irresistível expansão do poder político-militar de Roma. Em lento e complexo processo, começava então a gestar-se uma nova civilização: a Cristandade europeia.

Cronologicamente, pode-se tomar tanto a batalha de Queroneia (338 a.C.) quanto a morte de Alexandre Magno (323 a.C.) como marco inaugural do período helenístico. Mas o início efetivo desta nova era é a fundação de Alexandria do Egito (331 a.C.), que rapidamente substituiu Atenas como grande metrópole intelectual e nova encruzilhada civilizatória do Ocidente. É ali, em Alexandria do Egito, que os chamados *gramáticos alexandrinos* se dedicam à – para a época – titânica tarefa de reunir, catalogar, analisar, comentar e editar o monumental acervo dos gênios da Hélade clássica – grande parte do qual infelizmente se perdeu, o que significou possivelmente a maior tragédia cultural do Ocidente. É ali, em Alexandria do Egito, que os sábios de Israel se integram, reticentes, à vaga irresistível da globalização helenística. E é ali também que, com Fílon, o hibridismo helênico-israelita de matriz platônica veio à luz e abriu caminho à *filosofia trinitária* cristã, que com João,[148] Justino Mártir[149] e os Padres da Igreja desaguaria mais de meio milênio depois no pétreo e solene *Credo*/πιστεύω de Niceia.

O período helenístico é o estuário e a última etapa do *milagre grego*. Com ele a língua e com esta o gigantesco legado da Hélade clássica espalharam-se avassaladoramente do Tibre ao Indo e as ciências exatas, herdeiras da sofisticada lógica platônico-aristotélica, encontraram em Alexandria e na Magna Grécia solo fértil para um surpreendente ainda que fugaz ciclo de desenvolvimento. Mas a força explosiva da civilização helênica se esgotara para sempre e a partir de então a esmaecida luz de seu ocaso brilhou apenas em alguns raros epígonos, que podem e merecem pelo menos ser lembrados, reunidos sob três compactas rubricas: história, filosofia e literatura.

---

[148] O chamado *Quarto Evangelho*.
[149] Autor de Diálogo com Trifão.

# A HISTÓRIA

Os historiadores formam, indiscutivelmente, o grupo mais importante de escritores do período helenístico. Seja por seu alto valor como fontes de informação sobre toda a Antiguidade clássica – e por isto continuam sendo lidos –, seja por sua própria importância. Além de Políbio, Plutarco e Flávio Josefo, os mais conhecidos deles, devem também ser citados Pausânias, Dionísio de Halicárnasso, Díon Cássio e Diodoro da Sicília.

## Políbio
(*c*. 204-*c*. 120 a.C.)

Políbio nasceu em Megalópolis, cidade do Peloponeso e rival de Esparta. Preso, foi levado a Roma como refém depois da batalha de Pidna (Macedônia, 168 a.C.), quando as forças do rei Perseu e as cidades gregas a ele aliadas (a Liga Aqueia) foram derrotadas pelas legiões do cônsul Paulo Emílio, da poderosa, rica e culta família dos Cipiões. Políbio, que era filho de Lycortas, o principal líder político grego de seu tempo, integrou-se rapidamente aos círculos mais cultos de Roma e, protegido e financiado por Paulo Emílio, dedicou-se ali, até o fim de sua vida, a elaborar uma gigantesca História universal, em 40 livros, dos quais apenas cinco sobreviveram completos, em um total de aproximadamente 400 páginas. Dos demais restaram outras tantas, em fragmentos de tamanho variado. Presumindo-se que a obra original tivesse em torno de 3.500 páginas, dela chegou até nós apenas cerca de um quarto do total, se tanto.

Apesar da dimensão incalculável desta perda, Políbio está entre os cinco ou seis maiores historiadores da Antiguidade – e mesmo do Ocidente –, ao lado de Heródoto, Tucídides, Xenofonte, Tácito, Tito Lívio e Salústio. Mais do que isso, Políbio é, de todos eles, o único que pode ser comparado a Tucídides, seja pelo cuidado e pelo rigor das informações que fornece, seja, principalmente, por ter uma visão de mundo coerente e orgânica, claramente explicitada ao longo de toda a obra. Esta visão de mundo, que os comentaristas costumam qualificar de *naturalista*, segue algumas linhas-mestras de pensamento, em parte próximas às de Tucídides, ainda que nem sempre tão profundamente elaboradas nem, muito menos, tão gelidamente construídas e expostas. Eis, sumariamente, as principais delas:

1 – Os eventos históricos estão referidos a relações de poder.

2 – O processo histórico obedece a leis fixas e lineares, muito semelhantes às que determinam o nascimento, o crescimento e a morte dos indivíduos e às vicissitudes que estes enfrentam ao longo do arco de tempo de sua vida.

3 – Assim considerado, o processo histórico e a evolução das sociedades e das nações podem ser previstos com alto grau de segurança.

4 – A trajetória das cidades gregas e de Roma comprovam estas leis.

5 – Portanto, é evidente, não há com resistir à força dos fados, que determinaram fazer dos romanos os novos senhores do mundo.

É compreensível que muitos vejam nas ideias de Políbio, grosseiramente esquematizadas acima, uma construção *pro domo sua* ou, melhor dizendo, *pro domo Scipionum*... Mas avaliar Políbio exclusivamente a partir deste ângulo e a partir dele considerá-lo filo-romano seria, mais do que injusto, profundamente tolo. Em primeiro lugar porque a visão de Políbio traz a marca indelével da matriz tucidideana. Em segundo porque a crítica *ad hominem* tem, no caso, nulo valor, já que em nada afeta a solidez – ou a fragilidade que fosse – da construção polibiana. Em terceiro, finalmente, porque a leitura de Políbio comprova que ele, mais do que um seguidor epigonal de Tucídides, é um pensador original – tão original que poderia ser definido como o primeiro *historiador da cultura*. Um quase-filósofo, como outros já disseram e como o comprovam suas observações sobre arte, religião, costumes etc.

Por tudo isso, Políbio é um clássico e a leitura de sua obra é e será sempre imprescindível como fonte para o estudo das origens do Ocidente. Para encerrar, deve ser citada pelo menos uma das tantas passagens memoráveis de sua obra, aquela sobre Aníbal e a batalha de Zama:

> [...] Aníbal, no que era humanamente possível, tomou todas as medidas adequadas para enfrentar estas dificuldades [...] Há muito tempo reunira grande número de elefantes e os colocara na frente, para romper as filas dos romanos [...] Se mesmo assim, utilizados todos os meios possíveis para alcançar a vitória, este herói até então invencível foi vencido, ele merece que sejamos condescendentes (com ele). Algumas vezes os fados se opõem aos grandes homens. Outras vezes sucede o que diz o provérbio:
>
> *O esforçado encontrou outro mais forte.*
>
> E, indubitavelmente, foi isto que aconteceu a Aníbal.[150]

---

[150] XV, 16.

## Pausânias
(c. 130-c. 190 d.C.)

Pausânias, geógrafo e historiador, nasceu talvez em Magnésia, na Lídia (Ásia Menor), não havendo maiores informações a seu respeito. Viajante inveterado, percorreu toda a Hélade, do sul da Itália ao norte da Jônia. Sua extensa obra – quase mil páginas em corpo e formato médios –, conhecida como Descrição da Grécia, é uma das maiores fontes de informação sobre história, religião, personalidades, cidades, monumentos, obras de arte e lendas da Grécia antiga. E tanto o é que até hoje arqueólogos e viajantes a utilizam como roteiro.

Ainda que Pausânias não seja um grande estilista – muito pelo contrário, segundo os helenistas –, o leitor sente desconforto e até tristeza ao acompanhá-lo por entre olivais e pomares, vinhedos e trigais sem nada encontrar além de ruínas, cidades abandonadas ou decadentes, templos sem teto, altares sem imagens, pedestais sem estátuas e inscrições apagadas, enquanto nas praças outrora fervilhantes de vida e nos jardins exuberantes do passado ovelhas e cabras pastam tranquilamente, inscientes "da instabilidade e da caducidade de todas as coisas humanas".[151] No entanto, à medida que a obra avança, Pausânias se dá conta de que em torno de si a vida ainda existe e "parece como se ele despertasse de um sonho, tornando-se cada vez mais capaz de perceber um que outro dado dos afazeres diários de seus contemporâneos".[152]

Afinal, Pausânias podia ser um tanto ingênuo e primário, mas não viajava pelo mundo de olhos fechados, como bem o comprovam duas de suas mais conhecidas passagens, a

---

[151] V. Francisco P. de Samaranch, *Historiadores gregos*, p. 33.
[152] Id. ib.

primeira sobre Demóstenes e a segunda sobre a deificação dos imperadores romanos:

> Parece-me que um homem que se dedica à política de forma total e que lidera lealmente o povo nunca acaba bem.[153]

> Os homens só se transformam em deuses na retórica vazia que a adulação dedica a seu poder.

---

# Plutarco
(*c.* 50-*c.* 120 d.C.)

Plutarco nasceu em Queroneia (Beócia) e acredita-se que ali também tenha falecido. Filho de família abastada, estudou em Atenas e Alexandria e exerceu cargos importantes em sua cidade natal. Enviado várias vezes a Roma em missões diplomáticas, ali integrou-se aos círculos intelectuais, chegando a manter uma escola de filosofia por volta de 90 d.C. Escreveu Obras morais (coletânea de lendas, anedotas etc.) e Vidas paralelas (50 biografias, quase todas apresentadas duas a duas).

Graças a Vidas paralelas, Plutarco foi e continua sendo, sem qualquer dúvida, o historiador mais lido de todo o período helenístico. Na verdade, tomado o termo em sentido rigoroso, ele não é um *historiador*, pouca semelhança tendo com Tucídides, Políbio e até mesmo com o Xenofonte de Helênicas. Ele se aproxima antes, e apenas em parte, de Heródoto e do Xenofonte de Anábase e Ciropedia. Misturando, sem muito rigor nem compromisso, história, ficção, lendas e anedotas, Plutarco é basicamente um *causer*, um *contador de histórias*. E nisto, como Xenofonte, ele é imbatível, um verdadeiro mestre. Agrada, atrai e até fascina. Ouçamo-lo defendendo seu método:

---
[153] I, 8.

Eu não escrevo História. Eu narro vidas. Mas certamente não são as ações mais sublimes as que comprovam a virtude ou o vício. Não raramente um ato sem importância, uma declaração ou uma brincadeira revelam mais claramente uma personalidade do que batalhas com milhares de baixas, grandes exércitos em formação e cidades sitiadas.

Para quem leu as biografias de Sólon e Cícero – apenas para citar duas – esta autodefesa é desnecessária. E o será pelos séculos afora.

## Flávio Josefo
(37-100 d.C.)

Flávio Josefo nasceu em Jerusalém e faleceu em Roma. Descendente e membro de uma família da aristocracia sacerdotal de Jerusalém, participou de operações na Galileia no início da rebelião contra os romanos, em 66 d.C. Percebendo que a luta era uma causa perdida, entregou-se aos romanos, tornando-se membro da família dos Flávios, à qual pertencia o general – e depois imperador – Vespasiano, comandante militar da Palestina. Foi assim que José bem Matias – seu verdadeiro nome – transformou-se em Flávio Josefo e passou a viver na capital do Império.

Considerado prolixo, pouco confiável e exageradamente preocupado com sua própria imagem, Flávio Josefo escreveu, em grego, várias obras, sendo A guerra judaica e Antiguidades judaicas as mais conhecidas. A esta última Flávio Josefo deve sua fama, pois nele se encontram duas referências a Jesus de Nazaré (XX, 9 e XVIII, 3), que até recentemente eram causa de duros embates entre os cristãos e seus adversários.[154] No conjunto, Flávio Josefo continua sendo fonte de grande importância para a história da Palestina e do judaísmo no século I d.C.

---
[154] V. Dacanal, J. H. *Eu encontrei Jesus*, p. 31ss.

## Outros historiadores

Considerados importantíssimas fontes de informação, devem ser citados três outros historiadores gregos, muito conhecidos mas praticamente disponíveis em traduções apenas em grandes bibliotecas europeias:
- Dionísio de Halicárnasso (*c.* 70-*c.* 8 a.C.), autor de Antiguidades romanas.
- Díon Cássio (*c.* 155-*c.* 235 d.C.), autor de História romana, em oitenta volumes. Deles apenas vinte e cinco sobreviveram ao tempo.
- Diodoro da Sicília (*c.* 90-*c.* 10 a.C.), autor de Biblioteca histórica, em quarenta volumes, dos quais restaram quinze somente.

# A FILOSOFIA

Os filósofos do período helenístico são relativamente numerosos, mas não há nenhum que se destaque tanto quanto Políbio entre os historiadores. Cinco deles são, por motivos diversos, os mais lembrados: Epicuro, Fílon de Alexandria, Epicteto, Marco Aurélio e Plotino.

## Epicuro
(341-270 a.C.)

Epicuro nasceu provavelmente em Samos, tendo depois viajado a Atenas para completar sua formação. Ligando-se aos seguidores de Demócrito, era partidário do *atomismo* e pregava a moderação, o autocontrole e a busca do conhecimento como caminhos para a felicidade. Neste sentido, está muito próximo da doutrina moral de Platão. Paradoxalmente, no entanto, para os pósteros os termos *epicurismo* e *epicureu/epicurista* passaram a significar, respectivamente, *hedonismo* e *libertino/adepto do prazer* sem limites (sexo, mesa etc.). Seria interessante investigar as origens desta *deturpação* das ideias de Epicuro. Em princípio, tudo parece indicar que ela é produto da luta sem trégua dos estoicos e dos adeptos do platonismo cristão contra a concepção de vida *naturalista* e *imanente* do epicurismo.

## Fílon de Alexandria
(40 a.C.-40 d.C.)

Integrante da elite social e política de Alexandria do Egito, o judeu Fílon é o grande representante, em filosofia, do hibridismo helênico-israelita que nasceu e floresceu na grande metrópole fundada por Alexandre Magno. Sob este ângulo, o estudo de suas ideias, de matriz platônica, é de importância fundamental para compreender as origens da *filosofia trinitária* do cristianismo de Niceia, que, como foi visto acima, surge no horizonte por volta do ano 100 d.C. com o Quarto Evangelho (João) e se desenvolve a seguir com Justino Mártir, autor de Diálogo com Trifão, e posteriormente com os primeiros Padres da Igreja (Clemente de Alexandria etc.). Como se verá adiante,[155] o hibridismo helênico-israelita, que impregna alguns dos chamados *livros sapienciais* e o neoplatonismo de Fílon de Alexandria, é a fonte de onde emana a *filosofia trinitária* de Niceia, que consolidou e institucionalizou definitivamente a ruptura com o cristianismo primitivo, representado pelos Evangelhos sinóticos (Marcos, Mateus e Lucas) e, principalmente, por Paulo de Tarso.[156]

---

[155] V. p. 317ss.
[156] V. acima, p. 165ss.

## Epicteto
(*c.* 50-*c.* 130 d.C.)

Nascido em Hierápolis, na Frígia (Ásia Menor), Epicteto foi levado a Roma como escravo, onde, depois de liberto, ministrou aulas de filosofia. Considerando um dos fundadores de *estoicismo*, resumiu suas convicções em sua mais conhecida máxima:

Sofre e abstém-te!

Por esta doutrina e por pregar a igualdade universal, Epicteto foi considerado, junto com o romano Sêneca, seu quase contemporâneo, adepto informal do cristianismo dos primeiros tempos. Se tal é, por um lado, evidente equívoco, reflete, por outro, o ambiente propício à difusão da nova religião nos círculos cultos da capital do Império nesta época.

## Marco Aurélio
(121-180 d.C.)

Adotado por Antonino, dito o Pio, Marco Aurélio foi imperador de 161 a 180 d.C., nas décadas em que a pressão dos bárbaros crescia constantemente nas fronteiras e o Império iniciava sua lenta mas irreversível marcha rumo ao fim. Tendo recebido sofisticada formação, muito cedo Marco Aurélio aderiu à doutrina dos estoicos e nela encontrou forças para enfrentar, com ânimo fatalista, o estado de guerra quase permanente que marcou seu reinado. Sua obra, escrita em grego e conhecida como Meditações[157], reúne máximas e pensamentos concebidos em épocas diversas de sua vida, não raro, possivelmente, nas noites insones antes das batalhas.

As ideias e os conceitos expressos por Marco Aurélio podem não ser brilhantes, como é tradição dizer, mas a diamantina solidez moral, a profunda erudição e a esforçada mediania que os impregna lhes garantiram merecida permanência na memória e na simpatia dos pósteros. Eis alguns exemplos, entre os muitos possíveis:

> 1 – Tudo o que acontece é tão banal e familiar quanto o são as rosas na primavera e os frutos no verão: assim são a doença, a morte, a calúnia, a perfídia e tudo o que alegra ou aflige o coração dos insensatos.
>
> IV, 44

> 2 – Quantos dos que vieram comigo ao mundo já dele partiram!
>
> VII, 56

> 3 – Não mereço afligir a mim próprio, pois jamais afligi alguém voluntariamente.
>
> VIII, 42

> 4 – Não importa discutir sobre o homem de bem. Importa sê-lo!
>
> X, 16

> 5 – Na arte da escrita como na arte da leitura não se pode ser mestre antes de ter sido aluno. O mesmo sucede, por mais fortes razões, na arte da vida.
>
> XI, 29

---

[157] Em grego, *Tà eautòn* (Coisas para si próprio).

# Plotino
(204-270 d.C.)

Plotino nasceu em Leucópolis (Egito), estudou em Alexandria, viajou pelo Oriente (Pérsia) e pelo Mediterrâneo e posteriormente fixou-se em Roma, ali abrindo uma concorrida escola de filosofia.

Na época de Plotino a história e a literatura de matriz helênica há muito haviam desaparecido – ou eram representadas apenas por obras e autores epigonais. A filosofia, contudo – que no *existencialismo* dos escritores sapienciais[158] e no platonismo de Fílon de Alexandria fora fecundada pela visão israelita –, ainda lutava desesperadamente para sobreviver diante da maré montante do *trinitarismo cristão*. Este, uma doutrina híbrida mas de fácil compreensão, tinha um apelo irresistível, e não apenas para as grandes massas, porque fundamente impregnado pela ética igualitária, universalista e antitotalitária do monoteísmo sinaítico.

Em sua obra Enéadas (Novenas) Plotino tenta, pela última vez, revitalizar a ética (a renúncia de si), a teologia (o Sumo Bem/o Uno), a estética (o Belo) e a política (com sua Platonópolis, a cidade ideal por ele criada tendo por base as ideias de Platão em A república e As leis). Plotino desemboca, contudo, em um ecletismo no qual até o misticismo de origem persa (o êxtase como via para o conhecimento de Deus) encontra seu lugar.

A obra de Plotino, apesar de epigonal e secundária, é importante para os interessados em estudar o *melting pot* helênico-israelita-romano em que se gesta a visão de mundo da Cristandade medieval, que cerca de dois séculos depois surgiria, já solidamente formatada, na obra de Agostinho de Hipona.

---

[158] V. adiante, p. 317ss.

# A LITERATURA

Em escala de importância, a produção literária do período helenístico ocupa o último lugar e seus parcos representantes de alguma nomeada quase não são lembrados, a não ser nos gabinetes e nas obras dos especialistas.

A catastrófica tradição autofágica das cidades-Estado gregas, que atingiu seu clímax na devastadora Guerra do Peloponeso (431-404 a.C.) e continuou na primeira metade do século IV a.C., abrira caminho à formação e à rápida expansão do Estado nacional macedônio. Cerca de meio século depois do fim da Guerra do Peloponeso, o mundo da *pólis*, em cujo seio, para assombro dos coetâneos e dos pósteros, se gestara o *milagre grego*, desaparecera intempestivamente por entre as sombras de um passado para sempre irrecuperável. A telúrica força vital da Hélade se estiolara irremediavelmente e seu gênio só tornaria a florescer, híbrido e novo, ao contato das periferias *bárbaras* de Israel e de Roma, através das quais, nos dois milênios seguintes, sua luz faria germinar, sucessivamente, a Cristandade, a Europa e a sociedade científico-tecnológica planetária.

A produção literária do período helenístico comprova, muito mais do que a história e a filosofia, o que acima foi dito. Pois apesar dos autores mais representativos demonstrarem vigor estilístico, técnica apurada e grande erudição, neles estão absolutamente ausentes a densidade simbólica, a organicidade social e a profundidade espiritual dos autores dos séculos VI/V a.C. Contudo, porque, como artistas, não deixam, ainda que *contrario sensu*, de se revelarem autênticos representantes de sua época, pelo menos três nomes e um *gênero* devem ser lembrados: Menandro, Teócrito, Calímaco e o chamado *romance grego*.

# Menandro
(340-292 a.C.)

Menandro é o mais conhecido representante da *comédia nova*, expressão que designa os comediógrafos ativos e as obras escritas nas décadas que se seguiram à derrota completa de Atenas, e das demais cidades gregas por ela lideradas, frente aos macedônios na segunda metade do século IV a.C. Apesar de sua fama, registrada pela tradição, de Menandro conheciam-se apenas alguns fragmentos, breves e sem importância. Contudo, esta situação modificou-se radicalmente com a descoberta, na primeira metade do século XX, da peça completa O intratável, encontrada em papiros conservados nas escaldantes areias do Egito. E ela apenas confirma o apodítico necrológio da Hélade clássica ditado e registrado pelos historiadores.

Centrado sobre Cnémon, um proprietário rural de temperamento insuportável, o enredo de O intratável apresenta uma sucessão de peripécias familiares e amorosas, terminando em um *happy end* para todas as personagens. Do burlesco ambivalente às vezes presente na tragédia de Eurípides e da feroz crítica social e política das comédias de Aristófanes não restam nem sinal nem sombras. A Hélade e a *pólis* haviam mergulhado no longínquo horizonte, por detrás da Macedônia e de suas falanges invencíveis. Melhor era esquecer tudo e distrair os atenienses com farsas inconsequentes. E escolher como lugar da ação o campo, a uma segura distância das concentrações urbanas e dos macedônios onipresentes...

# Teócrito
(305-*c*. 250 a.C.)

Autor de idílios e epigramas, Teócrito, nascido na Sicília, deve sua fama e sua permanência na memória dos estudiosos ocidentais a seus poemas de temática pastoril, ou bucólica, que depois reapareceria – com perene valor – nas Bucólias de Virgílio e – como mera fórmula, quase sempre vazia – no século XVIII em vários países do Ocidente. Em Portugal e no Brasil os adeptos deste modelo de lírica autodenominavam-se *árcades* – por derivação de *Arcádia*, região montanhosa do Peloponeso central, conhecida por seus campos de pastagens e habitada por pastores com seus rebanhos.

Nos poemas de Teócrito, como nas comédias de Menandro, nada mais lembra o fervilhar político e intelectual das cidades da Hélade do passado, tanto na Jônia como na Grécia Central. À arte literária restara apenas a fuga à realidade.

É inegável, contudo, que a duradoura fama de Teócrito é merecida. Para convencer-se disto basta ler o sublime canto de Tirso (Idílio I) ou então o lamento do jovem cíclope Polifemo, rejeitado por Galateia (Idílio XI), abaixo transcrito:

> Por que rejeitas quem te ama, alva Galateia? – tu, mais alva que o leite, mais terna que um cordeiro, mais buliçosa que uma bezerra, mais luzidia que um cacho de uvas verdes! Por que por aqui vais quando me domina o doce sono? E por que partes tão logo o sono me abandona, a fugir qual ovelhinha quando ao longe vê o cinzento lobo? Comecei a amar-te já no dia em que à montanha vieste com tua mãe colher as flores do jacinto, enquanto eu a vós de guia servia!

Tradicionalmente, os eruditos afirmam, e com razão, que os *líricos alexandrinos*[159] foram os primeiros autores da Hélade nos quais está presente a *natureza* – isto é, o mundo rural/agrário –, ainda que, quase sempre, com a marca da artificialidade e da idealização. O tema é sem dúvida importante para a história da arte literária ocidental, mas seria longo abordá-lo. Basta lembrar, como curiosidade, que também nisto Homero pode ser considerado um precursor: em suas famosas *comparações*,[160] a natureza – sempre como segundo termo, é verdade – ressuma verismo e vigor surpreendentes.

## Calímaco
(315-244 a.C.)

Nascido em Cirene, Calímaco recebeu excelente formação em Alexandria e ocupou o posto de secretário-chefe da famosa Biblioteca da cidade. Seus poemas arcaizantes, carregados de erudição, abordam principalmente temas mitológicos, seguindo, por outra via, o mesmo rumo: a fuga à realidade. Esta fuga, aliás, encontra no chamado *romance grego* seu limite.

## O romance grego

O *romance grego*, expressão pela qual são conhecidas as narrativas em prosa ou em verso escritas aproximadamente

---

[159] Depois imitados pelos ditos *romancistas gregos*. V. a seguir.
[160] V. acima, p. 40ss.

entre 150-300 d.C., tem hoje poucos leitores. No entanto, é de menção obrigatória em qualquer história, mesmo resumida, da arte literária ocidental. E por dois motivos fundamentais: é um dos grandes *ciclos*[161] da narrativa (de ficção) ocidental e contém, já plena e perfeitamente desenvolvida, a fórmula clássica que primeiro o cinema e depois as novelas de televisão no século XX passaram a usar à exaustão. Mas o que é um *romance grego*? Em meados do século XX o erudito francês G. Dalmeyda assim o definiu:

> Um romance grego [...] é, em termos gerais, a narração de eventos aventurescos em que são utilizados todos os recursos fáceis de que se serve hoje o cinema: a luta entre bons e maus, personagens simpáticos, muitos papéis secundários, tempestades, naufrágios, lutas com bandidos e piratas e – o mais mortal dos perigos – a extraordinária e perigosa beleza do herói e da heroína, que os expõe aos maiores riscos e às piores desgraças.[162]

Mas apesar de tudo isto, e muito mais, os bons lutam desesperadamente e conservam teimosamente sua virtude. E assim o bem vence ao final e o heroi e a heroína casam-se e vivem felizes para sempre...

Não vem ao caso aqui tentar encontrar as origens do atávico e universal fascínio que esta fórmula exerceu e exerce sobre homens e mulheres de todas as épocas, de todas as culturas e de todos os níveis sociais e intelectuais, fascínio que alguém talvez, à moda antiga, pudesse considerar uma prova de que a espécie, como disse Kant, repetindo Platão e Aristóteles,[163] traz a lei moral gravada em seu coração. Aqui importa apenas referir que, no ocaso do helenismo, a fórmula

---

[161] Estes ciclos são: a épica clássica (homérica), o romance grego, a épica medieval, o romance realista/naturalista, a narrativa dita *fantástica* e a nova narrativa épica latino-americana.

[162] Prefácio a *Longus – Pastorales* (*Daphnis et Chloé*), p. XXI. V. bibliografia.

[163] V. Francisco de P. Samaranch, "Aristóteles de Estagira", in *Aristóteles – Obras*, p. 33.

do romance grego se disseminara por todo o Mediterrâneo, alcançando importância e dimensão sociais comparáveis apenas àquelas da epopeia homérica e da tragédia ática na Hélade clássica. Disto são provas o número de autores e a fama de suas obras naquela época. Mas o convencionalismo da fórmula e a superficialidade do conteúdo foram fatais àqueles e a estas. Dos autores ainda são lembrados Cáriton, Xenofonte de Éfeso, Heliodoro, Aquiles Tatius e Longus. Das obras, apenas Pastorais – mais conhecida como Dáfnis e Cloé –, de Longus, continua encontrando eventuais leitores fora dos gabinetes dos eruditos e dos especialistas. Como no caso de Teócrito, aliás seu modelo, a posteridade parece ter sido justa com Longus. Pois a opinião dos estudiosos do tema é mais ou menos unânime: Dáfnis e Cloé é o melhor de todos os *romances gregos*. E, a julgar pelo epílogo – com seu erotismo não tão sutil mas certamente delicado –, eles parecem ter razão:

> Quando veio a noite, todos os acompanharam até a alcova, uns tocando siringas, outros flautas e outros portando grandes tochas acesas. Ao chegarem à porta, se puseram a cantar com a voz rude e áspera, parecendo estar a fender a terra a golpes de forcado e não a cantar um himeneu. Dáfnis e Cloé, tendo se deitado nus no mesmo leito, beijaram-se e enlaçaram-se, sem dormir a noite toda, como se corujas fossem. Dáfnis fez então o que Licênia[164] lhe ensinara, e aí Cloé compreendeu que o que eles no bosque outrora haviam feito eram apenas brincadeiras de pastores.

---

[164] Prostituta que o iniciara no amor.

# SEGUNDA PARTE

---

# ISRAEL

No sáfaro e mítico solo do Sinai, pela iniciativa de um Deus exclusivista e ciumento e sob a guarda de um legislador impaciente e implacável, nasceu o monoteísmo ético israelita, que, mais de um milênio depois, unindo-se ao impiedoso racionalismo helênico e ao imperativo pragmatismo romano, gestaria a Cristandade e a Europa. E se na Hélade o indivíduo, solitário, entregue a si e à própria sorte, buscava desesperadamente compreender, *a posteriori*, a lei do mundo para poder assim sobreviver em meio ao caos, em Israel esta lei estabelece, *a priori*, que o destino da espécie se funda sobre o perene conflito entre regra e negação, entre repressão e desordem, entre civilização e barbárie, conflito repetido, recorrentemente, a cada nova geração e em cada novo indivíduo.

Não faz parte – mais uma vez! – dos objetivos desta obra deter-se na análise de tal tema, que reúne e resume em si o insondável mistério da natureza humana – e, por extensão, da natureza de todos os animais que se arrastam sobre a terra, e do próprio Universo. Nem, como tantos tantas vezes o fizeram e outras tantas vezes fracassaram, afrontar tola e/ou arrogantemente alguma obscura Divindade e tentar penetrar em seus arcanos e insondáveis desígnios. Modesto, mas mesmo assim desmedido, nosso objetivo é apenas registrar alguns marcos miliares que, em sentido inverso e ao mesmo tempo idêntico ao da Hélade, a civilização de Javé semeou ao longo de seu caminho, ao defrontar-se com aquele mesmo mistério.

E como antes em relação à Hélade, quebramos caminho e por aqui ficamos, deixando ao leitor duas opções: tornar atrás e reler a Introdução[165] ou seguir adiante, para entrar logo em contato com algumas das mais sublimes e geniais páginas já produzidas pela mente humana. Antes, porém, se fazem necessárias três breves observações metodológicas:

1 – A Bíblia, seus livros, suas personagens e sua doutrina são vistos aqui tais quais são: legado, ou registro, das vicissitudes de um grupo humano e de sua cultura ao longo dos séculos e dos milênios. Legado não superior nem inferior àquele da civilização helênica. Ainda que radicalmente diverso, o legado de Israel é, tal qual o da Hélade, *criação humana*.

2 – O método adotado nas páginas que seguem é completamente outro que o utilizado na abordagem do legado helênico. A razão é simples: de acordo com os objetivos previamente estabelecidos[166] e devido às razões anteriormente referidas[167] – e a outras que nem vale a pena mencionar –, seria um contrassenso cair na labiríntica teia das origens, da produção, da transmissão e das interpretações do legado israelita[168] – aí incluída a literatura do cristianismo primitivo (até cerca de 90/110 d.C.). O leitor não iniciado não tem a mais pálida ideia do que seja o gueto ideológico-bibliográfico representado pelas centenas de milhares de obras escritas sobre o assunto no Ocidente nos últimos três séculos! E é melhor que assim permaneça... Do contrário, um dia descobrirá, fascinado ou horrorizado, que a Bíblia é um caos absoluto... E que uma frase curta ou uma simples palavra de duas ou três letras que nela constam podem resultar em longos ensaios, quando não em obras de centenas de páginas! Obras, aliás, não raro marcadas pela densa e pesada atmosfera

---
[165] V. p. 11.
[166] V. p. 13ss.
[167] V. id. ib.
[168] E estamos falando apenas dos textos *oficialmente aceitos* por judeus e cristãos, e assim incluídos em suas Bíblias...

de paixões e de interesses em conflito entre as várias e variadas correntes religiosas que ancoram sua fé e seus interesses na herança israelita.

3 – Isto considerado, serão deixadas completamente à parte, com exceção de sucintas referências à datação e à autoria, todas as questões técnico-teóricas envolvidas nos textos adiante analisados. Estes, por sua vez, serão selecionados levando-se em conta os critérios de importância mais ou menos unânimes aceitos pelos especialistas. A seguir, cada um deles será objeto de um comentário, mais ou menos extenso, de natureza ensaística, isto é, tecnicamente adequado ao conteúdo, é claro, mas sem preocupação com o formalismo acadêmico, que, apesar de nem sempre ser um defeito, raramente é uma qualidade. Esclarecidas, tais questões, entremos diretamente no assunto.

O longo, conturbado e não raro historicamente obscuro caminho percorrido por Israel na Palestina desde o final do século XIII a.C. até o início do século II d.C. é tradicionalmente dividido em dois blocos: *período pré-exílico* e *período pós-exílico*.[169]

O primeiro abrange a formação (*c.* 1250-*c.* 1000 a.C.), a monarquia unificada (*c.* 1000-*c.* 920 a.C.), a subsequente divisão e a criação dos reinos do Norte (Israel) e do Sul (Judá) e, finalmente, o desaparecimento dos israelitas como nação: o Reino do Norte foi destruído pelos assírios por volta de 720 a.C. e o Reino do Sul conquistado pelos babilônios no início do século VI a.C. e eliminado definitivamente em 587 a.C., quando Jerusalém foi arrasada e sua população deportada para a Mesopotâmia.

O segundo período se inicia com o decreto (538 a.C.) de Ciro, o Grande, e o retorno de parte dos exilados, seguindo-se

---

[169] Alguns historiadores preferem denominá-los *período do Primeiro Templo* (constituído no século X a.C. e destruído em 587 a.C. pelos babilônios) e *período do Segundo Templo* (reconstruído a partir de meados do século V a.C., totalmente reformado por Herodes, o Grande, na segunda metade do século I a.C. e destruído pelos romanos em 70 d.C.).

a reconstrução de Jerusalém e do Templo, as reformas de Neemias e Esdras (e a formação do *judaísmo primitivo*), a revolta dos Macabeus (*c.* 167 a.C., com a breve dinastia dos Hasmoneus e a formação do *judaísmo tardio*), a conquista romana (64 a.C.), a revolta de 66-70 d.C., a destruição de Jerusalém e do Templo, o surgimento do *cristianismo primitivo* (*c.* 40-*c.* 90 d.C.) e do *judaísmo rabínico* (Congresso de Jâmnia, *c.* 80 d.C.), hoje comumente denominado *religião judaica*. Seguindo este esquema, a exposição – e os textos que a acompanham – será dividida em dois grandes blocos:

● *Período pré-exílico:* os mitos fundadores e os profetas clássicos;

● *Período pós-exílico:* a desilusão e a esperança, a crise sapiencial e o cristianismo primitivo.[170]

---

[170] O cristianismo primitivo, como se verá, foi historicamente uma seita da religião israelita em sua fase crepuscular (judaísmo tardio) e absolutamente não pode ser confundido com o cristianismo helenizado que começa a formar-se a partir de meados do século II d.C.

# PERÍODO PRÉ-EXÍLICO

Os temas escolhidos para fornecer uma visão concisa e ao mesmo tempo objetiva do legado israelita do período pré--exílico serão divididos em duas partes: os *mitos fundadores* e os *profetas clássicos*. Cada parte será precedida de uma breve introdução, sempre tendo o cuidado de não cair no emaranhado teórico das discussões especializadas nem no terreno conflagrado do debate entre religião e ciência.

Reafirmando o que acima foi dito, nesta obra a Bíblia é vista como *criação histórica* de um grupo humano, como relicário de uma das três culturas que, fecundando-se reciprocamente, formataram a Cristandade, a Europa e o Ocidente. E praticamente já dominam o planeta.

# OS MITOS FUNDADORES

Mito é um termo que possui vários sentidos, e não apenas em língua portuguesa. Aqui seu sentido é aquele utilizado em antropologia, filosofia, literatura etc. E qual é ele? Simplificadamente, nestas áreas *mito* pode ser definido como um *relato* caracterizado por três elementos:
- um enredo ficcional/fictício;
- uma estrutura clara;
- um sentido cifrado.

Para exemplificar e explicar estas afirmações poder-se-ia utilizar o mito de Prometeu, o de Rômulo e Remo ou qualquer outro. Fiquemos, porém, no espaço da tradição israelita e tomemos um deles, por ser clássico, breve e claro. Em Gênesis 11,1-9 conta-se a seguinte história:

> Toda a terra tinha uma só língua e servia-se das mesmas palavras. Alguns homens, partindo para o Oriente, encontraram na terra de Senaar uma planície onde se estabeleceram. E disseram uns aos outros: "Vamos, façamos tijolos e cozamo-los no fogo." Serviram-se de tijolos em vez de pedras, e de betume em lugar de argamassa. Depois disseram: "Vamos, façamos para nós uma cidade e uma torre cujo cimo atinja os céus. Tornemos assim célebre o nosso nome, para que não sejamos dispersos pela face de toda a terra." Mas o Senhor desceu para ver a cidade e a torre que construíam

os filhos dos homens. "Eis que são um só povo, disse ele, e falam uma só língua: se começam assim, nada futuramente os impedirá de executarem todos os seus empreendimentos. Vamos: desçamos para lhes confundir a linguagem, de sorte que já não se compreendam um ao outro." Foi assim que o Senhor os dispersou daquele lugar pela face de toda a terra, e cessaram a construção da cidade. Por isso deram-lhe o nome de Babel, porque ali o Senhor confundiu a linguagem de todos os habitantes da terra, e dali os dispersou sobre a face de toda a terra.

Eis aí o que em antropologia é denominado *mito*, isto é, a criação/elaboração de um narrador representando sua comunidade. Com efeito,

• o evento é fictício, não tendo sido testemunhado nem pelo narrador nem por algum membro da comunidade;
• a estrutura é clara, com um enredo perfeitamente concatenado, com etapas em sequência: ação, reação e consequências;
• o sentido é cifrado, pois as etapas do relato não apresentam qualquer nexo causal objetivo; contudo, o relato é aceito como evento real pelo narrador e pela comunidade, pois estes não exigem um nexo causal.

Este comportamento, visto de fora – a partir de uma concepção racionalista, ou científica, da realidade –, é considerado próprio do *estágio mítico*, ou mágico, da evolução do pensamento humano. Então o pensamento mítico não é lógico? Pelo contrário, ele é profundamente lógico. Ainda que, evidentemente, não seja *científico*. Mas qual é a lógica interna do relato apresentado como exemplo? Em outros termos, qual é o *sentido* cifrado presente no mito da Torre de Babel?

Para um leitor atento dos primeiros capítulos (1-3) do livro do Gênesis este sentido é evidente: o relato da Torre de Babel é o primeiro ensaio sobre linguística! Como? Simples:

seu autor, que provavelmente viveu na verdadeira encruzilhada de caminhos e culturas que era Canaã (Palestina) na Antiguidade, percebe a óbvia e insolúvel contradição entre Gênesis 1-3 (a Criação por Deus e a origem comum de todos os homens) e um estranho mas inegável fato: a existência de várias línguas... Em decorrência – e talvez influenciado pelas informações sobre altas torres/pirâmides construídas na Mesopotâmia e no Egito –, ele elabora, ou reelabora, uma história capaz de explicar o fenômeno dentro dos marcos teológicos de Gênesis 1-3: a onipotência do Criador, a arrogância das Criaturas, a sanção imposta e a consequência dela decorrente. E assim, enquadrados pela mesma teologia, fenômenos díspares tornam-se concordes...

Claro, a explicação encontrada não é científica. Mas parte da observação da realidade, possui estrutura interna definida e é inquestionavelmente lógica. Por isto o relato da Torre de Babel é um exemplo simples mas clássico do que em antropologia se entende por *mito*. E do que se entenderá nas próximas páginas.

Os mitos aqui selecionados, e qualificados de *fundadores* por conterem em si as componentes basilares de uma civilização, são a Criação, a Queda, o Sinai, a Igualdade e o Messias. Outros poderiam ter sido escolhidos. Seriam também importantes, mas seguramente menos representativos, em termos históricos e antropológicos, do legado civilizatório de Israel.

# A Criação
(Gênesis 1)

Até meados do século XIX – quando a *ciência bíblica* recebeu grande impulso, particularmente na Alemanha – julgava-se que Gênesis 1 remontasse a 900/700 a.C., isto é, à época em que na Hélade surgem Homero e, depois, Hesíodo, aproximadamente. Muitos acreditavam até mesmo que o próprio Moisés houvesse escrito os primeiros livros da Bíblia,[171] por volta de 1.250 a.C. Hoje há certo consenso entre os especialistas, para os quais a redação final de Gênesis 1 é de um autor que viveu, provavelmente, no início do século V a.C., na Mesopotâmia ou em Jerusalém, integrava a comunidade dos descendentes dos deportados para a Babilônia em 587 a.C., era sacerdote e possuía sofisticada formação intelectual.[172] Em termos rigorosos, portanto, este texto é do início do período pós-exílico. O que, para os objetivos desta obra, não faz grande diferença, pois seu redator se remete a fontes muito antigas e está fundamente impregnado das tradições de seu povo. Além de influenciado, é

---

[171] O chamado *Pentateuco* (do grego: cinco rolos), formado por Gênesis, Êxodo, Levítico, Números e Deuteronômio.

[172] Na bibliografia técnica, as partes do Pentateuco atribuídas a este redator são identificadas pela maiúscula P, inicial de *Priesterschrift – documento sacerdotal*, em alemão. De acordo com alguns especialistas, este mesmo redator fundiu três grandes *fontes*, ou tradições documentais anteriores, e a elas acrescentou textos de sua própria lavra, dando ao Pentateuco a forma que possui hoje. De acordo com outros, a redação e a *moldura* finais seriam de outra mão, posterior a P. Seja como for, os detalhes possíveis ou supostos desta, digamos, *operação literária* já foram debatidos e dissecados por incontáveis eruditos nos últimos dois séculos. Para os iniciantes, a obra de Sellin-Fohrer (v. bibliografia) é a mais acessível, apesar de técnica.

claro, pelo contexto histórico e cultural oriental-mesopotâmico, fator que devemos aqui passar por alto.

Gênesis 1 é uma das mais belas e elaboradas páginas do Antigo Testamento e pode ser colocada, em termos artístico-literários, entre as que, mais ou menos pela mesma época, estavam sendo redigidas pelos líricos jônio-eólios, por Ésquilo e por Sófocles. Mas é radicalmente diferente, porque contém e revela a visão de uma outra civilização. Enquanto na Jônia e na Magna Grécia os filósofos pré-socráticos davam os primeiros passos nos caminhos da ciência, começando a investigar a natureza dos elementos, dos seres e dos números para poder assim compreender o mundo, na Mesopotâmia – ou em Jerusalém, não importa – o redator de Gênesis 1 já detém a plena posse da verdade. Pelo menos ele assim o crê, e assim a expõe, em um dos mais elaborados e mais perenes mitos já criados pela espécie. E o que diz ele?

Dotado de refinada capacidade de observação, adequado ao nível de conhecimento de seu tempo, delimitado pela teologia dos escritos sagrados de seu povo e justificado por sua própria fé, ele assim narra a Criação do mundo:

> No princípio, Deus criou os céus e a terra. A terra estava informe e vazia; as trevas cobriam o abismo e o Espírito de Deus pairava sobre as águas.
>
> Deus disse: "Faça-se a luz!" E a luz foi feita. Deus viu que a luz era boa, e separou a luz das trevas.
>
> Deus chamou à luz DIA, e às trevas NOITE. Sobreveio a tarde e depois a manhã: foi o primeiro dia.
>
> Deus disse: "Faça-se um firmamento entre as águas, e separe ele umas das outras." Deus fez o firmamento e separou as águas que estavam debaixo do firmamento daquelas que estavam por cima. E assim se fez. Deus chamou ao firmamento CÉUS. Sobreveio a tarde e depois a manhã: foi o segundo dia.
>
> Deus disse: "Que as águas que estão debaixo dos céus se ajuntem num mesmo lugar, e apareça o elemento árido." E assim se fez. Deus chamou ao elemento árido TERRA e ao ajuntamento das águas MAR. E Deus viu que isso era bom.

Deus disse: "Produza a terra plantas, ervas que contenham semente e árvores frutíferas que deem fruto segundo a sua espécie e o fruto contenha a sua semente." E assim foi feito. A terra produziu plantas, ervas que contêm semente segundo a sua espécie, contendo o fruto a sua semente. E Deus viu que isso era bom. Sobreveio a tarde e depois a manhã: foi o terceiro dia.

Deus disse: "Façam-se luzeiros no firmamento dos céus para separar o dia da noite; sirvam eles de sinais e marquem o tempo, os dias e os anos; e resplandeçam no firmamento dos céus para iluminar a terra." E assim se fez. Deus fez os dois grandes luzeiros: o maior para presidir ao dia, e o menor para presidir à noite; e fez também as estrelas.

Deus colocou-os no firmamento dos céus para que iluminassem ao dia e à noite, e separassem a luz das trevas. E Deus viu que isso era bom. Sobreveio a tarde e depois a manhã: foi o quarto dia.

Deus disse: "Pululem as águas de uma multidão de seres vivos, e voem aves sobre a terra, debaixo do firmamento dos céus." Deus criou os monstros marinhos e toda a multidão de seres vivos que enchem as águas, segundo a sua espécie, e todas as aves, segundo a sua espécie. E Deus viu que isso era bom. E Deus os abençoou: "Frutificai, disse ele, e multiplicai-vos, e enchei as águas do mar, e que as aves se multipliquem sobre a terra." Sobreveio a tarde e depois a manhã: foi o quinto dia.

Deus disse: "Produza a terra seres vivos, segundo a sua espécie: animais domésticos, répteis e animais selvagens, segundo a sua espécie." E assim se fez. Deus fez os animais selvagens, segundo a sua espécie, animais domésticos igualmente, e da mesma forma todos os animais que se arrastam sobre a terra. E Deus viu que isso era bom.

Então Deus disse: "Façamos o homem à nossa imagem e semelhança. Que ele reine sobre os peixes do mar, sobre as aves dos céus, sobre os animais domésticos e sobre toda a terra, e sobre todos os répteis que se arrastam sobre a terra." Deus criou o homem à sua imagem; criou o homem e a mulher. Deus os abençoou: "Frutificai, disse ele, e multiplicai-vos, enchei a terra e submetei-a. Dominai sobre os peixes do mar, sobre as aves dos céus e sobre todos os animais que se arrastam sobre a terra." Deus disse: "Eis que eu vos dou toda a erva que dá semente sobre a terra, e todas as árvores frutíferas que contêm em si mesmas a sua semente, para que vos sirvam de alimento. E a todos os animais da terra, a todas as aves dos céus, a tudo o que se arrasta sobre a terra, e em que haja sopro de vida, eu dou toda a erva verde por alimento."

E assim se fez. Deus contemplou toda a sua obra, e viu que tudo era muito bom. Sobreveio a tarde e depois a manhã: foi o sexto dia.

Gênesis 1 é, ao mesmo tempo, uma cosmogonia e uma cosmologia. Em outros termos, *narra a origem do mundo* e dele *fornece uma interpretação*. Seguindo o padrão clássico das narrativas míticas, o redator:

1 – Observa a *realidade* à sua volta;
2 – Descobre nela uma *organização;*
3 – Constrói uma *explicação* para ambos os fenômenos. Esta explicação é, por definição, o próprio mito da Criação.

No exemplo apresentado acima – o mito da Torre de Babel – o ponto de partida é a realidade em desordem e o ponto de chegada é uma mensagem *cifrada*, só entendida por quem aceita a teologia do narrador. Aqui, no mito da Criação, o processo é idêntico mas a disposição dos elementos é inversa: o ponto de partida é a *realidade em ordem* e a chave do enigma é *a fé, ou teologia,* do narrador – que é o próprio conteúdo da narrativa. Em termos simples: o mito da Criação[173] é o mito primal de Israel e de seu legado civilizatório. Dele decorre tudo. E qual é o conteúdo deste legado? De forma sucinta, ele pode ser assim apresentado:

---

[173] Gênesis 2 é também um mito cosmogônico, uma espécie de *segunda versão*. Deixando as discussões para os especialistas, basta aqui dizer que Gênesis 1 é incomparavelmente superior. Por isto o *editor* colocou-o no lugar em que se encontra – na abertura dos escritos sagrados de seu povo.

1 – Existe um Deus, único, eterno e incriado.

2 – O Universo e todos os seres nele existentes são resultado de um ato de vontade deste Deus e a existência deles, portanto, se dá no tempo finito, inaugurado no ato da Criação.

3 – A espécie humana compõe-se de dois sexos e por sua especificidade – que a faz partícipe da Divindade – tem por destino submeter tudo a seu domínio.

4 – A espécie humana tem uma única origem, descende de um único tronco e seus integrantes, por inferência, são todos iguais.

Como outros já o disseram, nada há na Antiguidade que se iguale à cosmogonia/cosmologia de Gênesis 1. Não por nada a visão de mundo consubstanciada e expressa neste mito exerceu, e parcialmente ainda exerce, papel tão decisivo no curso da história do Ocidente – e do planeta –, como ficará evidente nos próximos capítulos. Aqui, porém, é importante situar no contexto de sua própria época e na visão do presente algumas das componentes que formam este mito.

No contexto de seu tempo (séculos VI/V a.C.), o redator de Gênesis 1 se situa mais ou menos no mesmo nível de percepção dos filósofos pré-socráticos, especificamente os *físicos*[174] da Jônia, que começavam então a investigar e interpretar os fenômenos da natureza. Em certo sentido é até superior a eles. Pois se, como eles, também cita *elementos* – terra, água, ar (céus) e firmamento –, vai muito além deles ao identificar três reinos (mineral, vegetal e animal), ao construir um sistema primitivo mas preciso de classificação zoológica (peixes, aves e animais terrestres) e ao antecipar Aristóteles não apenas nisto mas também em sua, digamos, biologia teleológica. Com efeito, cerca de 150 anos depois o Estagirita, em Política I, 3, escreveu:

> Se a Natureza não fez nada em vão nem sem um fim determinado, somos obrigados a concluir que ela fez todas as coisas por causa do Homem.

---
[174] Como os denomina Aristóteles. V. acima, p. 91ss.

Essa afirmação de Aristóteles parece um eco de Gênesis 1,28:

> [...] crescei e multiplicai-vos, enchei a terra e submetei-a. Dominai sobre os peixes do mar, sobre as aves do céu e sobre todos os animais que se arrastam sobre a terra.

O mesmo pode ser dito do *ex nihilo nihil* (do nada nada) e do *Motor Imóvel* (ou Motor Primeiro), conceitos aristotélicos clássicos. Ora, tais conceitos são os pressupostos implícitos do mito da Criação. Do que podem ser extraídos dois corolários, que há cerca de dois milênios a História transformou em evidências:

1 – As civilizações helênica e israelita, apesar de radicalmente diferentes, contêm em seus subterrâneos mais traços convergentes do que o raso racionalismo pós-renascentista/iluminista tende a admitir.

2 – A fusão dos conceitos filosóficos helênicos com os teológicos israelitas, consubstanciada e sistematizada na *filosofia trinitária*[175] de Niceia, não é, pois, tão estranha, a não ser para quem desconhece a cosmogonia mítico-esotérica de Platão, com seu Demiurgo,[176] as concepções dos ditos *neoplatônicos alexandrinos*[177] ou o conceito de *sabedoria* em alguns textos sapienciais de Israel.[178]

No contexto presente, algumas das componentes de Gênesis 1 também mantêm impressionante atualidade. Afinal, no limite, qual é mesmo a diferença objetiva, efetiva, entre a concepção bíblica da Criação, a ação do Motor Imóvel de Aristóteles e a teoria do *Big Bang* dos físicos modernos, à parte a

---

[175] Não por nada na Idade Média a chamada *Escola de Chartres* tentou harmonizar Gênesis 1 com as ideias de Platão.
[176] Em *Timeu*, por exemplo.
[177] O mais conhecido deles é Fílon, que com seu conceito de *Logos* antecipa o IV Evangelho (*c.* 100 d.C.).
[178] Em particular Sabedoria e Eclesiástico.

vulgaridade léxica da última expressão? E, mesmo que exista, o que mudaria no dolente e infindo cortejo dos animais de variadas espécies que se arrastam sobre a terra? E, também no limite, que diferença faz se a Criação não foi instantânea mas se desenvolveu ao longo de milhões e milhões de anos? Afinal, os fenômenos constatados por Darwin pertencem ao mesmo e idêntico mundo observado pelo redator de Gênesis 1. Na sequência incontável das eras esta diferença é apenas um insignificante, quase imperceptível deslocamento do ângulo de visão. E as mudanças ocorridas na Natureza nos últimos dois/três milênios foram desprezíveis, se excetuadas, exatamente, as decorrentes da ação predatória e destrutiva da espécie humana.

Sim, a ciência – entendida como domínio das leis da Natureza – avançou espantosamente. Tão espantosamente que é capaz de criar e utilizar métodos de destruição em massa e de marchar cada vez mais célere a caminho de sua própria aniquilação. Alguém dirá que sempre foi assim! E então, o que mudou? Apenas o ritmo?

Sim, graças ao progresso da ciência um jovem da classe média de qualquer centro urbano do Ocidente vive hoje – à parte, mas nem tanto, as novecentas concubinas! – em condições incomparavelmente melhores daquelas em que viveu Salomão em seus dias de glória... E o que realmente tal jovem sabe sobre o mundo a mais do que sabia o redator de Gênesis 1? Este sabia que a vida nasceu no mar, que todos são iguais etc. E se, com alguma sorte, aquele jovem souber algo a mais, de que lhe servirá? Mas não antecipemos.

Pela precisão da observação e pela perfeição da elaboração, o mito da Criação a tantos fascinou, fascina e continuará fascinando. Porque nele a verdade é dada e a certeza existe. E nelas envolta e por elas protegida, a Humanidade tem por destino viver, sem dor e sem sofrimento, em um mundo regrado, estático e submetido às sempiternas leis do Criador.

Na Hélade, pelo que se viu, tal construção seria impensável.

# A Queda
(Gênesis 3)

Das quatro *fontes* principais, ou tradições documentais, que formam a complexa estrutura literário-ideológica do Pentateuco,[179] Gênesis 3 pertence àquela identificada pelos especialistas com a letra maiúscula J.[180] De acordo com eles, esta fonte é a mais antiga das quatro – sobre o que pairam poucas dúvidas. E seu redator deve ter vivido em Jerusalém entre meados do século X a.C. e meados do século IX a.C. e pertencido ao círculo dos altos dignitários da corte do rei Salomão e/ou da casta sacerdotal. Mas sobre isto há controvérsias.[181]

Hoje é quase consenso que o redator, ou autor, de Gênesis 3 foi um judaíta que viveu antes de 711 a.C.,[182] mais provavelmente entre 850 e 800 a.C. Mas, afinal, o que é Gênesis 3? É o mito da Queda – ou do Pecado Original, na consagrada expressão em língua portuguesa.

Dos mitos fundadores de Israel, a Queda é sem dúvida o que mais fundo se gravou na memória da Cristandade ocidental. E por variadas razões, entre as quais, não em último lugar, estão a dramaticidade e o patetismo que envolvem tanto o abissal

---

[179] As quatro fontes são conhecidas como J, E, D e P, respectivamente: Javista, Eloísta, Deuteronomista e Sacerdotal. Sobre P = S, v. acima, p. 218, nota 172.
[180] Esta fonte é assim denominada porque seu autor utiliza preferencialmente o termo *Javé* para *Deus*. Gênesis 2 e 4 também pertencem à fonte J.
[181] Alguns, radicais, chegam mesmo a colocar em dúvida a existência de Salomão. E aduzem a seu favor o fato de que até agora não foi encontrada nenhuma prova arqueológica nem qualquer referência histórica independente – isto é, excetuada a Bíblia – sobre o fabuloso rei e sua ainda mais fabulosa riqueza.
[182] Ano em que os assírios eliminaram definitivamente o Reino do Norte (Samaria).

conteúdo antropológico quanto a força impactante de uma narrativa de plasticidade quase teatral. E se a Criação (Gênesis 1) é o mito primal de Israel – e por isto mesmo o *editor* o colocou no lugar em que se encontra –, a Queda é de todos eles o mais profundo e o mais universal. Não por nada Paulo de Tarso[183] o transformou na pedra angular de sua visionária doutrina sobre o Pecado e a Graça, fazendo de Cristo o segundo Adão – que por seu sangue redime e salva toda a Humanidade, condenada pela culpa do primeiro –, pondo assim abaixo os arcaicos e sufocantes muros do *ghetto* étnico e ético em que se transformara a religião israelita em sua fase terminal.[184] Como ele afirma em Romanos 5, 18-21:

> Portanto, como a condenação, pelo pecado de um só, se estendeu a todos os homens, assim por um único ato de justiça recebem todos os homens a justificação que dá a vida. Assim como pela desobediência de um só homem foram todos constituídos pecadores, assim pela obediência de um só todos se tornarão justos.

Mas nosso objetivo aqui não é dissecar a visão paulina de mundo nem estudar o papel desempenhado pela mesma na formação do cristianismo primitivo, na elaboração da *filosofia trinitária* de Niceia ou na história da civilização ocidental. Nem, muito menos, tentar penetrar no emaranhado formal e conceitual dos três primeiros capítulos do Livro do Gênesis.[185] Bem mais modesto, nosso objetivo é apenas expor à luz da racionalidade discursiva helênica a perene verdade oculta nos desvãos da construção mítica israelita. O que diz o mito da Queda? Ei-lo:

---

[183] V. adiante, p. 365ss.
[184] Denominada *judaísmo tardio* pelos historiadores.
[185] Para citar apenas um exemplo de natureza conceitual: são insolúveis as contradições entre a primeira versão da Criação (Gênesis 1,2-14), obra de P, e a segunda versão (Gênesis 2,5b-25), obra de J. Tal tema, entre tantos outros, provocava até recentemente duros embates entre criacionistas ingênuos – passe o pleonasmo – e racionalistas pedestres.

A serpente era o mais astuto do todos os animais dos campos que o Senhor Deus tinha formado. Ela disse à mulher: "É verdade que Deus vos proibiu comer do fruto de toda árvore do jardim?" A mulher respondeu-lhe: "Podemos comer do fruto das árvores do jardim. Mas do fruto da árvore que está no meio do jardim Deus disse: Vós não comereis dele, nem o tocareis, para que não morrais." – "Oh, não! – tornou a serpente – vós não morrereis! Mas Deus bem sabe que, no dia em que dele comerdes, vossos olhos se abrirão, e sereis como deuses, conhecedores do bem e do mal."

A mulher, vendo que o fruto da árvore era bom para comer, de agradável aspecto e mui apropriado para abrir a inteligência, tomou dele, comeu e o apresentou também ao seu marido, que comeu igualmente. Então os seus olhos abriram-se; e, vendo que estavam nus, tomaram folhas de figueira, ligaram-nas e fizeram cintos para si. E eis que ouviram o barulho (dos passos) do Senhor Deus que passeava no jardim, à hora da brisa da tarde. O homem e sua mulher esconderam-se da face do Senhor Deus, no meio das árvores do jardim. Mas o Senhor Deus chamou o homem, e disse-lhe: "Onde estás?" E ele respondeu: "Ouvi o barulho dos vossos passos no jardim; tive medo, porque estou nu; e ocultei-me." O Senhor Deus disse: "Quem te revelou que estavas nu? Terias comido do fruto da árvore que eu te havia proibido de comer?" O homem respondeu: "A mulher que pusestes ao meu lado apresentou-me deste fruto, e eu comi."O Senhor Deus disse à mulher: "Por que fizeste isso?" – "A serpente enganou-me, – respondeu ela – e eu comi."

Então o Senhor Deus disse à serpente: "Por que fizeste isso, serás maldita entre todos os animais e feras dos campos; andarás de rastos sobre o teu ventre e comerás o pó todos os dias de tua vida. Porei ódio entre ti e a mulher, entre a tua descendência e a dela. Esta te ferirá a cabeça, e tu lhe ferirás o calcanhar." Disse também à mulher: "Multiplicarei os sofrimentos de teu parto; darás à luz com dores, teus desejos te impelirão para o teu marido e tu estarás sob o seu domínio." E disse em seguida ao homem: "Porque ouviste a voz de tua mulher e comeste do fruto da árvore que eu te havia proibido comer, maldita seja a terra por tua causa. Tirarás dela com trabalhos penosos o teu sustento todos os dias de tua vida. Ela te produzirá espinhos e abrolhos, e tu comerás a erva da terra. Comerás o teu pão com o suor do teu rosto, até que voltes à terra de que foste tirado; porque és pó, e em pó te hás de tornar."

    Adão pôs à sua mulher o nome de Eva, porque ela era a mãe de todos os viventes. O Senhor Deus fez para Adão e sua mulher umas vestes de peles, e os vestiu. E o Senhor Deus disse: "Eis que o homem se tornou como um de nós, conhecedor do bem e do mal. Agora, pois, cuidemos que ele também não estenda a sua mão e tome também do fruto da árvore da vida, e o coma, e viva eternamente." O senhor Deus expulsou-o do jardim do Éden, para que ele cultivasse a terra donde tinha sido tirado. E expulsou-o; e colocou a oriente do jardim do Éden querubins armados de uma espada flamejante, para guardar o caminho da árvore da vida.

Diversamente do mito da Criação na versão de P, com sua ordenação lógica paracientífica, o mito da Queda, obra de J, é mais primitivo e, neste sentido, mais *puro* como construção mítica. Esta construção segue rigorosamente o padrão clássico atrás[186] analisado: observação da realidade, constatação de uma ordem (ou desordem) e elaboração de uma explicação, não--científica mas com lógica interna, para o fenômeno percebido. Também diversamente do mito da Criação, que, segundo foi visto, tem por tema a origem e a ordenação do Universo, a Queda é um mito essencialmente antropológico, isto é, está centrado sobre o fenômeno da espécie humana. Tendo diante de seus olhos este fenômeno, o autor/narrador constata nele a presença de várias componentes, entre as quais se destacam como fundamentais:

1 – A espécie humana, como as demais espécies de animais, é composta por indivíduos que têm um tempo de vida limitado.

---

[186] V. p. 215ss.

2 – A espécie humana, também como as demais, é formada por macho e fêmea.

3 – Duas características tornam única a espécie humana: ela domina todas as demais e tem consciência de si.

4 – Os humanos, ao contrário dos demais animais, são obrigados a trabalhar dura e diuturnamente para tirar da terra seu sustento.

5 – Os humanos têm *pudor*. Em outros termos, a consciência de si/o conhecimento faz com que sintam vergonha de expor sua animalidade.

6 – O macho e a fêmea são de idêntica natureza, sendo que a fêmea é o gatilho e o vetor do instinto que garante, como nas demais, a continuidade da espécie. Por outro lado, pelo parto e pelo aleitamento, a fêmea é que suporta o maior fardo desta continuidade.

7 – A fêmea, apesar de submetida ao macho, parece mais curiosa e mais astuta do que ele. No entanto, ambos são tolos, pois ambos, cada qual à sua maneira, se deixam enganar.

8 – Os humanos se organizam em grupos que lutam continuamente entre si.

9 – Como produto da consciência de si e da *pulsão do conhecimento* – móvel da Queda – a vida dos humanos é um rosário de dores e penas que se encerra somente com a aniquilação pela morte.

Incitado pela interminável tragédia que se desenrola diante de seus olhos e dentro de si próprio e, ao mesmo tempo, prisioneiro da tradição sinaítica, materializada no monoteísmo transcendente e na rígida ética dele decorrente, o redator de Gênesis 3 busca uma explicação que credite à Criatura, e não ao Criador, o desconcerto do mundo. E então constrói o mito da Queda, uma – em todos os sentidos – fantástica história cuja espantosa densidade antropológica atravessou incólume quase três milênios e outros incontáveis assim atravessará, enquanto a natureza humana for a mesma. Porque se no mito da

Criação o núcleo central é a existência e a origem do Universo, no mito da Queda este núcleo é o mistério insondável da natureza humana e do elevado preço por ela pago por carregar desde sempre o fardo maldito que a faz diferente e que é sua glória e sua desgraça: o conhecimento.

Na Hélade, nenhuma construção mítica paralela sequer se aproxima de Gênesis 3. De fato, os mitos de Pândora – ou Pandora –, de Prometeu e de Édipo giram em torno de idêntico tema. Nenhum deles, porém, alcançou o estágio de uma formatação tão superior e tão coerente.

O mito de Pândora, com sua óbvia conotação genital, é produto grosseiro de uma cultura camponesa rústica e patriarcal, não podendo ser comparado à complexa e elevada construção de Gênesis 3. Do mito de Prometeu são conhecidas duas versões clássicas, e divergentes. Para o *farmer* Hesíodo, que extraía seu sustento de uma propriedade de reduzidas dimensões – além de ter sido esbulhado pelo irmão! –, Prometeu, muito antes que benfeitor da Humanidade, é o culpado pela vida penosa a que ela está condenada. E sob este ângulo sua visão é semelhante àquela de Gênesis 3 – com a diferença, é claro, de que nesta a responsabilidade pela desgraça é da própria Humanidade e não de uma divindade qualquer. Já para Ésquilo, integrante da elite do nascente império mercantil-industrial ateniense, Prometeu – na única parte supérstite da trilogia original – é o gênio benfazejo dos homens, o rebelde idealista supliciado por ter a eles transmitido o segredo divino do fogo, das artes e do progresso. Do conhecimento, enfim.

Quanto a Édipo, na peça homônima de Sófocles, o mito, trespassado e destruído pelo mais gélido racionalismo, é reduzido a mero argumento na genial arquitetura dramática de uma análise insuperável e insuperada sobre o trágico e impenetrável mistério do destino humano.

Alguém poderia sugerir que a estrutura *fechada* do mito israelita da Queda e a *fluidez* dos mitos paralelos helênicos são organicamente representativas da natureza das culturas que as produziram. Sem dúvida, em Israel a tradição sinaítica impunha ao indivíduo rígidos limites ideológicos e comportamentais nos marcos de uma visão de mundo fundada sobre conceitos inabaláveis. Na Hélade, inversamente, ao indivíduo, abandonado e solitário em um mundo inóspito, inconstante e traiçoeiro, ampliar ao máximo os limites de sua experiência era, ao mesmo tempo, risco inefugível e penhor único de sobrevivência. Por isto, como tantas vezes aqui já foi dito, Israel forneceu ao Ocidente a religião e a ética e a Hélade a filosofia e a ciência.

Em resumo, o mito da Queda e a peça de Sófocles podem ser condensadas na híbrida sabedoria do autor do Livro do Eclesiastes, que era israelita mas que, sem dúvida, também lera Ésquilo:[187]

> Quanto maior o conhecimento, maior a dor.

Também neste campo, em quase três milênios de reflexão, tanto mítica quanto racionalista, a Humanidade nada avançou. E por sobre as eras e as civilizações continuam e continuarão a ecoar para sempre, com o soturno som da eternidade, as palavras de Gênesis 3,19:

> Comerás o pão com o suor do teu rosto até que voltes à terra de que foste tirado. Porque és pó e ao pó hás de tornar.

E basta por ora sobre tal tema. Contudo, resta fazer, entre tantas possíveis, três observações suplementares sobre o texto de Gênesis 3.

1 – H. Gunkel (n. 1863), um dos grandes nomes da exegese alemã do século XIX, cunhou a expressão *Sitz im Leben*[188] – *contexto histórico-existencial*, em tradução livre – para designar o *meio* em que nascem os textos bíblicos. Pode-se identificar o *Sitz im Leben* de Gênesis 3? Recolhendo os elementos

---
[187] V. acima, p. 215ss.
[188] *Lugar na vida*, literalmente.

presentes no relato e interpretando-os no limite, talvez se possa afirmar que seu *Sitz im Leben* é uma sociedade agrária, sedentária e monoteísta formada por pequenos proprietários independentes (e sem escravos), organizados em regime familiar monogâmico, dentro de um sistema social horizontal – isto é, pouco hierarquizado e pouco centralizado – e em situação de conflito com outro grupo.

De onde se extraem tais conclusões? Dos próprios dados do relato: o poder pertence a um Deus que passeia em um espaço restrito, no qual há árvores, animais, e um casal de humanos – com a mulher em posição de submissão apenas relativa – que, quando expulsos, são obrigados a trabalhar duramente para sobreviver e cujos filhos têm/terão inimigos.

Tal interpretação não é uma extrapolação perigosa? É compreensível que alguém assim a julgue. Contudo, ela é coerente com evidências arqueológicas e indícios históricos, que apontam para a existência de um *Sitz im Leben* mais ou menos semelhante nas montanhas e nos vales da região norte/nordeste de Jerusalém entre meados do século IX a.C. e meados do século VIII a.C., período em que a ocupação israelita deste território cananeu ainda não fora completada.

Seja como for, este é um bom exemplo das dificuldades enfrentadas pelos que se dedicam a estudar a história e o legado cultural de Israel.

2 – A interpretação acima apresentada fornece também uma explicação logicamente aceitável para os versículos 14 e 15, nos quais Deus diz à serpente:

> Porque fizeste isto, serás maldita entre todos os animais e feras dos campos, andarás de rastos sobre o teu ventre e comerás o pó todos os dias da tua vida.
> Porei ódio entre ti e a mulher, entre a tua descendência e a descendência dela. Ela te ferirá a cabeça e tu lhe ferirás o calcanhar.

Tardiamente, no cristianismo, estes versículos passaram a ser considerados uma *promessa messiânica*, referida, obviamente, a Jesus de Nazaré. Tal interpretação, expressa plasticamente na clássica imagem da Virgem Maria esmagando com o pé a cabeça de uma serpente, enfrenta dificuldade tecnicamente insuperável: na tradição israelita a vinda de um Messias redentor jamais esteve ligada a Gênesis 3,4-15 mas sempre a conceitos de natureza explicitamente política (realeza, monarquia, dinastia davídica etc.).[189] Hoje sabe-se que tais versículos são, na verdade, um ataque à religião e aos ritos de fertilidade cananeus, nos quais a serpente – tradicional símbolo fálico na Antiguidade – tinha lugar destacado. A maldição divina, portanto, indica a existência de um *Sitz im Leben* de conflito entre os israelitas e os antigos habitantes das terras altas da Judeia nos séculos IX/VIII a.C., o que, como foi visto acima, é historicamente coerente.

3 – Finalmente, uma observação à margem sobre um elemento estranho presente tanto em Gênesis 3 quanto em Gênesis 1 e 2, a respeito do qual não encontrei qualquer referência explicativa na bibliografia de que dispunha. Ali, pela ordem, lê-se:

> Deus disse: Eis que eu vos dou toda a erva que dá semente sobre a terra, e todas as árvores frutíferas que contêm em si mesmas a sua semente, para que vos sirvam de alimento. E a todos os animais da terra, a tudo o que se arrasta sobre a terra, e em que haja sopro de vida, eu dou toda a erva verde para alimento.
>
> Gn 1,29-30

> O Senhor Deus tomou o homem e colocou-o no jardim do Éden para cultivá-lo e guardá-lo. Deu-lhe este preceito: podes comer do fruto de todas as árvores do jardim.
>
> Gn 2,15-16

> [...] e tu comerás a erva da terra.
>
> Gn 3,18b

---

[189] V. adiante, p. 260ss.

O que significam tais versículos? Que tanto P (Gênesis 1) quanto J (Gênesis 2 e 3) estariam afirmando que os humanos são vegetarianos? Ou que deveriam sê-lo? Ou seriam apenas fórmulas redacionais fixas, sem maior significado? De qualquer maneira, não deixa de ser curioso observar que no eclético, caleidoscópio e não raro caótico mosaico bíblico até os vegetarianos podem encontrar argumentos para defender suas posições!

# O Sinai

Na Hélade, o homem criou os deuses à sua imagem e semelhança. Solitário e abandonado, tendo a seu lado apenas a própria força e o inconstante acaso, descobre-se provisório e frágil diante dos perigos e dos mistérios do mundo – como Édipo em Sófocles e como Sócrates em Platão. Em Israel, o homem acredita-se feito à imagem e semelhança do Criador, mas, ao também descobrir-se frágil e impotente, atribui-se a culpa da própria infelicidade, da qual se tornara refém na aurora dos tempos, quando desafiara a Divindade e dela recebera a consequente paga. Porque, como disse Paulo de Tarso, herdeiro e reelaborador desta antropologia mítica,

> o salário do pecado é a morte.[190]

O que identifica e ao mesmo tempo separa as civilizações helênica e israelita não é a pulsão pelo conhecimento, glória e desgraça da natureza humana. É *o método adotado em sua busca*. Na Hélade, ausente a verdade, a investigação do real é o caminho para encontrá-la e preencher o vácuo. Em Israel, fixada a verdade no mito, ela é institucionalizada na forma de religião, como culto, e na forma de ética, como regramento. Na Hélade – já foi visto –, a força e o acaso comandam o mundo. Em Israel, a fé e a repressão o ordenam. E, por ser assim, o mito do Sinai – ainda mais do que o mito da Queda – impregna, denso e recorrente a civilização israelita e seu legado literário, tendo se transformado em símbolo supremo daquela e, posteriormente,

---
[190] Romanos 6,23a.

em conceito central do cristianismo primitivo, que fez dele sua marca identificadora de continuidade e de diferenciação em relação à mesma. Porque o aqui denominado *mito do Sinai* é o mito da Aliança, ou seja, o pacto de Deus com Israel, ao qual se reporta Jesus de Nazaré, segundo o relato de Paulo de Tarso em 1 Coríntios 11,25:[191]

> Do mesmo modo, depois de haver ceado, tomou também o cálice, dizendo: Este é o cálice da Nova Aliança no meu sangue; todas as vezes que o beberdes, fazei-o em memória de mim.

Na visão genial de Paulo de Tarso, no ritual da Última Ceia Jesus de Nazaré, o Messias/Rei de Israel, é o novo Moisés, que refunda o pacto do Sinai,[192] liberta Javé das cadeias étnicas e o transforma em Deus de toda a Humanidade, como se verá adiante. Neste momento, importa analisar sucintamente o mito do Sinai – ou da Aliança – como terminologia, conteúdo, formação e sentido.

1 – Em hebraico *berît*, em grego *diathêke* e em latim *testamentum* são termos que em língua portuguesa possuem vários equivalentes: acordo, pacto, contrato, tratado, aliança, testamento. Por influência da tradução da Bíblia para o latim, a partir dos séculos IV/V d.C. consagrou-se a expressão *Novo Testamento* (Nova Aliança) para designar o *corpus* – ou *conjunto de obras* – da literatura do cristianismo primitivo (produzida entre *c* 45 e 110 d.C.). Por natural decorrência, a expressão *Antigo* (ou Velho) *Testamento*[193] (Velha/Antiga Aliança) passou a designar o *corpus* da literatura israelita anterior ao surgimento da

---

[191] Marcos (14,24), Lucas (22,20) e Mateus (26,28) seguem Paulo de Tarso, com variantes. No entanto, o termo *aliança* está presente nos três. Apenas em Marcos está ausente o adjetivo *nova*.

[192] A Última Ceia tem como óbvio paralelo a oferta de sangue sobre o altar, em Êxodo 24,3-8.

[193] Evidentemente, o *judaísmo rabínico* – como tecnicamente é denominada a religião israelita/judaica posterior ao Congresso de Jâmnia (*c*. 80 d.C.) – jamais aceitou tal divisão, simplesmente porque para ele não existe qualquer *novo testamento* (nova aliança).

literatura cristã primitiva. Por outro lado, nos dois casos o termo *aliança* consagrou-se como tradução para *berît* e *diathêke*, em língua portuguesa. Como se verá a seguir, semanticamente a tradução mais correta fosse talvez *tratado*, termo de uso corrente na linguagem diplomática da época.

2 – O mito do Sinai, como conteúdo, é a Constituição de Israel, ressoando, contínuo e insistente, ao longo de seus escritos sagrados, desde as eras primevas, nas promessas etnicamente restritas feitas a Noé (Gn 9,8-9) e a Abraão (Gn 12,1-4), até "a plenitude dos tempos", quando a seita dos Nazarenos, pela voz estentórea de Paulo de Tarso e pela subsequente ação missionária dos israelitas helenizados da *diáspora*, rompe o *ghetto* do *judaísmo tardio*[194] e universaliza o mesmo mito, adequando-o às novas condições históricas de um Mediterrâneo mercantil-industrial, política e culturalmente globalizado, no entardecer da Antiguidade clássica. Porque neste novo mundo

> Não há judeu nem grego, não há livre nem escravo, não há macho e fêmea, pois todos sois um em Jesus, o Messias,

como diz o mesmo Paulo de Tarso em Gálatas 3, 28.

O mito do Sinai é aqui assim denominado porque seu núcleo é formado pelos capítulos 19, 20, 24 e 32 do Livro do Êxodo, nos quais Deus, no monte Sinai, entrega a Moisés o Decálogo[195] – ou Dez Mandamentos – e em troca da obediência a eles promete escolher Israel como seu povo, operação condensada magistralmente na tardia formulação de Levítico 26,12:

> Eu serei o vosso Deus e vós sereis o meu povo.

De forma concisa e simplificada ao extremo pode-se afirmar, portanto, que o núcleo do mito do Sinai é um *tratado* entre

---

[194] Denominação pela qual é tecnicamente conhecida a religião israelita na forma em que se consolidou entre a revolta dos Macabeus (*c.* 167 a.C.) e a destruição de Jerusalém em 70 d.C. Suas características principais foram o legalismo rígido e a centralidade do Templo.
[195] *Dez leis*, em grego.

duas entidades – Deus e Israel –, no qual a primeira apresenta um código de leis e o impõe como condição *sine qua non* para governar a segunda. É um tratado claramente leonino, pois Deus estabelece suas condições de forma apodítica, inegociável. No entanto, diria alguém, a cláusula da reciprocidade exclusiva mitiga a assimetria da relação estabelecida pelo pacto.

Mitiga apenas na aparência, pois Israel não tem alternativa: o Decálogo é um código repressor unilateral e imperativo e diante dele só resta obedecer ou desaparecer. Nem poderia ser diferente. Muito antes, com mais intensidade e maior profundidade do que em qualquer outra cultura, em Israel a espécie compreendeu que civilização é repressão. E se o Antigo Testamento – isto é, o legado literário israelita pré-cristão – é, muitas vezes uma sequência inaudita de violência desatada e de crimes brutais – não raro exigidos por um Deus bárbaro, como em Êxodo 32 –, tal fato não altera o quadro. Pelo contrário, muito mais do que outros códigos legais da Antiguidade[196] o Decálogo é a prova contundente de que a história da Humanidade é a história da luta sem fim entre barbárie e repressão, entre animalidade e espiritualidade. E que a civilização mais elevada é aquela que funda seus princípios ordenadores na fé em uma única e transcendente – ainda que mítica – Divindade. Israel desapareceu, o cristianismo, seu herdeiro, estiolou-se e o mundo laicizou-se. E a Hélade venceu, ameaçando destruir a própria espécie. Mas o mito do Sinai universalizou-se na Carta dos Direitos Humanos da ONU. E a violência e o caos continuam reinando, em incontidas e recorrentes explosões. Diante disso até o Deus do Sinai é impotente, com o fora no mito da Queda, *habeas corpus* preventivo erigido por Israel em nome da espécie... Porque enquanto a Humanidade for a mesma seu destino fatal será oscilar perigosa e eternamente entre civilização e barbárie. Porque a civilização é uma dura conquista da espécie. Mas ela jamais será definitiva. Na volta da próxima esquina a barbárie pode estar à espreita. E estará.

---

[196] De Hamurábi, de Sólon, dos hititas etc.

3 – O mito do Sinai é o mais complexo dos mitos de Israel. Por ser, como o de Rômulo e Remo em Roma, o *mito fundador* por excelência, suas raízes mergulham nas camadas mais profundas do solo em que medrou, o que torna praticamente impossível identificar com precisão sua origem e fixar com segurança a época de sua formação. Além disto, a recorrência com que aparece e a diversidade de formas que assume ao longo do legado literário israelita fazem de sua análise uma tarefa ainda mais difícil, mesmo para especialistas. Consequentemente, em uma obra introdutória pode-se fornecer apenas algumas informações básicas, referidas exclusivamente ao Livro do Êxodo, particularmente os citados capítulos 19, 20, 24 e 32, que compõem o relato-base do mito e apresentam detalhadamente os três elementos fundamentais do *tratado* (ou aliança): os dois signatários – Deus e Israel – e as cláusulas que os comprometem – o Decálogo. Onde, quando, como e por mão de quem o mito passou a ter este formato literário?

Na complexa e, para os leigos, quase impenetrável história das várias tradições documentais que o embasam e da redação final do Pentateuco, o relato do mito do Sinai no Livro do Êxodo é particularmente eclético e obscuro quanto à sua origem e ao seu formato. Há, no entanto, alguns pontos de consenso entre boa parte dos estudiosos:

1 – A forma atual deste(s) relato(s) foi dada por aquele *editor*[197] que, provavelmente por volta de 500 a.C., reuniu/compilou/reescreveu/ampliou as várias tradições documentais então existentes, que remontavam aos séculos X/IX a.C., isto é, ao período imediatamente posterior à divisão do reino de Salomão. Por outro lado, acredita-se que o cap. 19 seja integralmente do citado *editor*.

---

[197] Talvez o próprio P, v. p. 218, nota 182.

2 – As partes referentes diretamente a Moisés e ao Sinai são de origem antiquíssima e – se não na redação – pelo menos em seu núcleo temático remontam à saga de um grupo de semitas/ israelitas (semi)nômades que por volta de meados do século XIII a.C. entraram em Canaã a partir do sul/sudeste. Tal saga, de grande apelo popular, sobrepôs-se às dos demais grupos ao longo do período de formação de Israel e parece ter sido utilizada, tanto no Reino do Sul quanto no Reino do Norte, para legitimar, depois da divisão, as respectivas estruturas de poder.

3 – O Decálogo (cap. 20), por sua vez, não é de origem tão remota e seu formato final deve ter se desenvolvido e se consolidado em Canaã, ao longo dos séculos X/IX, a partir de códigos legais mesopotâmicos e cananeus então existentes.

4 – Os pactos, ou *tratados*, de aliança/vassalagem – fosse entre reis e seus vassalos, fosse entre povos/Estados – eram amplamente conhecidos no Antigo Oriente desde meados do segundo milênio a.C., em particular entre os hititas, segundo abundantes provas fornecidas pela arqueologia desde o século XIX. Os tratados hititas, inclusive, têm um formato quase idêntico àquele da aliança entre Javé e Israel no mito do Sinai.[198] Diante desta surpreendente descoberta, alguns estudiosos de tendência fundamentalista tentaram utilizá-la *pro domo sua*, tomando-a como prova de que o Decálogo procederia diretamente de Moisés e do Sinai. No entanto, o argumento é frágil, pois clãs tribais originários do sul no século XIII a.C. dificilmente estariam em estágio civilizatório tão avançado quanto as desenvolvidas cidades hititas do norte, naquela época. Seja como for, a arqueologia não apresentou até hoje qualquer indício a favor de tal argumento. Muito pelo contrário, o Decálogo pressupõe como *Sitz im Leben*

---

[198] Alguns autores, como Fohrer, em *História da religião de Israel*, negam tal semelhança. Outros, no entanto, a consideram uma evidência. Mas todos concordam em que a redação final do Decálogo é tardia.

(contexto histórico-existencial) uma sociedade com elevado nível de coesão social e organização política. Ora, Israel, em Canaã, só atingiu tal estágio a partir da segunda metade do século X a.C., o que significa dizer vários séculos depois do (suposto) nascimento de Moisés, tenha sido este um líder tribal histórico ou apenas um legislador lendário.

5 – O rígido monoteísmo que embasa o mito de Sinai foi introduzido em Canaã pelo(s) grupo(s) de Moisés e/ou Josué na segunda metade do século XIII a.C. e é de origem egípcia, como o prova, sem contestação, a presença da Arca da Aliança, um tabernáculo portátil idêntico àqueles utilizados no Egito para transportar os deuses. Mas, na verdade, pouco importa de onde partiram os obscuros e hoje indecifráveis caminhos percorridos nos séculos X/IX a.C. para gestar as grandes sagas que, recolhidas, reelaboradas e ampliadas formaram então, e ainda formam, o *mainstream* do legado literário de Israel – e da Cristandade. O fundamental é compreender que o mito do Sinai representou no mundo antigo uma revolução radical, tão radical que ainda hoje, mais de três milênios depois, à sombra dele vive o Ocidente. Por quê? Porque o mito do Sinai é a mais espantosa e a mais bem-sucedida operação de propaganda de todas as já montadas na história da Humanidade. A prova? Basta fazer a soma de quantas religiões, quantas nações e quantos impérios nasceram à sua sombra e reivindicaram[199] seu direito à sagrada herança do legado civilizatório daquela revolução.

E por que assim foi? Porque, seja lá quem tenha sido Moisés e onde e como tenha se formado o mito do Sinai, ele é o mais sofisticado e o mais genial de todos os mitos políticos já criados – e nada há na Hélade que dele sequer se aproxime. E para percebê-lo basta identificar as quatro componentes fundamentais que o sustentam:

---

[199] Sempre, é claro, sem outro argumento real que não a fria lógica do poder.

• A Divindade, única, transcendente, onipotente e distante, envolta na aura impenetrável de seu mistério e imune à ação devastadora do tempo e à labilidade fatal dos humanos.

• O terror animal diante do desconhecido e a ânsia espiritual de transcendência inscritos e imbricados desde sempre no âmago da espécie.

• O legislador como executor implacável do *diktat* civilizatório da Divindade, mas por esta protegido por sua posição de *mediador irresponsável* diante da comunidade.

• A crise e a desagregação da comunidade identificadas e instrumentalizadas como detonador de sua refundação. Por isso, o antológico e aterrorizante episódio da apostasia da comunidade e da fúria sanguinária do legislador em Êxodo 32 deveria ser tema obrigatório de qualquer curso de história das instituições políticas, lado a lado com os capítulos 82-84 de Tucídides[200] e A conjuração de Catilina, de Salústio.

Não, nenhuma outra cultura desenhou e construiu com tanta clarividência estratégica e com tanta eficiência tática o arcabouço que sustentava a estrutura do poder na Antiguidade. E que ainda hoje conserva em boa parte sua capacidade operacional, como bem o comprovam no Oriente as teocracias remanescentes e no Ocidente as religiões pentecostais.

6 – A Criação e a Queda são mitos clássicos, de estrutura simples, e quase transparentes. O caso do mito do Sinai é diverso, seja pela sua já referida complexidade, seja porque nele elementos lendários típicos se mesclam a outros que contêm resíduos de eventos históricos.

Uma interpretação tradicional consideraria o mito do Sinai como construção retrorreferida de uma comunidade que se pergunta pela sua origem. Em outras palavras, pela origem

---

[200] V. acima, p.137ss.

da fé em Javé e das leis em vigor, fé e leis tão diversas daquelas dos grupos das outras comunidades – no caso, as cidades cananeias existentes no entorno. E então, desta inquirição sobre o passado teria nascido o mito do Sinai, de acordo com o que foi visto[201] e segundo explica a antropologia. Mas o mito do Sinai não é tão óbvio. Porque os longos e recorrentes relatos que o compõem fornecem indícios suficientes – dizem os especialistas – para se acreditar que, realmente, em meados do século XIII a.C. um grupo de (semi)nômades, talvez fugindo do trabalho forçado nas minas de cobre do norte do Egito, dirigiu-se para o extremo noroeste da Península Arábica, na região de Madian, e comandados por um líder carismático chamado Moisés ali se estabeleceram por certo tempo, antes de avançar rumo a Canaã. O que teria acontecido durante este período de permanência na Península Arábica? A rigor, sobre isto nada se sabe além do que se encontra no Livro de Êxodo – à parte duplicações tardias calcadas sobre esta mesma fonte.[202] É certo, porém, que foi ali, na terra de Madian, que começou a nascer o mito do Sinai, a Montanha de Deus, também denominada Horeb, cuja localização exata é desconhecida.

Continuar, porém, nesta trilha – em que se enovelam construção mítica e realidade histórica – levaria apenas a discussões intermináveis e suposições sem qualquer base e não é este o objetivo desta obra. Mais importante é destacar alguns aspectos ainda não analisados do mito do Sinai. Há, entre tantos, pelo menos quatro que merecem sucinto comentário.

● O Mito do Sinai é um clássico mito etnocêntrico, quer dizer, uma criação autorreferida na qual, ou através da qual, um grupo se coloca no centro do mundo e acima dos demais grupos. Tais criações são típicas de civilizações que, sem

---
[201] V. acima, p. 215ss.
[202] Em Deuteronômio 1-2, por exemplo.

ultrapassar o estágio do pensamento mítico, adquirem elevado grau de consciência de si e do mundo circundante. Em outras palavras, civilizações que, sob forma simbólica mas apodítica, afirmam mais ou menos o seguinte: Nós somos superiores, nossos deuses são mais potentes, nossa fé é a única verdadeira etc.

O nascimento de tais mitos é normalmente parte orgânica de um processo em que determinados grupos humanos, por variadas causas – étnicas, organizacionais, ambientais etc. – se diferenciam dos demais grupos do entorno e/ou a eles se sobrepõem. Tudo indica que no caso de Israel o fenômeno ocorreu *pari passu*, nos dois planos: por um lado, a progressiva preeminência ético-religiosa do grupo de Moisés introduziu seu rígido monoteísmo em um ambiente politeísta; por outro, este monoteísmo deu ao variado conjunto dos (semi) nômades vindos do sul/sudeste suficiente coesão ideológica para permitir-lhes dominar a região montanhosa do leste de Canaã ou, pelo menos, disputar espaço e amalgamar-se com a sociedade ali pré-existente.

• O mito do Sinai é um mito civilizatório. Mais do que isso: é *o mito civilizatório por excelência*. Possivelmente, nenhum outro em nenhuma outra civilização dele se aproxima. Nenhum outro afirma com tamanha *imperatoria vis* que civilizar é reprimir, imobilizar, sufocar a fera da selva pré-histórica no iluminado mas sempre frágil calabouço da lei. Nenhum outro explicita em sua própria estrutura e com tanta contundência que o terror, paradoxalmente, é o agente detonador da civilização – ou da barbárie! –, como o captou genialmente Fritz Lang na convenção de facínoras no final de *M – o vampiro de Düsseldorf: Das ist das Gesetzt!* (Esta é lei!).

Pois é assim que Javé, o Deus bárbaro do deserto, surge, brutal e impiedoso, no terrível cap. 32 do Livro do Êxodo, completado em 33, 5b:

> Vós sois um povo de dura cerviz! Se eu estivesse um só instante no meio de vós, eu vos exterminaria![203]

Porque a teia civilizatória é sempre frágil e quando ela se rompe reinstaura-se o caos. Então só mais violência repressora pode contê-lo, retomando assim às eras primevas e reiniciando o processo.

● O mito do Sinai, por seu rígido monoteísmo e seu absoluto transcendentalismo significou, segundo foi dito, uma revolução na Antiguidade e institucionalizou um novo patamar na história da evolução da espécie humana. Por duas razões: em primeiro lugar, porque seu protagonista e legislador é o próprio Criador; em segundo, porque o poder repressor-civilizatório é entregue a seu lugar-tenente Moisés *apenas como função delegada e reversível*.

Sob este ângulo, a importância antropológica, ética e política do mito do Sinai dificilmente pode ser superestimada. Os grandes eruditos europeus dos séculos XIX/XX – como Toynbee, Jaeger, Eliade, Cochrane etc. – perceberam que nele se fundam os basilares conceitos ocidentais de *separação entre público e privado* e de *liberdade individual* – e, portanto, o conceito de *democracia* no sentido moderno do termo. Como veremos, mais detalhadamente, no próximo capítulo.

---

[203] Evidentemente, nos séculos seguintes, quando os clãs (semi)nômades se sedentarizam em Canaã, o furibundo Deus do deserto se transforma e sua ira se aplaca em contato com a evoluída sociedade urbana local, como bem o demonstra o profetismo clássico, nos séculos VIII/VII a.C. No entanto foram necessários cerca de mais três séculos para que Javé enunciasse seu mais famoso mandamento em Levítico 18,19b: "Amarás teu próximo como a ti mesmo", adotado depois como divisa pela seita dos Nazarenos, no século I d.C. Uma das virtudes do Deus de Israel – e, a seguir, do cristianismo – sempre foi a de adaptar-se às condições históricas...

Israel

# A igualdade[204]

A formação, a datação e a redação final dos livros denominados Primeiro de Samuel (1 Samuel) e Segundo de Samuel (2 Samuel) estão entre os mais controvertidos temas da exegese do Antigo Testamento, incluindo o próprio título.[205] Como se tudo isto não bastasse, as duas obras são, do ponto de vista literário, não raro desiguais, confusas e repetitivas. Tais questões, porém, serão deixadas à parte, pois aqui importam apenas os capítulos 11 e 12 de 2 Samuel, os quais, se analisados sem as viseiras do iluminismo europeu dos séculos XVII e XVIII, subvertem radicalmente muitos dos conceitos da história das ideias políticas do Ocidente, em particular aqueles relacionados à origem dos princípios da igualdade, da liberdade, da democracia etc.

A história relatada nos dois capítulos mencionados 11-12 é, entre tantas outras, uma das mais memoráveis páginas da Bíblia e de todo o legado civilizatório israelita-cristão. Tudo começa com uma clássica cena de *voyeurismo* (11,2-5), que seguramente está entre as primeiras da literatura universal:

> Uma noite Davi, levantando-se da cama, passeava pelo terraço de seu palácio, quando avistou dali uma mulher tomando banho, que era muito formosa. Informando-se Davi

---

[204] Este capítulo retoma, sob outro enfoque, a análise feita em *Eu encontrei Jesus*, p. 289-318.

[205] Que é tardio e não está relacionado com a autoria das obras. Samuel foi o último *juiz* (chefe/líder tribal) e, por pressão das tribos, estabeleceu a monarquia em Israel, por volta do início do século X a.C., ungindo Saul como primeiro rei. V. 1 Samuel 8-15.

## Período Pré-Exílico

> a respeito dela, disseram-lhe: – "É Betsabé, filha de Elião e mulher de Urias, o hitita". E então Davi ordenou a mensageiros que lha trouxessem. Ela veio e Davi dormiu com ela. Ora, a mulher, depois de limpar-se, voltou para casa. Depois, quando percebeu que concebera, mandou dizer ao rei: – "Estou grávida".

Para livra-se de problemas futuros, – o mundo pouco mudou desde então... –, Davi tenta de todas as formas fazer com que Urias, nas noites seguintes, vá para casa e, obviamente, mantenha relações com Betsabé. O rei, no entanto, esbarra na fidelidade canina dele, que, como servidor dedicado e fiel, prefere permanecer em seu posto de chefe da guarda diante das portas do palácio real. Davi, incomodado e receoso, aproveita-se do fato de estar em guerra com os amonitas e ordena a Joab, comandante-em-chefe das tropas, que destaque Urias para a posição mais perigosa da frente de batalha. Joab obedece e Urias morre em combate. Então o rei faz de Betsabé sua mulher. "Mas o procedimento de Davi desagradou ao Senhor" (11,27b), que envia o profeta Natã para repreendê-lo. Este entra então no palácio e diz ao rei:

> "Dois homens moravam na mesma cidade, um rico e outro pobre. O rico possuía ovelhas e bois em grande quantidade; o pobre, porém, só tinha uma ovelha, pequenina, que ele comprara. Ele a criava e ela crescia junto dele, com os seus filhos, comendo do seu pão, bebendo do seu copo e dormindo no seu seio; ela era para ele como uma filha. Certo dia, chegou à casa do homem rico um estranho, e ele, não querendo tomar de suas ovelhas nem de seus bois para prepará-los e dar de comer ao hóspede que tinha chegado, foi e apoderou-se da ovelha do pobre, preparando-a para seu hóspede." Davi indignado contra tal homem, disse a Natã: "Pela vida de Deus! O homem que fez isso merece a morte! Ele restituirá sete vezes o valor da ovelha, por ter feito isto e não ter tido compaixão." Natã disse então a Davi: "Tu és este homem. Eis o que diz Senhor Deus de Israel: Ungi-te rei de Israel, salvei-te das mãos de Saul, dei a casa do teu

senhor e pus as suas mulheres nos teus braços. Entreguei-te a casa de Israel e de Judá e, se isso fosse ainda pouco, eu teria ajuntado outros favores. Por que desprezaste o Senhor, fazendo o que é mau aos seus olhos? Feriste com a espada Urias, o hitita, para fazer de sua mulher a tua esposa. Por isso, jamais se afastará a espada de tua casa, porque me desprezaste tomando a mulher de Urias, o hitita, para fazer dela a tua esposa; e porque o fizeste perecer levantem-se contra ti males vindos da tua própria casa. Sob os teus olhos, tomarei a tuas mulheres e dá-las-ei a um outro, que dormirá com elas à luz do sol! Porque tu agiste às escondidas, mas eu o farei diante de todo o Israel e diante do sol."

Davi disse a Natã: "Pequei contra o Senhor." Natã respondeu-lhe: "O Senhor perdoou o teu pecado; não morrerás. Todavia, como desprezaste o Senhor com esta ação, morrerá o filho que te nasceu." E Natã voltou para sua casa. (2 Samuel 12,1b-15)

Impensável e inaudito não apenas no contexto das monarquias vétero-orientais e da Antiguidade clássica ocidental mas até mesmo em toda a história do Ocidente pré-industrial,[206] este relato se eleva à condição de símbolo daquilo que fez singular e única a civilização israelita em seus fundamentos: a posição secundária e dependente do poder político e administrativo diante da unidade monolítica da ética e da religião como poder transcendente e único. Analisemos a questão passo a passo.

1 – O relato de 2 Samuel 11-12 – ao contrário dos três antes estudados – não é propriamente um *mito* no sentido antropológico do termo. Alguns especialistas, inclusive, acreditam que o relato tenha base histórica, tendo sido redigido por um dos *sábios* (eruditos) da corte de Salomão por volta de meados do século X a.C. Para outros, no entanto, ele é uma construção ficcional, talvez baseada em antigas tradições mas efetivamente

---

[206] Thomas Becket (1117-1170) e Thomas Morus (1478-1535) pagaram com a vida a ousadia de imitar o profeta Natã diante, respectivamente, de Henrique Plantageneta e Henrique VIII.

produzida no período pós-exílico, possivelmente em meados do século VI a.C. Por variadas razões – que vão da elaborada estrutura narrativa à presença da temática messiânica no cap. 7 da mesma obra –, em tempos recentes a segunda destas posições tornou-se preponderante. Seja como for, tais controvérsias em nada afetam o núcleo desta análise. Pois o fato é que, no pior dos casos, por volta de 550 a.C., quando a pseudo-democracia ateniense – exclusivamente para varões, livres e proprietários – ainda esperava pelas reformas de Clístenes, em Israel a morte de um simples soldado hitita, ordenada por um rei luxurioso, era considerada crime hediondo e grave ofensa à Divindade suprema e a seus sagrados ditames.

Mas sobre que fundamentos se estruturara tal visão, tão estranha e tão distante do despotismo brutal das monarquias vétero-orientais e do totalitarismo orgânico da *pólis* helênica? Os grandes eruditos europeus dos séculos XIX e XX, já tantas vezes citados, outra explicação não encontraram que o próprio mito do Sinai, isto é, o monoteísmo transcendente.

À parte suas origens obscuras e suas sucessivas metamorfoses,[207] o monoteísmo transcendente israelita impôs-se em Canaã, sobreviveu aos perigos da monarquia, à divisão desta e às catastróficas invasões dos assírios e dos babilônios, que varreram para sempre Israel da face da terra. E a seguir, sem a pátria e sem o Templo, e contra toda a esperança, sobreviveu no exílio e na diáspora, e ali renasceu e floresceu. Mas logo arcaizou-se e estiolou-se diante da maré montante do helenismo vitorioso e da marcha devastadora das legiões de Roma, perdendo pela segunda vez sua pátria e seu Templo. E então, quando nada mais restava, quando parecia ter encontrado sua nêmesis fatal, o monoteísmo transcendente reviveu

---

[207] Desde a Divindade tribal e exclusivista dos clãs orientais seminômades dos patriarcas até o Deus híbrido e universalista da Cristandade ocidental gestada em Nicéia, passando pelo Deus étnico/nacional de Israel na própria Canaã e pelo Deus *derraciné* dos intelectuais israelitas helenizados da diáspora mediterrânea, que, com Paulo de Tarso à frente, fundaram o cristianismo primitivo.

qual nova Fênix, emergindo com força explosiva das cinzas do passado e dos escombros do presente através de seus intelectuais helenizados, que de um obscuro pregador galileu fizeram seu mártir, seu ícone e seu rei. E sob o inaudito lábaro de um condenado à infamante morte na cruz, o monoteísmo transcendente israelita-cristão, modernizado e adaptado aos novos tempos, incendiou o Mediterrâneo, derrotou os Césares, civilizou os bárbaros, construiu a Europa, atravessou os mares, conquistou quase todo o planeta e ainda hoje, vinte séculos depois, resiste heroicamente a seu próprio declínio.

Do nada, nada se origina – já dizia Aristóteles. De onde brotou a força avassaladora de uma ideologia que sem armas construiu um império espiritual e de uma fé que sem pátria moldou uma comunidade universal?

Para quem mergulha no passado trifronte do Ocidente e em seu monumental e milenar legado literário, não há segredo nem mistério: a força avassaladora da ideologia israelita-cristã é a própria ética do Sinai, que impõe a Natã afrontar o rei e com fúria suicida verberar seu hediondo crime. Pouco importa se o relato de 2 Samuel 11-12 é um fato histórico ou se apenas uma lenda. Menos ainda importa em que século foi ele redigido. Importa apenas que a história de Natã e Davi mantém, quase três milênios depois de nascida, seu insuperável vigor paradigmático e sua atemporal contundência moral. Por quê? Porque ela está fundada graniticamente sobre os três princípios que formam o núcleo indestrutível do legado israelita-cristão: a igualdade universal, o poder como delegação da Divindade e o espaço privado como direito inviolável do indivíduo.

2 – A igualdade universal é decorrência lógica da concepção criacionista e do monoteísmo sinaítico. Pois se há um Deus criador do universo e se este Deus é único, necessariamente todos os seres são iguais entre si no âmbito de sua espécie, de acordo com a escala de importância na ordem da Criação.

Esta concepção cosmológica e antropológica, que a ignorância do iluminismo vulgar e pseudocientífico qualifica de primitiva, é o fio sem rupturas que vai de Gênesis 1 e 3 à democracia – no sentido moderno do termo –, passando pelo Decálogo, pelos profetas, pelo cristianismo primitivo e pelos Padres da Igreja dos primeiros séculos. É esta concepção que move Natã a enfrentar Davi, pois Urias, além de ser simples guarda-costas, nem israelita era. Ele era um hitita, a serviço do rei, possivelmente na condição de mercenário. Como já foi dito, é inútil procurar na Hélade clássica as raízes de tal visão antropológica. Também é inútil argumentar – pois o mito da Queda é um *habeas corpus* preventivo! – que em Israel e no Ocidente, ao longo dos séculos e dos milênios, o princípio da igualdade e da dignidade de todos os filhos de Deus foi muitas vezes esquecido, ocultado, abafado, violentado e até negado não raro e por aqueles cuja função era defendê-lo! Porque, mesmo e principalmente quando sepultado sob um ordálio de violências e de crimes, ele continuou a pulsar, inextinguível, ressurgindo logo adiante das cinzas da civilização de Javé, com a força incontrolável de ânsia primal e âncora atávica da espécie.

3 – O poder como delegação da Divindade é o conceito-chave da teoria política em Israel. Quando o rei cai na mortal armadilha de Natã e este lhe lança em rosto seu crime, o profeta cruza o limite do princípio genérico da igualdade universal e avança sobre o espaço específico do poder político e da razão de Estado. E com sua parábola decreta: – "Tu, ó rei, não és apenas um homem luxurioso, desleal e injusto. És um facínora, pois te aproveitaste de tua função de rei – a ti concedida por Deus para guiar teu povo – para cometer um crime horrendo em teu próprio benefício".

A dura e imperativa atitude de Natã, impensável na Hélade e nas monarquias vétero-orientais, é decorrência direta e necessária dos mitos da Criação e do Sinai: da Divindade, única e onipotente, dimanam a igualdade de todas as criaturas da espécie e a secundariedade do poder político e administrativo diante da unidade monolítica da religião e da ética. Porque em Israel – e este mote ressoa insistente em cada página de seu legado literário[208] – o rei é sempre e apenas delegado da Divindade e como tal está submetido inapelavelmente, tal qual o mais ínfimo de seus súditos, às leis eternas e universais do Decálogo. Diante do poder de Javé, diz Natã, o crime é crime e nenhum outro poder da terra pode interferir nem na precisa avaliação de sua gravidade nem na inefugível necessidade de sua punição. Porque em Israel, como sempre foi repetido pela voz tonitruante de seus profetas e depois fixado para a eternidade pelo gênio de Paulo de Tarso em Romanos 13, o poder é delegação e a autoridade é serviço. E nunca jamais oportunidade para celerados agirem a seu talante e violentarem a dignidade de alguém, ainda que seja o mais desamparado dos homens. Porque esta dignidade – a dignidade de todos os filhos do único e mesmo Deus – paira, absoluta e intangível, acima do arbítrio e da vontade de qualquer poder e de qualquer autoridade.

4 – O espaço privado como direito inviolável do indivíduo é o inefugível corolário dos princípios da igualdade universal e do poder como delegação da Divindade. Ao submeter a esfera do poder político e administrativo à esfera da religião e da ética, a doutrina política de Israel é por definição antitotalitária, pois ergue em torno do indivíduo – independentemente de suas características biopsíquicas e de sua condição étnica e social – uma muralha intransponível ao arbítrio do Estado, estabelecendo assim o granítico e inabalável fundamento daquelas que no Ocidente moderno são denominadas *sociedades democráticas*: a separação entre *espaço público* e *espaço privado*. Fundamento que, por suposto e não por coincidência, sempre foi/é o alvo primeiro visado pelos totalitarismos de qualquer espécie.

---

[208] Um exemplo é o episódio conhecido como "A vinha de Nabot", narrado em 1 Reis 21, tematicamente paralelo a 2 Samuel 11-12. Nele o profeta Elias enfrenta o rei Acab e, à semelhança de Natã, o acusa, qualificando-o de ladrão e assassino.

Totalmente outra, como já foi visto, era a situação na Hélade. Em Antígone, a heroína não se rebela contra a morte de seu irmão Polínices, que se levantara em armas contra a cidade. Este era um episódio que ocorrera no âmbito do *espaço público*. Antígone reivindica apenas o sagrado direito de enterrar seus mortos. Ela reivindica seu *espaço privado*. Mas Sófocles não soluciona o conflito. Nem poderia fazê-lo. Ele apenas o desvela, e revela que na cidade-Estado totalitária não há espaço privado. Por isto Creonte se mantém impassível e implacável. E os deuses silenciam. Em 2 Samuel 11-12 ninguém denuncia o crime monstruoso de Davi. É o próprio Javé, pela voz de Natã, que acusa o rei e o condena. E este se curva ao poder superior da Divindade e faz penitência. Por quê?

Porque em Israel o poder político-administrativo e os direitos do indivíduo não nascem dentro da sociedade mas fora e acima dela. Pouco importa, mais uma vez, se Moisés foi um líder tribal que realmente existiu ou apenas um legislador mítico do Deserto da Arábia. Ou um rebelde egípcio, segundo afirmam alguns, talvez em delírio, talvez não. O que importa é que, seja Moisés quem tenha sido, ao retirar da Humanidade lábil o poder de legislar, entregando-o à Divindade incorruptível, ele identificou a glória e a danação gravadas para sempre na alma da espécie desde que ela transpôs o fosso que a separa dos brutos: a insopitável ânsia de ascender aos céus da civilização e o atávico chamado a retornar aos abismos da barbárie. E não foi por acaso, pois, que a legislação de um obscuro povo semita seminômade desbordou os lindes tribais, étnicos, geográficos e históricos e elevou-se à condição de herança perene e universal que os pósteros guardarão enquanto a Humanidade for a mesma.

5 – As origens dos conceitos ordenadores da – no sentido amplo da expressão – *teoria política* de Israel é um tema quase ignorado na tradição intelectual do Ocidente moderno – particularmente no espaço franco-ibérico. Produto periférico da

luta secular entre as burguesias europeias em ascensão e seus paladinos da Ilustração, de um lado, e o Estado papal e as aristocracias nacionais em retirada, de outro, esta lacuna falseou no passado e ainda falseia no presente a realidade histórica, coonestando lugares-comuns absurdos, tais como a identificação da Igreja com as *trevas da Idade Média* – quando a verdade é exatamente o oposto! –, ou confundindo conceitos absolutamente díspares em termos semânticos e históricos, como os de *democracia* na Atenas do século V a.C. e *democracia* no Ocidente do século XX.

Analisar tal tema extrapola o projeto desta obra, mas seria possível pelo menos identificar, *en passant,* como e quando surgiram e se consolidaram os princípios do antidespotismo, do antitotalitarismo e da separação entre *espaço público* e *espaço privado*, princípios tão orgânicos à tradição israelita-cristã e, inversamente, tão estranhos à natureza da *pólis* helênica e mais ainda às monarquias vétero-orientais? Que são decorrência lógica do monoteísmo criacionista e do Decálogo sinaítico, isto já foi visto. Mas em que contexto e em que momento históricos alçaram-se eles à condição de norma universal, isto é de teoria política, explicitada na contundência feroz e na *imperatoria vis* com que Natã enfrenta e afronta Davi? Vejamos.

Nos dois últimos séculos do segundo milênio antes de Cristo (*c.* 1250-*c.* 1050) a entrada de tribos/grupos semitas seminômades – em sua maioria pastores de gado miúdo – provocou grande impacto em Canaã. Ali e então começava a história de Israel. Os especialistas não estão de acordo sobre a natureza deste processo. Segundo muitos, que seguem *grosso modo* as fontes bíblicas, a formação de Israel ocorreu a partir de uma guerra de conquista; segundo alguns por infiltração lenta; segundo outros, finalmente, por revolta de camponeses contra as cidades. Os mais comedidos acreditam que, como sempre nestes casos, a combinação das posições seja o que mais se aproxima da verdade histórica. Mas tal discussão não tem importância aqui. O certo é que ao longo deste período – que poderia ser denominado *pré-histórico* – os israelitas defrontaram-se com os cananeus, há muitos séculos estabelecidos nas terras montanhosas do leste e organizados em cidades-Estado, e com os recém-chegados filisteus, que haviam estabelecido seus domínios sobre toda a planície costeira de Gaza, ao sul, até os contrafortes da Síria, ao norte.

Lutando em duas frentes, as tribos israelitas, dispersas e sem muita coesão, enfrentavam o risco, de um lado, de serem absorvidas completamente pelos cananeus, urbanizados, politicamente avançados e também semitas, mas politeístas e primitivos em religião, ainda caracterizada pelos ritos de fertilidade e por sacrifícios humanos; e, de outro, o de serem esmagados pelos filisteus, indo-europeus tecnológica e militarmente avançados, que já se encontravam na Idade do Ferro e eram governados por reis. Sob violenta pressão do entorno, as tribos israelitas, segundo tudo indica, reagiram com movimentos paralelos em direções opostas: diante da ameaça de absorção pelos cananeus, voltam os olhos para o passado e defendem furiosamente, pela boca de seus líderes religiosos, o seu mais precioso e, na verdade, o seu único legado comum, o monoteísmo sinaítico; diante do perigo representado pelos filisteus, dirigem seus olhos para o futuro, curvando-se às exigências da recente sedentarizarão e buscando superar sua frágil coesão pela adoção de um sistema superior de organização política, que, evidentemente, só poderia ser a monarquia. Este segundo movimento, porém, enfrentava obstáculos. Por quê?

Porque a instauração da monarquia, uma exigência das condições históricas, impunha também, como decorrência óbvia, a centralização do poder. Ora, esta centralização só podia encontrar dura resistência, que provinha de duas frentes, ambas fortemente enraizadas no compacto solo do Israel primitivo: de um lado, a autonomia das tribos e de seus líderes, que desapareceria; de outro, o princípio sinaítico do poder como delegação da Divindade, princípio que estaria ameaçado de morte, pois no mundo vétero-oriental monarquia era sinônimo de absolutismo e despotismo. É então que surge, fundada sobre este segundo ponto, uma forte corrente antimonárquica, que sobreviveu praticamente até o desaparecimento dos dois reinos, tendo-se atenuado em Judá apenas no século VII, já nos pródromos da conquista pelos babilônios, quando a claudicante monarquia do sul voltava a ser vista, à maneira do que ocorrera na época de Davi, como a encarnação de Israel e de seu destino.

Esta corrente antimonárquica nasce, portanto, como irmã gêmea da própria monarquia, pelo menos na visão *a posteriori* dos redatores do Livro dos Juízes e dos Livros de Samuel, segundo comprovam, com meridiana clareza, dois episódios neles narrados.

De acordo com Juízes 7-8, por volta de 1050/1000 a.C., quando Israel está sob ataque dos madianitas, tenta-se, pela primeira vez, unificar o comando das tribos. Na condição de heroi de recentes batalhas, um jovem chamado Gedeão é instado pelos israelitas a assumir o comando supremo, os quais lhe dirigem as seguintes palavras:

> – Tu serás nosso chefe, e depois teu filho e teu neto, pois tu nos libertaste das mãos dos madianitas.
> Ao que Gedeão responde:
> – Nem eu nem meu filho seremos vosso chefe. Vosso chefe é o Senhor.
>
> Jz 8, 22-23

De novo, pouco importa se o episódio é histórico ou é criação do redator. Fundamental é o fato de Gedeão recusar o posto apelando para o mandato sinaítico, segundo o qual o poder é apenas delegação da Divindade. E, mais uma vez, seria inútil procurar no legado literário da Hélade exemplos de tal desprendimento. Muito menos sustentado pela autoridade de uma divindade qualquer. Ali, até o pouco ambicioso Sólon de Atenas se espantaria com o argumento teológico de Gedeão contra a monarquia...

Também contundente e ainda mais representativo da corrente antimonárquica em Israel é o episódio narrado em Juízes 9. Abimelec, um dos filhos de Gedeão, é um facínora consumado. Procurando por todas as formas tornar-se rei, ele assassina todos os seus irmãos – que eram setenta! –, com exceção de um, Joatão. Este, seguindo a linha antimonárquica de seu pai, pronuncia perante o povo um duro discurso, que começa com o famoso apólogo das árvores que procuram um rei:

> Ouvi-me, habitantes de Siquém!
> Certa vez as árvores puseram-se a caminho para ungir um rei. Então disseram à oliveira:
> – "Reina sobre nós!" Mas a oliveira lhes respondeu:" – "Renunciarei ao meu azeite, com o qual engordam deuses e homens, para colocar-me sobre as outras?" Então as árvores disseram à figueira: – "Vem tu ser nosso rei". Mas a figueira lhes respondeu: – "Renunciarei à minha doçura, aos meus saborosos frutos, para colocar-me sobre as outras árvores?" Então as árvores disseram à videira: – "Vem tu ser nosso rei." E a videira lhes respondeu: – "Renunciarei a meu vinho, que alegra deuses e homens, para me colocar sobre as outras árvores?" Então todas as árvores disseram ao espinheiro: – "Vem tu ser nosso rei." E o espinheiro lhes respondeu: – "Se de fato quereis ungir-me como vosso rei, vinde abrigar-vos à minha sombra, do contrário que saia fogo de mim e devore os cedros do Líbano".
>
> Jz 9,8-15

Sicre[209] qualifica este texto como "o mais raivosamente antimonárquico da literatura universal", acrescentando que

> a mensagem é clara: as árvores úteis e produtivas [...] têm coisas melhores a fazer; só o inútil e perigoso espinheiro está disposto a aceitar o poder, e ameaça os que não lho querem conceder.[210]

---
[209] P. 25.
[210] Id., ibid.

Sem dúvida, Sicre está com a razão. Mas para mim este apólogo é mais do que violentamente antimonárquico. Ele é uma declaração quase *anarquista* e está impregnado de um absoluto pessimismo sobre a natureza humana e sobre as relações de poder. Neste sentido, este apólogo genial é o corolário implacável dos mitos da Queda e do Sinai e condensa de forma insuperável a visão antropológica de Israel, assim como o mito de Prometeu e as tragédias Antígone e Édipo-rei, de Sófocles, condensam, em mesmo nível, a visão antropológica da Hélade.

Muito menos *generalizante*, se assim se pode dizer, e muito mais diretamente antimonárquica é a sarcástica mensagem que o próprio Javé através de Samuel, envia ao povo quando este exige que seja escolhido um rei:

> Estes serão os direitos do rei que reinará sobre vós:
> Ele tomará vossos filhos para cuidar de seus carros e cavalos e para correrem adiante deles. Fará deles chefes e oficiais de seu exército e trabalhadores em suas terras e fabricantes de armas de guerra e de apetrechos para seus carros. Tomará vossas filhas para perfumistas, cozinheiras e padeiras. E vossos melhores campos, parreirais e olivais para os dar a seus ministros. Cobrará o dízimo dos mesmos e das vindimas para pagar seus cortesãos e funcionários. Tomará também vossos melhores servos e servas, e vossos bois e vossos jumentos, e os colocará a seu serviço. Exigirá o dízimo de vossos rebanhos e vós mesmos vos tornareis seus escravos.
>
> 1 Sm 8,11-17

Cromwell e os *levelers* da *Glorious Revolution* não se espantariam com tal mensagem – afinal, antes de antimonarquistas eles eram cristãos e liam a Bíblia... Mas os publicistas do Iluminismo francês do século XVIII seguramente ficariam perplexos ao descobrir que seus furibundos panfletos antimonárquicos pouco ou nada mais faziam do que repetir, com quase três milênios de atraso, as palavras do Deus de Israel... Esta é, sem dúvida, uma das grandes ironias da história das ideias políticas da Europa moderna, percebida apenas por aqueles que, depondo as viseiras de tolos e anacrônicos preconceitos, acessam as autênticas fontes do Ocidente.

Portanto, e concluindo, os princípios do antidespotismo, do antitotalitarismo, da igualdade e da separação entre *espaço público* e *espaço privado* descansam sobre a diamantina rocha do Sinai e – pelo menos de acordo com os redatores de Juízes e 1 e 2 Samuel – afloraram em Canaã quando aquela começava a ser abalada por novas realidades históricas: a recente sedentarização do velho Israel seminômade e a urgente necessidade de centralização política, imposta pelas pressões externas.

Segundo se verá adiante,[211] tais princípios perenizaram-se em Israel e transformaram-se depois, como diria Tucídides, em *um tesouro para sempre*, em herança universal da espécie.

---

[211] V. p. 269ss.

Israel

# O Messias

*Messias* (maschiah/meschiah) em hebraico/aramaico e *Cristo* (Χριστὸς) em grego significam *Ungido* em português. E *Ungido* em Israel era sinônimo de rei.[212] Portanto, quando Paulo de Tarso em suas Cartas, por volta de 50 d.C., Marcos em seu Evangelho, por volta de 60 d.C., e todos os autores do cristianismo primitivo escrevem *Jesus, o Cristo*, eles estão dizendo *Jesus, o Ungido*, isto é, o rei de Israel. Nada mais e nada menos. E assim, até hoje, todos os que se denominam *cristãos* estão afirmando que eles são *messianistas*, quer dizer, eles acreditam que Jesus de Nazaré foi/é rei de Israel. E era apenas nisto que os cristãos primitivos acreditavam.[213] Mas onde, como e quando nasceu o mito do Messias?

Segundo foi visto, os mitos da Criação, da Queda e do Sinai são mitos no sentido clássico que o termo possui em antropologia. E o mito da Igualdade, que não é um mito no sentido clássico, foi também assim denominado aqui por ser, na verdade, um corolário dos três anteriores. Quanto ao mito do Messias, ele é de natureza diversa, pois apesar de conter – como os mitos clássicos – elementos de caráter pré-científico, ou não-racionalistas, ele é uma construção ideológica elaborada em um contexto determinado e referido a realidades históricas objetivas. Como esta obra não pretende entrar em discussões teóricas e

---

[212] Saul, ao ser constituído rei de Israel, foi *ungido* com óleo pelo profeta Samuel. V. 1 Samuel 10.
[213] A divindade de Jesus de Nazaré era um conceito estranho ao cristianismo primitivo. Analisei brevemente a questão em *Eu encontrei Jesus*, p. 169-215

em controvérsias estéreis – mesmo porque centenas/milhares de outras foram escritas sobre o assunto nos últimos dois séculos –, tais peculiaridades serão deixadas à parte, passando-se imediatamente ao tema, como sempre abordado, na medida do possível, em linguagem simples e direta, acessível ao leitor não especializado.

1 – O mito do Messias é prospectivo. Ao contrário dos mitos clássicos, que, criando um passado ficto/fictício, fornecem uma explicação para o real objetivamente existente no presente, o mito do Messias cria um futuro ancorando-se em realidades existentes, pelo menos em parte, objetivamente no passado. Assim, invertendo o mito grego das Cinco Idades[214] e o próprio mito da Queda, no mito do Messias a Idade de Ouro está no futuro – apresentando certa semelhança com o mito de Prometeu. Neste sentido, ambos rompem, cada um à sua maneira, a concepção cíclica do tempo, própria das sociedades agrárias e da Antiguidade em geral, concepção da qual, por definição, está ausente o conceito de *futuro*. Segundo alguns historiadores e antropólogos,[215] a noção ocidental de *progresso* não é helênica mas israelita, e teria adquirido forma pela primeira vez no cristianismo primitivo – um fenômeno essencialmente urbano –, que, com sua visão milenarista, materializada na crença da segunda vinda do Messias, re-projeta o mito depois de consumá-lo, mantendo assim intacta a ideia de futuro, a este intrínseca.

O tema é complexo e desborda os limites desta análise. Mas possivelmente não é simples coincidência que o mito do Messias, com sua visão prospectiva ancorada no passado, idealize a monarquia davídica, época da sedentarização e da urbanização definitivas do antigo Israel seminômade. E que o cristianismo, movimento urbano nascido no auge da globalização e da urbanização do Mediterrâneo, dê continuidade a esta mesma perspectiva. Como também não deve ser simples coincidência que,

---

[214] V. Hesíodo, *Os trabalhos e os dias*.
[215] V. M. Eliade, *Le mythe de l'éternel retour*, p. 237ss.

segundo foi visto,[216] para Hesíodo, um remediado camponês da Beócia, Prometeu seja o responsável por todos os males que afetam a Humanidade e que para o ateniense Ésquilo, testemunha ocular da urbanização da Ática e da aurora de seu império mercantil-industrial, o mesmo Prometeu desempenhe o papel de grande benfeitor por ter entregue aos mortais o segredo da técnica – na verdade, as ferramentas que, para o mal e para o bem, detonaram o processo conhecido, muito mais tarde, como *progresso*. Mas, ainda que fascinante, tal tema não pode nos deter o passo.

2 – Entre todos os mitos fundadores de Israel, o mito do Messias foi o que adquiriu, para a posteridade, maior importância. Porque Jesus de Nazaré, elevado por Paulo de Tarso e pelos demais fundadores do cristianismo primitivo à condição do próprio Messias/Rei esperado, transformou-se em ícone supremo de Israel e de sua civilização, a qual, amalgamando-se com a helênica e depois com a romana, fundou a Cristandade, gestou a Europa e delimitou o Ocidente. Como disse Toynbee, e nunca é demais repeti-lo, o cristianismo de Niceia nasceu da síntese das grandes culturas que dominavam o Mediterrâneo no entardecer da Antiguidade clássica.

3 – As origens do mito do Messias, no literariamente complexo, não raro confuso e sempre dificilmente datável legado israelita, mostram-se obscuras e fluidas, o que se evidencia nas diversas e conflitantes opiniões dos especialistas sobre o sentido exato dos termos *messias*, *messiânico* e *messianismo*. Segundo alguns, o mito teria aparecido no início do período pós-exílico (século VI a.C.); segundo outros, apenas a partir da era dos Macabeus (primeira metade do século II a.C.). De acordo com a corrente mais aceita, porém, o mito do Messias deve ter começado a formar-se por volta do início do século

---

[216] V. p. 56ss.

IX, depois dos conflitos de sucessão que levaram à divisão de Israel em dois reinos – Israel (norte) e Judá (sul) –, o que teria dado origem à nostalgia de um tempo em que havia um Estado poderoso, um rei sábio e um povo feliz. Este, aliás, é o *pattern* clássico dos mitos étnico-nacionais.

4 – A devastadora invasão assíria e a consequente destruição do Reino do Norte/Samaria nas últimas décadas do século VIII a.C. transferiram as esperanças da nação, junto com muitos fugitivos, para o Reino do Sul/Judá, que conseguira manter sua independência sempre sob representantes da dinastia davídica. Depois da segunda catástrofe que se abateu sobre a nação no início do século VI a.C., quando os babilônios invadiram Judá e arrasaram Jerusalém e o Templo (587 a.C.), a nostalgia do Israel unificado e poderoso tende a transformar-se em *nostalgia dinástica* e o mito do Messias se consolida definitivamente. Em outros termos: com ambos os reinos varridos da face da terra, a redenção da nação de Javé passa a ser a missão de um rei futuro, descendente da dinastia que se mantivera no poder em Judá até sua destruição.

A partir de tal análise é fácil compreender por que, cerca de cinco séculos depois, quando o mito do Messias se realiza – para os crentes – na fé em Jesus de Nazaré como rei de Israel ressuscitado e espiritualizado, o tema de sua descendência davídica ressoa contínuo, insistente e recorrente não apenas em Paulo de Tarso[217] e nos Evangelistas mas também em toda a literatura cristã primitiva. Para os nazarenos, o Ressuscitado *devia* ter nascido em Belém de Judá, a cidade natal de Davi, pois ele era a realização das promessas do passado e a garantia de sua vigência para o futuro. O ciclo do mito do Messias, ou do rei de Israel, se consumara. E a plenitude dos tempos estava às portas.

---

[217] V. Romanos 1,3, p. ex.

5 – Quando em meados do século VI a.C., depois de derrotar os babilônios, a Pérsia se transforma na potência hegemônica do Oriente Próximo, seu rei, Ciro, o Grande, altera radicalmente a linha de ação dos impérios vétero-orientais – conquista territorial, devastação, deportação e escravização da população etc. – e inaugura a política mais tarde seguida por Alexandre Magno, e pelos romanos no apogeu do Império: conquista, negociação com as elites, autonomia administrativa etc. Em decorrência, a partir de 538 a.C., por um decreto de Ciro a população do Judeia, que fora deportada pelos babilônios, foi autorizada a retornar à sua pátria e a reconstruir Jerusalém e seu Templo, fatos históricos que se encontram registrados nos Livros de Esdras/Neemias e que inauguram o que os historiadores denominam *período pós--exílico* ou *do Segundo Templo*.

É interessante observar, como lembram os estudiosos do assunto, que nos primeiros séculos do período pós-exílico – possivelmente porque Israel como nação e a própria dinastia davídica haviam desaparecido – o tema do retorno do rei perde importância, a tal ponto que – caso único! – o persa Ciro é então qualificado de *Messias*...[218] O tema retorna com força somente a partir de meados do século II a.C., quando a política brutal de helenização adotada por um dos sucessores de Alexandre Magno, Antíoco IV Epífanes, que governava a Síria e a Palestina, deflagrou a Revolta dos Macabeus e permitiu um breve renascimento de Israel sob a dinastia sacerdotal dos Hasmoneus, centrada no Templo e liquidada em 63 a.C. pela invasão romana. Este, porém, é aqui apenas um tema periférico, cuja função é a de lembrar que, como se verá adiante, a partir desta época as expectativas messiânicas não apenas adquirem novo vigor como tendem progressivamente ao exacerbamento e à radicalização, atingindo o ponto de combustão em meados do século I d.C.: de um lado, pela voz dos

---

[218] Isaías 45,1.

*nazarenos*, a boa-nova da chegada do Messias e de sua morte e ressurreição espalha-se com a rapidez de rastilho de pólvora pelo Mediterrâneo; de outro, pela ação dos galileus, a crescente agitação política e as atividades guerrilheiras abrem, para o que restara de Israel, um período terrível, marcado pelas catastróficas rebeliões de 66-70, 115-117 e 132-135, que encerram definitivamente a história do Israel antigo e de seu legado civilizatório e literário.

Realizado em Jesus de Nazaré – segundo seus crentes, que esperam sua segunda vinda – e sustentado ainda pelos israelitas fundamentalistas, o mito do Messias não morreu, e dificilmente morrerá, pelo menos enquanto no coração dos simples bruxulear ainda a frágil chama da esperança de que – contra todas as evidências! – a vida talvez não seja apenas

> Insensata fábula
> De horror e penas
> Perene grávida
> No discorrer de um louco
> Significando nada.[219]

6 – As esperanças messiânicas de Israel estão expressas – à parte a literatura cristão primitiva[220] – em um amplo conjunto de textos, em sua maioria surgidos no período pré-exílico. No entanto, além de serem quase sempre de datação incerta e de autoria indefinida, muitos destes textos originariamente não possuíam sentido messiânico, tendo sido assim interpretados apenas tardiamente. Esta questão é muito debatida pelos exegetas bíblicos, e a eles pode ser deixada.[221] Do ponto de vista da qualidade literária, entre os mais célebres destes textos estão

---

[219] Citação livre de *Macbeth*. V. Dacanal, J. H. *in Lira pós-moderna*.
[220] Adiante analisada, v. p. 345ss.
[221] *De Davi ao Messias – textos básicos da esperança messiânica*, de J. L. Sicre, é uma excelente introdução ao tema. V. bibliografia.

alguns salmos e alguns oráculos de Isaías.[222] Deles, os Salmos 2 e 7 e os Oráculos dos capítulos 11, 35 e 61 de Isaías devem necessariamente figurar em qualquer lista dos mais belos poemas líricos da Antiguidade clássica. Apesar de facilmente acessíveis a qualquer leitor e em qualquer língua – pois estão na Bíblia! –, vão transcritos aqui pelos menos o Salmo 2 e o Oráculo 35.

### Salmo 2
Por que se agitam as nações?

Por que tramam os povos vãs conspirações? Erguem-se, juntos, os reis da terra, e os príncipes se unem para conspirar contra o Senhor e contra seu Cristo.

"Quebremos seu jugo, disseram eles, e sacudamos para longe de nós as suas cadeias!"

Aquele, porém, que mora nos céus se ri; o Senhor os reduz ao ridículo.

Dirigindo-se a eles em cólera, ele os aterra com o seu furor: "Fui eu, diz, quem me sagrei um rei em Sião, minha montanha santa."

Vou publicar o decreto do Senhor. Disse-me o Senhor: "Tu és meu filho, eu hoje te gerei. Pede-me; dar-te-ei por herança todas as nações; tu possuirás os confins do mundo. Tu as governarás com cetro de ferro, tu as pulverizarás como um vaso de argila."

Agora, ó reis, compreendei isso; instruí-vos, ó juízes da terra. Servi ao Senhor com respeito e exultai em sua presença; prestai-lhe homenagem com tremor, para que não se irrite e não pereçais quando, em breve, se acender sua cólera. Felizes, entretanto, todos os que nele confiam.

---

[222] O Livro de Isaías foi escrito por, pelo menos, três autores diferentes e em épocas diferentes. V. adiante, p. 286ss.

### Oráculo 35

O deserto e a terra árida regozijar-se-ão.

A estepe vai alegrar-se e florir. Como o lírio ela florirá, exultará de júbilo e gritará de alegria.

A glória do Líbano lhe será dada, o esplendor do Carmelo e de Saron; será vista a glória do Senhor e a magnificência do nosso Deus.

Fortificai as mãos desfalecidas, robustecei os joelhos vacilantes.

Dizei àqueles que têm o coração perturbado: "Tomai ânimo, não temais! Eis o vosso Deus! Ele vem executar a vingança. Eis que chega a retribuição de Deus: ele mesmo vem salvar-vos."

Então se abrirão os olhos do cego. E se desimpedirão os ouvidos dos surdos; então o coxo saltará como um cervo, e a língua do mudo dará gritos alegres.

Porque águas jorrarão no deserto e torrentes na estepe. A terra queimada se converterá num lago, e a região da sede em fontes.

No covil dos chacais crescerão caniços e papiros. E haverá uma vereda pura, que se chamará o caminho santo; nenhum ser impuro passará por ele, e os insensatos não rondarão por ali. Nele não se encontrará leão, nenhum animal feroz transitará por ele; mas por ali caminharão os remidos, por ali voltarão aqueles que o Senhor tiver libertado. Eles chegarão a Sião com cânticos de triunfo, e uma alegria eterna coroará sua cabeça; a alegria e o gozo possuí-los-ão; a tristeza e os queixumes fugirão.

# OS PROFETAS CLÁSSICOS

O leitor desavisado que por acaso tomar em suas mãos os chamados *profetas clássicos* de Israel ficará perplexo e, entre aturdido e desconfiado, perguntará: Como? Os conceitos de *justiça social*, *igualdade* e *direitos do indivíduo* já existiam em Israel nos séculos VIII/VII a.C.? Mas tais conceitos não foram inventados por Marx e pelos socialistas e comunistas nos séculos XIX e XX?

Não! A verdade histórica é bem outra. E está profusa e incontestavelmente documentada em textos, os primeiros dos quais remontam há quase três milênios e os últimos foram escritos menos de um século depois do nascimento de Jesus de Nazaré. E estes textos dizem:

1 – Os conceitos de *igualdade, justiça social, espaço público* e *espaço privado* – isto é, os *direitos do indivíduo*, tais como são entendidos hoje no Ocidente – estão umbilicalmente ligados à civilização israelita-cristã.

2 – O conceito de *homem novo*, instrumentado criminosamente pelo marxismo-leninismo no século XX, é tão antigo quanto os profetas de Israel, está registrado *ipsis litteris* a partir de meados do século II a.C. [223] e sedimentou-se orgânica e

---
[223] Nas obras da *literatura apocalíptica*, segundo a denominam os especialistas.

definitivamente na literatura cristã primitiva – ele é um dos conceitos fundamentais da antropologia mítico-teológica de Paulo de Tarso.

3 – O marxismo-leninismo e as correntes político-ideológicas assemelhadas em voga no século XX foram e são totalitários, sempre tiveram como alvo primeiro a eliminação dos direitos do indivíduo via supressão da separação entre a esfera pública e a esfera privada e, historicamente, são o produto teratológico – gestado no seio da crise terminal da civilização eurocêntrica – da heteróclita combinação de milenarismo judaico-cristão laicizado (Marx, Engels etc.), iluminismo pedestre francês (os "socialistas") e despotismo oriental importado (Lênine etc.).

4 – As primeiras revoluções burguesas/igualitárias do Ocidente nada tinham de religiosas, é óbvio, mas sintomaticamente foram feitas por cristãos que se colocaram sob a proteção de Deus: os puritanos de Cromwell[224] e os neopuritanos da Revolução Americana.

Diante de tais afirmações, o desavisado leitor ficará sem dúvida surpreso. Mas dificilmente perceberá que é vítima, por um lado, da desinformação e, por outro, de um longo e complexo processo histórico iniciado já no século III da era cristã com a guerra ideológica travada entre o erudito romano Celso e os primeiros Padres da Igreja, processo que ainda ressoa na superficialidade apedeuta do pensamento autodenominado de esquerda, em particular na periferia europeia de tradição cultural franco-ibérica. Esta é realmente uma longa história, a do conflito entre as duas pedras angulares sobre as quais se assenta o Ocidente: a ética israelita e a ciência helênica.[225] E, em todo conflito, a primeira vítima é sempre a verdade. Em busca desta verdade e contornando longas discussões teóricas, este capítulo aborda, de forma sucinta, os ditos *profetas clássicos* de Israel, isto é, os que estiveram ativos nos séculos VIII/VII a.C.

---

[224] Entre os quais encontram-se os primeiros *socialistas* da Europa, os famosos *levelers* (niveladores), que Cromwell, *ça va sans dire*, sufocou.
[225] V. p. 317ss.

# O profetismo

A força da tradição determinou, e ainda determina, que o termo *profeta* seja utilizado de forma quase exclusiva em relação a Israel e sua religião. Do ponto de vista da antropologia e da história, esta é uma concepção superficial, parcial e, no limite, falsa. Em primeiro lugar porque o *profetismo* é um fenômeno comum a todas as sociedades primitivas, ou pré-lógico-racionais – fenômeno que sobreviveu residualmente, e ainda sobrevive, até mesmo nas modernas sociedades urbano-industriais do Ocidente. Nas sociedades primitivas esta função era desempenhada por xamãs, pajés, mágicos, exorcistas, taumaturgos, chefes de clãs etc. Hoje é exercido por pais- e mães-de-santo, pelos adeptos da cabala, pelos que fazem horóscopos, pelos pregadores carismáticos etc.

Em segundo lugar porque o profetismo em si existia no antigo Oriente Médio séculos ou até milênios antes de Israel formar-se. De acordo com Fohrer,[226] há evidências de que o profetismo israelita é uma simbiose de dois fenômenos que remontam, pelo menos, ao início do segundo milênio a.C.: o *profeta* propriamente dito, específico das áreas agrícolas e urbanas e ligado aos templos e/ou aos círculos palacianos, havendo dele sólidas provas literárias/arqueológicas provenientes de toda a região, do sul da Mesopotâmia até a Ásia Menor; e o *vidente*, típico dos grupos nômades da estepe e/ou de suas imediações, que provavelmente é o antecedente do tardio *kahim* (vidente) árabe. O mesmo autor, em apoio à sua tese, cita 1 Samuel 9,9:

> Aquele que agora é chamado de profeta [nabi] antigamente era chamado de vidente.[227]

---

[226] *História da religião de Israel*, p. 273 ss.
[227] Op. cit., p. 279.

O profeta em Israel é, portanto, o resultado do processo de sedentarização dos grupos seminômades vindos da estepe combinado com as influências por estes recebidas da sociedade cananeia autóctone. Este processo pode ser seguido pelo caminho que se inicia com Moisés, Arão e Josué – os quais, reunindo em si várias funções, seriam típicos *kahin(s)* dos clãs da estepe –, passa por Samuel, ainda chefe (juiz) e já *nabi*, continua com Natã, que enfrenta o rei Davi, e termina com o mágico Eliseu e o híbrido Elias. Este, que sem dúvida é um personagem histórico do século IX a.C., ao denunciar Acab como ladrão e assassino antecipa a ação dos grandes profetas individuais dos dois séculos subsequentes.

Mas o que são os chamados *profetas clássicos* dos séculos VIII/VII a.C. em Israel?

## Os profetas clássicos

Quando por volta de 250 a.C., como produto do impacto brutal da globalização helenística do Mediterrâneo, em Alexandria do Egito o legado literário israelita foi traduzido do hebraico/aramaico para o grego, o termo *nabi* transformou-se em *profétes*, derivação do verbo *pró-fémi*, que significa *falar diante* ou *falar na frente* (de alguém). Originalmente, portanto, *profetizar* nada tem a ver com a capacidade de *prever o futuro*, mas, sim, com a ação de alguém que expressa de forma clara e direta sua visão sobre a realidade do presente.[228] Os que traduziram *nabi* por *profétes* seguramente possuíam plena consciência disso, pois o termo grego descreve com precisão tanto a atividade dos profetas dos séculos VIII/VII

---

[228] É este o sentido que o termo possui em Marcos 6,4 (paralelos em Mateus 13,57 e Lucas 4,24), onde Jesus declara que nenhum *profeta* é bem aceito em sua pátria.

a.C. quanto o comportamento que os redatores de 2 Samuel e 1 Reis atribuem a Natã e Elias diante de Davi e Acab, respectivamente.

O profetismo em Israel é um fenômeno único na Antiguidade clássica. Sua dimensão e sua importância são tais que ele se confunde com a própria civilização israelita, sendo impossível compreendê-lo sem compreendê-la, e vice-versa. Contudo, a ação e a função dos profetas parecem hoje ininteligíveis. Para um mundo laicizado, agnóstico e submetido inapelavelmente à lógica da ciência e da técnica, os profetas são um fenômeno estranho ou, no melhor dos casos, fazem parte da religião, um departamento desativado e em rápida extinção na civilização ocidental desde, pelo menos, meados do século XX.

Até certo ponto, é natural que eles sejam assim vistos. Afinal, os profetas pertenciam a uma civilização que nascera sacral por excelência, a civilização do Sinai. No entanto, eles não pertenciam a uma espécie diversa da nossa. Os profetas israelitas dos séculos VIII/VII a.C. eram contemporâneos de Hesíodo e de Sólon, possuíam formação intelectual e vários participaram ativamente da política e da diplomacia, sendo por isto, em alguns casos, perseguidos e até mortos. Mas se assim é, se a civilização de Israel é uma das pedras angulares em que se assenta o Ocidente, se os oráculos deles atingem não raro o nível de seus contemporâneos helênicos e estão entre as grandes criações literárias da Antiguidade, então por que os profetas são vistos simplesmente como um fenômeno religioso, são ignorados nas histórias da literatura ocidental ou, pior ainda, são considerados como tralha sem valor, inúteis peças arqueológicas de um mundo desaparecido há milênios? Já foi dito acima, esta é uma longa história, e não nos ateremos a ela. Importante aqui é fornecer algumas informações sintéticas que permitam ao leitor não-especializado situar e tentar compreender os profetas de Israel em seu contexto civilizatório e em seu tempo histórico.

1 – O profetismo em Israel é orgânico e estrutural. Em outros termos, ele não é restrito a pessoas e/ou a grupos isolados, a segmentos politicamente dissidentes e/ou socialmente marginais. Pelo contrário – e por isto é um caso único no mundo antigo –, os profetas são o cerne da civilização de Israel em Canaã, são os defensores intransigentes dos princípios sagrados que a embasam, são os guardiães intimoratos de sua fé original. Sim, seu mundo era um mundo sacral, um mundo no qual ética e religião, quais irmãs siamesas, marchavam adiante e acima das estruturas de poder, e as moldavam e determinavam. Por isto – e quem os ler não verá nisso uma expressão forçada ou um artifício retórico – os profetas de Israel eram verdadeiros ativistas políticos, que lutavam para manter em pé as colunas que haviam sustentado, e ainda sustentavam, o legado espiritual recebido por seus pais nas areias do Sinai. Mas por que lutavam eles com tanto ardor? E contra que alvo lançavam-se eles com sua coragem não raro suicida?

2 – Os profetas de Israel lutavam por seu Deus, e contra tudo e contra todos os que contra Ele ousassem levantar-se. Esta afirmação não passa de um lugar-comum e, em termos de lógica, contém um raciocínio circular. No entanto, sob ela se oculta um dos mais fascinantes mistérios da história das ideias políticas do Ocidente: a origem dos conceitos de *igualdade*, *liberdade individual*, *separação entre público e privado* (antitotalitarismo), *justiça social* etc. É certo que não foi na Hélade que tais conceitos nasceram, segundo ficou evidente ao se analisar seu legado espiritual e ideológico.[229] E já não foi dito que

---

[229] O conceito de *justiça social* é completamente estranho à Hélade. Quanto aos demais – deixando à parte Hesíodo, quase um *marginal* em sua condição de *farmer* autônomo –, eles começam a emergir, tímida e pontualmente, apenas a partir de meados do século V a.C., no contexto da crise de Atenas e da globalização do Mediterrâneo. E, mais importante ainda, sempre marcados pelo indelével sinete da *dissidência*, da *oposição* ao poder legitimado, segundo vemos em *Antígone*, de Sófocles, e em *Apologia de Sócrates*, de Platão.

eles se encontram implícitos nos mitos da Criação e do Sinai e explícitos no atrás denominado *mito da Igualdade*?

Sem dúvida. No entanto, e como sempre, dada a incerteza a respeito da autoria e da datação do legado literário israelita, é difícil determinar quando foram escritos e que contexto histórico-ideológico tais textos refletem. O mito da Criação é seguramente tardio e sua redação deve situar-se entre 550 a.C. e 450 a.C. Os dois outros são de datação ainda mais incerta, mas sua redação final possivelmente não é anterior a meados do século VIII a.C. No caso dos profetas dos séculos VIII/VII a.C. a situação é bastante diversa, pelo menos por duas razões: em primeiro lugar, seus oráculos foram conservados e, apesar dos azares da transmissão e das possíveis reelaborações, eles revelam o vigor de personalidades específicas e historicamente datadas; em segundo lugar, sobre a história de Israel destes dois séculos existe hoje considerável documentação de fontes externas (assírias, egípcias, babilônias etc.), proveniente das grandes descobertas arqueológicas dos séculos XIX e XX. Isto permite pisar solo mais firme e evitar constantes restrições, suposições e hipóteses.

3 – Em determinada oportunidade referi-me aos profetas de Israel denominando-os *intelectuais de Javé*. Os presentes mostraram-se surpresos. É compreensível. Na história da literatura, na história das ideias políticas e até mesmo na história das religiões os profetas israelitas dos séculos VIII/VII a.C. são quase sempre um tema relegado ao limbo. Também é compreensível, em particular no espaço sob influência da tradição intelectual do iluminismo franco-ibérico. Com efeito, sob o olhar raso desta tradição eles são um fenômeno estranho: eles não pertencem nem ao grupo dos *profetas cultuais*, ligados aos templos e às cerimônias religiosas, nem ao dos *profetas profissionais*, como são denominados os que estavam diretamente a serviço das estruturas de poder, privadas ou públicas, e exercem a função, digamos, de assessores especiais para assuntos religiosos.

Estes dois tipos existiam em todas as sociedades antigas – e continuam existindo residualmente ainda hoje, segundo foi visto acima. Estes dois tipos, pelas características específicas e pelas funções definidas que exercem, são facilmente enquadráveis nos conceitos primários de uma historiografia convencional e pouco exigente. Mas como explicar, e compreender, os grandes profetas israelitas dos séculos VIII/VII a.C., que eram, ao mesmo tempo, intelectuais sofisticados, pregadores religiosos, ativistas políticos, reformadores sociais, publicistas incendiários, criadores literários e até – com seus *atos simbólicos* – atores de teatro?

Seja por ignorância, seja por seus preconceitos racionalistas, a historiografia tradicional, laica, não sabe lidar com tal hibridismo e os historiadores de formação religiosa/cristã tendem a ignorá-lo, fiéis àquilo que se poderia qualificar de *idealismo psico-teológico*.[230] E assim, por motivos diversos mas com resultados idênticos, elide-se um dos mais fascinantes problemas da história das ideias políticas e da antropologia religiosa da Antiguidade.

Mas de onde afinal surgiram estes profetas? Que misteriosa e irresistível força os impelia a afrontar os poderes constituídos? Por que, solitários e convictos, se autoerigem eles em flagelo dos ricos e prepotentes e em paladinos dos pobres e injustiçados? Por que, quase três milênios depois e por sobre uma língua que nos é estranha, suas imagens nos comovem por sublimes e sua retórica nos atinge por incendiária? Por que se aferram eles ao passado com a certeza e a fúria de impolutos arautos da Divindade? Quem são eles, afinal?

Basta lê-los para perceber que seus oráculos revelam um profundo mal-estar civilizatório, que suas invectivas estão prenhes de incontido desespero diante de um mundo ameaçador, que seu furor é máscara a ocultar uma fé que oscila perigosamente – como diria Michel de Montaigne – diante de uma realidade adversa e incompreensível. Por quê?

---

[230] Algo como "a experiência do divino", na expressão de alguns autores.

Para mim, foi W. Jaeger, em uma inusitada comparação feita *en passant* em Paideia, o primeiro a lançar uma réstia de luz sobre o sentido e a função dos grandes profetas de Israel. Eles desempenham, diz ele, diante do Estado o mesmo papel que Sócrates e Platão em Atenas. Em outras palavras, enquanto estes afrontavam a *pólis*, aqueles desafiavam a monarquia. Há, porém, uma diferença fundamental: em Atenas Platão, através de seu *alter ego* Sócrates, afronta o Estado quando a *pólis*, depois de atingir seu apogeu, fora minada irreversivelmente pelas novas realidades econômicas, sociais e políticas dos séculos VI/V a.C. e já ultrapassara a linha do ocaso. O horizonte de Platão e seu Sócrates é o futuro, e Sócrates, em trágica ironia, é condenado pela ação de facínoras que ardilosamente instrumentalizam valores de um passado há muito caduco para livrar-se de um adversário incômodo cuja integridade lhes lançava em rosto sua aleivosia e seus crimes.

Em Israel, inversamente, o horizonte dos profetas dos séculos VIII/VII a.C. é o passado. Verberando o presente como traição e decadência, eles voltam seus olhos para a mítica idade de ouro da nação em seu berço, quando ela, milagrosamente emersa dos areais dos Sinai, se curvava aos duros ditames de Javé e por isto florescera depois nos férteis vales e nas verdes montanhas de Canaã. Para os profetas, Israel fracassara e as desgraças do presente eram decorrência do pecado de seus líderes e da perdição de seu povo. Em um mundo sacral, esta conclusão era de uma lógica implacável: se o erro não podia ser de Javé, necessariamente o era do segundo signatário do contrato assinado do Sinai: o povo de Israel. E a salvação se encontrava no caminho de volta ao passado!

Eis aí, para mentes moldadas pelo racionalismo helênico, o mistério e o fascínio dos profetas de Israel. De onde surgiram eles? Que força os impelia? E por que, verberando o presente e pregando o retorno ao passado, salvaram Israel e o legado sinaítico para o séculos futuros?

4 – Com base exclusivamente em fontes bíblicas até o século IX a.C. e, a partir daí, também em algumas fontes arqueológicas externas, sabe-se que, aproximadamente, a partir de 1000 a.C. a instituição da monarquia transformou Israel em uma das grandes potências do Oriente Próximo, em boa parte graças à momentânea conjuntura externa favorável – relativa estabilidade regional depois do fim das invasões dos *povos do mar*, vindos do oeste, e desorganização e/ou decadência das nações vizinhas, como Síria e Assíria ao norte, Damasco e Babilônia ao leste, Egito ao sul etc. Como em Salamina e em Ácio para os gregos e romanos, este foi um momento crucial para Israel – e, nos três casos, para o Ocidente. Sem a monarquia, o povo de Javé teria desaparecido como tantos outros, e seu legado estaria catalogado e esparso em museus, como curiosas e inúteis relíquias de um passado morto. A monarquia em Israel devastou seu passado mas, paradoxalmente, o salvou para o futuro. Com efeito, ao adotar a forma monárquico-absolutista dos Estados vétero-orientais, Israel liquidou as estruturas tribais de suas origens nômades, centralizou o governo, a administração e o culto, favoreceu a urbanização e assentou seu poder sobre uma incipiente industrialização – metalurgia, cerâmica etc. – e principalmente sobre um comércio cada vez mais próspero através das grandes rotas que cortavam seu território de norte a sul e de leste a oeste.

Partindo de quase nada, as tribos de Israel tornaram-se em poucas décadas protagonistas da história do Mediterrâneo oriental – da mesma forma que Atenas na Hélade, cerca de quatro séculos depois –, começando ali a desempenhar um papel cuja dimensão futura jamais alguém poderia prever. Mas o preço a pagar foi alto. As velhas tribos de Javé e seus clãs viram sua autonomia esvair-se. Os impostos, os trabalhos forçados, a usura, a opressão e até a escravidão tornaram-se a partir de então moeda corrente. E a riqueza de poucos, a miséria de muitos, a prepotência das autoridades, a corrupção, o desregramento moral, a apostasia e a idolatria eram os sinais dos novos tempos.

Mais grave ainda, em menos de um século a monarquia desintegrou-se e os dois reinos dela surgidos tomaram caminhos diversos e não raro enfrentaram-se em guerra aberta.

Sim, nada que não fizesse parte, desde sempre e para sempre, da natureza humana. Mas não para aqueles que com seus pais e seus filhos tinham vivido e ainda viviam em outro mundo, ligados pelos rígidos mas protetores laços da família, do clã e da tribo – e que agora vagavam pelos caminhos de um novo e estranho cenário a oscilar sob seus pés.

Esta, seguramente, não era a primeira vez – nem, muito menos, seria a última em que, na história das civilizações, a violenta ruptura de seculares padrões comportamentais, resultante da intempestiva passagem de sociedades nômades/agrícolas para sociedades sedentárias/urbanas, provocava violentos abalos nos corações e nas mentes dos indivíduos mais sensíveis, impelindo-os à frente do grupo, na busca desesperada por um novo *ethos* salvador.

Este é o mundo dos profetas, que, ao avanço implacável da *raison d'État* da monarquia e de suas óbvias e, na visão deles, desastrosas consequências, opunham, com lógica feroz, a velha ética monoteísta e igualitária dos nômades da estepe e, com a clássica e romântica nostalgia dos retardatários, idealizavam a paz e a felicidade da vida agrícola/pastoril do Israel dos primeiros séculos em Canaã. E se em Atenas Sócrates, dois ou três séculos depois, com o imperativo preço de sua própria vida, decretaria, sem apelação, a morte da *pólis* e a inadequação de seus arcaicos valores diante do novo mundo que surgia, em Israel os profetas, inversamente, denunciavam com fúria a total incompatibilidade entre o novo mundo que surgia e os princípios fundadores da nação constituída pelo pacto com Javé no Sinai.

Isto é fascinante: em Atenas os valores *modernos* estão *adiante*, no horizonte do futuro, e impõem a morte do passado; em Israel eles estão às costas, no horizonte do passado, e são ameaçados de morte pelo novo, que emerge materializado nas estruturas da monarquia absolutista vétero-oriental, instituída como penhor de sobrevivência do grupo. Da mesma forma que a *pólis* nos primórdios da Hélade...

Então os valores ditos *superiores e sagrados* da modernidade laica e urbano-industrial do Ocidente nasceram em Israel e não na Hélade? Sim, e mais do que isto e mais fascinante ainda: eles emergiram nas estepes do Oriente Médio, foram transportados para Canaã, quase destruídos pelo despotismo intrínseco do Estado monárquico, proclamados pelos profetas – verdadeiros *conservadores revolucionários* – e finalmente recebidos, por legítimo direito de sucessão, pelo cristianismo.

Assim, finalmente, à luz da História pode-se entender por que o cristianismo, que transformara um pregador galileu fracassado, e condenado à mais ignominiosa das mortes, em seu supremo ícone, incendiou o Mediterrâneo, fascinou a gentilidade helênica e derrotou os Césares. E por que os Padres da Igreja elevaram Sócrates à condição de primeiro mártir cristão. Foi porque o fluido e cosmopolita cenário criado pelas novas realidades econômicas, políticas e sociais da Antiguidade clássica tardia transformara-se no perfeito caldo de cultura para uma verdadeira revolução. Nesta revolução, produzida no *crossing-over* da triunfante globalização helenística com o universalismo da ética libertária e igualitária israelita, os novos e amplos grupos sociais, emersos do grande ciclo de prosperidade vivido pelo Mediterrâneo no apogeu do Império e há muito órfãos do totalitarismo da antiga *pólis* e carentes de um *ethos* próprio, puderam realizar aspirações e alcançar objetivos sociais e individuais até então exclusivos da minúscula elite aristocrática, latifundiária, escravista e plutocrata.

E Paulo de Tarso, israelita, cidadão romano e intelectual sofisticado, filho de uma das mais ricas, cosmopolitas e cultas cidades da fase tardia do helenismo, transformou-se em arauto genial e em símbolo imperecível deste *crossing-over* avassalador: ao espanejar a pesada e arcaica pátina da circuncisão mutiladora e do ritualismo vazio, que há muito deformavam e embaçavam a luminosa ética dos Sinai, abriu as portas de um novo mundo que, paradoxalmente, sob o manto protetor das legiões dos derradeiros Césares, absorveria os bárbaros, salvaria os legados de Israel e da Hélade e fundaria assim o Ocidente. Enfim e então, os profetas de Javé e Sócrates – aquele de Platão – uniam-se na mesma fé. Afinal, como diria Paulo de Tarso em Gálatas 3,28, neste novo mundo

> Não há judeu nem grego, nem escravo nem livre, nem homem e mulher, pois todos vós sois um, em Jesus, o Messias.

Retornando ao início deste capítulo, e antes de transcrever alguns dos oráculos dos profetas dos séculos VIII/VII a.C., é necessário fazer breve referência ao tema da *justiça/justiça social*, que é neles recorrente e que em Amós, Oseias, Isaías e principalmente em Miqueias atinge o tom inflamado de verdadeiras proclamações revolucionárias. Aliás, a quem leu os profetas clássicos em nada surpreenderão as invectivas de Jesus de Nazaré contra os ricos, o "socialismo" de Lucas e o igualitarismo radical de Paulo de Tarso. Afinal, não estamos na Hélade, mas em Israel...

De acordo com Sicre, em sua extensa e monográfica obra sobre o assunto,[231] em todo o Oriente Antigo a preocupação com a justiça e, mais especificamente, com a justiça social é muito anterior aos profetas de Israel. No Egito, por exemplo, data de antes de 2000 a.C. a famosa obra conhecida como *O camponês eloquente*, na qual se afirma:

> A justiça, expulsa de sua casa, vagueia longe de ti. Os funcionários fazem o mal. Os juízes roubam [...]. A lei foi arruinada, e a regra violada. O pobre não pode viver e é despojado de seus bens. Não se respeita a justiça. Os funcionários nomeados para se oporem ao mal são ladrões e bandidos; os nomeados para se oporem à mentira protegem o violento.

---

[231] Op. cit., p. 18 ss.

Na imemorial luta entre a cidade e o campo, este se rebela contra a exploração e o descaso, e exige justiça, como nos profetas de Israel. E como sempre seria ao longo dos milênios futuros...

Da mesma forma que no Egito, em outras partes do Oriente Antigo, particularmente na Mesopotâmia, a preocupação com a justiça/justiça social surgiu antes, muito antes mesmo de Israel existir. Deixando ao leitor interessado a tarefa de percorrer as iluminadas páginas de Sicre, é suficiente aqui identificar as características específicas da pregação dos profetas de Israel em relação às de seus antecessores referidos. Elas são duas, em essência:

1 – Em Israel, a justiça/justiça social pregada e exigida pelos profetas é de natureza estrutural, orgânica. Em outros termos, além de ser um mandato genérico e uma obrigação de todos, sem exceção, ela é parte original e nasce dos princípios fundadores da civilização israelita: o monoteísmo, a igualdade, a liberdade de cada indivíduo etc. – princípios já analisados à saciedade nos capítulos anteriores.

2 – A pregação dos profetas de Israel não visa a objetivos utilitários pessoais, mesmo porque quase todos eles eram de condição socioeconômica elevada e/ou integrantes da elite cultural e política. Nem tem função tática ou propagandística – o rei, por exemplo, que se apresenta como dispensador da justiça e defensor dos desvalidos – visando com isto à paz e à concórdia entre seus súditos. E à manutenção do poder, é claro. Não, muito pelo contrário. Os profetas de Israel enfrentam e afrontam a autoridade secular, e o poder dos privilegiados, em nome de Javé, a autoridade divina e o poder supremo da nação. E por isto, não raro, foram execrados, perseguidos e até mortos.

Isto posto e compreendido, passemos ao que realmente interessa: a leitura de alguns de seus *oráculos*, ou pronunciamentos.

# Os oráculos

Ler os grandes profetas de Israel é uma experiência avassaladora. Não experiência religiosa mas antropológica, histórica, política, artística. Por sobre os milênios e as traduções, suas imagens nos surpreendem, seu desespero nos espanta, seu furor nos abala, sua solidão nos comove. Não raro, sua retórica incendiária ombreia com a de Cícero e Demóstenes, sua ética implacável com a de Sócrates (de Platão), seu profundo lirismo com o de Sófocles e Eurípides. Quem não leu os profetas de Israel não tem parâmetros para falar de literatura universal.

# Amós

As informações sobre a vida de Amós são poucas e inseguras. Sabe-se que nasceu em Técua (cerca de 20 km ao sul de Jerusalém) e que era pastor e agricultor. Sua condição social é controvertida, mas provavelmente era médio ou grande proprietário rural. Sua atividade profética desenvolveu-se por curto período de tempo, entre 760 e 750 a.C., no Reino do Norte e, talvez, também no Reino do Sul. A obra de Amós é pouco extensa e nem sempre de fácil compreensão para o leigo, mas reflete, com contundência e clareza, uma sociedade urbanizada, rica, corrupta, desregrada, socialmente injusta e em conflito com os povos vizinhos. A retórica incendiária e as imagens impressionantes a serviço de uma desbordante fúria civilizatória fazem de Amós um dos grandes *moralistas* e poetas da Antiguidade, e alguns de seus oráculos são superiores a tudo o que foi escrito na Hélade até inícios do século VI a.C. – à parte Homero. Deles, o do capítulo 8 é um dos mais representativos, transcrito aqui quase na íntegra:

> Ouvi isto, vós que devorais o pobre
> E fazeis perecer os humildes da terra
> Dizendo: quando chegará o fim do mês
> Para vendermos nosso trigo,
> E o sábado para abrirmos nossos celeiros,
> Reduzindo a quantidade e aumentando o preço,
> E alterando a balança para roubar?
> Compraremos os infelizes com dinheiro
> E os pobres por um par de sandálias.
> [...]
> Acontecerá naquele dia – oráculo do Senhor –
> Que farei o sol se por ao meio-dia
> E cobrirei de trevas a terra em pleno dia.
> Converterei vossas festas em luto
> E vossos cantos em elegias fúnebres.
> [...]
> Farei a terra debulhar-se em pranto,
> Como se chora a morte de um filho único,
> E seu porvir será um dia de amargura.
> Virão dias em que enviarei a fome sobre a terra,
> Não fome de pão nem sede de água
> Mas fome e sede de ouvir a palavra do Senhor.
> Andarão errantes de um mar a outro,
> Vagarão de norte a oriente,
> Correrão por toda parte
> Buscando a palavra do Senhor,
> E não a encontrarão.

# Oseias

Oseias nasceu e viveu no Reino do Norte (Samaria), tendo sido, talvez, proprietário rural. Na verdade, pouco se sabe sobre suas origens, mas seus oráculos – nos quais a temática política é dominante – indicam que era de condição social elevada. Uma ou duas décadas mais jovem do que Amós, Oseias inicia sua atividade profética por volta de 750 a.C., quando, depois de um longo período de paz e prosperidade, o Reino do Norte desintegra-se intempestivamente. Internamente, a classe dirigente autodestroi-se, entredevorando-se em guerras civis e sucessivos banhos de sangue. Externamente, a guerra com o Reino do Sul (Judá) e o progressivo avanço da Assíria completam um cenário desolador, que Oseias pinta com tons apocalípticos. O final catastrófico não tardaria: em 722 a.C., ocupado completamente pela Assíria e com sua população deportada, o Reino do Norte é varrido para sempre da face da terra.

Neste contexto de horror e caos, Oseias deixa de lado, compreensivelmente, a preocupação específica com a justiça social e se fixa na tragédia coletiva da nação, que surge diante de nossos olhos, como Atenas em Demóstenes, condenada por destino fatal à derrota e ao desaparecimento. Leiam-se, por exemplo, as apavorantes imagens que desenham, com força inaudita, este cenário de ruína universal, em 4,1b-3:

> Não há sinceridade nem bondade,
> Nem conhecimento de Deus na terra.
> Juram falso, assassinam, roubam,
> Cometem adultério, usam de violência
> E acumulam homicídios sobre homicídios.
> Por isto a terra está de luto,
> E todos os seus habitantes perecem;
> Os animais selvagens, as aves do céu
> E até mesmo os peixes do mar desaparecem.

E em meio à desolação até mesmo a esperança é tisnada pelo tom sombrio do sarcasmo, porque posta na boca de arrogantes, como em 6,1-3:

> Vinde, voltemos ao Senhor,
> Ele feriu-nos, ele nos curará;
> Ele causou a ferida, ele a pensará.
> Dar-nos-á de novo a vida em dois dias,
> Ao terceiro nos levantará;
> E viveremos em sua presença.
> Dediquemo-nos a conhecer o Senhor,
> Sua vinda é certa como a da aurora;
> Ele virá como a chuva.
> Como a chuva que irriga a terra na primavera.

Vazias e inúteis palavras, pois (segundo diz o Senhor) em 6,4b:

> Vosso amor é como a nuvem da manhã
> E como o orvalho que logo se dissipa.

---

# Isaías

Integrante da elite da cidade, possivelmente filho de uma família de elevada condição econômica e social, conselheiro de reis e incansável ativista político, Isaías nasceu e viveu em Jerusalém. Seu período de atuação estende-se, aproximadamente, de 740 a 700 a.C., uma época de grande prosperidade econômica em Judá, mas caracterizada por um cenário externo ameaçador, materializado no ininterrupto avanço da Assíria rumo ao Mediterrâneo e no desaparecimento do Reino do Norte. Por aliar a contundente pregação social de Amós e a aguda visão política de Oseias, instrumentadas por um talento superior, Isaías é sem dúvida o maior de todos os profetas de Israel, tanto intelectual como literariamente. A obra a ele atribuída, porém, apresenta vários e complexos problemas – e a bibliografia que deles se ocupa é de extensão impressionante.

Para começar, o Livro de Isaías é composto de três partes, escritas em épocas diferentes por autores também diferentes. Apenas a primeira parte (1-39) pertence ao chamado *proto* ou *primeiro* Isaías, aquele de que falamos acima. Além disso, também esta parte apresenta sérios e não raro insolúveis problemas de ordem autoral/redacional, que não serão abordados aqui. Seja como for, esta primeira parte possui suficiente unidade para revelar uma personalidade forte, de sofisticada formação intelectual e política e profundamente preocupada com as disparidades sociais, com a corrupção dos governantes e com as graves ameaças externas que pesavam sobre a nação.

Mais do que em relação a qualquer outro deles, em relação a Isaías pode-se com razão afirmar que não ler os profetas de Israel é desconhecer parte fundamental da literatura universal. Alguns dos oráculos de Isaías – como o famoso 3,16-26, dirigido contra as mulheres ricas de Jerusalém –, nos quais se aliam incontida fúria ética e desatada força verbal, são espantosas peças de retórica, que só encontram paralelo em algumas falas de personagens de Eurípides e de Shakespeare. Os textos abaixo exemplificam a temática social de Isaías – e deles o primeiro lembra a descrição das consequências de uma guerra civil em Tucídides:

> *A confusão de conceitos* (5,20-23)
> Ai daqueles que ao mal dão o nome de bem
> E ao bem o nome de mal!
> (Ai daqueles) que mudam as trevas em luz
> E a luz em trevas!
> (Ai daqueles) que tornam doce o que é amargo
> E amargo o que é doce!
> Ai daqueles que são sábios aos próprios olhos
> E que a si julgam prudentes!
> [...]

Ai daqueles que por um presente
Absolvem o culpado
E negam justiça
Àqueles que têm o direito a seu lado!

***Decadência moral de Jerusalém*** (1,21-23)
Como se prostituiu a cidade fiel,
Sião, (antes) cheia de retidão!
A justiça habitava nela,
Agora nela habitam os homicidas!
Sua prata converteu-se em escória
E seu vinho misturou-se com água!
Seus príncipes são rebeldes, cúmplices de ladrões,
Todos eles amam as dádivas
E correm atrás do próprio proveito,
Não fazem justiça ao órfão
E a causa da viúva não é por eles julgada!

Por fim, e ainda que sua autoria seja incerta – como ocorre quase sempre no legado literário israelita –, é importante transcrever parte de um dos grandes oráculos de Isaías sobre a salvação futura de Israel, oráculos que seis ou sete séculos depois se transformariam em ideias-mestras da mensagem e do legado literário do cristianismo primitivo. Tradicionalmente conhecido como "O cântico do Messias", o capítulo 11 contém aquele que talvez seja o mais belo e sublime canto de esperança já entoado pela Humanidade dolente, condenada desde sempre e para sempre a arrastar-se no vale de lágrimas que é a terra, a carregar contrita sua ânsia infinita pelo Éden perdido:

Um galho nascerá do tronco de Jessé
E um rebento brotará de suas raízes
Sobre ele repousará o Espírito do Senhor,
Espírito de sabedoria e de compreensão,
Espírito de prudência e de coragem.
Ele não julgará pelas aparências
E não decidirá pelo que ouvir dizer
Mas julgará os fracos com equidade,
Fará justiça aos pobres da terra,

Ferirá o homem impetuoso com uma sentença da sua boca
E com o sopro de seus lábios fará morrer o ímpio.
A justiça será como o cinto dos seus quadris,
E a lealdade rodeará seu corpo.
Então o lobo será hóspede do cordeiro,
A pantera se deitará ao lado do cabrito,
O touro e o leão comerão juntos,
E um menino os conduzirá.
A vaca e o urso serão como irmãos,
Suas crias dormirão lado a lado
E o leão comerá palha com o boi.
A criança de peito brincará junto à toca da serpente
E o menino colocará a mão no esconderijo da áspide.
Não se fará mal nem se causará dano
Em todo o meu santo monte,
Porque a terra estará cheia da sabedoria do Senhor
Assim como as águas cobrem o fundo do mar.

# Miqueias

Miqueias, o último dos grandes profetas do século VIII a.C., nasceu por volta de 750 a.C. na aldeia de Morasti, cerca de 30 km a sudoeste de Jerusalém, e desenvolveu sua atividade provavelmente entre 720 e 690 a.C. Nada se sabe com certeza sobre sua origem social. Alguns acreditam que ele era um proprietário médio que perdera suas terras diante do avanço do latifúndio em sua região. Outros pensam que talvez fosse um trabalhador rural. São apenas especulações.

Seja como for, parece altamente improvável que alguém com sua capacidade retórica trabalhasse como *boia-fria*... Ao longo dos milênios a História mostrou, e mostra, que educação e formação sempre estiveram ligadas, de alguma forma, a poder e/ou a posses, monetárias ou não. Ainda hoje estão.

Quanto mais no mundo antigo! Mas deixemos de lado tais inócuas digressões.

A obra de Miqueias, como a de Amós e Oseias, é pouco extensa e apresenta problemas de autoria e autenticidade – dois autores talvez, interpolações tardias etc. – que, como sempre, deixaremos para os especialistas. Quanto ao conteúdo, a contundência de seus ataques faz com que muitos o considerem o mais revolucionário dos grandes profetas de Israel.

Tendo diante dos olhos o avanço incontido do império assírio e a desintegração dos valores da antiga sociedade agropastoril e aldeã israelita em Canaã, Miqueias, como Oseias, desenha um cenário de ruína universal. Os principais alvos de suas invectivas são mais ou menos os mesmos dos demais profetas dos séculos VIII/VII a.C. – como deixam claro os breves exemplos que abaixo seguem. Um aspecto, porém, deve ser ressaltado na obra de Miqueias: a fúria e a insistência com que verbera os *profetas oficiais* – os intelectuais *chapas-brancas* da época... – e a clareza com que procura deles distinguir-se.

Veja se por exemplo, em 3,5-8:

> Oráculo do Senhor contra os profetas
> Que desencaminham meu povo,
> Que anunciam a paz quando lhes dão algo para mastigarem
> E falam de guerra quando não se lhes põe nada na boca!
> [...]
> Eu, porém, estou cheio de força,
> De justiça e de coragem
> Para anunciar a Jacó sua maldade
> E a Israel seu pecado.

A seguir, em 3,9-11, os mesmos são lançados, de cambulhada, em uma lista genérica de malfeitores:

> Ouvi isto, chefes da casa de Jacó,
> Príncipes da casa de Israel
> Que tendes horror à justiça
> E torceis tudo o que é reto,
> Que edificais Sião com sangue
> E Jerusalém com o preço da iniquidade.

> Seus chefes julgam recebendo propinas,
> Seus sacerdotes só ensinam mediante salário
> E seus profetas vaticinam a preço de dinheiro!

Para Miqueias, a venalidade é a marca de seus desafetos, os profetas oficiais, porque, afinal, como diz em 2,11, eles anunciam o que seus patronos e o público querem ouvir:

> Se encontrardes um homem que atire palavras ao vento
> E espalhe mentiras (dizendo)
> – Vou falar-vos de vinho e cerveja!,
> Eis aí o profeta que o meu povo merece!

Não apenas no legado da Hélade se pode perceber que quase três mil anos depois a espécie humana continua a mesma... Para convencer-se disto basta ler os livros certos. E os dos profetas de Israel estão entre eles!

Por fim, também em Miqueias está presente aquela estranha justaposição de lirismo e denúncia que caracteriza os profetas de Israel e que ainda hoje fascina seus leitores – e continuará a fasciná-los enquanto a natureza humana for a mesma. O início (1-4) do cap. 7 é um exemplo clássico:

> Ai de mim!
> Porque sou como quem restolha frutos no verão,
> Como quem vai à cata de grãos depois da vindima:
> Não há sequer um cacho para comer,
> E nenhum deste figos temporões que eu tanto apreciaria!
> Desapareceram os homens piedosos da terra,
> Não há entre eles um que seja íntegro.
> Todos andam à espreita para derramar sangue,
> Cada qual arma laços a seu irmão.
> Suas mãos estão prontas para o mal:
> O príncipe exige presentes,
> O juiz cobra suas sentenças,
> O grande deixa evidente sua cobiça,
> Todos tramam (suas intrigas)
> E o melhor dentre eles é como uma brenha,
> O mais íntegro como uma cerca de espinhos!

# Jeremias

Conquistado pelo Assíria, devastado e com sua população deportada e substituída por estrangeiros, o Reino do Norte chegara ao fim em 722 a.C. No sul, Judá conseguiu preservar, periclitante, sua independência formal e a partir de 698 a.C. passou a ser governado por Manassés, o rei maldito, que se manteve no poder por quase sessenta anos, adotou costumes assírios, favoreceu a idolatria e "derramou rios de sangue inocente, inundando Jerusalém de uma extremidade a outra" (2 Reis 21,16). Neste período, compreensivelmente, silenciam os profetas – exceto nas tumbas, não havia então espaço para intelectuais independentes que defendessem as velhas tradições do povo de Javé.

Por volta de 640 a.C., com o enfraquecimento da Assíria, que ao sul/sudeste começava a ser ameaçada pela Média e pela ressurgida Babilônia, a situação se modifica e Judá vive, por parcas décadas, um breve período de paz e florescimento religioso iniciado sob o piedoso rei Josias – último lucilar de uma civilização superior antes da tempestade e da irreversível catástrofe. Por esta época surgem vários profetas, entre os quais se destacam uma mulher de nome Hulda, Sofonias, Ezequiel e Jeremias. Desconsiderado Ezequiel, cuja obra representa, em vários aspectos, uma ruptura com a tradição do profetismo clássico dos séculos VIII/VII a.C. – questão que não será aqui tratada –, Jeremias é o último dos grandes profetas de Israel, ocupando ali o lugar que Eurípides e Platão, dois séculos depois, ocupariam na Hélade: os derradeiros e iluminados porta-vozes de um milagre irrepetível e de um mundo irrecuperável condenado a mergulhar para sempre nas sombras de um ocaso sem auroras.

Graças a informações contidas em seu próprio livro, sabe-se mais sobre a vida de Jeremias do que sobre a de qualquer outro dos demais profetas. Nascido na aldeia de Anatot, ao norte de Jerusalém, por volta de 650 a.C., Jeremias descendia de uma família da nobreza sacerdotal de Judá, provavelmente ligada ao santuário de Silo, no qual se guardara outrora a Arca da Aliança. Há controvérsias sobre a época do início de sua atividade, mas ela deve ter começado antes de 620 a.C., estendendo-se até depois da destruição de Jerusalém pelos babilônios, quando o profeta é obrigado por um grupo de fugitivos a acompanhá-los até o Egito. Ali, de acordo com uma lenda tardia, teria sido assassinado, o que é pouco provável, segundo afirmam os especialistas.

Desenvolvendo intensa atividade política, Jeremias foi participante ativo e testemunha ocular do longo processo de agonia de Jerusalém, encerrado depois de três décadas com o cataclisma que varreu da face da terra Judá e tudo o que ainda restava do antigo Israel. Nas palavras de Bright,[232] Jeremias é o mais trágico dos profetas, pois

> sua missão, durante toda sua vida, foi dizer, uma vez e sempre de novo, que Judá estava condenado e que esta condenação era o julgamento justo de Javé pela violação da Aliança.

Neste sentido, ele é o mais paradigmático arauto da teologia fatalista israelita, que no limite, aliás, em nada se diferencia – nem poderia, já que a natureza humana é a mesma! – do gélido e impassível racionalismo filosófico de Tucídides. Sim, na Hélade a força e o acaso regem o mundo, e em Israel o poder e a vingança de Javé. Mas quando Jerusalém e Atenas são arrasadas por seus inimigos, que diferença fazem a teoria e a interpretação?...

Extensa e complexa, impositiva e contundente, a obra de Jeremias, ainda mais do que a de Isaías, é um denso repositório da visão de mundo israelita do período pré-exílico, inclusive nos temas da justiça, da proteção aos desvalidos etc., como se

---

[232] *História de Israel*, p. 450.

observa em várias passagens, inclusive em 22,13, onde ele ataca o rei Joaquim:

> Ai daquele que edifica sua casa com injustiças,
> Aposento por aposento, de forma iníqua,
> Faz seu próximo trabalhar de graça
> E não lhe paga o salário!

Contudo, o que assombra mesmo o profeta é o longo e terrível pesadelo materializado na tragédia coletiva da nação. Nem poderia ser de outra forma. Atacado, caluniado, preso, perseguido e finalmente sequestrado, Jeremias foi – como Oseias no Reino do Norte – testemunha ocular e, mais ainda, personagem decisivo das últimas décadas daquele terrível século ao longo do qual Judá se arrastou rumo ao abismo há muito pressentido e à catástrofe para sempre irreversível. Compactos e cataclísmicos, impregnados de sacralidade sinaítica e de furor ético, os primeiros oráculos de Jeremias carregam, junto com a clássica teologia da retribuição – o desastre como castigo pelo pecado –, o selo inquestionável da autenticidade e a *imperatoria vis* do gênio incontestável. E se, no limite, em Atenas pouco ou nada importa se as ideias contidas em A defesa de Sócrates são deste ou de Platão, em Judá também pouco ou nada importa se os oráculos de Jeremias são dele ou de algum discípulo. Arautos de um *dáimon* incontrolável ou porta-vozes de uma Divindade implacável, que diferença faz? Sócrates e Jeremias são mártires/testemunhas do fim de um mundo, escolhidos aleatoriamente pela História para encarnarem suas civilizações e delas se converterem em símbolos eternos no instante fatal em que, cruentamente abatidas, elas enfrentavam face a face sua nêmesis e encerravam seu ciclo vital, encontrando enfim seu destino. E a nenhum outro antes que a eles dever-se-iam dedicar aqueles versos de um dos raros sumos gênios da lírica ocidental:

> Os deuses vendem quando dão,
> Compra-se a glória com desgraça,
> Ai dos felizes porque são
> Só o que passa!

# Oráculos

De autenticidade indiscutível na opinião unânime dos especialistas, os primeiros capítulos do Livro de Jeremias estão impregnados de vigor criativo e fulgor imagístico raramente encontrados na lírica ocidental de todos os tempos. Impressionante e inolvidável é o longo e famoso cap. 2, que faria mais perene que o bronze a glória de qualquer poeta, e que assim começa, com Javé interpelando Israel, a amada infiel:

> Lembro-me de tua afeição quando eras jovem,
> De teu amor de noivado,
> No tempo em que me seguias ao deserto,
> À terra sem sementeiras!

Logo adiante (23-24), no mesmo capítulo, continua em imagens marcadas por forte e surpreendente erotismo, com parcos paralelos na Antiguidade clássica:

> Olha para os sinais de teus passos no vale,
> Vê tudo o que fizeste!
> Dromedária leviana, a correr sem rumo,
> Jumenta selvagem, habituada ao deserto,
> Aspirando o vento no calor da paixão,
> Quem a deterá em seus ardores?
> Aqueles que a buscam não enfrentarão fadiga,
> Pois a encontrarão no mês (do seu cio)

Em, 4,19-28 Jeremias descreve, como Oseias, o cenário de ruína universal, a inevitável decorrência do pecado de Israel:

Minhas entranhas! Minhas entranhas! Sofro!
Oh! As fibras do meu coração!
O coração me bate! Não posso me calar!
Ouço o som das trombetas e o fragor da batalha.
Anunciam-se desastres sobre desastres,
Todo o país foi devastado!
Repentinamente foram destruídas minhas tendas
E num instante (abatidos) meus pavilhões.
Até quando verei o estandarte
E ouvirei o som da trombeta?
Está louco o meu povo; nem mais me conhece.
São filhos insensatos, desprovidos de inteligência,
Hábeis em praticar o mal, incapazes de fazer o bem.
Olho para terra: tudo é caótico e deserto;
Olho para o céu: dele desapareceu toda a luz.
Olho para as montanhas e as vejo oscilar;
E as colinas todas estremecem.
Olho, e já não há nenhum ser humano;
Todas as aves do céu fugiram.
Olho: tornaram-se desertos os campos,
Todas as cidades foram devastadas diante do Senhor,
Ante a fúria de sua cólera.
[...]
Eis a razão pela qual a terra cobriu-se de luto
E o céu, lá no alto, revestiu-se de negror.

E em 20,14-17 lança aos céus aquele grito lancinante que em concerto universal ressoaria pelos séculos futuros na voz de Sófocles, do autor do Livro do Eclesiastes, do autor do Livro de Jó, de Camões,[233] de Leopardi e do incontável séquito de condenados a carregar, conscientes e incontritos, o duro e pesado fardo da existência:

---

[233] *O dia em que eu nasci moura e pereça...* – assim começa um de seus mais famosos sonetos.

Maldito o dia em que nasci!
Maldito dia em que minha mãe me deu à luz!
Maldito o homem que disse a meu pai, enchendo-o de
     alegria:
– Nasceu-te um menino!
[...]
Por que (o Senhor) não me matou antes de eu sair do ventre
     materno?!
Minha mãe seria meu túmulo
E eu ficaria para sempre em suas entranhas!
Por que saí de seu seio?
Para só contemplar tormentos e misérias
E na vergonha consumir meus dias?!

É entediante e repetitivo, mas pela última vez me seja permitido lembrar: quem não leu os profetas de Israel não tem parâmetros para poder falar sobre a arte literária ocidental. E universal.

# Conclusão

Encerrando com Jeremias esta panorâmica, ainda que compacta, visão dos profetas dos séculos VIII/VII a.C., resta responder a uma pergunta tradicionalmente feita por quem aborda o tema: por que a partir do início do século VI a.C. a profecia perde força e tende a desaparecer?

Dependendo do ponto de vista, a pergunta deve ser considerada lógica ou esdrúxula. Lógica porque busca explicações para um fenômeno histórico evidente. Esdrúxula porque é idêntica àquela que interroga pelas causas do desaparecimento da tragédia em Atenas a partir do final do século V a.C. Agindo como Aristófanes, que em As rãs responsabiliza Eurípides pelo fato, no caso de Israel poderíamos culpar o complexo Jeremias ou o heterogêneo e já pós-exílico Ezequiel pelo desaparecimento da profecia. Ora, mais do que esdrúxulas, semelhantes respostas seriam absurdas. Na boca de Aristófanes, feita *no calor da hora* e diante de uma Atenas ocupada e arrasada, a afirmação tinha sentido, fosse sarcástica ou não. Milênios depois é um despropósito. Pois a resposta lógica a tais perguntas é simples – e, considerado o objetivo desta obra, nem valeria a pena perder tempo com ela.

Em Atenas, a tragédia desapareceu porque o mundo em que nascera fora destruído pela História, materializada não tanto na compacta falange espartana quanto, antes de mais nada, na quase intempestiva transformação de uma rústica, agrária e paroquial Ática em um avançado, poderoso e cosmopolita império mercantil-industrial, que dominava todo o Mediterrâneo oriental e estendera seus tentáculos pelo Egeu e até os confins do Mar Negro.

Em Israel a profecia desapareceu porque o estranho mundo nômade/urbano do qual ela se tornara a frágil e martirizada alma e que milagrosamente salvaria para os séculos futuros se consumira – muito antes de ser abatido pela Assíria e pela Babilônia – na sisífica e vã tarefa de conciliar os rígidos imperativos da ética sinaítica, de origem nômade, com a implacável lógica do poder, orgânica ao Estado vétero-oriental.

Os profetas de Israel – os intelectuais de Javé – e os trágicos de Atenas – os gênios da Hélade – continham e contêm em si a quintessência de duas civilizações que, para o bem e para o mal, atravessaram os milênios e submeteram o planeta. Porque, como em nenhuma outra, nelas pulsou e pulsará para sempre a alma dicotômica da espécie, dominada pela ânsia primal de uma verdade transcendente e absoluta mas corroída pelo verme maldito e incontrolável do conhecimento imanente.

# PERÍODO PÓS-EXÍLICO

A conquista de Judá por Nabucodonosor, a destruição de Jerusalém e do Templo e a deportação da elite política, religiosa e intelectual para a Babilônia nas duas primeiras décadas do século VI a.C. foi o derradeiro capítulo da história de Israel como Estado/Nação. E se em Atenas, quase exatos dois séculos depois, a ruína seria analisada, na gélida visão de Tucídides, como lógica decorrência das leis da natureza e das relações de poder entre grupos humanos, em Jerusalém ela, desde sempre anunciada pela voz tonitruante dos profetas, foi considerada o justo e implacável castigo determinado pela Divindade em razão da impiedade dos chefes e da infidelidade do povo.

Insensíveis às elucubrações mentais dos herdeiros do racionalismo da Hélade e do sacralismo do Sinai, os escombros das Grandes Muralhas de Atenas e do Templo de Jerusalém eram apenas a fria e muda prova do irreversível declínio de duas civilizações: a civilização de Javé e a civilização da *pólis*. Porque nada mais seria como antes. Atenas, nas breves décadas da Segunda Liga Marítima, sobreviveria a duras penas à derrota diante de Esparta e à fugaz hegemonia de Tebas, para logo submergir, junto com toda a Hélade oriental, na indiferenciação do imenso e semibárbaro império macedônio. E Jerusalém, devastada, desapareceria do mapa da Palestina e das fontes históricas por cerca de um século.

Contudo, o vulcânico magma das duas grandes civilizações que dominariam a Europa e a seguir todo o planeta continuou a pulsar, vivo sob as ruínas de seus máximos e eternos símbolos. Em Atenas o Liceu de Aristóteles e em Alexandria a Biblioteca e seus gramáticos tornam-se o epicentro da avassaladora vaga helenística, que, conduzida pelos batedores macedônios, a leste atingiu as margens do Indo e a oeste cruzou as Colunas de Hércules e alcançou o Atlântico. Em Jerusalém a primeira grande diáspora (dispersão) carregava consigo, em suas tristes caravanas, a sagrada herança do Sinai, disseminando-a junto às férteis margens do Tigre e do Eufrates e conduzindo-a de volta à terra em que começara a gestar-se: o delta do Nilo. E quando, em 538 a.C., liquidada a Babilônia, Ciro, o Grande, o novo senhor do Oriente, permitiu o retorno dos exilados de Judá, o povo de Javé retomou o caminho do deserto através do que os historiadores do futuro denominariam *período pós-exílio, período do Segundo Templo* ou simplesmente *judaísmo*. Sem a terra, botim de sucessivos conquistadores, sem a nação, extinta para sempre, e sem o Templo, reduzido a ruínas na colina, aos retornados restavam apenas os lamentos, a esperança e a religião. E, acima de tudo, como na Hélade, o monumental legado de uma civilização superior que, em meio às sombras de seu ocaso, se espalharia por toda a bacia do Mediterrâneo, e para muito além, unindo assim e para sempre Oriente e Ocidente. Neste sentido, pode-se dizer que nos dois séculos e meio que se iniciam com a destruição de Judá por Nabucodonosor e, passando por Maratona, Salamina e Plateia, terminam com a humilhação de Atenas diante de Felipe II em Queroneia, a diáspora israelita e a ilustração helenística formataram as bases sobre as quais no futuro se assentariam o cristianismo primitivo, a Cristandade de Niceia, a Europa e o Ocidente.

Sob este ângulo, o período pós-exílico em Israel possui importância maior do que o período helenístico na Hélade. Evidentemente, tanto um quanto outro são de natureza epigonal – isto é, constituem-se como estuário de um passado cuja grandeza os determina e os define. Mas, como elaboração deste passado, o período pós-exílico adquire dimensão imediata muito superior. Em termos simples e claros: consolidado e reelaborado, o grande legado de Israel – a ética – atingiu o ponto culminante de suas potencialidades cinco séculos depois, no cristianismo, enquanto o legado máximo da Hélade – a ciência – permaneceria estático e latente por cerca de dois milênios! Eis um tema que já fascinou muitos historiadores, inclusive porque o princípio da máquina a vapor – o *motor primeiro* da era industrial – foi desenvolvido no Mediterrâneo ocidental durante o período helenístico. Mas aplicado apenas na construção de brinquedos...

Evitando digressões e permanecendo nos limites determinados por esta obra, o legado israelita do período pós-exílico pode ser dividido didaticamente em três partes fundamentais: *a desilusão e a esperança*, *a crise sapiencial* e *o cristianismo primitivo*.

# A DESILUSÃO E A ESPERANÇA

Deixados à parte os textos que refletem a reformulação e a regulamentação a que é submetida a religião de Israel a partir do final do século VI a.C. – entre os quais sobressai o Livro de Ezequiel –, por esta época surgem obras de alto valor artístico. Marcadas quase sempre pela desilusão e/ou pela esperança, algumas delas permaneceram vivas ao longo dos séculos na memória do Ocidente. E com razão, pois nada que se compare a elas foi produzido na Hélade depois de Platão e Aristófanes. Entre estas obras destacam-se As lamentações, os oráculos do Segundo Isaías e alguns salmos.

## As Lamentações (de Jeremias)

Atribuído no passado ao profeta Jeremias, o Livro das Lamentações é de autoria incerta. Composto de cinco breves elegias, ele deve ter sido escrito logo em seguida à destruição de Jerusalém ou, mais provavelmente, nas últimas décadas do século VI a.C., após o retorno da primeira leva de exilados. Sentado sobre seus escombros, este poeta inominado "descreve com palavras de pungente lirismo a ruína da cidade de Deus e a comovedora miséria de seus desolados habitantes".[234]

Perpassadas de perplexidade, desilusão e dor mas iluminadas pela tênue luz de longínqua esperança, estas elegias trazem a indelével e perene marca de um dos grandes líricos da Antiguidade clássica. E nelas já se insinua e se antecipa a grande crise ideológica em que nos séculos seguintes, contaminada pelo racionalismo helênico, a fé israelita mergulharia diante da catástrofe da nação, do silêncio da Divindade e da irreversível desintegração da civilização sinaítica, como se pode observar nos breves excertos abaixo:

> Ó vós todos que passais pelo caminho
> Olhai e vede se existe dor igual
> À dor que me atormenta,
> A mim, a quem o Senhor feriu
> No dia da sua ardente cólera.
>
> 1,12

> Como para uma festa convocastes
> A multidão de terrores.
> No dia do furor divino
> Ninguém fugiu, ninguém escapou.
> E aqueles a quem criei e eduquei
> Meu inimigo os exterminou.
>
> 2,22

> Amargurou-se nosso coração
> E nossos olhos toldaram-se de lágrimas,
> Porque o monte de Sião foi assolado
> E nele andam os chacais à solta.
> Vós, porém, Senhor, sois eterno
> E através dos tempos vosso trono subsistirá.

---

[234] Ellis, p. 335.

Por que continuar nos esquecendo?
Por que abandonar-nos para sempre?
Reconduzi-nos a vós, Senhor, e voltaremos.
E os dias de outrora fazei-nos reviver.

5,17-21

# O Segundo Isaías

A densidade lírica e a profundidade conceitual de alguns oráculos/poemas dos profetas clássicos e do Livro das Lamentações se revelam surpreendentes e impactantes a quem, de mente aberta e com adequada visão histórico-literária, os lê milênios depois. Mas, para muitos, o mais impressionante de todos os líricos de Israel é aquele conhecido como Segundo[235] Isaías, cujo nome não se guardou e cuja obra está espalhada no Livro de Isaías, correspondendo, de acordo com os especialistas, aos capítulos 34-35 e 40-56. Na Antiguidade apenas Isaías, Jeremias, Píndaro e, depois, os grandes líricos romanos podem ser comparados a este poeta inominado que viveu no século VI a.C., provavelmente na Babilônia, entre os anos que precederam e os que sucederam a conquista deste país por Ciro, o Grande (539 a.C.).

Caracterizados por uma linguagem torrencial, por imagens de fulgurante beleza e por um triunfalismo *à outrance*, os poemas/pronunciamentos do Segundo Isaías combinam, em mistura explosiva, a dor dos vencidos, a alegria selvagem diante da derrota do inimigo, a glorificação quase servil de Ciro – o instrumento da vingança – e a defesa xenófoba do poder universal de Javé, a Divindade suprema e absoluta, frente à qual os deuses não passam de inertes e inúteis peças de madeira e metal.

---

[235] Ou Dêutero (*Segundo*, em grego).

Como afirmam os historiadores, nunca houvera antes em Israel defesa tão radical e tão furiosa do monoteísmo sinaítico. Por outro lado, qualquer leitor familiarizado com o Novo Testamento perceberá imediatamente nele a influência direta do Segundo Isaías, com seus poemas sobre o Servo Sofredor, na elaboração dos conceitos fundamentais do cristianismo primitivo, no qual a ideia da *expiação vicária* – o Messias/Rei que se entrega à morte para a redenção da Humanidade pecadora – ocupa posição central, particularmente em Paulo de Tarso. Esta ideia está expressa com clareza meridiana no cap. 53,1-10, uma das passagens mais famosas, e mais pungentes, do legado israelita e da literatura universal:

> Quem poderia acreditar nisso que ouvimos?
> A quem foi revelado o braço do Senhor?
> Cresceu diante dele como um pobre rebento enraizado em terra árida; não tinha graça nem beleza para atrair nossos olhares, e seu aspecto não podia seduzir-nos.
> Era desprezado, era a escória da Humanidade, homem das dores, experimentado nos sofrimentos; como aqueles diante dos quais se cobre o rosto, era amaldiçoado e não fazíamos caso dele.
> Em verdade, ele tomou sobre si nossas enfermidades, e carregou os nossos sofrimentos: e nós o reputávamos como um castigado, ferido por Deus e humilhado.
> Mas ele foi castigado por nossos crimes, e foi esmagado por nossas iniquidades; o castigo que nos salva pesou sobre ele; fomos curados graças às suas chagas.
> Todos nós andávamos desgarrados como ovelhas, seguíamos cada qual nosso caminho; e o Senhor fazia recair sobre ele o castigo das faltas de todos nós.
> Foi maltratado e resignou-se; não abriu a boca, como um cordeiro que se conduz ao matadouro, como uma ovelha muda nas mãos do tosquiador.
> Por um iníquo julgamento foi arrebatado.
> Quem pensou em defender sua causa, quando foi suprimido da terra dos vivos, morto pelo pecado de meu povo?

> Foi-lhe dada sepultura ao lado de facínoras e ao morrer achava-se entre os malfeitores, se bem que não houvesse cometido injustiça alguma, e de sua boca nunca houvesse saído mentira.
> Mas aprouve ao Senhor esmagá-lo pelo sofrimento; se ele oferecer sua vida em sacrifício expiatório, terá uma posteridade duradoura, prolongará seus dias, e a vontade do Senhor será por ele realizada.

Para o cristianismo primitivo, portanto, a figura do Servo Sofredor se materializara em Jesus de Nazaré, o rei de Israel transformado em *homem das dores* e crucificado entre facínoras. Para a maioria dos intérpretes modernos, porém, esta personagem misteriosa criada pelo Segundo Isaías é a representação do próprio Israel – visto coletivamente e em perspectiva etnocêntrica –, que se submete aos ditames da Divindade e assim se transforma em vítima expiatória dos pecados da Humanidade. Mas este não é o lugar para discussões teológicas/ cristológicas. Importante é citar outras breves passagens deste grande, inominado e quase esquecido lírico da Antiguidade.

A primeira delas fala de Ciro, o Grande, na única vez em que na Bíblia um potentado estrangeiro é denominado Messias/Ungido/Rei; a segunda, impregnada – à maneira daquela de Jeremias antes referida[236] – de insólito erotismo, revela ao mesmo tempo ódio e alegria diante da derrota da Babilônia; e as duas últimas pintam, em imagens de insuperável beleza, um cenário idílico de paz e felicidade[237] com o retorno dos exilados a Sião (Jerusalém):

> ***A missão de Ciro*** (46,1-3):
> Eis o que diz o Senhor a Ciro, seu Ungido:
> – Irei eu mesmo diante de ti,
> Aplainando as montanhas,
> Quebrando os batentes de bronze,
> Arrancando os ferrolhos de ferro.

---
[236] V. p. 292ss.
[237] Na realidade, a situação enfrentada pelos retornados foi exatamente a oposta. V. Bright, op. cit., p. 507 ss.

Dar-te-ei os tesouros enterrados
E as riquezas escondidas,
Para mostrar-te que sou eu o Senhor,
Aquele que te chama pelo teu nome,
O Deus de Israel.

*A derrota da Babilônia* (47,1-3a):
Desce do teu trono, agacha-te ao solo,
Virgem, filha da Babilônia!
Assenta-te no chão, sem trono, filha dos caldeus!
Já não serás chamada de delicada e voluptuosa.
Toma a mó, vai moer a farinha, tira o véu!
Arregaça teu vestido, descobre tuas coxas
Para atravessar os rios!
Mostra tua nudez, para que se veja tua vergonha!

*O retorno a Sião* (55,10-13a):
Tal como a chuva e a neve caem dos céus
E para lá não volvem sem ter regado a terra,
Sem ter fecundado e feito germinar as plantas,
Sem dar o grão a semear e o pão a comer,
Assim é com a palavra que minha boca profere:
Não volta sem ter produzido efeito.

Sim, partireis com júbilo
E sereis reconduzidos em paz;
Montanhas e colinas aclamar-vos-ão,
E todas as árvores do campo vos aplaudirão.
Em lugar do espinheiro crescerá o cipreste,
Em lugar da urtiga crescerá a murta.

*A felicidade dos novos tempos* (35,1-10):
O deserto e a terra árida regozijar-se-ão.
A estepe vai alegrar-se e florir.
Como o lírio ela florirá,
Exultará de júbilo e gritará de alegria.
A glória do Líbano lhe será dada,
O esplendor do Carmelo e de Saron;
Será vista a glória do Senhor
E a magnificência do nosso Deus.

Fortificai as mãos desfalecidas,
Robustecei os joelhos vacilantes.
Dizei àqueles que têm o coração perturbado:
"Tomai ânimo, não temais! Eis o vosso Deus!"
Ele vem executar a vingança.
Eis que chega a retribuição de Deus:
Ele mesmo vem salvar-vos.
Então se abrirão os olhos do cego.
E se desimpedirão os ouvidos dos surdos;
Então o coxo saltará como um servo,
E a língua do mudo dará gritos alegres.
Porque águas jorrarão no deserto
E torrentes na estepe.
A terra queimada se converterá em lago,
E a região da sede em fontes.
No covil dos chacais
Crescerão caniços e papiros.
E haverá uma vereda pura,
Que se chamará o caminho santo;
Nenhum ser impuro passará por ele,
E os insensatos não rondarão por ali.
Nele não se encontrará leão,
Nenhum animal feroz por ele transitará,
Mas por ali caminharão os remidos,
Por ali retornarão aqueles que o Senhor tiver libertado.
Eles chegarão a Sião com cânticos de triunfo,
E uma alegria eterna coroará sua cabeça;
E o júbilo e o gozo possuí-los-ão;
E a tristeza e os lamentos fugirão.

Segundo se pode comprovar em Mateus 11,2-5, também este poema do Segundo Isaías foi entendido pelo cristianismo primitivo como uma profecia sobre a vinda de Jesus de Nazaré, o Messias, o rei de Israel dos tempos futuros.

## Os salmos

O Livro dos Salmos – ou Saltério – é um conjunto de 150 hinos/poemas elaborados especificamente para as cerimônias de culto no Templo de Jerusalém, quando eram entoados por grupos de cantores, com o acompanhamento de instrumentos musicais. Em contexto cultural-civilizatório radicalmente diverso, os salmos desempenhavam em Israel a mesma função que a lírica coral na Hélade, fazendo parte de celebrações coletivas/comunitárias através das quais se expressava o *espírito nacional*. Infelizmente, em ambos os casos a melodia e o ritmo perderam-se para sempre. Contudo, pode-se afirmar, com alguma segurança, que a lírica coral, da qual quase nada restou, evoluiu para os sublimes cumes da tragédia ática e da arte literária da Hélade, enquanto em Israel os salmos, salvos integralmente para a posteridade, cristalizam a visão de mundo epigonal de uma civilização já em seu ocaso.

À parte digressões histórico-filosóficas, é certo que o Livro dos Salmos é produto do período pós-exílico, tendo se formado lentamente entre fins do século VI a.C. e meados do século IV a.C., em parte na diáspora babilônica, em parte em Jerusalém – aqui a partir da retomada do culto no Templo, depois de sua reconstrução. É verdade, segundo os especialistas, que alguns salmos apresentam elementos formais e ideológicos que os remetem ao período pré-exílico, mas tais casos são relativamente poucos e, além do mais, são neles evidentes as marcas de uma reelaboração. Seja como for, não passa de uma lenda a crença, vigente até o século XIX, de que o Saltério, ou grande parte dele, remonte às épocas de Davi e Salomão, no século X a.C.

Em decorrência do exposto, é indiscutível que os salmos são material fundamental para o estudo da história do período do Segundo Templo,[238] em particular para compreender as origens da orientação cultual-legalista que impregna o *judaísmo* – termo utilizado pelos historiadores para denominar a religião israelita na forma por ela assumida a partir desta época. Mas isto em nada afeta o fato de que alguns salmos, literariamente, sejam poemas de alto valor artístico, e apenas um sub-iluminismo vulgar e inculto pode considerar como demérito o terem eles adquirido perenidade na memória religiosa do Ocidente. Tal qual na Hélade as peças dos três grandes trágicos, os diálogos de Platão e a obra de Tucídides, em Israel os salmos – juntamente com os profetas clássicos – formam o relicário máximo em que se guardaram os supremos tesouros da civilização que os gestou.

Externando anseios de transcendência e segurança, de poder e glória, de paz e vingança e exprimindo sentimentos de dor e desespero, de vitória e derrota, de contrição e revolta, de desilusão e esperança, de alegria e tristeza e todo o irisado espectro de emoções da lábil alma da espécie, os salmos são *um tesouro para sempre* – e assim permanecerão enquanto a natureza humana for a mesma.

Entre as dezenas de salmos que poderiam ser citados como exemplo, estão o 129, sempre lembrado pelas primeiras palavras de sua versão latina – *De profundis* –:

> Das profundezas do abismo
> Clamo a vós, Senhor!

O 18, com a perene beleza de seus dois primeiros versículos:

> Os céus entoam a glória de Deus
> E o firmamento anuncia a obra de suas mãos;
> Um dia ao outro transmite esta mensagem
> E uma noite a outra para sempre a repete.

---

[238] V. Fohrer, op. cit., p. 41155 e Bright, op. cit., cap 11.

Ou o 72, no qual também já se desvela, como nas Lamentações, a crise ideológica do velho Israel, crise que ressoará insistente ao longo de todo o Livro de Jó[239] e que neste salmo, a oscilar entre o consolo da fé e a implacabilidade da lógica, alcança sublime pungência:

> Oh, como Deus é bom para os corações retos
> E para aqueles que têm a alma pura.
> Contudo, meus pés estavam a resvalar,
> E por pouco não caí.
> Porque eu me indignava contra os ímpios
> E ao ver a felicidade dos maus;
> Não existe sofrimento para eles
> E seus corpos são robustos e sadios.

E assim poderíamos continuar por muitas páginas. Mas aqui, por suas ressonâncias literárias na tradição do Ocidente, basta lembrar e citar partes do 38, o 22 e o 136.

O Salmo 38, em seus versículos 5-7, lembra, mas em tom de profundo pessimismo, a 8ª Ode Pítica de Píndaro:[240]

> Fazei-me conhecer, Senhor, o meu fim
> E o número de meus dias,
> Para que eu veja como sou efêmero.
> A largura da mão: eis a medida dos meus dias.
> Diante de vós minha vida é como um nada,
> E todo homem não é mais que um sopro.
> O homem passa como uma sombra,
> É em vão que ele se agita
> E em vão ajunta, sem saber quem recolherá.

O Salmo 22, que é uma proclamação de fé e uma promessa de consolo para o crente, remete o leitor, em seu surpreendente e imperecível mote, aos idílios bucólicos de Teócrito, do qual o autor talvez tenha sido contemporâneo:

---

[239] V. a seguir, p. 326ss
[240] V. p. 81ss.

Período Pós-Exílico

O Senhor é meu pastor, nada me faltará.
Em verdes prados ele me faz repousar.
Leva-me para junto das águas refrescantes
E restaura as forças de minha alma.
Pelos caminhos retos ele me conduz,
Por amor do seu nome.

Ainda que eu atravesse o vale das sombras,
Nada temerei, pois estais comigo.
Vosso bordão e vosso báculo
São o meu amparo.

Preparais para mim a mesa,
À vista de meus inimigos.
Derramais o perfume sobre minha cabeça,
E transborda minha taça.
A vossa bondade e misericórdia hão de seguir-me
Por todos os dias da minha vida.
E habitarei na casa do Senhor
Por longos anos.

Finalmente, o Salmo 136, marcante pela presença contrastante de sentimentos de profunda nostalgia e desbordante ódio, é particularmente memorável em língua portuguesa, pois nele baseado Camões construiu um de seus mais belos e conhecidos poemas[241]:

Às margens dos rios de Babilônia,
Nos assentávamos chorando, lembrando-nos de Sião.
Nos salgueiros daquela terra, pendurávamos, então nossas harpas, porque aqueles que nos tinham deportado pediam-nos um cântico.
Nossos opressores exigiam de nós um hino de alegria: "Cantai-nos um dos cânticos de Sião."

---

[241] Sôbolos rios que vão / Por Babilônia me achei, / Onde sentado chorei / As lembranças de Sião etc.

> Mas como poderíamos nós cantar o cântico do Senhor em terra estranha?
> Se eu me esquecer de ti, ó Jerusalém, que minha mão direita se paralise!
> Que minha língua se me apegue ao paladar, se eu não me lembrar de ti, se não puser Jerusalém acima de todas as minhas alegrias.
> Contra os filhos de Edom, lembrai-vos, Senhor, do dia da queda de Jerusalém, quando eles gritavam: "Arrasai-a, arrasai-a até os seus alicerces!"
> Ó filha de Babilônia, a devastadora, feliz aquele que te retribuir o mal que nos fizeste!
> Feliz aquele que se apoderar de teus filhinhos, para esmagá-los contra o rochedo!

Depois de ler este capítulo, alguém me disse, entre surpreso e fascinado: "Pena que sejam tão poucas as citações. Os exemplos deveriam ser mais numerosos!"

Parodiando humildemente o Salmista, respondi: "Como poderíamos nós, em uma obra introdutória, registrar todas as belezas dos cantares que Sião há milênios no legou?!" Mas se isto é impossível, pois devemos seguir caminho, os tesouros artísticos da civilização israelita-cristã aí estão, na Bíblia, disponíveis a todos. Mesmo que desde sempre desprezados pelo iluminismo rasteiro ou cada vez mais ignorados pela bárbara insciência de uma formação literária cada vez mais limitada e sempre mais vulgar.

# A CRISE SAPIENCIAL

*O autoconhecimento é o princípio da sabedoria* – este lema, já foi visto, resume a gélida visão de mundo helênica, segundo a qual o indivíduo, a vagar por um mundo inóspito e cruel, tem por únicos companheiros o inconstante acaso e a eventual força, como o revelam as monumentais personagens dos trágicos áticos, os supremos poetas da Hélade.

*O temor do Senhor é o princípio da sabedoria* – este dístico, também já foi dito, contém a alma de Israel, miticamente gestada sobre as sáfaras escarpas do Sinai e guardada no sagrado legado dos anônimos mestres-narradores do Pentateuco e nos oráculos incendiários dos grandes profetas, no período pré-exílico.

Um dia, porém, na marcha fatal das eras e das civilizações, Israel e a Hélade cruzaram-se pelos caminhos do Mediterrâneo oriental e – muitos séculos antes de se amalgamarem sob o estandarte ético-filosófico de Niceia – da força explosiva deste primeiro embate nasceram alguns dos Livros Sapienciais, vigoroso e derradeiro fruto da Antiguidade clássica em seu ocaso. Mas o que são os Livros Sapienciais?

Seguindo adiante em nossa já longa jornada pelos caminhos do alvorecer do Ocidente, a pergunta será respondida sinteticamente em quatro itens: a *sabedoria* no Antigo Oriente Próximo, a *sabedoria* em Israel, os livros sapienciais e a crise teológica da *sabedoria* israelita.

## A *sabedoria* no Antigo Oriente Próximo

Em virtude de causas hoje razoavelmente conhecidas pelos historiadores, o processo de acumulação de conhecimento no Antigo Oriente Próximo e na Hélade assumiu formas distintas, como óbvia e direta consequência de diferentes características culturais/civilizatórias. No que diz respeito ao Antigo Oriente em geral, e em particular ao Egito e à Mesopotâmia, ali os templos e as cortes se tornaram os centros principais, e praticamente únicos, de geração e acumulação de conhecimento – que desde sempre foi símbolo, instrumento e sinônimo de poder. Segundo Sellin-Fohrer,[242] ali este conhecimento se desenvolveu em duas linhas básicas: listas variadas e manuais primitivos referentes a diversas áreas (de esboços de contabilidade a técnicas divinatórias) e coleções de regras de comportamento e de princípios éticos. Esta divisão é praticamente idêntica à que se faria na Hélade, muito mais tarde, entre *tékne* (conhecimento prático, instrumental) e *sofia* (sabedoria existencial, experiência). Nada a admirar – afinal a espécie era a mesma! E continua sendo... Mas isto não vem ao caso. Certo é que a partir da monarquia e da consolidação do Estado sob Salomão no século X a.C., a *sabedoria*, por necessária decorrência da centralização da administração e do culto, fez sua morada definitiva em Jerusalém, depois de ter percorrido um longo caminho a partir do Egito,[243] desde os tempos de Moisés e Davi.

---

[242] *Introdução ao Antigo Testamento*, v. 2, p. 449 ss.
[243] É interessante observar que esta é a visão de Lucas, que em Atos do Apóstolos 7,22 afirma, pela boca de Estêvão: "Moisés foi instruído em todas as ciências dos egípcios e tornou-se forte em palavras e obras".

## *A sabedoria* em Israel

A *sabedoria* – que, segundo foi visto, poderia ser definida como *o acúmulo de conhecimentos técnicos e humanísticos* – apresenta em Israel três fases claramente distintas,[244] além de uma característica que a torna peculiar e específica no contexto do Antigo Oriente Próximo.

A primeira fase abrange o período de formação do Estado e da consolidação da monarquia no século X a.C., período no qual avulta, dominante e envolta em lendas, a figura de Salomão, o sábio paradigmático e o monarca ideal. Pouco se conhece sobre esta época, porém estudos mais recentes indicam a prevalência de dois aspectos fundamentais: a instrumentalização do conhecimento prático para a organização e a administração do Estado – nas quais Israel não tinha qualquer tradição, ao contrário de outras monarquias vétero-orientais, algumas delas já então milenares – e a forte influência externa, em particular do Egito. Inclusive, há muito se sabe que partes significativas do Livro dos Provérbios são cópias, não raro literais, de textos egípcios escritos por volta dos séculos XIII/XII a.C. Por outro lado, em alguns provérbios e em alguns salmos desta primeira fase observa-se a influência da cultura autóctone de Canaã, cujas pequenas cidades-Estado – incluindo a própria Jerusalém – haviam sido a base sobre a qual se estabelecera a monarquia israelita.

A segunda fase, que cronologicamente coincide mais ou menos com o período de atividade dos profetas clássicos (séculos VIII/VII a.C.), se caracteriza pela grande expansão da economia, da educação e das estruturas do Estado, tanto no Reino do Norte (Israel) quanto no Reino do Sul (Judá) –

---

[244] Aqui também seguimos Sellin-Fohrer, op. cit., id. ibid.

depois do fim da monarquia unificada nas derradeiras décadas do século X a.C. Pelo que se pode depreender do que dizem os inimigos de Jeremias[245] no final do século VII a.C., em Jerusalém esta é a época dos *sábios* da corte, dos sacerdotes do Templo e de numerosos profetas. É também a época em que se organiza e se fixa em suas linhas fundamentais o monumental legado literário do período pré-exílico, que representa cerca de três quartos de todo o denominado (pelos cristãos) *Antigo Testamento*. Esta é uma época de grande refinamento intelectual e cultural em Judá[246], quando se firma definitivamente o conceito de *sábio* no contexto israelita: o homem equilibrado e sensato, de coração reto e temente a Deus, o conselheiro de reis e o mestre da comunidade. Em resumo, o ideal do intelectual hierosolimitano dos novos tempos: sofisticado e integrante de uma sociedade urbana próspera e, até certo ponto, cosmopolita – mas impregnado das tradições do velho Israel seminômade e fiel à sagrada herança do Sinai.

Então, intempestiva, sobreveio a catástrofe. E a partir dela, na terceira fase da *sabedoria* em Israel, do caos e da desilusão nasceram as invectivas de Jó contra a Divindade e as meditações do Eclesiastes sobre a inanidade do mundo e da vida. Nestas obras, a *sabedoria* israelita adquire características únicas no Antigo Oriente Próximo e produz as derradeiras páginas imortais da Antiguidade clássica. Como tal aconteceu?

Tardio como formação histórico-civilizatória no Antigo Oriente Próximo, e mais tardio ainda como Estado monárquico centralizado, Israel sofreu forte influência do entorno situado a norte/nordeste e sul/sudeste, como o revelam as grandes descobertas arqueológicas ocorridas e interpretadas a partir de meados do século XIX. A acumulação de

---

[245] V. Jeremias 18,18.
[246] Cuja elite crescera em quantidade e, possivelmente, em qualidade com a chegada de emigrados do Reino do Norte, eliminado pelos assírios nas últimas décadas do século VIII a.C.

conhecimento – *a sabedoria* – nisto não foi exceção. Nem poderia ser. Aliás, o surgimento extemporâneo e quase instantâneo de Israel como Estado monárquico ainda intriga os historiadores de hoje e seguramente continuará intrigando os do futuro, em particular no referente às origens da ética e do monoteísmo sinaíticos, e à granítica resistência destes no solo estranho de Canaã, depois de ali se estabelecerem.

Incertezas e controvérsias à parte, é exatamente nos Livros Sapienciais que se revela a consistência e a força da herança sinaítica, que insume, impregna e molda todos os corpos estranhos absorvidos do entorno. Porque a *sabedoria* – como conhecimento racional/racionalista – era estrangeira em Israel e o que ali a torna específica é o ter sido enquadrada na visão sacral/mítica sinaítica, que a absorve, reelabora e a condensa no dístico que se transformou no *mantra* de todos os escritores sapienciais: *O temor do Senhor é o princípio da sabedoria*.

Mas este fascinante amálgama de racionalidade e sacralidade carregava em si o gérmen da dissolução. Pois enquanto a herança do Sinai se manteve soberana em Judá – materializada na Terra, no Templo e no Estado –, a híbrida sabedoria de Israel resistiu incólume. Mas quando, diante do silêncio da Divindade e das armas de Nabucodonosor, em 587 a.C. a Terra foi perdida, o Templo arrasado e o Estado eliminado, a *sabedoria* desertou Jerusalém e viu sua alma esvair-se para sempre pelos caminhos do exílio e da dor. E então, ao enfrentar a nêmesis fatal de seu destino, de sua alma dilacerada e martirizada brotaram, poucas e tardias mas vigorosas e perenes, obras às quais não fazem sombra as tragédias de Ésquilo, Sófocles e Eurípides e os diálogos de Platão.

# Os livros sapienciais

Tradicionalmente e de acordo como o *cânone*[247] – ou *lista oficial* – da Igreja romana, seguido pelas edições católicas da Bíblia, são sete os *livros sapienciais*: Salmos, Cântico dos Cânticos, Provérbios, Eclesiástico, Jó, Eclesiastes (Cohélet) e Sabedoria.

Diversas e heterogêneas no conteúdo, na forma e na extensão, estas obras foram assim denominadas pela tradição por conterem – pelo menos algumas delas – a *sapientia*, ou *sabedoria*, acumulada em Israel.

## Salmos

Já brevemente comentados antes, apenas o 72 (73 do cânone hebraico) tem aqui importância, pois sua temática revela a crise da teologia sinaítica, como se verá adiante.

---

[247] Que diverge, em alguns títulos, do *cânone* hebraico e do reformado (protestante).

## Cântico dos cânticos

Listado, *à faute de mieux*, entre os Livros Sapienciais, Cântico dos Cânticos é, na verdade, um conjunto de belas *canções de esponsais*, de natureza profana, por suposto, e impregnadas de óbvia sensualidade e delicado erotismo. De inegável importância entre as produções líricas da Antiguidade, estes poemas foram sempre atribuídos a Salomão, mas seu léxico e seu estilo indicam – segundo os especialistas – que devem ter sido escritos no século V a.C., ou um pouco mais tarde, na Palestina, possivelmente em Jerusalém. Contudo, não se pode excluir Alexandria, nem mesmo a Mesopotâmia.

## Provérbios

Também atribuído a Salomão, o Livro dos Provérbios é na verdade um conjunto de várias coleções, tematicamente heterogêneas, de ditos e conselhos procedentes de várias épocas e que revelam influências egípcias, cananeias, mesopotâmicas, helenísticas etc. Atualmente esta obra, em sua quase totalidade, surge aos olhos do leitor como um impressionante repositório de conhecimentos antropológicos (práticos, pedagógicos, psicológicos, morais, filosóficos etc.) e de princípios de validade universal e perene, emoldurados quase sempre pela rígida ética sinaítica, cuja solidez parece não ter sofrido ainda qualquer abalo. Sob este ângulo, todo o conteúdo desta obra poderia ser assim resumido:

> Civilização é sabedoria;
> Sabedoria é obedecer ao Decálogo;
> Quem obedece ao Decálogo é feliz.

De leitura obrigatória entre as obras da Antiguidade clássica, o Livro dos Provérbios continua e continuará sendo um guia atemporal para pessoas sensatas e imunes à tentação de pretenderem inventar a roda na era das naves espaciais. Para convencer-se disto basta ler três de seus provérbios:

>Só o tolo procura conflitos.
>20,3

>O sábio ouve conselhos;
>O tolo crê correto o seu caminho.
>12,15

>Quem poupa a vara odeia seu filho;
>Quem o ama castiga-o no momento preciso.
>13,24

## Eclesiástico

Redigido por volta de 200 a.C., talvez em Jerusalém, por um escriba chamado Jesus ben Sirac – que tradicionalmente é também conhecido como *o Sirácida* –, o Livro do Eclesiástico é a mais longa de todas as obras sapienciais e assim é denominado por ter sido muito utilizado pela Igreja, nos primeiros séculos do cristianismo, como uma espécie de manual de instrução para os fiéis. E com razão, pois, tanto ou mais do que o Livro dos Provérbios, o Livro do Eclesiástico é um extenso repositório da milenar sabedoria do Antigo Oriente Próximo e, fundamentalmente, como quer seu autor, dos princípios civilizatórios de Israel.

Evidentemente, mesmo refletindo o contexto de uma sociedade urbana, civilizada e, ao que parece, também próspera e tendo como seu rígido norte o Decálogo, Jesus ben Sirac é filho de seu tempo e de seu entorno, como se pode observar em

27,7-36, um texto explicitamente misógino. Seja como for, o Livro do Eclesiástico também é uma obra de leitura obrigatória, pelo menos por ser um inigualável espelho da visão *oficial* do judaísmo palestinense de sua época, visão aparentemente imune à crise ideológica que impregna densamente o Livro do Eclesiastes e é o tema central e único do Livro de Jó. De fato, apenas *aparentemente imune*, pois cá e lá ela surge, sub-reptícia, como no famoso cap. 40 (1-11):

> Grande inquietação foi imposta a todos os homens
> E um pesado jugo acabrunha os filhos de Adão
> Desde o dia em que saem do seio materno
> Até o dia em que são sepultados no seio da mãe comum:
> Seus pensamentos, os temores de seu coração,
> A apreensão pelo que os espera,
> E o dia em que tudo acabará.
> Tanto o que se senta em trono magnífico
> Quanto o que se deita sobre a terra e o pó,
> Tanto o que veste púrpura e ostenta coroa
> Quanto o que só se cobre de pano:
> Furor, ciúme, inquietação, agitação,
> Temor da morte, cólera persistente e conflitos,
> E na hora de repousar no leito
> O sono da noite perturba-lhe as ideias.
> Ele repousa um pouco, tão pouco como se não repousasse
> E no mesmo sono, como sentinela durante o dia,
> Como alguém que foge do combate.
> E quando se julga em lugar seguro
> Admira-se de seu vão temor.
> Assim é com toda criatura,
> Desde os homens até os animais.
> Mas para os pecadores é sete vezes pior.
> Além disso, a morte, o sangue, os conflitos, a espada,
> A opressão, a fome, a ruína e os flagelos,
> Tudo isso foi criado para os maus
> E foi por causa deles que veio o dilúvio.
> Tudo o que vem da terra à terra tornará,
> Como todas as águas voltarão ao mar.

Tal como se verá a seguir, esta concepção pessimista, que Jesus ben Sirac tenta, sem muita convicção, amenizar, assumira total radicalidade já cerca de um século antes, na voz imperativa do anônimo autor do Livro de Jó.

## Jó

Título indefectível na escassa lista das obras imortais da arte literária universal, o Livro de Jó é o improvável, solitário e sublime milagre gerado pelo choque entre a sacralidade transcendente israelita e o racionalismo imanente helênico.

E tem também como improvável, solitário e sublime paralelo no Ocidente apenas a Divina Comédia, de Dante Alighieri, que não por acidente nasceu sob coordenadas históricas e culturais semelhantes, no *crossing-over* do tardio totalitarismo teológico niceno-medieval, em seu apogeu, com o cosmopolitismo profano burguês-renascentista, em seu nadir.

Analisar o Livro de Jó sob seus múltiplos, multifacetados, surpreendentes e fascinantes ângulos exigiria pelo menos um alentado ensaio – ou uma pequena obra especializada. Sejam aqui suficientes, porém, como incentivo à leitura, poucas e sucintas observações.

1 – O Livro de Jó, visto na perspectiva dos conceitos estéticos clássicos da tradição platônico-aristotélica, é a maior das obras literárias de todo o legado israelita-cristão. Sob tal ângulo, ele é muito superior a Cântico dos Cânticos, com o lirismo erótico um tanto convencional de suas cantigas de esponsais, e da ficção fantástico-panfletária do Livro do Apocalipse, podendo ser comparado apenas aos grandes oráculos dos profetas clássicos, às Lamentações, ditas de Jeremias, e a alguns dos grandes salmos.

2 – A obra se estrutura como peça dramática perfeitamente definida, com espaço(s), tempo, argumento, prólogo, enredo, personagens e diálogos.

3 – A elaborada perfeição de sua montagem e a força devastadora de sua retórica só encontram paralelo, na Hélade e em Roma, nos dramas dos grandes trágicos áticos, nos diálogos de Platão e nas grandes orações de Cícero. E, depois, nas melhores peças de Shakespeare. Mais não seria necessário dizer.

4 – Um dos aspectos mais surpreendentes do Livro de Jó é a maestria com que seu anônimo autor absorve, utiliza e, em linhas gerais, unifica as várias e variadas influências[248] do Antigo Oriente Próximo e a seguir as insere em moldura israelita para assim arrastar a Divindade até as barras de um tribunal presidido pela racionalidade helênica – no que lembra as furiosas invectivas contra os deuses nos dramas de Eurípides e em Prometeu acorrentado, de Ésquilo.

5 – Do ponto de vista histórico-literário, o Livro de Jó apresenta várias dificuldades. Para começar, não existem informações exatas sobre seu autor nem sobre a data e o local de sua redação – o conteúdo indica como provável o século III a.C., talvez no Egito, talvez na Arábia. Além disso, o texto está eivado de problemas, como lacunas, deslocamentos, inserções e acréscimos – o epílogo, por exemplo, é obviamente uma tentativa canhestra de um *editor* piedoso destinada a salvar a *imagem* da Divindade, gravemente desfigurada pela iconoclástica argumentação de Jó. Mas, como sempre, tais problemas devem ser deixados para os especialistas. O importante é salientar que o livro de Jó – com exceção do genial e literalmente diabólico prólogo – é uma sequência de violentos embates retóricos exarados em uma linguagem torrencial em que a lógica irretorquível, a ironia sutil e o sarcasmo demolidor de Jó – contrapostos à frágil, formal e

---

[248] Transjordanianas, babilônias, egípcias, cananeias, helenísticas etc.

inconsistente argumentação de seus interlocutores – se alternam e se aliam para construir a obra máxima de todo o legado israelita-cristão e, como foi dito, uma das raras obras incomparáveis da arte literária universal, contada entre aquelas cuja monumentalidade desafia e para sempre continuará desafiando os milênios, as traduções, as interpretações e a obtusidade dos fundamentalismos de qualquer tipo.

Para encerrar, e como pálido exemplo da grandiosidade desta obra, vai abaixo transcrita uma de suas passagens mais famosas:

> A vida do homem sobre a terra é uma luta,
> Seus dias são como os dias de um mercenário.
> Como o escravo que suspira pela sombra
> E o assalariado que espera por seu soldo,
> Assim também tive por sorte meses de sofrimento
> E noites de dor me couberam por partilha.
> Apenas me deito, digo: – Quando chegará o dia?
> E logo que me levanto: – Quando chegará a noite?
> E até a noite me farto de angústias.
> [...]
> Meus dias passam mais depressa que a lançadeira
> E se desvanecem sem deixar esperança.
> Lembra-te (ó Deus) que minha vida não é mais que um sopro,
> Que meus olhos não mais verão a felicidade;
> O olho que me via não mais me verá,
> O teu me procurará, e eu já não existirei.
> Como a nuvem que se dissipa e passa,
> Assim quem desce à região dos mortos não voltará,
> Não mais retornará à sua casa
> E sua morada não mais o reconhecerá.
> Por isso não reprimirei minha língua,
> Falarei na angústia de meu espírito
> E na tristeza de minh'alma me queixarei.

# Eclesiastes

Investiguei afanosamente tudo o que há de escrito sob o sol – poderia eu afirmar, parodiando o autor do Livro do Eclesiastes – e conclui que tudo é vaidade, a principiar pela ingenuidade dos que julgam conhecer o mundo e a arte das palavras sem terem lido os profetas de Israel, o Livro de Jó e o próprio Eclesiastes – além dos trágicos áticos e Platão, Dante, Shakespeare, Goethe... Continuando, porém, a investigar, vi que isto também é vaidade...

É sob esta forma fugidia, quase evanescente, afirmando e negando, dizendo e contradizendo-se, explicando e enovelando-se, que o Livro do Eclesiastes surge a nossos olhos como obra única, fascinante e renitente a qualquer tentativa de reduzi-la – apesar de suas escassas dez ou quinze páginas – a uma visão de mundo coerente, a não ser a de expor, com transparência absoluta e profundidade incomparável, a crise terminal da teologia e da antropologia sinaíticas, fundamente abaladas pelas catástrofes do passado e pelos perigos do presente – como se verá adiante. Antes, porém, algumas breves observações técnicas são úteis para a leitura desta obra desde sempre clássica e para sempre inolvidável, a primeira e a máxima de um gênero ao qual, desde a Antiguidade, como seu autor inominado, outros se dedicaram – e cujos nomes não se perderam: Cícero, Sêneca, Marco Aurélio, Boécio, Montaigne, Pascal...

1 – O termo *eclesiastes* em grego corresponde a *cohélet* em hebraico e significa *pregador/instrutor* ou, talvez mais precisamente, *chefe/líder* de uma comunidade. Ambos estes sentidos se coadunam perfeitamente com a função dos *mestres da*

*sabedoria* no Antigo Oriente Próximo, particularmente em Israel. Como, aliás, se pode perceber claramente na abertura, na qual, ao apresentar-se como "filho de Davi, rei de Jerusalém" (1,1), o autor pretende fazer passar-se por Salomão, o sábio, o mestre e o líder de Israel por excelência. A afirmação, evidentemente, é apenas um truque literário, pois o Livro do Eclesiastes deve ter sido escrito em Alexandria do Egito por volta de 250 a.C., ou pouco depois. Uma datação mais recente foi totalmente excluída a partir de 1947, quando nas grutas de Qumram, no Mar Morto, foram descobertos fragmentos da obra. Como tais fragmentos são seguramente anteriores a 150 a.C., o Livro do Eclesiastes devia estar em circulação já em torno de 200 a.C. Quanto ao autor, alguns especialistas o identificam com um escriba altamente qualificado de Jerusalém. O que não exclui a possibilidade do mesmo ter vivido/escrito em Alexandria – ou talvez na Babilônia. A favor destas hipóteses depõem as fortes influências mesopotâmicas, egípcias e helenísticas presentes na obra.

2 – Visto de uma perspectiva histórico-literária – em outros termos, *helênica* –, o Livro do Eclesiastes é um ensaio filosófico, a única obra, aliás, que em toda a Bíblia poderia ser assim considerada.[249] Sob este aspecto, o Livro do Eclesiastes e o Livro de Jó, apesar de sua natureza radicalmente diversa, podem ser considerados semelhantes: eles não possuem similar no extenso legado literário israelita-cristão e, até, dele destoam – um aspecto a mais a somar-se a tantos outros que os tornam fascinantes e perenes.

Isso posto resta, seja por sua importância, seja por sua clareza e reduzida extensão, ler esta obra única e inigualável, que possivelmente é a mais citada de toda a Bíblia, depois dos Quatro Evangelhos – e com razão, pois nela se encontram, entre tantas outras memoráveis, passagens como a que segue:

---

[249] Parte da Carta aos Romanos (caps. 4-9) também, mas contra ela pesa a objeção de estar demasiadamente impregnada pela antropologia mítica paulina.

Passei então a meditar sobre a sabedoria, a loucura e a tolice. Cheguei à conclusão de que a sabedoria leva vantagem sobre a loucura da mesma forma que a luz leva vantagem sobre as trevas. Os olhos do sábio estão na cabeça, enquanto o insensato anda nas trevas. Mas percebi que o mesmo destino espera a ambos. E disse comigo mesmo: "– A minha sorte será a mesma do insensato. Então, para que me serve toda a minha sabedoria?". Por isto disse para mim mesmo que isto também é vaidade. Porque a memória do sábio não é mais perene que a do insensato, pois, passados alguns dias, ambos serão esquecidos. E então? Tanto morre o sábio quanto o insensato?

E detestei a vida, porque a meus olhos é mau tudo o que acontece debaixo do sol, tudo é vaidade e vento que passa.

2,12-17

## Sabedoria

O Livro da Sabedoria, conhecido também por *Sabedoria de Salomão*, é um documento histórico fundamental para o estudo da religião/do pensamento israelita no período pós-exílico e, consequentemente, para a compreensão das origens do cristianismo. Em Paulo de Tarso e no Quarto Evangelho, por exemplo, pode-se perceber a influência direta do Livro da Sabedoria, no qual, pela primeira vez, aparecem explícitos os conceitos da *imortalidade da alma* e da *sabedoria divina personificada*.[250]

Mas, à parte tal aspecto, de um ângulo literário estrito o Livro da Sabedoria é uma obra convencional – pelo menos assim a pretende seu inominado autor. Escrita, ao que tudo indica, em Alexandria do Egito, entre as últimas décadas do século II a.C. e

---

[250] Que posteriormente, a partir do século II d.C., no cristianismo helenizado, se transformaria em Divindade (*Logos*) e, finalmente, em Segunda Pessoa (Filho) da Trindade. Quanto à ideia da imortalidade da alma, ela já se encontra, em passagem incidental, em Daniel 12,2 (entre 170 e 164 a.C.).

as primeiras do século I a.C., ela parece ter por objetivo exortar os judeus a permanecerem firmes em sua fé durante as perseguições contra eles movidas pelos últimos Ptolomeus. Para tanto, o autor utiliza vários argumentos, entre os quais está exatamente o da imortalidade da alma, garantia do merecido prêmio para os crentes e os justos. O surpreendente, porém, é que nesta sólida defesa da fé monoteísta israelita a mais bela página seja o cap. 2, talvez o mais refinado e blasfemo *manual da maldade* produzido até hoje pela mente humana. Sob a recorrente mas nada convincente desculpa de que "assim falam os ímpios", assim reza esta fantástica, terrífica e inolvidável declaração de princípios:

> Curta é a nossa vida, e cheia de tristezas; para a morte não há remédio algum; não há notícia de alguém que tenha voltado da região dos mortos.
> Um belo dia nascemos e, depois disso, seremos como se jamais tivéssemos sido!
> É fumaça a respiração de nossas narinas e nosso pensamento uma centelha que salta do bater de nosso coração!
> Extinta ela, nosso corpo se tornará pó, e nosso espírito se dissipará como um vapor inconsistente!
> Com o tempo nosso nome cairá no esquecimento, e ninguém se lembrará de nossas obras.
> Nossa vida passará como os rastros de uma nuvem,
> Desvanecer-se-á como uma névoa que os raios do sol expulsam, e que seu calor dissipa.
> A passagem de uma sombra: eis a nossa vida, e nenhum reinício é possível uma vez chegado o fim, porque o selo lhe é aposto e ninguém volta.
> Vinde, portanto! Aproveitemo-nos das boas coisas que existem!
> Vivamente gozemos das criaturas durante nossa juventude!
> Inebriemo-nos de vinhos preciosos e de perfumes, e não deixemos passar a flor da primavera!
> Coroemo-nos de botões de rosas antes que eles murchem!
> Ninguém de nós falte à nossa orgia; em toda parte deixemos sinais de nossa alegria, porque esta é a nossa parte, esta a nossa sorte!

Tiranizemos o justo na sua pobreza, não poupemos a viúva, e não tenhamos consideração com os cabelos brancos do ancião!
Que a nossa força seja o critério do direito, porque o fraco, em verdade, não serve para nada.
Cerquemos o justo, porque ele nos incomoda; é contrário às nossas ações; ele nos censura por violarmos a lei e nos acusa de contrariar nossa educação.
Ele se gaba de conhecer Deus, e chama a si mesmo filho do Senhor!
Sua existência é uma censura às nossas ideias; basta sua vista para nos importunar.
Sua vida, com efeito, não se parece com as outras, e os seus caminhos são muito diferentes.
Ele nos tem por uma moeda de mau quilate, e afasta-se de nossos caminhos como de manchas.
Julga feliz a morte do justo, e gloria-se de ter Deus por pai.
Vejamos, pois, se suas palavras são verdadeiras, e experimentemos o que acontecerá quando da sua morte, porque, se o justo é filho de Deus, Deus o defenderá e o tirará das mãos dos seus adversários.
Provemo-lo por ultrajes e torturas, a fim de conhecer a sua doçura e estarmos cientes de sua paciência.
Condenemo-lo a uma morte infame, porque, conforme ele, Deus deve intervir.

Sim, como este texto o prova, a fé de Israel enfrentava sua crise terminal, e seria necessário reinventá-la – os *helenistas*[251] e o gênio de Paulo de Tarso se encarregariam desta missão. Mas o que ocorrera com o já quase milenar legado sinaítico e como aportara ele a tal impasse?

---

[251] Em Atos dos Apóstolos, Lucas utiliza tal termo para designar os judeus de língua e cultura gregas que haviam aderido à seita dos *nazarenos* depois da crucificação de Jesus. Liberais e originários de cidades do Mediterrâneo, os *helenistas* acreditavam que não era necessário, entre outras coisas, circuncidar-se para aceitar Jesus como o *Messias*. Depois de persegui-los furiosamente, Paulo de Tarso a eles aderiu e se tornou seu líder. V. adiante, p. 365ss.

# A crise da sabedoria em Israel

A crise teológica/espiritual de Israel, que impregna o Livro de Jó, o Livro do Eclesiastes e textos como o acima transcrito foi uma crise civilizacional no sentido mais profundo da expressão e como tal, na Antiguidade, só encontra paralelo naquela resultante da desintegração da *pólis* helênica, desintegração eternizada nas tragédias de Eurípides, nas comédias de Aristófanes e na obra de Platão, maximamente na Apologia de Sócrates.

A crise da *pólis* foi objeto de incontáveis análises, começando por aquela de Tucídides e chegando às obras clássicas dos grandes eruditos europeus da primeira metade do século XX. Diversamente foi o caso da *crise da sabedoria*, como a denominam os historiadores da religião de Israel. Somente a partir de meados do século citado tal tema tornou-se objeto de numerosos estudos especializados e em perspectiva adequada, ainda que nem sempre plenamente satisfatória. O fenômeno é compreensível e até óbvio: o pensamento israelita-cristão tradicional, por definição a-histórico, nunca dispusera de ferramental analítico adequado para tanto e o iluminismo europeu sempre relegara, com raras exceções, à condição de *velharias inúteis* quaisquer temas ligados a Israel – e ao cristianismo. Deixando à parte estas questões especializadas, aqui é necessário perguntar: de onde surgiram e que contexto histórico-cultural refletem obras tão *estranhas* como o Livro de Jó, o Livro do Eclesiastes e textos similares?

Para responder a tal pergunta pode-se começar lendo a primeira parte (1-17) do Salmo 72, que deve ter sido escrito mais ou menos pela mesma época das duas obras acima citadas:

> Oh, como Deus é bom para os corações retos, e o Senhor para com aqueles que têm o coração puro!
> Contudo, meus pés iam resvalar; e por pouco não escorreguei, porque me indignava contra os ímpios, vendo o bem-estar dos maus: não existe sofrimento para eles, seus corpos são robustos e sadios.
> Dos sofrimentos dos mortais não participam, não são atormentados como os outros homens.
> Eles se adornam com um colar de orgulho, e se cobrem com um manto de arrogância.
> Da gordura que os incha sai a iniquidade, e transborda a temeridade.
> Zombam e falam com malícia, discursam altivamente, em tom ameaçador.
> Os seus propósitos afrontam o céu e suas línguas ferem toda a terra.
> Por isso se volta para eles o meu povo, e bebe com avidez das suas águas.
> E dizem então: "Porventura Deus o sabe?
> Tem o Altíssimo conhecimento disso?"
> Assim são os pecadores que, tranquilamente, aumentam suas riquezas.
> Então foi em vão que conservei o coração puro e na inocência lavei as minhas mãos?
> Pois tenho sofrido muito e sido castigado a cada dia.

Eis aí, exposta com clareza quase brutal e em um misto de lamento e protesto, a crise irreversível da teologia sinaítica tradicional, fundada sobre a *doutrina da retribuição*. Mas o que é esta doutrina? Fohrer a define como a doutrina segundo a qual

> [...] Javé pune ou recompensa todo homem, ainda em vida, de acordo com a sua conduta. Cada qual ceifa aquilo que semeou. Portanto, o homem reto e piedoso não enfrenta dificuldades. Apenas o homem perverso e ímpio é punido com a desgraça. Quem sofre merece sua desgraça. [...] da desgraça

que fere um homem pode-se concluir que ele tem pecado e que sua desgraça representa uma punição.[252]

Agora é possível compreender a revolta de Jó contra a Divindade, o pessimismo e o hedonismo do autor do Livro do Eclesiastes e a tentativa desesperada do autor do Livro da Sabedoria para salvar os fundamentos da fé de Israel. E de pouco adianta que na segunda parte do salmo acima citado (18-28) seu autor faça o mesmo, pois sua consciência está irremediavelmente envenenada pela dúvida, irreversivelmente corroída pelo verme da lógica helênica. E sem a fé a ética sinaítica paira, etérea e inútil, sobre um mundo no qual não encontra mais sua morada.

Na Hélade, Tucídides, o analista gélido, e Platão, o estadista abstrato, não salvam a *pólis*, mas eternizam a racionalidade imanente que a fundara. Em Israel, os anônimos *sábios* salvam a fé transcendente que os nutrira, mas a esvaziam da identidade étnica que a moldara e a transformam em sagrado refúgio do israelita perdido, a vagar pela vastidão da diáspora mediterrânea, companheiro, enfim, da Humanidade dolente de Sófocles, a carregar contrita o pesado fardo de sua existência pelos perigosos caminhos de um universo inóspito e sem sentido. Mas em seu alforge o israelita carregava ainda a férrea marca do Sinai e a tênue esperança de que um dia ela se universalizasse, transformando-se no fermento de um novo mundo, no qual todos fossem "um só coração e uma só alma".[253] Este dia, porém, perdia-se nas névoas de um longínquo horizonte. A ocidente o Império dos Césares mal começara a gestar-se...

Mas que misteriosa força poderia fazer a fé israelita sobreviver? Eis aí um quase-mistério, sobre o qual tantos já se debruçaram. Tentemos resumi-lo e simplificá-lo.

De acordo com o que foi visto, toda civilização, não importa qual, é sinônimo de repressão, não importa sob qual

---

[252] *História da religião de Israel*, p. 454.
[253] Atos dos Apóstolos 4,32.

argumentação. E a civilização de Israel fundou-se sobre um código repressor, o Decálogo, supostamente promulgado por uma Divindade, Javé. Este código, de obscuras origens históricas, ordenara uma sociedade de estrutura tribal e seminômade, que, passado um número indeterminado de séculos, se sedentarizou quase intempestivamente em Canaã e se transformou, também quase intempestivamente, em Estado monárquico e em potência econômico-militar do Antigo Oriente Próximo. A monarquia, de vida efêmera, desintegrou-se, dando à luz dois reinos, não raro em conflito e a seguir destruídos, sucessivamente, por assírios e babilônios. E assim Israel desapareceu para sempre.

Granítico, o código repressor-civilizatório ditado pela Divindade no Sinai resistiu incólume a tudo. Mas a doutrina da retribuição – que o justificava – não suportou o desaparecimento da Nação. Afinal, dentro desta podiam existir os maus –verberados pelos profetas, que sobre eles lançavam a culpa pelas catástrofes –, mas os bons, o *resto santo* de Israel, ali estavam, firmes na fé, como testemunhas leais da Divindade e penhor da sobrevivência da comunidade, do povo eleito de Javé. Perdidos, porém, a Terra, o Templo e a Nação, o que poderia justificar a doutrina da retribuição? O mal vencera! E o israelita, abatido, isolado, exilado, estrangeiro e solitário, enfrentava a barbárie mesopotâmica, o politeísmo egípcio e o frio racionalismo helênico. Surda aos apelos dos crentes, a Divindade silenciara para sempre, sua lei revelara-se uma fraude e a doutrina da retribuição um acidente – afinal, como diz o Salmista, os maus prosperavam e, como protesta Jó, os bons eram castigados! E nada havia que servisse de contraponto...

No mar da orfandade universal de Israel nasceram os grandes autores sapienciais, não por nada todos inominados, e integrados ao informe e interminável séquito da Humanidade dolente de Sófocles, a arrastar-se para sempre neste vale de lágrimas que é a terra.

Foi neste contexto que a religião de Javé começou a transformar-se, emergindo então dentro dela a crença na imortalidade da alma, que na verdade representou a passagem da doutrina da retribuição *coletiva* para a doutrina da retribuição *individual*, passagem imperativa para salvar o Decálogo – isto é, a civilização de Javé – para a posteridade. O cristianismo estava às portas. E a universalização da ética sinaítica também. Sócrates, como personagem de Platão, ao verberar, solitário, os crimes da *pólis*, fracassara. Paulo de Tarso, ao reinventar, solidário, a comunidade de Israel, venceria. Eram mundos diversos, e outros eram os tempos.

Este é um tema fascinante, que aqui mal pode ser tocado. Porque o Decálogo sinaítico sobreviveu a tudo não por ser de Israel mas simplesmente por ser o mais sofisticado código civilizatório já criado, fundado sobre a repressão imperativa mas consagrando, como contrapeso, os princípios da igualdade universal no espaço público e da liberdade individual no espaço privado, anseios atavicamente inscritos no coração de espécie. Tão atavicamente quanto o incontrolável *genius scientiae*, sobre o qual, para o bem e para o mal, assentou-se desde sempre a Hélade.

# O CRISTIANISMO PRIMITIVO

O cristianismo primitivo foi uma das muitas e variadas seitas do *judaísmo tardio* – denominação dada pelos historiadores ao penúltimo estágio da religião de Israel.[254] Nascido em meados da década de 30 d.C., nos anos que se seguiram à execução, pelos romanos, de Jesus de Nazaré, pregador itinerante, curandeiro e exorcista galileu, o cristianismo primitivo começou a distanciar-se do judaísmo tardio cerca de uma década depois, quando Paulo de Tarso assumiu a liderança dos *helenistas*[255] e, abandonando as complexas prescrições e os rituais tradicionais, levou a nova seita à gentilidade – movimento que abriria caminho, mais tarde, à formação de outra religião, diversa do judaísmo: o cristianismo helenizado. Este, que começou a nascer nas primeiras décadas do século I d.C.,[256] desaguaria finalmente, a partir da segunda metade do século III d.C., na chamada *filosofia trinitária*, condensada no *Credo* de

---

[254] O último estágio é o *judaísmo rabínico* – hoje comumente conhecido como *religião judaica*, que adquiriu forma a partir de 80/100 d.C., após a destruição do Templo pelos romanos.
[255] V. p. 381ss.
[256] Como pode ser percebido no Quarto Evangelho (João) e no Diálogo com Trifão, de Justino Mártir.

Niceia, elaborado nesta cidade do noroeste da atual Turquia (asiática) no ano de 325 d.C., no famoso concílio de bispos presidido pelo imperador Constantino, o Grande.[257] Portanto, a expressão *literatura cristã primitiva*, que será aqui utilizada, identifica exclusivamente um conjunto de obras – denominado *Novo Testamento* – escritas entre 45/46 d.C.[258] e 90/100 d.C. aproximadamente, obras que, junto com o legado literário israelita pré-cristão, formam a *Bíblia*.[259]

A literatura cristã primitiva é, por definição, de monumental importância na história de Ocidente, que à densa sombra dela permaneceu por quase dois milênios – mais ou menos até os primórdios da II Revolução Industrial. No entanto, sob o ângulo estritamente artístico/literário – privilegiado sempre nesta obra, ainda que nem sempre de forma exclusiva –, os textos realmente importantes deste período são pouco numerosos em relação ao conjunto e quase sempre breves em relação à extensão, se bem que impactantes em muitos casos, com é o caso de algumas parábolas dos Evangelhos, dos hinos, relatos e discursos de Lucas e das reflexões político-antropológicas de Paulo de Tarso. Em termos gerais, talvez se possa afirmar que, em relação ao legado israelita anterior, a literatura cristã primitiva perde em importância artística o que ganha em eficiência operacional. Ou vice-versa. Afinal, ela não apenas é de natureza missionária como também é produto do processo de globalização helenística. Para analisá-la sucintamente, abordaremos o contexto histórico e algumas obras, nelas destacando passagens exemplares.

---

[257] Entre as incontáveis obras que abordam a história do cristianismo, está *Eu encontrei Jesus – viagem às origens do Ocidente*. Nela procurei descrever as várias etapas do longo caminho que vai de Jesus de Nazaré ao *Credo* de Niceia. V. bibliografia ao final.

[258] 1 Tessalonicenses, a primeira das cartas de Paulo de Tarso, foi escrita em 46 d.C., ou pouco antes.

[259] Para os objetivos deste projeto não há interesse em analisar textos que também podem ser considerados parte da literatura cristã primitiva mas que não integram o Novo Testamento – como a Carta de Clemente Romano, as Cartas de Inácio de Antioquia, a Didaké, o Pastor de Hermas etc., além dos chamados *apócrifos,* por definição excluídos do *cânone* cristão.

# O contexto histórico

A Palestina foi um dos derradeiros territórios a ser ocupado pelos romanos no Oriente. Quando Pompeu derrotou os últimos selêucidas[260] em 64 a.C. e transformou a Síria em província do Império, a Palestina passou logo no ano seguinte a fazer parte desta e em 44 a.C. foi entregue a Herodes, o Grande, que se tornou um dos tantos *reis-clientes* de Roma. Sob a proteção das legiões estacionadas na Síria, Herodes governou com mão de ferro, sufocou rebeliões na Galileia, expandiu a economia e ampliou e modernizou o Templo. Quando morreu, cerca de quatro décadas depois de assumir o poder, deixou a seus vários herdeiros uma Palestina próspera e em relativa paz. Contudo, as dissensões entre seus sucessores, as crônicas e sangrentas lutas pelo poder entre os membros da aristocracia sacerdotal que controlava o Templo de Jerusalém e o renascimento do atávico irredentismo galileu obrigaram os romanos, em 26 d.C., a nomear um *praefectus* – autoridade militar que detinha inclusive o *jus gladii,* isto é, o poder de ditar a pena capital. E foi assim que Pôncio Pilatos passou à história como o responsável, juridicamente falando, pela execução de Jesus de Nazaré, provavelmente em 14 de abril de 30 d.C. Foi também a partir desta época que a guerrilha começou a ampliar suas operações, descendo da Galileia para o sul e agindo em Jerusalém através de ataques dos chamados *zelotes*, que podem ser considerados historicamente os primeiros *terroristas* – pois escolhiam previamente seus alvos, misturavam-se às multidões nos dias de festa, assassinavam suas vítimas a punhaladas e em seguida desapareciam.

---

[260] Sucessores de Seleuco, general que herdou a parte oriental do império de Alexandre, o Grande, depois da morte deste.

A brutalidade e a inabilidade política de Pilatos, deposto em 36 d.C., agravaram ainda mais a situação, que foi se deteriorando com o passar do tempo. Finalmente, em 66 d.C. eclodiu um levante na Galileia, que logo evoluiu para uma guerra aberta, conflagrando toda a Palestina e transformando-se na maior rebelião enfrentada pelo Império romano em toda sua história. Em 70 d.C., depois de longo sítio, Jerusalém foi tomada pelas legiões de Tito, filho do imperador Vespasiano, e o Templo foi arrasado – para nunca mais ser reconstruído. Os historiadores calculam que ao longo dos quatro anos de guerra cerca de 500.000 pessoas morreram ou foram feitas prisioneiras e deportadas: algo como metade, ou pouco menos, de toda a população da Palestina de então.

Pela segunda vez, Jerusalém e seu Templo eram tragados pela catástrofe. E a religião? O que acontecera e o que aconteceria com ela?

O início da reconstrução do Templo no final do século VI a.C. abrira novo período na história da religião de Israel, que então começava a adquirir características a seguir mantidas, *grosso modo*, por cerca de seis séculos. Perdida a Terra e desaparecida a Nação, o Templo assumiu uma centralidade que jamais tivera, impondo-se não apenas como local de culto mas também com guardião de rituais sagrados e de regras comportamentais – iniciava-se ali o que os historiadores denominam *judaísmo primitivo*. Por outro lado, a lembrança da Terra perdida e do passado glorioso da Nação passou a impregnar fundamente todo israelita – em Jerusalém, na Mesopotâmia, no Egito e em qualquer lugar em que estivesse. Então, o messianismo, que no passado fora apenas um sentimento de nostalgia, de fuga para trás, transmutou-se em desejo prospectivo, isto é, na firme e sempre renovada esperança de que o futuro traria de volta os tempos áureos da monarquia davídico-salomônica, com a reconquista da Terra e o renascimento da Nação, sob a liderança de um novo *Messias* – isto é, o rei de Israel.

E por três séculos, enquanto os persas de Ciro eram substituídos pelos egípcios e estes pelos gregos de Alexandre como senhores da antiga Canaã, as esperanças do velho Israel e do *resto santo* – segundo diziam seus profetas – que resistiam em Judá jamais haviam se elevado acima da linha do horizonte. E como se não bastasse a orfandade dos que em vão aguardavam o Messias, por volta de 170 a.C. Antíoco IV Epífanes (175-163 a.C.), um selêucida que então reinava na Síria e enfrentava graves dificuldades para manter-se no poder, decidiu helenizar a ferro e fogo os súditos que ainda se mantinham fiéis a suas próprias tradições religiosas. E seu alvo principal era a Palestina – já que ele contava com o apoio de uma facção da aristocracia sacerdotal – e obviamente o Templo de Jerusalém, que guardava grandes tesouros! A repressão decretada, narrada em 1 e 2 Macabeus, foi tão brutal que, a contragosto dos grupos helenizados que em Jerusalém apoiavam Antíoco IV Epífanes, a Judeia inteira levantou-se em armas (167 a.C.) e sob a liderança de Judas Macabeu, descendente de uma família sacerdotal, obteve sucessivas vitórias e três anos depois (164 a.C.) restabeleceu a independência de toda a antiga Canaã, conquistando inclusive novos territórios a leste. O sonho do renascimento da Nação parecia ter finalmente se realizado.

Paradoxalmente no entanto, passadas duas ou três décadas, este sonho transmutou-se em desilusão e catástrofe. Com efeito, a partir da ascensão de João Hircano (135-104 a.C.) ao poder, a *dinastia dos Hasmoneus*[261] formatou um Estado teocrático e totalitário, fazendo da Terra seu feudo, de Jerusalém sua fortaleza e do povo seu refém e organizando um sistema brutal de exploração, no qual a religião transformou-se em instrumento de poder e o Templo em peça-chave do sistema econômico e, obviamente, em espólio dos vitoriosos nas lutas sangrentas entre os que buscavam controlá-lo. Não por nada,

---

[261] Assim denominados porque descendiam de um sacerdote de nome Hasmon.

este é considerado pelos estudiosos como o período mais negro de toda a história de Israel. E como seu estágio terminal. De fato, o regime dos Hasmoneus significou a subversão radical e, mais, a inversão absoluta de toda a tradição religiosa, ética e política do velho Israel, incansavelmente proclamada e defendida ao longo dos séculos pelos grandes profetas do período pré-exílico – os intelectuais de Javé, os inabaláveis guardiães da sagrada herança do Sinai –, tradição que seria salva na vigésima quinta hora pelo gênio de Paulo de Tarso, artífice e ícone de sua modernização inevitável, imprescindível à sua sobrevivência no contexto da globalização do Mediterrâneo, à sombra dos estandartes das legiões dos Césares. Modernização que, como se verá a seguir, era na verdade um retorno às origens sinaíticas.

Da mesma forma que na Atenas das últimas décadas do século V a.C., em Israel esta foi, por cataclísmica, uma época fascinante. Com uma diferença: em Atenas ao cataclisma seguiu-se, imediata e irreversível, a decadência, enquanto em Israel ele foi o prenúncio de um inesperado e vigoroso reflorescer. Não faz parte dos objetivos desta obra ampliar a análise de tal tema. É suficiente dizer que a história e a literatura[262] deste período, que se encerra com a destruição do Templo (70 d.C.), envolvem o leitor em uma atmosfera pesada e surreal, no interior da qual a proliferação de seitas e de pregadores, as esperanças messiânicas exacerbadas, as crenças milenaristas e a ação de guerrilheiros e terroristas se cruzam e se entrechocam, surgindo como mensageiras de um iminente fim-de-mundo. É nesta sociedade em ponto de combustão e à sombra da catástrofe que começa a nascer a literatura cristã primitiva.

---

[262] Inclusive parte da cristã, para nem falar daquela da comunidade de Qumram e das obras ditas *apocalípticas,* como 1 Enoch, 4 Esdras etc.

# AS OBRAS

A literatura cristã primitiva, ou Novo Testamento, é um conjunto de 27 obras escritas entre 45/46 d.C. (1 Tessalonicenses, de Paulo de Tarso) e 100/110 (Evangelho de João,[263] de autor desconhecido), assim distribuídas, por *gênero:* quatro Evangelhos, 21 Cartas, Atos dos Apóstolos e Livro do Apocalipse. Os Evangelhos,[264] cada um com características próprias, são a *proclamação* da chegada do Messias/Rei de Israel; as Cartas são, basicamente, textos parenéticos dirigidos a pessoas e/ou comunidades já *evangelizadas;* Atos dos Apóstolos narra a formação da comunidade cristã primitiva de Jerusalém e as atividades missionárias de Paulo de Tarso; e o Livro do Apocalipse é uma narrativa fantástica que, para além de seus objetivos apologéticos e parenéticos, é um violento panfleto político anti-imperial.

Restritamente, a partir de uma perspectiva histórico-literária, os textos mais importantes e mais interessantes da literatura cristã primitiva são, como já foi dito, algumas parábolas das Evangelhos, os hinos, os relatos e os discursos de Lucas (Evangelho e Atos dos Apóstolos) e as passagens político-antropológicas das Cartas autênticas de Paulo de Tarso.

---

[263] A rigor, doutrinária e ideologicamente, este Evangelho já não pertence à literatura cristã primitiva, pois revela influências da *gnose* e do platonismo helenístico. Contudo esta complexa questão não será aqui abordada.

[264] Do grego ευαγγέλιον = boa nova, boa notícia.

# AS PARÁBOLAS

Na abertura de *Die Gleichnisse Jesu*,[265] extensa e clássica análise do tema, J. Jeremias afirma:

> Quem estuda as parábolas de Jesus, tais como se encontram nos Evangelhos, pode estar seguro de que trabalha sobre base histórica muito firme [...] Em toda parte se percebe, sob o texto grego, a língua materna de Jesus. O próprio material delas reflete a vida palestinense (da época).[266]

Não é necessário ser um grande erudito como Jeremias para perceber isto. Basta conhecer um pouco da história da Palestina, e particularmente da Galileia, na Antiguidade tardo-clássica e ter alguma noção da produção agrícola e de seus métodos no Oriente Próximo na baixa Idade do Ferro. Com efeito, lá estão, nas parábolas, os campos de cultivo, o arado, o trigo, o centeio, o joio, a semeadura a lanço, a sega, os vinhedos, os lagares, os olivais, as figueiras, os latifundiários, os arrendatários, os ricos, os pobres, os servos/escravos,[267] os trabalhadores avulsos (diaristas, ou *boias-frias*), os pescadores, as redes, os barcos,

---

[265] *As parábolas de Jesus*. Há, com este mesmo título, uma edição abreviada, publicada também em português. V. bibliografia, ao final.
[266] P. 7, ed. abreviada.
[267] É curioso que as traduções portuguesas dos Evangelhos quase sempre traduzem δοῦλος por *servo*. Na verdade, em grego esta palavra significa *escravo*.

os pastores, as ovelhas, os cordeiros, os lobos, os viajantes – e os ladrões e assaltantes! –, a rivalidade entre judaítas e samaritanos, as várias seitas do judaísmo tardio – e toda a variegada fauna ética e comportamental típica da espécie!

Este cenário rural galileu-palestinense presente nas parábolas não é apenas surpreendente por ser historicamente verdadeiro e realista mas, mais ainda, por ter sido preservado íntegro nos Evangelhos *sinóticos*,[268] cuja redação é cerca de 40 (Marcos) e 50 anos (Mateus e Lucas) posterior à morte de Jesus de Nazaré. E por que é mais surpreendente? Porque, como se sabe, o cristianismo primitivo – para nem falar do cristianismo helenizado, posterior a 100/120 d.C.! – foi um *fenômeno essencialmente urbano*, marcado de forma indelével pelo cosmopolitismo dos *helenistas*[269] e pela pregação de Paulo de Tarso às comunidades israelitas e à gentilidade das grandes cidades do Mediterrâneo oriental. Eis aí, portanto, uma prova indireta – e, paradoxalmente, por isso mesmo mais sólida – de que as parábolas são a rocha firme sobre a qual se fundava, e ainda se funda, a segura tradição de um pregador galileu anterior à existência de uma comunidade de crentes em Jerusalém. Mas deixemos de lado esta argumentação sofisticada.

Diz também Jeremias, e não apenas ele, que se algo há nos Evangelhos em que se faça ouvir a *ipsissima vox*[270] de Jesus de Nazaré, então não há dúvida: são as parábolas. Por quê? Porque ora com quase bélica contundência (os vinhateiros homicidas), ora com quase feminina delicadeza (a ovelha tresmalhada), ora em um misto de denúncia e lamento (o bom samaritano), ora como expressão da milenar sabedoria antropológica (o filho pródigo) e até com a marca de chocante utilitarismo (os talentos), nelas, nas parábolas, ressoa,

---

[268] Assim são denominados, pelo paralelismo básico de sua estrutura, os Evangelhos de Marcos, Mateus e Lucas.
[269] V. a seguir, p. 381ss.
[270] *A voz absolutamente autêntica* – em tradução livre.

multifacetada e única, a voz inconfundível de um mestre. Ou, como depois diriam seus discípulos ao longo dos séculos e dos milênios, *do* Mestre. E não importa se elas foram modificadas e/ou interpretadas e reinterpretadas com sentidos outros que não o original. Aliás, nem mesmo importa se elas saíram da boca de Jesus de Nazaré ou até mesmo se este existiu. *Porque alguém as criou*! E elas, as parábolas, aí estão, colocadas, várias delas, desde sempre e para sempre entre as grandes criações da Antiguidade, como as fábulas atribuídas a Esopo e as lendas de Platão. Lamentavelmente, o cânone tradicional da arte literária ocidental, marcado pelo pedestre subiluminismo pós-renascentista, rejeita *in limine* tal visão. Porque, para tal cânone, os Evangelhos, e toda a Bíblia, pertencem apenas à esfera da religião... *Guarda e passa*, diria Dante, e

> *Vien dietro a me, e lascia dir le genti,*
> *Sta comme torre ferma che non crolla*
> *Già mai la cima per i soffiar de' venti.*

Mas o que é exatamente uma *parábola*? Para não entrar em longas e aqui inúteis discussões sobre formas e gêneros literários, pode-se partir da palavra alemã *Gleichniss* (comparação, parábola). Parábolas, portanto, são *comparações*.[271] Tais comparações apresentam temas, conteúdo, tipos, formas, objetivos, extensão etc. variadíssimos mas sua estrutura é sempre a mesma, sempre simples e sempre tripartite: *isto* é como *aquilo* e, portanto, a realidade é *esta*. Ou, inversamente: a realidade é *esta*, da mesma forma que *aquilo* é como *isto*.

E basta de teorias! Uma das grandes e clássicas parábolas de Jesus de Nazaré é a do semeador, aqui transcrita segundo o texto de Marcos (4,3-8), que para os especialistas é a versão mais antiga.[272]

---

[271] No confronto de Natã com Davi, analisado anteriormente (v. p. 246ss.), o profeta utiliza um relato que é, classicamente, uma parábola.
[272] Com paralelos em Mt 13,3-8 e Lc 8,5-8. A tradução, feita por mim do grego, é a mais literal possível, reproduzindo o estilo direto e quase tosco de Marcos.

Escutai! Saiu, pois, o semeador a semear. Aconteceu no semear que parte caiu junto do caminho, e vieram as aves e a comeram. Outra parte caiu sobre o pedregulho, onde não havia muita terra, e germinou logo, por não haver profundidade de terra, e quando o sol saiu murchou, e por não ter raiz secou; parte caiu entre os espinhos, e os espinhos a sufocaram, e não deu fruto; outras caíram em terra boa e deram fruto, brotando e crescendo e rendendo um (grão) trinta, outro sessenta e outro cem.

Criada por ele próprio ou já patrimônio secular das comunidades israelitas das férteis planícies da Galileia na baixa Idade do Ferro, não importa: para Jesus de Nazaré, na parábola, o semeador era ele próprio, a semente sua proclamação da iminente chegada do final dos tempos e a terra os seus ouvintes. Segundo outros já disseram e como se pode constatar em Mateus 23,18ss., o cristianismo primitivo alterou radicalmente este sentido original da parábola: o semeador é todo pregador da seita dos nazarenos, a semente é a proclamação da vinda do Messias/Rei de Israel ressuscitado e a terra já não é a pequena Galileia mas todo o vasto ecúmeno do Mediterrâneo.

Sobre isto há um relativo consenso entre os exegetas. Contudo, é da essência de toda obra genial permitir interpretações variadas e até divergentes. E para mim esta parábola imortal carrega originalmente um outro sentido, genérico e universal: ela é a descrição metafórica do processo pedagógico. Neste processo, quem ensina e o conteúdo ensinado são elementos neutros e estáticos. Sim, está pressuposto que ambos são *operacionais*, isto é, o semeador sabe semear e a semente contém a força germinativa. Mas é o terceiro elemento, a terra, que determina, por sua variabilidade intrínseca, a eficácia ou a não eficácia daqueles. Em outros termos, todo aprendizado é, no limite, um processo condicionado por quem aprende, não por quem ensina nem pelo conteúdo ensinado. Esta mesma sabedoria milenar está contida, em forma sintética e direta, naquele famoso provérbio chinês que diz: "Quando o discípulo está pronto, o mestre aparece".

A parábola do semeador é apenas uma entre as tantas exemplares encontradas nos Evangelhos. E elas – também é consenso entre os especialistas – são únicas na literatura universal e trazem, indelével, a marca de um gênio. Seja ele quem tenha sido, ele e suas parábolas nasceram no solo fértil das planícies galileias, amanhado por uma civilização milenar que então brilhou autônoma pela última vez antes de transpor a linha de seu ocaso.

# LUCAS

Excetuadas as Cartas autênticas de Paulo de Tarso, de todas as obras que compõem o Novo Testamento aquelas atribuídas a Lucas[273] – Evangelho e Atos dos Apóstolos – são seguramente as únicas que trazem a marca indiscutível de um homem culto, sofisticado e cosmopolita,[274] apesar de *historicamente* ingênuo, por ser, ao mesmo tempo, israelita fervoroso da diáspora, impregnado da fé de seus pais e profundo conhecedor dos escritos sagrados de seu povo, e um intelectual paradigmático de seu tempo, mergulhado até o âmago de sua alma no Mediterrâneo helenista.

Para quem, como eu, ainda viveu dentro do cristianismo ocidental clássico e, ao mesmo tempo, o viu de fora, em sua fase terminal – nos meados da segunda metade do século XX –, Lucas já possui o perfil completo de representante clássico da futura Cristandade europeia, cuja Constituição, o *Credo* de Niceia, realiza o milagre de fundir, em um oxímoron

---

[273] A verdadeira identidade de Lucas é desconhecida. Apesar de citado como "Lucas, o médico amado" em algumas cartas – de autoria duvidosa – de Paulo de Tarso, nem mesmo há certeza sobre se era israelita ou gentio convertido ao judaísmo. Não há dúvida, porém, de que ele provinha da diáspora – como o próprio Paulo de Tarso.

[274] O autor – cujo nome é desconhecido – da Carta aos Hebreus também demonstra possuir elevada formação cultural, ainda que menos marcada pelo helenismo do que a de Lucas.

teórico-ideológico que se sustentaria por quase dois milênios, a racionalidade imanente da Hélade e a fé transcendente de Israel. Este hibridismo sólido e sem fissuras, e por isto mesmo surpreendente, apresenta múltiplos aspectos, que não podem ser aqui analisados. Mas ele pode ser captado em sua forma singular e exemplar tanto no prólogo de seu Evangelho (1,1-4) e no discurso de Estêvão em Atos dos Apóstolos (7,2b-53) quanto em outros memoráveis discursos desta última obra.

O prólogo do Evangelho e o discurso de Estêvão – que, na verdade, é apenas um exórdio – remetem o leitor, quase explicitamente, ao modelo clássico de Tucídides, quando este, respectivamente, expõe seus objetivos e seu método (I, 22) e delineia o *estado da questão* (I, 89-118) – a denominada *Pentecotetia* –, que rememora os antecedentes dos eventos que serão narrados a seguir.[275] Nos demais discursos insertos em Atos dos Apóstolos, Lucas revela possuir um refinado conhecimento da técnica redacional dos historiadores da Hélade – como Xenofonte e o próprio Tucídides. Em resumo, o vasto conhecimento dos legados literários israelita e grego faz do autor de Atos dos Apóstolos e do Terceiro Evangelho[276] o único escritor do século I d.C. que pode ser comparado a Fílon de Alexandria, Paulo de Tarso e, à distância, Flávio Josefo.

Seria, porém, obtuso – e não apenas por fugir aos objetivos desta obra – fatigar o leitor com provas e teorias. Portanto, considerado o contexto da produção literária na

---

[275] Lucas aproxima-se ainda mais de seu modelo ao lançar mão de dados políticos – os nomes dos potentados reinantes – para situar cronologicamente os eventos que relata. Entre os vários exemplos que poderiam ser citados, os mais famosos são Lc 2,1 ("Naqueles tempos apareceu um decreto de César Augusto..."), referido ao nascimento de Jesus de Nazaré; e Lc 3,1 ("No ano décimo quinto do reinado do imperador Tibério, sendo Pôncio Pilatos governador da Judeia..."), relacionado ao início da pregação de João Batista às margens do Jordão.

[276] Assim denominado por estar localizado, no cânone cristão, depois dos Evangelhos de Mateus e Marcos e antes daquele de João.

Antiguidade tardo-clássica, o que há de verdadeiramente importante na obra do autor conhecido apenas pelo nome de Lucas? Sem qualquer dúvida, são os hinos/poemas, alguns relatos/contos de seu Evangelho e vários discursos de Atos dos Apóstolos. Nos hinos ele é um lírico surpreendente, nos relatos é um ficcionista notável e nos discursos um estilista genial. E as brevíssimas observações a seguir pretendem apenas lembrar que possivelmente alguns dos textos de Lucas permanecerão, tanto em termos histórico-literários quanto ideológico-filosóficos, na lembrança dos pósteros enquanto da Antiguidade e da Cristandade se guardar memória no Ocidente.

## Os hinos

Os hinos/poemas de Lucas são três, todos eles de seu Evangelho e todos largamente utilizados na liturgia da Igreja romana, e por isto mesmo conhecidos por suas palavras iniciais na tradução latina: *Magnificat* (Exalta/Engrandece, Lc 1,46-55), *Benedictus* (Bendito/Abençoado, Lc 1,68-79) e *Nunc dimittis* (Agora dispensas/Agora deixas partir, Lc 2,29-32). Sem entrar em detalhes técnicos e análises exegéticas, estes hinos são impactantes, pelo menos por duas razões: pela composição e pelo tema.

1 – A composição dos hinos, é, ao mesmo tempo, simples e óbvia, surpreendente e funcional. Porque qualquer leitor medianamente especializado percebe logo o *modus faciendi* lucano: os hinos são construídos, quase que integralmente, através da justaposição, em sequência organicamente encadeada, de citações extraídas dos escritos sagrados de Israel

– em particular dos Salmos. Para utilizar a terminologia hoje corrente, estes hinos/poemas são *colagens*, elaboradas com maestria insuperável e com um pressuposto material não menos que espantoso: para realizar tal tarefa Lucas deveria conhecer praticamente de cor todo o *texto-base* – isto é, o que os cristãos conhecem hoje como *Antigo Testamento*! Não cabe aqui ampliar tais observações, mesmo porque qualquer competente edição comentada do Evangelho de Lucas o faz com suficiente propriedade.

2 – Esta técnica original e sofisticada, porém, produziria um resultado estéril e forçado não fosse a habilidade com que Lucas a maneja e a coloca a serviço de seu tema – que é o mesmo nos três hinos. Com efeito, alternando – tanto no *Magnificat* quanto no *Benedictus* – transbordante gratidão a Deus altíssimo e mal contido ódio aos inimigos de Israel e expressando a serena alegria de quem vê por fim materializada a esperança da promessa, Lucas, com a *imperatoria vis* do fervoroso crente e com o indesmentível aval dos escritos sagrados, enuncia o *Credo* dos nazarenos: o Messias/o Rei apareceu enfim, e com ele a redenção de Israel! Como resume o *Nunc dimittis:*

> Agora deixas partir em paz teu servo,
> Ó Senhor, segundo tua palavra:
> Porque meus olhos viram tua salvação,
> Que realizaste diante da face dos gentios
> E para glória de teu povo, Israel!

Esses três hinos/poemas bastariam para fazem de Lucas talvez o maior de todos os líricos do helenismo tardio.[277] Mas ele é mais, muito mais do que isto, como o provam seus inolvidáveis contos/relatos e sua brilhante oratória redacional.

---

[277] Alguns contestam a autoria de Lucas, afirmando que os hinos, que poderiam ser cantos de guerra do tempo dos Macabeus (*c.* 165 a.C.), foram apenas *recolhidos* pelo evangelista. Mas, para esta obra, isto não tem importância.

# Os contos/relatos

Lucas é um mestre da narrativa. Tanto em seu Evangelho quanto em Atos dos Apóstolos, seus relatos, ora lírico-mitológicos – como o nascimento do Messias em Belém (Lc 2,1-20) –, ora histórico-objetivos, pelo menos em sua intenção – como o início da vida pública de Jesus (Lc 3,1-3), a formação da comunidade de Jerusalém (Lc 1,15, 2,47) e a prisão de Paulo de Tarso na mesma cidade (At 21,27-23) etc. –, revelam um mestre do estilo: conciso, elegante, atraente. Aliás, neste sentido, Atos dos Apóstolos, em seu conjunto, pode ser considerado, tematicamente falando, um quase-romance histórico, centrado sobre o nascimento do cristianismo e as viagens missionárias de Paulo de Tarso. É, porém, no Evangelho que se encontra aquele conto/relato em que a maravilhosa arte fabulatória de Lucas atinge seu ápice: o episódio que os cristãos conhecem como "Os discípulos de Emaús" (Lc 24,19-33a):

> E eis que dois deles caminhavam naquele mesmo dia para uma aldeia chamada Emaús, distante sessenta estádios de Jerusalém. E conversavam sobre todas as coisas que tinham ocorrido. E aconteceu que, enquanto conversavam e discutiam, o próprio Jesus, aproximando-se, caminhava com eles. E lhes disse: Que palavras são estas que trocais entre vós enquanto caminhais? E eles mostraram-se tristes. E respondendo um deles, chamado Cleopas, lhe disse: És o único peregrino em Jerusalém a não conhecer as coisas que nela aconteceram nestes dias? E lhes disse: Quais? Eles então lhe disseram: Aquelas a respeito de Jesus, o Nazareno, que era

um varão profeta poderoso em ação e palavra diante de Deus e dos homens, (a respeito de) como nossos sumos-sacerdotes e magistrados o entregaram à danação da morte e o crucificaram. Nós tínhamos a esperança de que fosse ele o destinado a libertar Israel, mas hoje já faz três dias que aconteceram estas coisas. Contudo, algumas mulheres dentre nós nos assustaram, (pois) foram ao sepulcro antes do amanhecer e, não tendo encontrado o corpo dele, vieram e disseram ter visto uma aparição de anjos que disseram ele estar vivo. E foram alguns de nós ao sepulcro e o encontraram assim como as mulheres disseram. A ele, porém, não viram. E ele lhes disse: Ó estultos e tardos de coração para crer em tudo o que disseram os profetas! Não era necessário o Ungido sofrer estas coisas para entrar em sua glória? E, começando por Moisés e por todos os profetas, lhes ia explicando em todas as Escrituras as coisas a ele referentes. E, tendo chegado próximos da aldeia à qual se dirigiam, ele fez de conta seguir caminho. Mas eles o forçaram dizendo: Fica conosco, pois entardece e o dia já termina. E ele entrou para ficar com eles. E aconteceu que, ao reclinar-se à mesa com eles, tomando o pão deu graças e partindo-o deu-o a eles. E os olhos deles se abriram e o reconheceram. E ele desapareceu de junto deles. E disseram um para o outro: Não ardia em nós nosso coração quando nos falava no caminho nos explicando as Escrituras? E levantando-se na mesma hora retornaram a Jerusalém...

Dois mil anos depois este conto ainda faz arder o coração dos crentes. E não apenas deles mas também daqueles que, ainda impregnados da rarefeita e evanescente atmosfera da Cristandade nos albores do século XXI, se deixam tocar pela delicadeza e pela sensibilidade do mágico evento que se desenrola ante seus olhos enquanto, em magistral contraponto, as sombras da noite começam a envolver a terra. Lucas, mais que um crente, é um poeta, um artista, e raros textos – alguns de Ovídio, talvez – da Antiguidade tardo-clássica ombreiam com este em densidade e emoção, que emanam da fugaz imagem do Mestre materializada pela força do desejo dos discípulos mergulhados, em contido desespero, nas trevas da desilusão.

Em *Eu encontrei Jesus*[278] analisei *en passant* o sentido histórico deste relato fascinante, que é a metáfora suma do nascimento do cristianismo primitivo nos infindos dias de dor e desconcerto do rebanho dos nazarenos a vagar disperso e perdido pelos ásperos caminhos do antigo Israel, agora crestados pela desesperança do sonho desfeito depois do terrível destino de seu pastor nas mãos sanguinolentas da máfia sacerdotal do Templo. Aqui, literalmente, basta apenas sublinhar a maestria com que Lucas instrumentaliza, mais uma vez, seu método indefectível de amalgamar história e realidade (a morte de Jesus de Nazaré em Jerusalém, a estrada para Emaús, aldeia situada a 10 km dali etc.) com desejo e ilusão (o desconhecido companheiro de viagem, a revelação surpreendente, o desaparecimento inesperado e inexplicável) para fazer nascer intempestivamente a fé: "Sim, agora sabemos e cremos: ele era o Messias, o Rei de Israel. Tornemos a Jerusalém para anunciar esta verdade!"

Sim, Lucas era/é um artista de talento e formação superiores, um gênio, enfim. E o pequeno rebanho dos nazarenos, que, como Lucas, haviam se tornado depois pastores e cujos herdeiros derrotariam os Césares, decididamente não era composto por incultos e pobres-diabos. O que é uma conclusão bastante óbvia. Afinal,

> [...] a História não registra – com a exceção do Haiti – exemplos de escravos, pobres e miseráveis liderando revoluções vitoriosas. Nem organizando movimentos que marcaram indelevelmente os pósteros pelos séculos afora.[279]

---

[278] V. p. 193ss.
[279] Dacanal, J. H. *Eu encontrei Jesus*, p. 140.

## Os discursos

Estas notas sobre Lucas já se estenderam demasiado. É imprescindível, porém, comentar brevemente sua oratória. Pois se nos hinos e ao longo de toda sua obra Lucas mostra possuir indiscutível talento lírico e narrativo e profundo conhecimento do legado literário de Israel, é em seus discursos que se evidencia sua sólida formação intelectual de matriz helenística.

É amplamente conhecido que os escritores da Antiguidade greco-romana utilizavam e utilizaram a oratória como técnica narrativa. E entre ele estavam os historiadores, que redigiam, eles próprios, os discursos que seus personagens – historicamente reais, por suposto – tinham, teriam ou poderiam ter pronunciado. Com sua gélida objetividade e sua incontroversa honestidade, assim diz Tucídides, logo no início de A guerra do Peloponeso, expondo seu método no referente à questão:

> Quanto aos discursos [...], diante da dificuldade de lembrar os termos exatos, tanto no caso dos (discursos) ouvidos por mim quanto no dos referidos por outrem, dei a eles a forma que me pareceu mais apropriada às circunstâncias, atendo-me estritamente ao sentido global do que foi de fato dito.
>
> I, 22

É exatamente segundo esta técnica que Lucas redige seus discursos – ou, pelo menos, é assim que ele pretende ser considerado e respeitado por seus leitores: como um historiador que conhece seu *métier*... Evidentemente, não raro ele extrapola amplamente os limites do rigoroso método tucidideano, como é o caso do discurso de Pedro em Atos dos Apóstolos

(2,14b-36), no qual o rústico pescador da Galileia surge como um erudito, familiarizado com o legado literário de Israel – que ele cita segundo a tradução grega dos *Septuaginta*!...[280] A qual era, por suposto, a que ele, Lucas, conhecia...

Isto à parte, além do discurso de Pedro há pelo menos duas dezenas de outros em Atos dos Apóstolos, e deles quatro podem ser considerados, histórico-literariamente, os mais importantes: o de Estêvão (7,26-53) e três de Paulo de Tarso, estes pronunciados em Atenas (17,22b-31), aos céticos gregos do Areópago; em Mileto (20,18b-35), na despedida no porto, aos anciãos de Éfeso; e em Jerusalém (26,2-23), diante do rei Agripa e do procurador romano Festo. Todos eles são paradigmáticos e fascinantes, tanto pela técnica quanto pelo conteúdo. O de Estêvão, como foi dito acima, é na verdade apenas um longo exórdio, dramaticamente encerrado pelo assassinato do próprio orador. O de Atenas é fundamental para compreender o *projeto missionário* do cristianismo primitivo em sua fase final (a partir de 80/90 d.C.), ainda que seu argumento central peque pelo convencionalismo, o que é sublinhado, com estranha ironia, pela reação sarcástica dos ouvintes; o de Jerusalém, com sua sequência, é uma demonstração extraordinária de competência retórica e narrativa, que pela vivacidade e pelo humor e pela ironia dos ouvintes nada fica a dever às melhores páginas de Tácito e Salústio. Contudo, para mim, o ápice, o ponto culminante da arte oratória de Lucas é o discurso aos presbíteros (anciãos) de Éfeso, no porto de Mileto.

Deve ter sido, na cronologia de Lucas, provavelmente na primavera de 56 d.C. A tensão e a urgência pairam no ar. Vindo da Macedônia por mar, Paulo de Tarso passara por Trôade, Mitilene, Quios e Samos. Ele tem pressa. Pretende estar em

---

[280] Ou *dos Setenta*. Esta tradução, do hebraico para o grego, foi feita por volta de 250 a.C. em Alexandria do Egito. Segundo a lenda, que consta de um texto apócrifo conhecido como *Carta de Aristeia*, setenta sábios foram encarregados, cada qual em separado, de fazer a tradução. Ao final constatou-se que as setenta eram exatamente iguais...

Israel

Jerusalém para a Festa de Pentecostes. Por isto deixara Éfeso de lado. Mas ao aportar em Mileto manda chamar os líderes da comunidade cristã daquela cidade. Eles chegam. Paulo lhes fala. A emoção domina o ambiente, impregnado pela tristeza do presente e pela incerteza do futuro. E todos vão às lágrimas.

Mas onde está a técnica de Lucas nesta cena quase piegas, na qual tudo é concreto, direto, rápido, quase primário? Onde sua arte nesta fala concisa, familiar, desprovida de atavios, quase simplória? Onde? Ela não existe! Ela desertou, retirando-se do cenário! Por quê? Porque ela é inútil! Porque a concretude dos fatos e a sombra da morte transformam a técnica em ofensa inaudita, em tolice suprema! Como Tucídides em Plateia (o discurso dos condenados), como Platão no Fédon (as últimas palavras de Sócrates) e como Cícero no De supliciis (o carrasco extorquindo dinheiro de familiares dos que vão morrer), Lucas sabe disso e em poucas e despojadas linhas cria uma peça magistral da oratória ocidental. Sim, mas Tucídides, Platão, Cícero tinham por matéria fatos reais terríveis, de todos notórios e de transcendental importância política. E Lucas apenas uma breve cerimônia de despedida, entre pessoas anônimas, de todos desconhecidas, em um porto qualquer do Egeu. Qual então seu segredo? De onde emana o mágico poder das palavras de Paulo de Tarso?

O segredo de Lucas, e de sua arte tão sutil quanto magistral, é o que se poderia denominar de *retórica de antecipação*, pela qual, no seu presente, ele lança o passado sobre o passado. Com efeito, Lucas dever ter escrito Atos dos Apóstolos entre 85 e 90 d.C., de acordo com a maioria dos estudiosos. Isto significa que haviam decorrido pelo menos três décadas desde os eventos de Mileto e cerca de duas desde a morte de Paulo de Tarso em Roma – entre 64 e 67 d.C., ao que se julga. E não importa se os eventos de Mileto realmente ocorreram, nem se Lucas deles participou ou não – esta discussão fica para os especialistas. O que importa é que ao descrevê-los, sentado em seu gabinete em Roma, ou em uma cidade qualquer do

Mediterrâneo oriental, Lucas joga sobre a cena do porto de Mileto todo o peso da emoção provocada na comunidade cristã pela trágica sequência de acontecimentos que a ela se seguiriam: a chegada de Paulo de Tarso em Jerusalém, seu quase assassinato nas mãos dos judeus, a longa prisão em Cesareia, a viagem a Roma dois anos depois e sua decapitação ali, sob Nero – tudo no espaço de, talvez apenas quatro ou cinco anos.

Eis a técnica sublime e magistral de Lucas: dispensando todo e qualquer artifício retórico, ele transporta-se em imaginação para o passado e ali, com os olhos do seu presente, antecipa premonitoriamente o futuro... que ele e todos os seus leitores já conheciam.[281] Então a emoção rompe os lindes do tempo e da história, desbordando todos os limites. E assim, como artista, Lucas se eleva às alturas de seu personagem, convertendo-se no aedo digno do gênio de Paulo de Tarso.

Decididamente, o cristianismo primitivo não foi obra de incultos... E vale a pena transcrever na íntegra esta obra-prima de Lucas, tão breve quanto antológica:

> [...] e estando todos reunidos, [Paulo] disse-lhes:
> Vós sabeis de que modo sempre tenho me comportado para convosco, desde o primeiro dia em que entrei na Ásia. Servi ao Senhor com toda a humildade, com lágrimas e no meio das provações que me sobrevieram pelas ciladas dos judeus.

---

[281] O gráfico abaixo ilustra, visualmente, a estrutura espácio-temporal que subjaz a At 20,17-38:

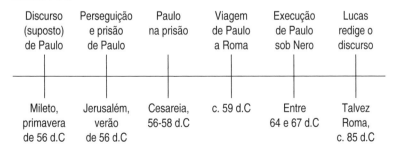

Vós sabeis como não tenho negligenciado, como não tenho ocultado coisa alguma que vos podia ser útil. Preguei e vos instruí publicamente e dentro de vossas casas.

Preguei aos judeus e aos gentios a conversão a Deus e a fé em nosso Senhor Jesus. Agora, constrangido pelo Espírito, vou a Jerusalém, ignorando a sorte que ali me espera. Só sei que, de cidade em cidade, o Espírito Santo me assegura que me esperam em Jerusalém cadeias e perseguições. Mas nada disso temo, nem faço caso da minha vida, contanto que termine a minha carreira e o ministério da palavra que recebi do Senhor Jesus, para dar testemunho do Evangelho da graça de Deus. Sei agora que não tornareis a ver a minha face, todos vós, por entre os quais andei pregando o Reino de Deus. Portanto, hoje eu protesto diante de vós que sou inocente do sangue de todos, porque nada omiti no anúncio que vos fiz dos desígnios de Deus. Cuidai de vós mesmos e de todo o rebanho sobre o qual o Espírito Santo vos constituiu bispos, para pastorear a Igreja de Deus, que ele adquiriu com o seu próprio sangue. Sei que depois de minha partida se introduzirão entre vós lobos cruéis, que não pouparão o rebanho. Mesmo dentre vós surgirão homens que hão de proferir doutrinas perversas, com o intento de arrebatarem após si os discípulos. Vigiai! Lembrai-vos, portanto, de que por três anos não cessei, noite e dia, de admoestar, com lágrimas, a cada um de vós. Agora eu vos encomendo a Deus e à palavra da sua graça, Àquele que é poderoso para edificar e dar a herança com os santificados. De ninguém cobicei prata, nem ouro, nem vestes. Vós mesmos sabeis: estas mãos proveram às minhas necessidades e às dos meus companheiros. Em tudo vos tenho mostrado que assim, trabalhando, convém acudir os fracos e lembrar-se das palavras do Senhor Jesus, porquanto ele mesmo disse: É maior felicidade dar do que receber!

A essas palavras, ele se pôs de joelhos a orar. Derramaram-se em lágrimas e lançaram-se ao pescoço de Paulo para abraçá-lo, aflitos, sobretudo pela palavra que tinha dito: "Já não vereis a minha face." Em seguida, acompanharam-no até o navio.

# PAULO DE TARSO

O termo *gênio* é utilizado para nominar um indivíduo de elevada inteligência, sólida formação, intensa atividade e extensa influência transformado por tais qualidades em parâmetro para sua época e/ou para a posteridade. Neste sentido, Paulo de Tarso é um dos cinco gênios da Antiguidade na área do que se pode denominar de *pensamento analítico*, ao lado de Tucídides, Platão, Aristóteles e Cícero. Por muitas e díspares razões, Paulo de Tarso é, incontestavelmente, o mais controvertido deles, capaz de provocar ainda, passados dois milênios, tanto admiração incondicional quanto ódio intenso.[282] Aqui, como sempre, o objetivo não é entrar em estéreis e hoje inúteis discussões mas apenas o de apresentar a vida e o pensamento do *apóstolo dos gentios* em poucos e sucintos itens – mesmo porque a bibliografia sobre o tema é vasta e diversificada.

---

[282] Veja-se, por exemplo, *The mythmaker – Paul and the invention of Christianity*, de H. Mccoby.

# A vida

A singularidade de Paulo de Tarso no conjunto do legado literário israelita-cristão é simbolizado por um detalhe aparentemente sem importância mas sem dúvida emblemático: de todo o referido legado, Paulo de Tarso é o primeiro e o único autor sobre cuja vida existem – quase todas de próprio punho – informações seguras, precisas e relativamente amplas, o que representa uma ruptura radical no padrão de autoria anônima ou incerta que caracteriza, quase sem exceção, as obras que compõem a Bíblia.[283] Assim, resumindo os dados dispersos presentes em suas Cartas e outros, nem sempre confiáveis, em Atos dos Apóstolos, obtém-se uma biografia bastante segura, a seguir resumida.

Paulo de Tarso nasceu provavelmente entre 2 a.C. e 2 d.C. em Tarso, próspera cidade da região da Cilícia, no sudeste da Ásia Menor (Península da Anatólia, atual Turquia asiática). Hoje Tarso é um vilarejo, mas à época era uma grande cidade, conhecida em todo o Mediterrâneo por seu comércio, por sua indústria têxtil e por sua vida intelectual, tanto que um famoso contemporâneo, o geógrafo Estrabão (c. 58 a.C.-25 d.C.), a comparou a Atenas. A família de Paulo seguramente tinha grandes posses, pois comprara o direito de cidadania romana e deu ao filho sofisticada educação, o que se evidencia em seu texto não raro brilhante, marcado por recorrentes figuras

---

[283] Esta questão foi abordada anteriormente, v. p. 13ss.

de linguagem e de estilo.[284] Ainda em Tarso, ou talvez depois, em Jerusalém, Paulo ligou-se à seita dos fariseus, composta por homens socialmente bem situados, intelectualizados e rigorosos respeitadores das leis do judaísmo, que esperavam um messias/rei político para salvar Israel. Quando, no início da década de 30 d.C., uma nova seita começou a proclamar que o Messias/Rei de Israel já surgira e era aquele Jesus de Nazaré que fora executado e depois ressuscitara por obra de Deus altíssimo, Paulo de Tarso, com o aval da aristocracia sacerdotal do Templo, passou a comandar operações de repressão aos então denominados *nazarenos*, onde quer que es tivessem. Contudo, dois ou três anos depois (*c.* 33 d.C), em intempestiva e radical mudança[285], ele se integra ao grupo dos que até então perseguira e logo a seguir funda o cristianismo primitivo, formatando seu arcabouço ideológico-doutrinário e imprimindo-lhe uma orientação missionária e universalista. E assim salva para o futuro a seita dos nazarenos, e com ela todo o legado da civilização do Sinai.

---

[284] Wilamonvitz-Moellendorf, o famoso helenista alemão, afirmou que Paulo de Tarso é o grande clássico da língua grega do período helenístico. V. Bornkamm, p. 38.
[285] O episódio, conhecido como *a conversão*, teria ocorrido na estrada que levava de Jerusalém a Damasco, na Síria. Analisei brevemente a questão em *Eu encontrei Jesus*, p. 247ss.

Israel

# O pensamento

A formação do cristianismo primitivo é um processo complexo e fascinante.[286] Paulo de Tarso é parte fundamental dele e seu pensamento é ainda mais complexo e mais fascinante, pois composto de

> [...] mitologia oriental, antropologia semítica, ética sinaítica, milenarismo israelita tardio, racionalismo grego e ideologia política anti-imperial, a grandiosa visão paulina é a súmula da civilização israelita no momento em que ela enfrentava, face a face, seu derradeiro e fatal dilema: globalizar-se ou perecer.[287]

Em resumo, abarcar a totalidade da original e multifacetada visão paulina é uma tarefa para especialistas – e mesmo estes divergem, não raro frontalmente. Contudo, em uma perspectiva histórico-literária – isto é, situando-o no contexto ideológico da Antiguidade tardia, no Mediterrâneo – é possível fornecer um resumo adequado, ainda que altamente simplificado, das componentes fundamentais do pensamento paulino. Estas componentes, intimamente imbricadas, mas separadamente apresentadas por imposição didática, são essencialmente três: a fé religiosa, a antropologia mítica e a concepção política.

---

[286] Tentei apresentá-lo a partir de uma visão histórica não confessional na obra supracitada, p. 150-247.
[287] Dacanal, op. cit., p. 253.

## A fé religiosa

Paulo de Tarso, antes e depois de aderir aos nazarenos, foi sempre um fervoroso israelita, fiel seguidor da fé de seus pais. E, como tal, seguramente jamais acreditou que Jesus de Nazaré fosse deus – o que, para qualquer israelita, seria uma monstruosa e inimaginável blasfêmia contra Javé. Para Paulo e para todos os adeptos do cristianismo primitivo, Jesus tinha sido um homem como qualquer outro. O que o diferenciava é que ele fora eleito por Deus para ser o Messias/Rei de Israel do final dos tempos. A prova desta escolha, segundo o próprio Paulo de Tarso afirma e reafirma na famosa passagem de 1 Coríntios 1,19, é que *Jesus fora ressuscitado pelo poder de Deus*,[288] Deus este que por tal ato dera início ao processo de redenção da Humanidade, decaída/perdida por força do pecado dos primeiros pais, processo que logo culminaria com a ressurreição universal dos mortos e com a segunda vinda do Messias/Rei Jesus, o Filho de Deus,[289] no dia do Juízo Final, evento iminente e epílogo da História.

Neste ponto a questão começa a adquirir extrema complexidade, pois a fé na ressurreição é parte fundamental da antropologia mítica de Paulo de Tarso – a mais impressionante construção ideológica de todo o pensamento vétero-oriental e o derradeiro florescer autônomo da civilização do Sinai.

---

[288] *Foi ressuscitado* é a exata tradução do original grego. Quem possui o poder de ressuscitar alguém é Deus, como a voz passiva do verbo deixa meridianamente claro.

[289] Como se sabe, *Filho de Deus* era um título aplicado aos reis em todas as nações vétero-orientais, a partir da entronização, com óbvia função propagandística (identificação do poder com a Divindade). Julio César percebeu a utilidade política deste qualificativo e foi, no Ocidente, o primeiro a "aceitar" ser chamado de *divi filius* (filho de deus) logo depois de retornar do Egito, em meados do século I a.C.. Analisei mais detalhadamente esta questão em *Eu encontrei Jesus*, p. 183ss.

## A antropologia mítica

*Antropologia* é a concepção, ou o estudo, da origem, da natureza e do destino da espécie humana. Para Aristóteles e para todo o pensamento grego, o homem é um animal que só existe como membro de uma comunidade – cuja estrutura, diversificada, ele próprio desenvolve –, e está individualmente condicionado ao poder que tiver, ou puder conquistar, e ao acaso, que, por definição, ele não pode controlar. Por isso Aristóteles era fascinado pela área do conhecimento que hoje poderia ser denominada de *sociologia das organizações*, a ponto de despender parte considerável de sua vida viajando para coletar as Constituições de centenas de cidades da Hélade.

Esta visão simples, objetiva e funcional da natureza humana mantém até hoje praticamente intacta sua validade e talvez por isto mesmo a antropologia jamais foi a grande preocupação dos pensadores gregos do período clássico, que deixaram aos artistas a função de derramar suas sentidas lágrimas sobre a triste sina do infindo séquito de humanos a arrastar-se pelos ásperos caminhos da existência. Em Israel não foi assim.

Entronizada a Divindade sinaítica como criador único e legislador supremo, e assim fixados graniticamente os fundamentos da fé (Javé, o monoteísmo) e o *diktat* civilizatório (a ética, os Dez Mandamentos), o pensamento israelita imobilizou-se para sempre em posição de *tertius non datur*. Com efeito, nesta visão, na eventualidade de um erro a responsabilidade – a culpa – é, necessariamente, ou da Criatura ou do Criador. Não há terceira opção. Mas como, na cosmologia israelita, culpar a Divindade equivaleria a desmontar todo o arcabouço civilizatório sobre ela fundado – o monoteísmo transcendente e a ética imperativa dele decorrente –, o erro é lançado na conta da Criatura. É daí que dimana, como inevitável corolário, o mito da Queda.[290]

Este mito, o primeiro ensaio de antropologia já escrito, é uma construção genial – lançar sobre si própria a culpa por sua desgraça é o preço que a espécie paga pela civilização. Na Hélade, seu paralelo é a lenda de Édipo, tal como foi elaborada na peça homônima de Sófocles, mas nela o sentido do vetor é inverso: como não há um Criador, não há queda da Criatura e é o caminho autônomo desta – a civilização – que leva à descoberta de que a desgraça é o fatídico destino da espécie, desde sempre e para sempre. Como se viu,[291] do choque destes conceitos, de vetores inversos mas de sentido idêntico, nasceu a *crise sapiencial*.

E se a Divindade fosse responsabilizada pelo erro? É exatamente o que faz o autor do Livro de Jó, o grande clássico da crise sapiencial, lançando a cosmovisão israelita no impasse fatal que a marcaria para sempre.[292] Por percebê-lo, Paulo de Tarso faz desta aporia o ponto de partida de sua antropologia mítica, condensada nos capítulos 2 a 8 da Carta aos Romanos, que estão entre as páginas imortais do legado intelectual da Antiguidade, e do Ocidente.

É impossível – e aqui nem haveria interesse nisso – dissecar esta densa, multifacetada, revolucionária e – sob ângulo helênico – delirante construção paulina. Mas é imprescindível, pelo menos, expor seus pontos fundamentais em brevíssimos tópicos. Resumidamente, a antropologia mítica de Paulo de Tarso:

---

[290] V. p. 225ss.
[291] V. p. 317ss.
[292] Um leitor especializado afirmaria, com certa razão, que no Livro de Jó o impasse diz respeito apenas à *doutrina da retribuição*. Esta questão não será discutida aqui.

- Faz tábula rasa de todos os conceitos e preconceitos étnicos, geográficos, políticos, sociais e religiosos da Antiguidade – inclusive daqueles da própria religião israelita de então! –, colocando explicitamente a unicidade universal da espécie humana como imperativo *a priori* decorrente da fé monoteísta, pois

> [...] diante de Deus não há distinção de pessoas (2,11),

e

> [...] o homem é justificado pela fé, sem a observância da lei. Ou Deus só o é dos judeus? Não o é também dos gentios? Sim, ele o é também dos gentios. Porque não há mais que um só Deus, o qual justificará pela fé os circuncisos e, também pela fé, os incircuncisos (3,28-30).

- Identifica a infelicidade como condição permanente da espécie humana e em 5,12 avaliza a explicação fornecida pelo autor de Gênesis 3, que atribui esta infelicidade ao mal, ou *pecado*, resultante da Queda, pois

> Como por um só homem entrou o pecado no mundo, e pelo pecado a morte, assim a morte passou a todo o gênero humano, porque todos pecaram.

- Afirma, recorrentemente, no famosíssimo capítulo 7, a existência, na espécie humana, de um conflito entre o bem e o mal, ou – em termos helênicos – entre instinto e repressão, entre barbárie e civilização, entre animalidade e espiritualidade. Este capítulo, marcado fundamente, e nem poderia ser diferente, pelo monoteísmo ético sinaítico, é o primeiro tratado de psicologia do Ocidente e sua contundente *modernidade,* se assim se pode falar, transfere do espaço coletivo da *pólis* para o espaço restrito da interioridade do indivíduo o campo de batalha em que se desenrola o atávico e mortal duelo entre barbárie e civilização. Com efeito, a *pólis* protetora desaparecera por entre as monumentais ruínas da Hélade, a ética imperativa do Sinai transformara-se em disforme fóssil sobre o solo da antiga Canaã e o Império nada tinha a oferecer a não ser a força bruta de suas legiões e um patético panteão atulhado de heteróclitas, indecentes e impotentes divindades. E o indivíduo, a vagar perdido e solitário por entre os destroços da Antiguidade, buscava "um novo centro divino", ou uma nova fé, que o fizesse sentir-se parte de uma nova comunidade. E começa então a olhar para dentro de si próprio.

● Reinventa Israel e funda o cristianismo primitivo, buscando, ancorado nos mitos da Queda, do Sinai, da Igualdade e do Messias, assentar as pedras angulares da nova comunidade universal. E antecipa Agostinho e sua Cidade de Deus, núncios primeiros da futura Cristandade. Mas deixemos à parte as digressões, transcrevendo outras breves mas essenciais passagens de sua Carta aos Romanos:

*As duas leis*
Sabemos, de fato, que a lei é espiritual, mas eu sou carnal, vendido ao pecado. Não entendo, absolutamente, o que faço, pois não faço o que quero; faço o que aborreço. E, se faço o que não quero, reconheço que a lei é boa. Mas, então, não sou eu que o faço, mas o pecado que em mim habita. Eu sei que em mim, isto é, na minha carne, não habita o bem, porque o querer o bem está em mim, mas não sou capaz de efetuá-lo. Não faço o bem que quero mas o mal que não quero. Ora, se faço o que não quero, já não sou eu que faço, mas sim o pecado que em mim habita.
Encontro, pois, em mim esta lei: quando quero fazer o bem, o que se me depara é o mal. Deleito-me na lei de Deus no íntimo do meu ser. Sinto, porém, nos meus membros outra lei, que luta contra a lei do meu espírito e me prende à lei do pecado que está nos meus membros! Homem infeliz que sou! Quem me livrará deste corpo que me acarreta a morte?
7,14-25

### A salvação pelo Messias

Se pelo pecado de um só homem reinou a morte, muito mais aqueles que receberam a abundância da graça e o dom da justiça reinarão na vida por um só, que é Jesus, o Messias.

Portanto, como pelo pecado de um só a condenação se estendeu a todos os homens, assim por um único ato de justiça recebem todos os homens a justificação que dá a vida.

Assim como pela desobediência de um só homem foram todos constituídos pecadores, assim pela obediência de um só todos se tornarão justos.

5,17-20

### O controle dos instintos

Não reine, pois, o pecado em vosso corpo mortal, de modo que obedeçais aos seus apetites. Nem ofereçais os vossos membros ao pecado, como instrumentos do mal. Oferecei-vos a Deus, como vivos, salvos da morte, para que vossos membros sejam instrumentos do bem ao seu serviço.

7,12-13

### A intervenção da Divindade

O que era impossível à lei, visto que a carne a tornava impotente, Deus o fez. Enviando, por causa do pecado, o seu próprio Filho numa carne semelhante à do pecado, condenou o pecado na carne, a fim de que a justiça, prescrita pela lei, fosse realizada em nós, que vivemos não segundo a carne, mas segundo o espírito.

8,3-4

E assim, fundada sobre o passado de Israel, perpassada pela lógica argumentativa gestada na Hélade e imposta pelas condições históricas do presente, o gênio de Paulo de Tarso constrói sua originalíssima e monumental antropologia mítica, cujo coroamento é a morte vicária[293] e expiatória do Messias/Cristo/Rei de Israel, um Prometeu semita que reduz a pó o etnocentrismo israelita e ao mesmo tempo, paradoxalmente, o conduz a seu ápice. Mas o que significa a morte vicária e expiatória deste Prometeu israelita universalizado?

---

[293] Ou *substituta*.

Rios de tinta já foram gastos para tentar explicá-la, para defendê-la e para atacá-la. Em essência, a concepção paulina da morte vicária e expiatória do Messias/Rei de Israel pode ser assim resumida: a Humanidade, Criatura da Divindade, corrompeu-se por um erro primal (a Queda), sendo então condenada ao sofrimento e à morte, males de que fora livre, pois que moldada à imagem e semelhança Daquela. A Divindade, compadecida diante da infelicidade da Criatura, decide salvá-la, restituindo-lhe a condição original. Mas para tanto havia um preço a pagar – que, necessariamente, deveria ser assumido pela Divindade. Esta – sem outra alternativa, digamos – lança mão de um *substituto*, o Messias/Rei de Israel, a quem *adota* e ao qual concede parcela de Sua natureza divina para que ele/Ele, ao mesmo tempo agora partícipe da Humanidade e da Divindade, seja mediador e salvador e possa assim, depois de ter sido ressuscitado, restabelecer o equilíbrio do Universo, rompido pela desastrada ação da Criatura, e conduzir a História a seu término no dia de sua Segunda Vinda, no Juízo Final, quando então surgirá, por entre as nuvens do céu, no esplendor de sua glória como rei de Israel e Juiz e Senhor do Universo.

Delírio? Insânia? Absurdo? Pode ser. Mas é impossível negar que Paulo de Tarso era suficientemente helênico e *normal* para ter consciência disso, do que é prova 1 Cor 1,22-25:

> Os judeus pedem milagres, os gregos reclamam a sabedoria. Mas nós pregamos Cristo crucificado, escândalo para os judeus e loucura para os pagãos, porém para os eleitos, quer judeus, quer gregos, força de Deus e sabedoria de Deus. Pois a loucura de Deus é mais sábia do que os homens e a fraqueza de Deus é mais forte que os homens.

Se o mito da Queda, como foi dito, talvez seja o mais denso e profundo criado pela espécie, a antropologia paulina está não só no mesmo nível dele – do qual, aliás, é corolário – mas também dos grandes mitos construídos por Platão. E, mais uma vez!, longo seria seguir por tal caminho. Contudo, três perguntas se impõem: Onde Paulo de Tarso foi buscá-la? Quais seus objetivos? Quais as consequências?

Israel

## As origens

É incontestável que a antropologia mítica paulina é uma criação original e única. E por ela Paulo de Tarso está entre os grandes gênios da Antiguidade e de todo o Ocidente. No entanto, os elementos que formam seu arcabouço final são de díspares origens, podendo, em síntese altamente simplificada, ser remetidos a três fontes principais.

A primeira, que sustenta e envolve as demais, está densamente impregnada pela já então mais que milenar herança cultural/civilizatória de Israel: do período pré-exílico, os grandes mitos fundadores, o monoteísmo ético sinaítico e, decorrência deste, o profetismo clássico; do período pós-exílico tardio, a crise sapiencial e a literatura apocalíptica. Aqui é impossível até mesmo tangenciar a análise de tais temas na obra de Paulo de Tarso – incontáveis especialistas deles se ocuparam –, mas três devem ser pelo menos mencionados: os oráculos do Segundo Isaías sobre o Servo Sofredor,[294] de importância central no conceito paulino da *morte vicária e expiatória* do Messias/Rei de Israel; o choque entre o providencialismo israelita e o racionalismo helênico, que no Livro de Jó explode como diatribe e revolta contra a Divindade; e os conceitos da então recente literatura apocalíptica – o final dos tempos, a chegada do Messias etc. –, da qual os Evangelhos e o próprio Paulo de Tarso fazem parte.

A segunda fonte da antropologia mítica paulina pode ser apenas hipoteticamente sugerida e insinuada, pois dela não há provas textuais diretas. É a do mito indo-europeu/helênico de Prometeu, na versão de Ésquilo e não de Hesíodo,[295] evidentemente: o semideus que se sacrifica em benefício da Humanidade. Contudo, contra esta aproximação pode ser levantada séria objeção – ela pressupõe, sem qualquer prova direta, a

---

[294] V. acima, p. 307ss.
[295] V. acima, p. 53ss.

impregnação do pensamento paulino por elementos do entorno helenístico na diáspora, durante os anos de formação. Ora, esta hipótese seria desnecessária, porque o Servo Sofredor do Segundo Isaías possui fortes traços de um Prometeu semita. Seja como for, é um tema interessante para eruditos, porque a sofisticada cultura e o elevado domínio da língua demonstram que Paulo de Tarso devia ter conhecimento da cultura e da literatura gregas.

A terceira possível fonte da antropologia mítica paulina, tão ou mais hipotética do que a segunda, é a da divinização dos reis – ou do poder –, orgânica às civilizações vétero--orientais e ao Egito. Esta divinização, pelas razões já explicadas, era completamente estranha a Israel – o monoteísmo sinaítico, o poder como *delegação* e *serviço* etc. [296] No entanto, se é evidente que Paulo de Tarso desconhece conceitos como Encarnação, Preexistência etc., específicos do posterior cristianismo helenizado, não menos verdadeiro é que ele altera radicalmente a natureza do conceito político-teológico israelita de *adoção* do rei pela Divindade. Paulo de Tarso absolutiza o conceito, elevando-o a um patamar superior e fazendo com que, depois da ressurreição promovida pela Divindade, o Messias/Rei de Israel seja a Ela *integrado*, se assim se pode falar. Estaria ele, Paulo de Tarso, pagando mais uma vez tributo ao entorno – neste caso não helênico mas vétero--oriental? Ou tratava-se de uma genial manobra tática cujo verdadeiro alvo seria a divinização dos Césares, ensaiada por Júlio e depois assumida sem rebuços por Augusto?

Haveria outras fontes, ainda mais hipotéticas. Mas aqui, como diria Cícero no De officiis, já estaríamos novamente perdendo tempo, pois tal tema é por demais complicado e até inútil. Talvez os próximos itens sejam mais interessantes.

---

[296] V. acima, p. 246ss.

## Os objetivos

O nada modesto objetivo de Paulo de Tarso – explicado com clareza meridiana em suas grandes Cartas – era anunciar a toda a Humanidade a chegada do Messias e prepará-la para o Juízo Final, que estava às portas. Não tão ambicioso, o nosso é apenas tentar compreender os objetivos que, mais ou menos implícitos, estão por trás de sua antropologia mítica. A julgar pelo que é possível deduzir de suas Cartas, estes objetivos são três: *salvar a face* da Divindade, universalizar o monoteísmo e a ética sinaítica e enfrentar o Império.

● No referente ao primeiro, a antropologia mítica paulina pode ser considerada um corolário tardio, mas autônomo e genial, da crise sapiencial. Com efeito, impregnado osmoticamente pela lógica helênica, Paulo de Tarso compreende, ou intui, que o mito da Queda original, ou *pecado* dos primeiros pais, continha em si uma aporia insuperável para a natureza da Divindade tal como Ela se revela nos mitos da Criação e do Sinai. Por quê? Porque, se onipotente e onisciente, a Divindade não poderia ter cometido dois erros em sequência: criar a espécie humana e não prever o que aconteceria. O autor do Livro de Jó também acusa a Divindade, arrastada às barras de um tribunal presidido pelo racionalismo helênico.[297] Contudo, Paulo de Tarso toma caminho diverso: ele não acusa a Divindade explicitamente mas a enquadra no monumental arcabouço de sua antropologia mítica. Ela é, digamos, *obrigada* a reconhecer implicitamente o erro e tomar providências para salvar a Humanidade decaída. E o faz através da ação vicária e expiatória de um humano, a quem *adota*, constituindo-o plenipotenciário e partícipe de Sua natureza divina. E o eleito para tal missão é o Messias, o Rei de Israel do final dos tempos – pois a História teria que ser conduzida a seu término, assim reinstalando o equilíbrio universal e subtraindo para sempre a Divindade ao risco de incorrer em novos erros...

---
[297] V. acima, p. 326ss.

● Mais uma vez: delírio, insânia? Talvez. Mas assim aportamos à segunda ideia-mestra da espantosa construção conceitual paulina, aqui denominada *antropologia mítica*. Pois a eleição do Messias/Rei de Israel para representante não de um restrito grupo étnico-civilizatório – como era até então – mas de toda a Humanidade significa pura e simplesmente a imposição e a universalização imperativas, pela Divindade, do monoteísmo e da ética sinaíticos. Nunca antes o etnocentrismo atingira, nem jamais atingiria depois, patamar tão elevado e sentido tão absoluto. Por isso, se o relato da entrega no Sinai, pela própria Divindade, do código repressor-civilizatório é a maior e a mais sofisticada operação de propaganda de todos os tempos, a antropologia mítica paulina não lhe é inferior.[298] Com a diferença de que no Sinai apenas Israel era o destinatário ao passo que na operação de Paulo de Tarso a Humanidade inteira o é. O que, aliás e coerentemente, é a metáfora do próprio processo histórico, pois Moisés não passava de um líder tribal da Península Arábica, enquanto Paulo de Tarso era um dos mais sofisticados intelectuais de seu tempo no contexto de um Mediterrâneo helenizado pelas falanges macedônias e globalizado pelas legiões romanas.

● E assim se chega à terceira ideia-mestra que subjaz à antropologia mítica paulina. Pois o grandioso e fantástico projeto de montar uma comunidade universal regida pelo Messias/Rei de Israel, o Senhor Jesus ressuscitado, e submetida à ética sinaítica, projeto que é a súmula de toda a sua obra, fazia de Paulo de Tarso um potencial e mortal inimigo do Império dos Césares, os senhores do mundo. Pretendendo ele ou não, tivesse ele disso plena consciência ou não, este seria o desfecho inevitável, como se verá a seguir. Aqui é suficiente lembrar que tal tema, fazendo contraponto à sua antropologia mítica, ressoa *sottovoce* em suas Cartas, particularmente nas passagens em que cita as *potestades,* as *dominações* e os *muitos senhores*, sinônimos implícitos do poder imperial de Roma.

---

[298] Comparada às duas, a divinização dos Césares é obra de aprendizes, feita às pressas.

## As consequências

A monumental estrutura conceitual paulina é o mais fascinante *case* de toda a história das religiões e o gênio que a concebeu, elaborou, operacionalizou e finalmente condensou na Carta aos Romanos foi um dos arquitetos-mestres do Ocidente. O que faz do pensamento de Paulo de Tarso um tema denso, vastíssimo, controverso, não raro incompreendido e desde sempre – hoje mais do que nunca – ignorado pela tradição intelectual não-confessional. Seria longo, e pouco útil, adentrar tal território. De qualquer forma, no que diz respeito diretamente à sua antropologia mítica, duas de suas consequências diretas devem ser pelo menos lembradas.

Em primeiro lugar, por ela guiada, a seita dos *nazarenos* distanciou-se rapidamente do judaísmo – a religião israelita de então –, formando o que os especialistas denominam de *cristianismo primitivo*. Este, depois de helenizado ao longo dos séculos II e III, transformou-se em uma nova religião: o cristianismo de Niceia.

Em segundo lugar, a antropologia mítica paulina já continha em si – no conceito de *adoção*, pela Divindade, do Messias/Rei de Israel ressuscitado – a semente de todas as *heresias* dos séculos III e IV. Não por este conceito em si mas pelo fato dele, ao espalhar-se pelo Mediterrâneo, ter sido absorvido pela filosofia helênica/helenística, por definição racionalista e não mítica. E esta impôs seu preço. A óbvia prova é o próprio $\pi\iota\sigma\tau\acute{\epsilon}\upsilon\omega$/*Credo* de Niceia, ou Símbolo dos Apóstolos. Este *Credo*, a Carta Magna da ortodoxia e da Cristandade posterior, é na verdade um leito de Procusto, no qual a antropologia mítica paulina foi impiedosamente podada, radicalmente transformada e rigidamente formatada pelo racionalismo filosófico de matriz platônico-aristotélica, no contexto dos interesses do Império constantiniano e da própria Igreja romana, cujo longevo poder começava então a nascer no horizonte da Europa.

Mas aqui, novamente lembrando Cícero, é aconselhável fazer alto e não seguir adiante. Menos abstrato e mais proveitoso é tentar identificar a visão política de Paulo de Tarso. Se é que ele a tinha...

## A concepção política

Nas áreas da fé religiosa e da antropologia mítica, o complexo e multifacetado pensamento de Paulo de Tarso se ancora, segundo já vimos, tanto na tradição clássica de Israel (o monoteísmo, o Decálogo, a Queda) quanto em conceitos do *judaísmo tardio* (ressurreição dos mortos, imortalidade da alma), nestes incluídos aqueles mais recentes, próprios da chamada *apocalíptica judaica* (proximidade do tempo messiânico, convulsões bélicas, eventos cósmicos, fim do mundo etc.). Não é de estranhar, portanto, que neste amplo estuário de variadas e conflitantes tendências seu pensamento por vezes vague à deriva, revelando-se não raro fluido e até confuso. E não apenas para leitores que vivem milênios depois. Já na primeira metade do século II d.C. tinha-se difundido esta opinião, tanto que ela foi registrada em uma Carta atribuída a Pedro, escrita por volta de 130 d.C., na qual o autor, referindo-se às Cartas de Paulo de Tarso, afirma:

Nelas há algumas passagens difíceis de entender.
2 Pd 3,16b

Se o cristianismo primitivo e, por definição, Paulo de Tarso tivessem permanecido nos limites dos conceitos acima mencionados e tal como eram entendidos em sua época, em pouco ou nada teriam se diferenciado da pregação das numerosas e diversificadas seitas que caracterizavam o mencionado *judaísmo tardio* – isto é, a religião israelita de então. E com elas teriam desaparecido sem deixar vestígios. Esta não é mera suposição feita *a posteriori*. Pelo contrário, é um fato histórico, como o comprova exatamente o judeu-cristianismo, aquela facção do cristianismo primitivo que – liderada por Tiago, irmão de Jesus de Nazaré, e ligada ao Templo – se opunha duramente a Paulo de Tarso porque este se integrara aos *helenistas*, a ala liberal dos *nazarenos*, para a qual os gentios podiam se tornar *cristãos* sem antes se tornaram *judeus* – isto é, sem se submeterem à circuncisão e a outras normas rituais exigidas. A última notícia sobre a facção que combatia Paulo de Tarso informa que alguns de seus integrantes teriam fugido de Jerusalém pouco antes da cidade ser ocupada pelos romanos em 70 d.C. E nada mais dela se soube.

Esta posição *liberal* é uma das componentes do que aqui denominamos de *concepção política* de Paulo de Tarso, concepção esta que ainda pode, e deve, despertar o interesse do leitor de hoje, não apenas por ela ter determinado o futuro de cristianismo, mas principalmente por desfazer um gritante equívoco na história das ideias políticas do Ocidente, ao qual já se fez referência ao abordar a obra de Platão e Aristóteles.[299] A *concepção política* de Paulo de Tarso pode ser sucintamente apresentada em três tópicos: a igualdade universal, o indivíduo e o Estado e a revolução civilizatória.

## A igualdade universal

> Não há judeu nem grego, não há escravo nem livre, não há masculino e feminino, pois todos vós sois um em Jesus, o Messias.
>
> Gálatas 3,28

---

[299] V. acima, p. 150ss.

Qual a reação de quem lê hoje este texto escrito há quase dois mil anos? Depende. Se for alguém familiarizado com o legado literário israelita anterior, em particular os oráculos dos profetas, em nada se surpreenderá. Pelo contrário, considerará a afirmação de Paulo de Tarso simplesmente como reafirmação/confirmação daquele. Supondo que tal leitor conheça apenas o legado greco-romano, é quase certo que ele a verá simplesmente como a proclamação de um pregador religioso... Mas se este leitor conhecer tanto o legado israelita quanto o greco-romano, neste caso sim poderá ter a exata noção do caráter estranho e revolucionário desta afirmação no contexto da Antiguidade tardo-clássica no Mediterrâneo, quando o mundo se dividia entre cidadãos (romanos) e não-cidadãos, a economia tinha por base a escravidão e a família estava submetida à autoridade absoluta do varão.

Sem dúvida, filósofos como Epicteto e Sêneca também defendiam a igualdade de todos, e já sem o mal-estar evidente que quatro ou cinco séculos antes Platão e Aristóteles demonstravam ao enfrentar o tema da escravidão. Mas Epicteto e Sêneca eram vozes isoladas e dissonantes, vindas de dentro de um sistema social a elas impermeável, por impensável sem o trabalho servil. O novo em Paulo de Tarso é que sua voz vinha de fora. E não era dele nem remontava a Jesus de Nazaré – cujas palavras ele cita apenas incidentalmente – mas às avitas origens de uma civilização milenar da qual a igualdade universal era uma componente intrínseca e estrutural – como já foi visto. Mas voltemos ao texto de Gálatas 3,28.

São absolutamente magistrais a precisão estilística e a força retórica da primeira parte do período. Em quinze palavras, distribuídas de cinco em cinco em três orações negativas rigorosamente paralelas[300] e de semântica apodítica, Paulo de Tarso des-

---
[300] O paralelismo é rompido apenas uma vez, na terceira oração, na qual a conjunção alternativa (*oudè*/nem) é substituída pela conectiva (*kai*/e) para indicar que nos elementos das duas primeiras orações (judeu/grego, escravo/livre) a contraposição se dá por oposição e na terceira (masculino/feminino) apenas por diferenciação/complementação. Como disse Wilamovitz-Moellendorf, Paulo de

monta, de um golpe, toda a estrutura étnico-política, econômico-social e familiar-patriarcal do Império! E na segunda parte, em oito palavras, o argumento que é a prova da primeira soa como um desafio aos Césares! E sem dúvida o era. Então Paulo de Tarso seria um revolucionário, um ativista político segundo alguns têm afirmado recentemente? Seguramente não, e tal interpretação é tão equivocada quanto superficial, como se pode concluir da não menos famosa passagem de 1 Cor 7,8-24:

> Quanto ao mais, que cada um viva na condição na qual o Senhor o colocou ou em que o Senhor o chamou. É o que recomendo a todas as igrejas. O que era circunciso quando foi chamado [à fé], não dissimule sua circuncisão. Quem era incircunciso, não se faça circuncidar. A circuncisão de nada vale e a incircuncisão de nada vale, o que importa é a observância dos mandamentos de Deus. Cada um permaneça na profissão em que foi chamado por Deus. Eras escravo quando Deus te chamou? Não te preocupes disto. Mesmo que possas tornar-te livre, antes cuida de aproveitar melhor teu chamado. Pois o escravo, que foi chamado pelo Senhor, conquistou a liberdade do Senhor. Da mesma forma, quem era livre por ocasião do chamado fez-se escravo de Cristo. Por alto preço fostes comprados, não vos torneis escravos de homens. Irmãos, cada um permaneça diante de Deus na condição em que estava quando Deus o chamou.

O que Paulo de Tarso aqui diz e rediz é claro: para o cristão, ser circuncidado (judeu) ou gentio, ser livre ou escravo nada significa, porque a marca física e a condição social são anuladas pelo fato de todos serem iguais, como cristãos, pela fé em Jesus, o Messias. Portanto, Gal 3,28 e 1 Cor 7,18-24 afirmam e reafirmam a mesma coisa, como clareza incontestável. E Paulo de Tarso não é um ativista político ou um revolucionário. Não. Contudo, ele é muito mais do que isto, como se verá.

---

Tarso é um estilista, um clássico da língua grega. Aliás, em Gal 3,28 a tradução portuguesa literal é absolutamente precisa e absolutamente perfeita, não sendo aceitável qualquer outra.

## O indivíduo e o Estado

Em Romanos, 13,1-7, Paulo de Tarso escreve:

> Cada qual seja submisso às autoridades constituídas, porque não há autoridade que não venha de Deus; as que existem foram instituídas por Deus. Assim, aquele que resiste à autoridade opõe-se à ordem estabelecida por Deus; e os que a ela se opõem atraem sobre si a condenação. Em verdade, as autoridades inspiram temor, não, porém, a quem pratica o bem, e sim a quem faz o mal! Queres não ter o que temer da autoridade? Faze o bem e terás o seu louvor. Porque ela é instrumento de Deus para teu bem. Mas se fizeres o mal, teme, porque não é sem razão que leva a espada: é ministro de Deus, para fazer justiça e para exercer a ira contra aquele que pratica o mal. Portanto, é necessário submeter-se, não somente por temor do castigo, mas também por dever de consciência.
>
> É também por essa razão que pagais os impostos, pois os magistrados são ministros de Deus, quando exercem pontualmente esse ofício. Pagai a cada um o que lhe compete: o imposto a quem deveis o imposto; o tributo a quem deveis o tributo; o temor e o respeito a quem deveis o temor e o respeito.

Seja pela clareza dos conceitos, seja pela relevância do tema, seja pelo uso que dela foi feito no passado, esta é, ou foi, a passagem de Paulo de Tarso mais conhecida e mais debatida para além dos limites das controvérsias religiosas/teológicas. Sendo impossível fazer um apanhado geral, ainda que sucinto, da *fortuna crítica* dela e das posições assumidas nestes debates, é importante ao menos sublinhar que esta passagem foi, se não sempre manipulada, pelo menos sempre interpretada *pro domo sua* pelos que defendiam seus próprios interesses, fosse no campo religioso, fosse no político. Por isto é fundamental situar Romanos 13 no contexto histórico de meados do século I d.C., pois apenas assim pode-se compreender corretamente seu sentido. Para tanto, duas breves observações são indispensáveis.

1 – A Carta aos Romanos foi escrita entre o final de 55 d.C. e o início de 56 d.C., em Corinto, quando Paulo de Tarso se preparava para visitar a parte ocidental do Império, começando por Roma, onde já existia uma comunidade cristã pelo menos desde os primeiros anos da década de 40 d.C. Na condição de cidadão romano e sabendo ter muitos inimigos entre judeus e judeu-cristãos – que o acusavam, respectivamente, de apóstata e desviado –, Paulo de Tarso apresenta em Romanos 13,1-7 uma espécie de *habeas corpus* preventivo, com o objetivo de demonstrar às autoridades, e a todos, que nem ele nem os cristãos representavam um perigo para a sociedade, pois a fé não entrava em conflito com a ordem vigente nem ameaçava a paz pública.

2 – Evidentemente, Paulo de Tarso não era um tolo e sabia muito bem que as autoridades do Império podiam não pensar sempre assim, além de serem inconstantes e variáveis no tratamento de tais assuntos. Por isto mesmo, tanto mais necessária se fazia uma defesa prévia. Contudo, esta passagem de Romanos 13 não pode ser vista simplesmente como hábil manobra tática. E por dois motivos: Roma sempre fora muito tolerante com os judeus em todo o Império – a cidadania romana da família do próprio Paulo de Tarso era/é uma prova – e não há registro de que os cristãos tivessem sofrido qualquer perseguição até 55/56 d.C.[301]

Portanto, consideradas as circunstâncias em que foi escrita, Romanos 13,1-7 não pode ser vista como defesa do poder irrestrito das autoridades constituídas nem como exortação à obediência incondicional às suas ordens. Muito pelo contrário, levando-se em consideração o contexto político amplo deve-se concluir que nesta passagem Paulo de Tarso está reivindicando

---

[301] O episódio da expulsão dos judeus, ou talvez judeu-cristãos, de Roma em 41 d.C. (ou 49 d.C.), relatado por Suetônio (De vita Caesarum – Cláudio 25,4) e por Lucas (Atos 18,2), absolutamente não teve caráter de perseguição, segundo consenso mais ou menos unânime dos especialistas.

claramente – ainda que não diretamente – para o cristão, e para todo cidadão, *o direito ao espaço privado*, opondo-se assim ao totalitarismo da *pólis* helênica – herdado pelo Império – e mantendo-se, portanto, firmemente no âmbito da tradição antitotalitária de Israel, já analisada.[302] Em outros termos, o que Paulo de Tarso afirma é: no espaço público, os cristãos, como bons cidadãos, devem obedecer às autoridades constituídas; no espaço privado, como bons cristãos, devem obedecer aos princípios da fé no Senhor Jesus.

Teria Paulo de Tarso, ao redigir Romanos 13,1-7, plena consciência do perigoso terreno em que pisava? Poderia ele imaginar que algumas décadas depois, sob Domiciano e Trajano – os Césares também não eram tolos! –, sua "proposta" revelar-se-ia uma utopia, desfeita em mil pedaços ao explodir, feroz, a luta entre o Império e o cristianismo?

É impossível saber. Mas talvez a resposta seja negativa, por duas razões. Em primeiro lugar, porque sua experiência familiar e pessoal na Ásia Menor e nas regiões circunvizinhas talvez o levasse a acreditar na tolerância do Império neste campo – já comprovada no caso dos judeus, segundo foi mencionado antes. Em segundo lugar, porque para sua fé milenarista o fim do mundo estava às portas e em breve o Senhor Jesus, o Senhor de todos os senhores, surgiria glorioso por entre as nuvens do céu para julgar os vivos e os mortos e colocar um ponto final na história da Humanidade pecadora, assim redimida e salva pelo próprio Criador, que através de seu representante plenipotenciário, o Messias/Rei Jesus, expiara o erro cometido ao criá-la e desta forma restabelecera o equilíbrio vigente antes da aurora dos tempos. Loucura? Talvez. Mas assim está escrito na Primeira Carta aos Tessalonicenses (1 Ts 4,16-17), por ele redigida em 45/46 d.C., isto é, cerca de dez anos antes da Carta aos Romanos:

---

[302] V. acima, p. 246ss.

Quando for dado o sinal, à voz do arcanjo e ao som da trombeta de Deus, o Senhor (Jesus) descerá do céu e os que morreram em Cristo ressurgirão primeiro. Depois nós, os vivos, os que estamos ainda na terra, seremos arrebatados juntamente com eles sobre nuvens ao encontro do Senhor nos ares, e assim estaremos para sempre com Ele.

Estas imagens espetaculares, de tons *holywoodianos,* provocam estranheza no leitor de hoje mas servem, se faltassem outras provas, para nos dar uma certeza: Paulo de Tarso não era um ativista político, um revolucionário em luta contra o Império. Contudo, à parte tais visões delirantes, típicas da *literatura apocalíptica* da época, suas ideias mostram que ele era muito mais do que isto. Ele era o símbolo, o ícone de uma revolução civilizatória que começava a espalhar-se pelo Mediterrâneo e que não se deteria antes de dominar o Império. Dito de outra forma: Paulo de Tarso não era Paulo de Tarso. Ele era o processo histórico!

## A revolução civilizatória

Em 54/55 d.C., de Éfeso, Paulo de Tarso escreveu em sua Primeira Carta aos Coríntios 13,1-13:

Ainda que eu falasse as línguas dos homens e dos anjos, se não tiver caridade, sou como o bronze que soa, ou como o címbalo que retine. Mesmo que eu tivesse o dom da profecia, e conhecesse todos os mistérios e toda a ciência; mesmo que tivesse toda a fé, a ponto de transportar montanhas, se não tivesse caridade, não sou nada. Ainda que distribuísse todos os meus bens em sustento dos pobres, e entregasse o meu corpo para ser queimado, se não tiver caridade, isto nada me aproveita.

A caridade é paciente, a caridade é benigna. A caridade não é invejosa, não se ufana, não se ensoberbece. A caridade nada faz de inconveniente, não busca os seus próprios

> interesses, não se irrita, não suspeita mal. Não se alegra com a injustiça, mas se rejubila com a verdade. Tudo desculpa, tudo crê, tudo espera, tudo suporta. A caridade jamais acabará. As profecias desaparecerão, as línguas cessarão, e a ciência findará. A nossa ciência é parcial, a nossa profecia é imperfeita; mas, quando vier a perfeição, o imperfeito desaparecerá. Quando eu era criança, falava como criança, julgava como criança, pensava como criança. Desde que me tornei homem, eliminei as coisas de criança. Hoje vemos como por um espelho, confusamente; mas então veremos face a face. Hoje conheço em parte; mas então conhecerei totalmente, como sou conhecido eu mesmo.
>
> Agora subsistem estas três coisas: a fé, a esperança e a caridade. A maior delas, porém, é a caridade.

O que significavam estas estranhas palavras em um mundo fundado sobre o estatuto da escravidão, submetido ao poder implacável das legiões e no qual os imperadores eram venerados como *filhos de deus*[303] e como a encarnação do poder absoluto do Estado romano? Para entendê-lo, é necessário voltar alguns séculos no tempo.

Na segunda metade do século V a.C., a Guerra do Peloponeso (429-404 a.C.) devastara o Mediterrâneo e decretara a caducidade da estrutura político-econômica da cidade-Estado (*pólis*) e a condenação de Sócrates à morte (399 a.C.) transformara-se no trágico símbolo da falência dos valores ético-civilizatórios da mesma. Ao final do conflito, do fulgurante e efêmero apogeu de Atenas, da Ática e da Hélade clássica restavam apenas ruínas – e os tesouros supremos criados por seus artistas e por seus pensadores. E então, dos três derradeiros gênios produzidos pela civilização helênica, Platão e Aristóteles dedicaram sua vida à compreensão e à organização de seu passado monumental e Demóstenes a perdeu na patética e vã tentativa de salvar o que dela restara. Era tarde, e a coruja de Minerva já alçara seu voo, desertando o Partenon

---

[303] Desde Júlio César.

em busca de novas plagas onde instalar sua morada. A cidade-Estado encerrara seu ciclo vital e por sobre seus escombros marchavam já as falanges macedônias, seguidas logo depois pelas legiões romanas, em cujo rastro se formaram os primeiros Estados nacionais do Ocidente, fruto do grande crescimento demográfico na baixa Idade do Ferro, das recentes inovações tecnológicas (mineração, metalurgia, náutica, agricultura, engenharia de construções, etc.) e da consequente e rápida expansão econômica.

Assim foi que, instrumentando e disseminando o grandioso legado da Hélade, o Império macedônio conquistou todo o Mediterrâneo centro-oriental, avançou sobre o nordeste da África, marchou sobre a Babilônia e a Pérsia e, para assombro dos contemporâneos, alcançou as margens do Indo. Mas sua duração foi tão fugaz quanto o foram seu surpreendente nascimento e sua fulminante ascensão. E a espantosa gesta bélica de pouco mais de uma década quase instantaneamente tornou-se lenda, estilhaçando-se e desaparecendo junto com seu protagonista, Alexandre, o Grande. Mas o *helenismo*, a sólida herança deixada pelo filho de Filipe da Macedônia, sobreviveu e reinou absoluto por cerca de sete séculos, amalgamou-se com a civilização do Sinai em Alexandria, civilizou os bárbaros da Península Itálica e do Lácio, refloresceu na literatura cristã primitiva – toda escrita em grego – e por fim forneceu o arcabouço lógico para a *filosofia trinitária* de Niceia, primeiro e único híbrido rebento da união da mitologia oriental com o racionalismo ocidental.

Mas nesta época, os antigos bárbaros do Lácio, há séculos civilizados pela Hélade, já começavam a bater em retirada, enfrentando seus próprios bárbaros, que já forçavam as portas do Império. E se, para Alexandre, o Grande, bastara uma década para realizar sua fantástica proeza, para os rústicos camponeses do Lácio haviam sido necessários cinco séculos para levantar o vasto edifício de seu Império, que unira Oriente e

Ocidente sob a panóplia de suas legiões. Como diriam em seu tempo os apologistas medievais e tridentinos, a Providência guiara as falanges macedônias e as legiões romanas pelos caminhos da História, preparando assim a Humanidade para a chegada do Messias e para seu reino eterno...

Com efeito, a rápida expansão do cristianismo foi, em termos operacionais, produto e parte do processo de globalização do vasto espaço do Mediterrâneo, unificado linguística e culturalmente por Alexandre, o Grande, e administrativa e politicamente pelos Césares.

Não é difícil perceber tal fenômeno histórico, recorrente na formação dos grandes impérios, quando, em ondas excêntricas/concêntricas de expansão e influência, eles absorvem e insumem todas as periferias conquistadas. Não tão fácil é compreender como a estranha ideologia de Israel, um povo derrotado e insignificante, há séculos sem território e sem Estado e devastado por sucessivas catástrofes, pôde sobreviver incólume e preservar seus fundamentos civilizatórios. Como pôde tal ideologia, fossilizada e em estado terminal sobre sua miserável nesga de terra no Mediterrâneo oriental, renascer vulcânica de suas cinzas, desafiar os Césares com suas armas e conquistar o Império com sua fé? Como pôde produzir gênios como Paulo de Tarso e Lucas? Como pôde tal ideologia fincar seu estandarte sobre o Capitólio, absorver os bárbaros, fundar a Cristandade, construir a Europa e, por quase dois milênios, dominar o Ocidente?

Não poucos foram os eruditos que se debruçaram, intrigados, sobre tal quase-mistério e não é de admirar que outros tantos, por tanto tempo, o tenham julgado, e ainda o julguem, obra da Divindade. Em outro lugar[304] também procurei explicar – mais para mim próprio do que para outrem – o poder e o fascínio da ética do Sinai. Aqui, encerrando estas notas sobre Paulo de Tarso – que, como no caso de Lucas, já se alongaram

---

[304] V. *Eu encontrei Jesus,* p. 289ss.

demasiado – seguem algumas observações que permitem, pelo menos, entrever as causas do êxito alcançado pela *ala liberal* dos nazarenos e, depois, pelo cristianismo helenizado. Sim, porque desde o Sinai, passando pelos profetas clássicos, por Jesus de Nazaré, por Paulo de Tarso, por Niceia e por Trento, a força irresistível da visão israelita-cristã foi sempre e por definição sua *ética*, não importando seu invólucro – que por vezes tinha por escopo ocultá-la ou desvirtuá-la... Mas voltemos a Paulo de Tarso – aqui tomado como ícone, que de fato foi e é – e à sua revolução civilizatória.

O vigor e a rapidez com que o cristianismo se expandiu foram decorrência de vários e díspares fatores, dos quais três são fundamentais: o vácuo ideológico do Império, a modernização da ética do Sinai e os novos grupos sociais.

### O vácuo ideológico do Império

Diversamente da cidade-Estado helênica – fruto lento e plural de um desenvolvimento civilizatório milenar –, Roma foi produto único e linear de um fascinante processo histórico no qual as etapas se sucediam, em uma visão de *longa duração*, em ritmo alucinante se comparado com a formação da Hélade: um posto de salteadores sobre uma colina no Tibre, uma aldeia de elementos heterogêneos, uma democracia de camponeses, uma cidade-Estado sob domínio etrusco, uma república censitária, uma plutocracia escravista e, por fim, o maior império da Antiguidade ocidental, que então mergulhou no caos e foi quase destruído em um século de violentas lutas intestinas – das reformas abortadas dos Gracos às guerras fratricidas dos triúnviros, passando pelas carnificinas do período de Mário e Sila. E quando, com o Principado, a paz finalmente retornou, sua estrutura política se resumia à disfarçada ditadura de um homem só, já na opinião dos próprios contemporâneos.

Formada por um povo primitivo e rústico, mas hábil e objetivo, Roma se expandira submetendo e absorvendo o entorno, enquanto desenvolvia e aplicava com admirável eficiência seu insuperável ferramental de poder – das legiões ao direito. Mas, avassalada pelas sucessivas transformações e pela fulminante ascensão, jamais tivera o tempo suficiente para elaborar e consolidar outra visão civilizatória que não a da eficiência operacional – e a dos dividendos auferidos com o uso implacável e racional da força. A tal ponto que a divinização dos imperadores – concepção absolutamente estranha ao Ocidente  foi tomada de empréstimo ao Oriente e instantaneamente instrumentalizada, em uma operação que, além de ser brilhante tática de propaganda, era implícita confissão do vácuo político-ideológico do Império. Vácuo simbolizado, por paradoxo, no Panteão, a regurgitar de estranhas e incontáveis divindades em heteróclita profusão.

Foi sobre este vácuo que a minúscula legião dos arautos do gentio-cristianismo assentou suas tendas. Mas o que era o gentio-cristianismo?

### A modernização da ética do Sinai

O gentio-cristianismo de Paulo de Tarso e dos *helenistas* foi a des-etnização, a des-nacionalização e a des-politização da ética monoteísta sinaítica. Em outras palavras, para Paulo de Tarso e seus seguidores, *todos* estavam sendo convocados a formarem uma comunidade internacional de fé e solidariedade, reunidos à sombra do estandarte do Messias/Rei Jesus, não importando fossem eles judeus ou gregos, livres ou escravos, homens ou mulheres. Assim, a ética do Sinai – fundada sobre a igualdade universal, a liberdade do indivíduo e a separação entre o espaço público e o espaço privado – deixava a antiga terra de Canaã, onde, fossilizada, agonizava sob uma pletora de leis caducas instrumentadas pelos interesses da corrupta e sanguinária hierocracia do Templo, para avançar livre sobre o Mediterrâneo e sobre o Império. A *conversão* – ou, segundo seus adversários, a *apostasia* – de Paulo de Tarso foi produto de sua mente genial, que à luz fulgurante da História percebeu o mortal dilema enfrentado pela civilização de Javé: globalizar-se ou perecer, universalizar-se ou desaparecer. Mas tudo tem seu preço, e ele o pagou com sua vida ao transformar-se em ícone de um novo mundo que surgia, em núncio de uma revolução civilizatória que, sobre as ruínas da Antiguidade e domando a explosiva força vital dos bárbaros, construiria a Cristandade, a Europa e o Ocidente, à sombra etérea da sarça ardente do Sinai.

## Os novos grupos sociais

Os sangrentos conflitos sociais e civis que a partir da ascensão de Tibério Graco ao tribunato (133 a.C.) devastaram Roma e toda a Península Itálica quase levaram o Império à ruína e ampliaram ainda mais o vácuo ideológico. Contudo, depois de um longo século de instabilidade e caos, a ascensão de Otaviano e a instauração do Principado (27 a.C.) – mais próximo do despotismo oriental do que da República romana – salvaram e consolidaram o Império, abrindo-se então um extraordinário período de paz e prosperidade, que nem mesmo a incompetência e a insânia de alguns imperadores conseguiram abalar.

Mas como foi que o cristianismo alastrou-se pelo Mediterrâneo precisamente nos dois séculos em que, dos sucessores de Augusto até a morte de Marco Aurélio (180 d.C.), o Império atingia seu apogeu e sua máxima extensão? Qual a explicação para tal fenômeno? Quem eram afinal os que aderiam ao cristianismo? O que os atraía na pregação de Paulo de Tarso e dos que continuaram sua obra? Seria apenas porque, como disse

Tácito, em Roma eram aceitas as coisas mais cruéis e nefandas provenientes de qualquer parte?[305]

Explicar este aparente paradoxo e responder a tais perguntas não é tarefa que ocupe apenas algumas páginas, como bem o prova a vasta bibliografia existente sobre o tema, já abordado pioneiramente por Gibbon.[306] Mas, resumidamente, pode-se afirmar com razoável segurança que a revolução civilizatória desencadeada por Paulo de Tarso e pelos pregadores do gentio-cristianismo alcançou fulminante êxito porque a ética israelita e a comunidade universal paulina sobre ela assentada respondiam à ânsia incontida dos incontáveis párias políticos e espirituais do Mediterrâneo, que, em heteróclita multidão formada por judeus, gregos, bárbaros, livres, escravos, homens e mulheres, ricos e pobres, analfabetos e intelectuais, buscavam desesperadamente um espaço em que pudessem se reconhecer como cidadãos de um novo tempo e membros de uma nova sociedade. Porque

> O movimento cristão, formado por homens e mulheres livres em uma ordem escravocrata, constituiu-se inicialmente e consolidou-se posteriormente como uma *revolução de classe média*, embasada nos princípios da ética do Sinai e favorecida pelo intenso e irreversível processo de globalização das relações econômicas e sociais resultante da expansão e da ocupação romanas em todo o Mediterrâneo. Para perceber o vigor e a originalidade da ideologia cristã quando comparada com a fluida e frágil ideologia imperial – se é que, à parte a força, esta existia – nada mais fascinante e instrutivo do que ler as obras de Cícero, Salústio, Tácito, Tito Lívio e outros lado a lado com com as Cartas de Paulo de Tarso, Atos dos Apóstolos e os Evangelhos de Marcos, Mateus e Lucas. Para aqueles, *virtus et fortuna* – a força e o acaso – ditavam o destino dos indivíduos e dos povos. Para estes, um outro mundo era possível.[307]

---
[305] *Anais* XV, 44.
[306] P. 194-240. V. bibliografia.
[307] Dacanal, J. H. *Eu encontrei Jesus*, p. 216.

E a História provou que, à sua maneira, estes tinham razão. Por isto, quando, ao longo do século III, a catástrofe engolfou o Império, restava tão somente a Igreja, a única instituição com solidez e vitalidade suficientes para salvar a *romanitas* em sua hora fatal. Como disse Rostovtzeff, naquele momento

> Constantino compreendeu que só a religião tinha capacidade para avaliar o poder despótico. [308]

E ele, com sua visão de estadista genial, fez do cristianismo seu instrumento e salvou o Ocidente, em cujo horizonte começava então a nascer a Cristandade – a comunidade universal dos sonhos delirantes de Paulo de Tarso. Nem sempre regida, certamente, pelos princípios que impregnam seu Hino à caridade...

Afinal, um indivíduo, pode às vezes, como foi seu caso, encarnar o processo histórico, nunca jamais, porém, determinar seu rumo. Assim, invertendo o comentário de Políbio sobre a derrota de Aníbal em Zama, sem dúvida Paulo de Tarso tinha os fados a seu favor – ainda que não a capacidade de prever o futuro...

---

[308] *História de Roma*, p. 273.

# TERCEIRA PARTE

---

# ROMA

Na fértil mas pouco extensa planície da foz do Tibre, que a montante logo tem seu curso margeado por colinas de acentuado relevo, nos primeiros séculos do Primeiro Milênio a.C. um povo primitivo e rústico, de língua indo-europeia e possivelmente procedente do noroeste da Península da Anatólia, assentou seus casebres. Contudo, absorvendo a herança da Hélade, com seu gênio prático e ativo os transformou, em seu apogeu, nas monumentais ruínas que em Roma e em todo o Mediterrâneo ainda assombram o mundo. E, em sua decadência, deu ao Ocidente o maior estadista de sua história e, aceitando estoicamente a derrota, transmitiu a Israel sua expertise operacional para construir a Cristandade, quase dois milênios depois ainda íntegra e presente – pelo menos no fulgurante esplendor arquitetônico de suas basílicas e catedrais e no irresistível fascínio das formas e das cores de seus pintores e escultores. Mas, para não adentrarmos as ínvias sendas da perdição – organizacional, é claro –, pela terceira vez quebramos caminho, com direito apenas a uma observação algo complexa. Suficientemente breve, contudo, para que o leitor possa perdoar, ou esquecer, esta digressão especializada.

Os legados civilizatórios/literários helênico, israelita e romano possuem algumas características específicas e divergentes entre si no que tange ao processo de formação, evolução e destino final. Assim, o legado helênico nasceu e evoluiu autonomamente, sendo tardia e parcialmente absorvido, em etapas sucessivas, pelo israelita-cristão, que, inclusive, adotou sua língua. O legado israelita também nasceu e evoluiu autonomamente mas, depois de um período de conflito com o legado helênico,[309] absorveu este e o reelaborou, do que resultaram, primeiro, o cristianismo helenizado e, depois, a chamada *filosofia trinitária*. O legado romano, por sua parte, autônomo apenas em seus lendários primórdios, evoluiu e consolidou-se como tributário e caudatário do legado helênico, dele a seguir libertando-se parcialmente para, por fim, ser absorvido pelos legados helênico e israelita-cristão combinados, aos quais forneceu a língua e a competência operacional, que formataram o arcabouço da Cristandade ocidental.

Seguindo o acima telegraficamente exposto, pode-se aqui dividir o legado romano/latino em três fases: a sombra da Hélade, a era do apogeu e a aurora da Cristandade. Este esquema é apenas um recurso didático e, como tal, uma simplificação. Contudo, apresenta a vantagem de adaptar-se à estrutura desta obra. Para a qual, evidentemente, a segunda fase possui interesse primordial, pois nela se encontra o que de mais autêntico, perene e elevado nos legou o gênio dos herdeiros dos rústicos mas objetivos camponeses do Lácio.

---

[309] A literatura dita *sapiencial*. V. acima, p. ???.

# A SOMBRA DA HÉLADE

*Graecia capta ferum victorem cepit*[310] disse Horácio, referindo-se ao período iniciado com a batalha de Zama (202 a.C.), depois da qual as legiões do Império haviam avançado sobre o Mediterrâneo centro-oriental, de onde retornavam carregando em seus navios e em suas mentes os tesouros e os ademanes do helenismo. Contudo, já muito antes a Grécia *capturara* o Lácio. Para perceber isto basta observar o que diz Cícero, no De republica, reportando-se ao final do século VI a.C.:

> Nota-se porém aqui, pela primeira vez em Roma, a influência de uma civilização estranha. Não era, com certeza, um pequeno arroio que então trouxe as artes da Grécia, mas um rio enorme, que em suas águas transportava as ciências e as letras.
>
> II, 19

Com efeito, pela época da qual fala Cícero a Magna Grécia[311] e a Sicília começavam a viver sua era de esplendor e o Lácio, algumas centenas de quilômetros ao norte, já se

---
[310] A Grécia conquistada conquistou o selvagem/inculto vencedor. Epístolas II, 1 (156).
[311] O extremo sul da Península Itálica.

encontrava dentro de sua esfera de influência. E quando, nas primeiras décadas do século III a.C., Roma completou a conquista da península e ocupou Tarento (272 a.C.), o helenismo deixou de ser um caudaloso rio para transformar-se em uma avalanche, cujas vagas irresistíveis logo cobririam toda a Itália, de sul a norte e do Adriático ao Tirreno.

É seguramente neste período intermediário – sobre o qual não há muitas informações confiáveis – que nascem e se formam as lendas destinadas a conectar as origens do Lácio e de Roma ao passado da Hélade e à epopeia homérica. É então que começa a ser contada a história da fuga de Eneias, que deixando Troia em chamas, no noroeste da Península da Anatólia, vaga pelo Mediterrâneo até aportar à foz do Tibre, para ali transformar-se em primeiro membro da nobre estirpe da *Gens Julia*! Pelo menos segundo acreditavam, ou fingiam acreditar, os bajuladores de Augusto, alguns séculos depois...

Seja como for, no que aqui realmente importa, à parte as leis (*jus*), a organização, a disciplina, as legiões e as guerras, nestes seis ou sete séculos que vão da mítica fundação de Roma (753 a.C.) ao final das guerras sociais (*c.* 100 a.C.) pouco há de interessante para leitores não especializados. Até documentalmente pouco foi conservado, mesmo do período em que, depois da conquista de Tarento, Roma passou a viver integralmente à sombra da Hélade, época em que há um grande florescimento das letras e das artes em geral.

Dos escritores deste período, alguns são gregos ou cartagineses, quase todos copiam modelos gregos e também quase todos escrevem em língua grega. E deles, fora dos manuais e das aulas de história e literatura latinas, nem mesmo os nomes são hoje lembrados. Há, porém, duas exceções relativamente notáveis: são os comediógrafos Plauto e Terêncio, algumas de cujas obras continuam, mais de dois milênios depois, sendo lidas e, até, representadas.

Plauto e Terêncio escrevem em latim, mas se inserem em uma tradição helenística já então secular, prenunciada nas últimas comédias de Aristófanes e depois transformada definitivamente em modelo por Menandro[312] e seus seguidores, criadores da chamada *comédia nova*. Esta tradição, muito mais tarde absorvida e transformada pelos *elisabetanos*,[313] por Molière e por tantos outros, vive ainda hoje na dita *comédia de costumes* – e pouco importa se no palco, na tela do cinema ou na tela da tevê.

Sem entrar em longas análises eruditas, pode-se dizer que este gênero teatral começa a nascer quando, metaforicamente, a tragédia e a comédia áticas abandonam a praça pública (*ágora*) e se retiram para o espaço privado, na esteira da cataclísmica e definitiva ruína das cidades-Estado gregas ao término da Guerra do Peloponeso (404 a.C.). Em outros termos, quando o palco, até então organicamente político e visto *de cima* pelo público dos anfiteatros, deixa de ser a ampla arena do drama antropológico da coletividade e começa a transformar-se no restrito espaço das prosaicas peripécias diárias da individualidade, vistas *de baixo* por uma plateia de espectadores heterogêneos que nelas se reconhecem isoladamente. E assim seria de então em diante. A tragédia e a comédia áticas haviam desaparecido para sempre, sepultadas sob os escombros da antiga Atenas, símbolo supremo da *pólis* helênica. Apenas uma vez mais, no milagre único das grandes tragédias de Shakespeare, o palco tornaria a ser ocupado pelos grandes dramas da coletividade – porém já não mais universal mas apenas *nacional*. Desçamos, no entanto, do empíreo das elucubrações estéticas para, por alguns instantes, assentar pé no prosaico mundo de Plauto e Terêncio. Não sem antes lembrar que, se das poucas peças que deles restaram algumas merecem ser lidas/vistas, é porque, cá e lá, seu mundo não é tão prosaico assim...

---

[312] V. acima, p. 202.
[313] Os dramaturgos e comediógrafos ingleses do século XVII: Shakespeare, Ben Jonson, Marlowe etc.

# PLAUTO
(*c*. 245-184 a.C.)

Plauto nasceu em Sársina, na Úmbria. Filho de pais livres mas pobres, ainda muito jovem foi a Roma. Ali levou vida agitada, sendo inclusive, durante certo tempo, obrigado a trabalhar em um moinho para pagar suas dívidas. Contudo, nunca abandonou sua verdadeira vocação, o teatro. Foi ator, trabalhador, empresário e, principalmente, autor. Escreveu mais de 150 peças, das quais apenas cerca de vinte foram conservadas, e mesmo assim várias com lacunas. As mais conhecidas delas, e talvez as melhores, são Anfitrião, Aulularia (A marmita) e Gorgulho.

Plauto é sem dúvida um comediógrafo extraordinário e suas peças possuem uma força cômica indiscutível, que se mantém ao longo dos tempos. Sustentadas por golpes de cena, confusão e troca de identidades, caracteres estereotipados, crítica social e algumas obscenidades – que hoje parecem infantis... –, elas seguem a moda helenizante da época, com nomes, roupas, enredos e cenários gregos. Contudo, as personagens falam e se comportam como verdadeiros romanos de seu tempo. Por isso as peças de Plauto, da mesma forma que as Cartas de Cícero e o romance de Petrônio[314] mais tarde, são vívidos e realistas

---
[314] V. adiante, p. 481.

painéis sociais de um período histórico, em seu caso aquele em que o Império já estendera seus tentáculos até as costas da África. Como está bem caracterizado em uma breve cena em que a personagem Gorgulho, na peça homônima, ataca os mercadores de escravas e os usurários:

> Esta raça de mercadores de escravas é, entre os homens, como a das moscas, dos mosquitos, dos piolhos e das pulgas: só serve para incomodar, para aborrecer, para desesperar. Não tem utilidade nenhuma. [...] E vós [usurários] sois iguaizinhos a eles! A mesma coisa! Eles fazem seus negócios às escondidas, mas vós fazeis em praça pública. Vós despedaçais os homens com vossa usura, eles com seus maus conselhos e sua devassidão. Todas as leis que o povo faz contra vós, vós as infringis tão logo se tornam leis; imediatamente encontrais por onde escapar. Vós tratais as leis como água a ferver: é só deixá-la esfriar.[315]
>
> IV, 2

Isto foi escrito há quase 2.300 anos ou ontem pela manhã?...

---

[315] Tradução de Agostinho da Silva.

# TERÊNCIO
(*c.* 194-*c.* 159 a.C.)

---

Terêncio nasceu na África, possivelmente em Cartago. Levado a Roma ainda criança como escravo de guerra, por um senador, ali estudou e, depois de liberto, integrou-se aos círculos da elite e à então famosa família dos Cipiões. De reconhecido talento, dedicou-se a ler, traduzir e adaptar peças de autores gregos, em particular de Menandro e de seus seguidores. Durante uma estadia na Grécia, conta-se, traduziu mais de uma centena de comédias e enfrentou um naufrágio. Segundo alguns, teria perecido nesta ocasião. Segundo outros, pouco tempo depois, em parte pelo desgosto de ter perdido todo seu trabalho. Deixou seis obras, das quais Os adelfos (Os irmãos gêmeos) e O eunuco são as mais conhecidas e merecem ser lidas.

Terêncio seguiu as tendências helenizantes da elite romana de seu tempo e por tal motivo sua obra assemelha-se muito à de Plauto. Contudo, ao contrário deste e pelas próprias características de sua formação, não era um comediógrafo nato nem possuía a vivacidade e a rusticidade que garantem o sucesso popular nesta área. Escritas em uma linguagem mais sofisticada que a de Plauto, suas peças contêm passagens em que se evidenciam tendências moralizantes e até filosóficas, o que vai muito além daquela crítica social direta e até grosseira não raro presente neste tipo de teatro – inclusive em Plauto.

É principalmente nos prólogos de suas peças – nos quais, inclusive, ele se defende das acusações de plagiar e de assinar peças escritas por outros – que Terêncio faz uma interessante análise de seu trabalho de comediógrafo. Mas aqui, para o leitor, talvez seja mais interessante transcrever a primeira parte da famosa, e sempre atual, fala de Gnatão, em O eunuco, na qual a personagem explica seu sucesso como parasita e bajulador:

Ó deuses imortais! Como há homens superiores a outros homens! Que diferença há entre um inteligente e um estúpido! Penso isto pelo seguinte. Encontrei hoje, quando chegava, um homem da minha terra e da minha classe. Um homem fino, que comeu tudo quanto tinha. Vejo-o sujo, esquálido, fraco, mal vestido e velho. Disse-lhe eu:

– Então, que aspecto é este?

– Ai de mim! Perdi tudo quanto tinha! Olha a que ponto cheguei! Todos os meus amigos e todos os meus conhecidos me abandonaram!

Eu contemplei-o com desprezo:

– Então, meu grande idiota, estás em tal situação que não tens mais esperança? Perdeste a cabeça, juntamente com o dinheiro? Não vês a mim, que nasci na mesma terra? Não vês a minha cor, o meu brilho, a minha roupa, o meu porte? Tenho tudo e não tenho nada. Embora não haja nada, nada falta.

– Mas eu sou um infeliz – (disse ele) –, não sei suportar o ridículo nem as pancadas!

– O quê?! – (disse eu). – Pensas que é assim?! É caminho completamente errado! Isto era bom para os que vieram antes de nós. Agora são outras as maneiras de ser esperto – e eu fui o primeiro que encontrou este caminho. Há uma espécie de homens que querem ser os primeiros em todas as coisas e não o são. É a eles que eu sirvo. Não faço as coisas de maneira que se riam de mim. Sou eu que me rio deles, enquanto lhes admiro os talentos. Gabo tudo o que dizem. E se dizem o contrário gabo também! Alguém diz que não? Digo logo que não! Alguém diz que sim? Digo logo que sim! A ordem que dei a mim mesmo foi a de estar de acordo com tudo. É a ocupação que atualmente rende mais![316]

II, 3

Olhando à volta hoje, mais de dois milênios depois de Terêncio e Plauto, compreendemos quão sábio era o autor do Livro do Eclesiastes,[317] que diz:

Vi que não há nada de novo sob o sol...

---

[316] Tradução de Agostinho da Silva.
[317] V. acima, p. 329.

# A ERA
# DO APOGEU

O período áureo da produção literária de Roma se inicia quando, sob Sila, o Império parecia prestes a naufragar, já mergulhado na longa noite de sangue e de horrores das guerras civis, que se estenderia por cerca de meio século. Diversamente da Hélade, cujo apogeu nas artes, tanto na Jônia quanto na Ática depois, foi coetâneo ao fulgurante e efêmero apogeu da *pólis*, e diversamente também de Israel, cujo legado literário formou-se lentamente ao longo de um milênio e floresceu nos sucessivos períodos de crise da herança sinaítica, em Roma os primeiros grandes luminares do gênio latino assistiram à fase terminal da República; e os que os sucederam viveram ao longo do primeiro século, quando os antigos ideais democráticos – ainda que censitários – da *civitas* já há muito haviam sido sacrificados como obsoleta e inútil tralha em aras do *imperium* sobre o vasto orbe então conhecido a ocidente. Como disse um dos mais célebres e celebrados porta-vozes do espírito de seu tempo e de seus concidadãos:

> [...] quando (Augusto) seduziu o exército com vantagens, o povo com a distribuição de trigo e a todos com a doçura da paz, começou a mostrar-se pouco a pouco e a apropriar-se do que tradicionalmente era função do Senado, dos magistrados e das leis. Ninguém a ele se opunha, pois os cidadãos mais valorosos haviam morrido na guerra ou sido proscritos. E os restantes, entre os nobres, quanto mais se curvavam à servidão, tanto mais ascendiam em honras e riquezas e, favorecidos por esta nova ordem das coisas, preferiam o presente, que era seguro, ao passado, que era perigoso.[318]

Se tempo houvesse e outro fosse o objetivo desta obra, fascinante seria analisar comparativa e detalhadamente os precisos momentos em que se gestaram as peças supremas que hoje compõem o tripartite e perene tesouro das artes e, aqui em particular, da produção literária do Ocidente. Mas somos obrigados a seguir caminho, não sem antes, porém, confessar que diante do legado de Roma é-se tomado pela sensação de que o gênio latino, pelo menos no passado, floresceu sempre com maior vigor à sombra da ordem e da disciplina. E a Igreja, a herdeira do Império, não foi – ainda que não mais o seja – um argumento em contrário...

Retomando a trilha, a era do apogeu da produção literária de Roma pode, nesta obra e sempre com objetivos didáticos, ser apresentada em cinco partes: Cícero, a lírica, a epopeia e o romance, a história, a filosofia e a fábula.

---

[318] Tácito, *Anais* I, 2. Tradução de Vicente Blanco y García.

# CÍCERO
(106 a.C.-43 a.C.)

Marco Túlio Cícero nasceu em Arpino, vila não distante de Roma. Sua família tinha posses, mas não pertencia aos círculos da velha aristocracia do Lácio. Tendo sido educado pelos mais conceituados mestres da época, desde muito cedo interessou-se pela oratória. Aos vinte e seis anos defendeu sua primeira causa pública, oportunidade em que, com a temeridade ingênua típica de sua personalidade, enfrentou indiretamente o ditador Sila, que há pouco chegara ao poder. Atuando de forma brilhante, obteve retumbante vitória mas, como diz Plutarco,[319] possivelmente por ter se dado conta dos riscos que corria deixou Roma por alguns anos, viajando pelas grandes metrópoles da Hélade e da Ásia Menor para aprimorar sua cultura e sua técnica oratória. Retornando à pátria, foi bem recebido e em seguida iniciou seu *cursus honorum* – o caminho das honras, como os romanos denominavam a carreira dos cargos públicos – e em 63 a.C. chegou ao consulado. Republicano convicto, participou ativamente das violentas lutas políticas do conturbado período que terminou com o assassinato de Júlio César, em 44 a.C. Partidário de Pompeu e confiando na proteção de Otaviano, a nova estrela que surgia nos céus de Roma, Cícero

---
[319] *Vidas paralelas*, Cícero, 3.

alinhou-se incondicionalmente com os mais encarniçados inimigos de Marco Antônio e contra ele escreveu a série de catorze discursos conhecidos como *Filípicas*,[320] selando com eles sua própria sorte. Segundo muitos haviam previsto, Otaviano mostrou-se indiferente e Cícero foi assassinado com requintes de crueldade, em 43 a.C., por ordem de Marco Antônio.

Como sempre ocorre com aqueles que pela inteligência, pela formação e pelo treinamento se elevam muito acima da média de seus coetâneos, Cícero foi, durante sua vida, e ao longo dos séculos, alvo de apaixonadas e díspares avaliações, apesar de ninguém lhe ter negado jamais a láurea de grande estilista e de máximo prosador da língua latina. E, segundo muitos, também a de maior orador de toda a história do Ocidente. Assim, pode-se afirmar com segurança que, pelo altíssimo talento, pela vasta cultura, pelo estilo insuperável, pela versatilidade espantosa, pela extensão monumental da obra e pela larga e duradoura influência exercida sobre os pósteros, Marco Túlio Cícero foi o gênio sumo da civilização latina, alçando-se, como já foi antes dito, às alturas de Tucídides, Platão, Aristóteles e Paulo de Tarso. E aqueles que lhe lançam em rosto a pecha de pensador pouco original em suas obras filosóficas, estes esquecem que inclusive nisto ele é o paradigma perfeito da latinidade, tributária inegável da Hélade no pensamento analítico, ainda que absolutamente superior a ela na competência operacional. Mas, deixando ao lado as controvérsias, sigamos firmes nosso rumo.

### A obra

Comentar, mesmo que sucintamente, a obra de Cícero é tarefa que enfrenta dois problemas: a extensão e a heterogeneidade da mesma e as dificuldades de acesso à maior parte dela, seja no original, seja em traduções.

---

[320] Denominação do próprio Cícero, comparando-os assim aos discursos de Demóstenes contra Filipe II da Macedônia.

Quanto ao primeiro, Cícero era um trabalhador intelectual incansável e produziu uma obra imensa, a tal ponto que, mesmo desconsideradas as partes que dela se perderam, está entre as mais extensas das que integram o legado da Antiguidade clássica, se não for a mais extensa.[321] Quanto ao segundo problema, por razões editoriais e outras, entre as quais possivelmente está a de ser considerada epigonal em relação ao legado helênico, não há notícias de uma edição completa e acessível da obra de Cícero. Ao contrário do que ocorre, por exemplo, com a de Tucídides, Platão e Aristóteles, para nem falar daquela de Paulo de Tarso, disponível não apenas em qualquer Bíblia como também em edições bilíngues e trilíngues.[322] Seja como for e remetendo o leitor interessado aos manuais de literatura latina, à parte o que se perdeu o legado literário completo de Cícero hoje existente é formado, basicamente, por cinquenta e sete discursos, além de fragmentos de outros vinte; sete obras de teoria e história da eloquência; vinte obras de filosofia, algumas com grandes lacunas; cinco coleções de cartas, em trinta e sete livros; e fragmentos de obras históricas e poéticas.

À maneira sucinta de sempre, serão a seguir comentados, pela ordem, a oratória, a filosofia e pouco mais.

---

[321] Foi provavelmente esta a razão – e a consequente dificuldade de obter material, nas condições tecnológicas da época – que levou Tirão, o secretário de Cícero, a inventar as *notae tironianae* (notas de Tirão), o primeiro sistema de estenografia conhecido.

[322] Evidentemente, o fantástico recurso das bibliotecas virtuais disponibiliza hoje, quase instantaneamente, qualquer texto da Antiguidade, e no original. No entanto, para determinados trabalhos nada substitui ter à mão uma competente e confiável tradução, em papel e, de preferência, comentada por um especialista. Se por mais não for, pelo menos para servir de guia e parâmetro.

# Oratória

A exemplaridade absoluta de Demóstenes e Cícero como oradores e a semelhança de suas trajetórias políticas, em Atenas e Roma respectivamente, haviam se consolidado tanto na visão dos antigos que Plutarco, nascido cerca de um século depois da morte do segundo, os escolheu como paradigmas em sua obra.[323] No entanto, e o próprio Plutarco o demonstra de forma indireta, já então percebiam-se diferenças entre as duas personalidades. E delas a mais óbvia e saliente pode assim ser resumida: Demóstenes era um estadista, Cícero não. Demóstenes coloca a si e a sua eloquência a serviço de Atenas; Cícero coloca a eloquência e a República a seu próprio serviço.

É por isto que Demóstenes, titânico, surge a nossos olhos na Oração da coroa, e particularmente nas Filípicas, como personagem trágico, em luta desesperada e vã contra os fados, na inútil tentativa de salvar a *pólis*, já há muito condenada pela História a ser parte da arqueologia da Hélade, para nem falar da própria Atenas, reduzida então a triste simulacro de seus dias de glória. E Cícero, nas Catilinárias, patético e teatral, domina o palco e revoluteia, no papel de insciente *clown* diante de uma plateia atenta mas indiferente, que adivinhava ser o caos em torno reinante apenas um réquiem a anunciar os funerais da República e as dores de parto do apogeu do Império. E nisto havia uma férrea lógica histórica. Em Atenas,

---
[323] *Vidas paralelas*, Demóstenes e Cícero.

nas veias do conquistador corria o sangue jovem das periferias semibárbaras da Macedônia, fadadas a preencher o vácuo deixado pela atávica autofagia das cidades da Grécia Central/Peninsular e pelas ruínas ainda fumegantes da efêmera hegemonia da Ática. Em Roma, o futuro *senhor do mundo* nascera ali mesmo, das entranhas da velha aristocracia provincial do Lácio, em dois séculos catapultada ao comando do maior Império da Antiguidade. Mas, digressões à parte, voltemos à obra de Cícero.

Ler os discursos de Cícero – ainda que em tradução,[324] e apenas os poucos facilmente disponíveis – é uma experiência inolvidável. Não idêntica, evidentemente, àquela de ler a obra completa de Platão, a de qualquer um dos três grandes trágicos áticos ou a de Tucídides. Mas mesmo assim inolvidável, ainda que não pelas mesmas razões. Os dois breves excertos aqui transcritos e os sucintos comentários feitos dão disso pelo menos uma pálida ideia.

O primeiro abre o exórdio da Terceira Catilinária, pronunciada em praça pública, diante do povo:

> Cidadãos:
> Vedes no dia de hoje a República – e a vida de todos vós, os bens, as riquezas, as esposas e vossos filhos, e esta capital do mais ilustre Império, (esta) felicíssima e formosíssima Urbe – (vedes hoje a República) salva do ferro e do fogo e, por assim dizer, arrancada das fauces do destino, para vós conservada e para vós devolvida graças ao sumo amor dos deuses imortais para convosco e graças aos meus esforços, aos meus conselhos e aos perigos (que corri).

---

[324] Sou um dos últimos remanescentes da derradeira geração dos que, formados nos antigos seminários da Igreja de Trento, podiam/podem lê-los fluentemente no original.

Como disse, possivelmente sem qualquer ironia, um antigo comentador[325], aqui Cícero "chama modestamente a atenção para seu esforço, amor e devotamento em relação à Pátria". Poderíamos acrescentar que, sem dúvida, à mercê do arbítrio dos deuses silentes e da modéstia insuperável de Cícero, a República estava irremediavelmente condenada...Como seguramente pensavam os que, longe das praças e nas sombras da noite, tramavam sua liquidação.

Ao ler um parágrafo como o citado, semelhante a tantos outros das quatro Catilinárias, fica-se perplexo. Como podia o maior estilista dos escritores romanos, o mais destacado erudito de seu tempo, o sumo gênio da latinidade, o orador máximo do Ocidente, como podia ele reunir em si tanta e tão ingênua vaidade, tanta e tão incontida arrogância, tanta e tão vã autocomplacência?! Quase aos quarenta e cinco anos de idade, nada teria ele aprendido ainda sobre a vida com Platão e os grandes trágicos áticos, os quais certamente lera, a todos e no original? Ou tudo não seria mais que produto da exacerbada capacidade técnica de um gênio, a pairarem ambos, a técnica e o gênio, etéreos e absolutos, acima do mundo real e das contingências históricas?

É impossível saber. Mesmo porque esta sensação de perplexidade e desconforto diante de tão estranha combinação de talento e eteridade atinge o clímax e leva ao silêncio quando se lê a Segunda Filípica, a mais assombrosa, a mais terrível e a mais absurda sequência de insultos e impropérios de toda a literatura ocidental. Não, Cícero não era um estadista, nem mesmo um político mediano. Com temeridade insana e inaudita brutalidade, em um monstruoso e incompreensível erro de cálculo, Cícero, então com mais de sessenta anos, aposta tudo e incondicionalmente na vitória de Otaviano, e julga abrir-lhe caminho destruindo Marco Antônio. E pouco ou nada mais faz do que assinar não uma apenas mas vezes inúmeras sua

---

[325] A. J. da Silva D'Azevedo, *In Catilinam orationes IV*. São Paulo: Saraiva, 1953.

própria sentença de morte! A Segunda Filípica é um réquiem que anuncia a autoimolação em aras do incompreensível. É a peroração de um suicida que em sua derradeira fala desvela ao mundo sua suma técnica transmutada em absoluta loucura. Porque a Segunda Filípica ignora todos os parâmetros e desborda todos os limites. Esta espantosa peça de insuperada retórica e desatada fúria encontra seu exato e acabado antimodelo em A defesa de Sócrates, de Platão, a sublime obra-mestra da oratória ocidental. Lê-las lado a lado é uma experiência única, impossível de ser traduzida em palavras, e as razões disto foram, atrás[326] e aqui, apenas brevemente tocadas.

Mas se na oratória política, como foi visto, Cícero produz peças em que, paradoxalmente, a técnica refinada ressalta o evidente desequilíbrio entre forma e conteúdo, na oratória judicial, cuja natureza por si impõe enquadramento e exige disciplina, seu gênio superior atinge a máxima perfeição. E por isto em De signis (Sobre as estátuas) e em De supliciis (Sobre as torturas) sua arte brilha em todo seu esplendor. Por quê? Porque nestes discursos sua técnica, até hoje insuperada e para sempre insuperável, não flutua autônoma sobre o vácuo, a serviço da inconveniente e patética vaidade, como nas Catilinárias, nem se perde pelos descaminhos do ódio inexplicável e da fúria sem freios, como na Segunda Filípica. Não, no De signis e particularmente no De supliciis a técnica do maior orador da história do Ocidente encontra enfim uma causa à sua altura. E então forma e conteúdo se hipostasiam osmoticamente e ela, a técnica, submerge submissa, aparentemente anulada no exato momento em que desvela a essência de sua natureza: ser serviçal, não senhora; ser conduzida, não conduzir.

Mas o que são estes dois discursos? Sua história é bem conhecida. Em 76 a.C. Cícero fora nomeado questor para a Sicília. Neste cargo, que reunia funções tributárias e institu-

---

[326] V. p. 177ss.

cionais, ele foi obrigado a impor pesadas contribuições em trigo, já que em Roma, naquele ano, havia falta do cereal. Inicialmente os sicilianos irritaram-se com estas requisições, mas a seguir, impressionados com o caráter incorruptível e a conduta irrepreensível de Cícero, passaram a admirá-lo. Tanto que alguns anos depois, quando Cícero já se encontrava novamente em Roma, eles o encarregaram de defendê-los no processo que moviam contra Caio Licínio Verres, um assassino e ladrão que aterrorizara a Sicília durante o período em que ali fora pretor – espécie de secretário da Justiça. Cícero aceitou a causa e em 70 a.C. produziu, em duas partes, uma introdução – ou *juntada de provas* – e cinco longos discursos.[327] Estes nem chegaram a ser pronunciados, pois diante do material devastador que Cícero recolhera *in loco*, o facínora fugiu rapidamente de Roma e exilou-se. Dos cinco discursos, os mais famosos são os já citados De signis (Sobre as estátuas), pois Verres tinha apurado gosto artístico e roubara todas as estátuas de algum valor existentes na ilha, e o De supliciis (Sobre as torturas), no qual são relatados os crimes praticados pelo pretor contra sicilianos e cidadãos romanos, indistintamente.

Ao segundo pertence a passagem abaixo, que, por sobre os séculos e as traduções, provoca e continuará provocando calafrios e levando às lágrimas as almas sensíveis.

> [Os pais] são proibidos de visitar os filhos; lhes é vedado levar a eles comida e roupas. Estes (pais) que aqui vedes estavam na entrada da prisão, e as pobres mães dormiam junto à porta do cárcere, privadas do derradeiro abraço dos filhos; e elas imploravam apenas que lhes fosse permitido receber o último suspiro deles. Ali estava o carcereiro, o verdugo do pretor, morte e terror dos aliados e dos cidadãos romanos, o litor Sextio, com o qual cada gemido e cada sofrimento (dos condenados) era negociado por determinada quantia:

---

[327] Conhecidos depois como *Verrinae/Verrinas*.

– Para entrar, pagarás tanto. Para que possas levar comida, tanto.

E ninguém recusava.

– Como? Para que eu mande decapitar teu filho com um único golpe, quanto vais pagar? E (quanto) para que não seja mais torturado? E para que não seja novamente espancado? E para que morra sem dor e sem sofrimento?

Também por tal razão dava-se dinheiro ao litor! Ó suprema e intolerável dor! Ó amargo e terrível destino! Os pais eram obrigados a comprar com dinheiro não a vida mas a rapidez da morte de seus filhos! E até os filhos discutiam com Sextio tal questão e sobre (a morte por) um único golpe! Por fim, eles próprios suplicavam a seus pais que dessem dinheiro ao litor para minorar suas dores. Muitos e indizíveis sofrimentos eram causados aos pais e aos parentes. Muitos! E a morte era o derradeiro deles. Oxalá fosse! Mas como, existe então algo em que a crueldade pode ser maior?! Veja-se! Pois os filhos deles, depois de golpeados pela machadinha e mortos, tinham seus corpos jogados aos animais. Ah, mas se isto era insuportável para os pais, então que eles comprassem, pelo preço (estabelecido) o direito de os poder sepultar!

Como Lucas, como Platão e como Tucídides diante da morte, aqui também Cícero, diante da infâmia, da dor e do crime, ignora os supérfluos artifícios da retórica e simplesmente elenca os fatos. E assim, como aqueles, atinge o ápice de sua arte. E a nós resta apenas o silêncio.

# Filosofia

As denominadas *obras filosóficas* de Cícero – quase todas em forma de diálogo, à imitação de Platão – são, na verdade, um conjunto de duas dezenas de títulos, que englobam tratados, ensaios e traduções do grego. Destas obras algumas se perderam e outras têm graves lacunas. Deixando aos especialistas e aos manuais a discussão sobre a pouca originalidade de Cícero nos temas especificamente filosóficos, comentaremos apenas De amicitia (Sobre a amizade), De senectute (Sobre a velhice), De republica (Sobre a república) e De officiis (Sobre os deveres), possivelmente as mais conhecidas, traduzidas, citadas e lidas entre as que sobreviveram.

## De amicitia

De amicitia foi no passado um texto muito lido e citado, e em parte continua sendo. Com razão, pois algumas de suas passagens são justificadamente famosas. Entre outras são bons exemplos:

> Que há de mais doce do que ter alguém com quem ouses falar de ti mesmo?
>
> VI

e

A amizade é uma espécie de parentesco estabelecido pela natureza.

### XIV

No entanto, a leitura desta obra provoca uma sensação de estranhamento, de desconforto, como o de quem é obrigado a respirar o ar rarefeito de uma loja de antiguidades, impregnada da atmosfera de um mundo morto. Um mundo que à época de Cícero já pertencia ao passado – como ele próprio deixa entrever em algumas passagens. Um mundo em que a identidade de interesses e a igualdade de posição social – que na obra são pressupostos explícitos/implícitos para a existência da amizade – existiam apenas entre varões em uma sociedade patriarcal, entre homens livres em uma sociedade escravocrata e entre grandes proprietários em uma sociedade aristocrática. Como são, aliás, todas as personagens que participam do diálogo e todas as que são por elas citadas!

E por que era assim e por que assim o sentimos ao ler De amicitia? Porque o pensamento de Cícero ainda se move dentro daquele mundo delimitado pela visão paroquial do antigo patriciado republicano do Lácio, há muito sepultado pela avalanche da globalização do Mediterrâneo, comandada por Roma, processo que sob o Principado, já às portas, atingiria seu clímax e seu ocaso, transformando-se depois, na crise terminal do século III, d.C., no caldo de cultura em que, sobre os escombros da Antiguidade, se gestaria uma nova civilização. De amicitia é um livro *velho* porque o cristianismo, que também estava às portas, no vácuo da catástrofe assentaria suas tendas sobre as firmes estacas de sua visão monoteísta e universalista e de sua ética igualitária e antitotalitária. Mas sobre isto muito já foi dito ao longo desta obra, e não há porque repeti-lo.

Seja como for, em seu sólido e cá e lá contraditório arcaísmo De amicitia é uma obra fascinante porque nela Cícero involuntariamente descerra para nós as cortinas do passado, e – estranho! – então podemos subir ao palco e nos misturar e confraternizar com as personagens de um mundo que há dois milênios já deixara de existir! Estranho e fascinante, porque De amicitia é um ensaio, e no entanto cria a mesma aura e desperta a mesma sensação que nos invadem ao ler as Bucólicas de Virgílio e algumas odes de Horácio!

Desçamos, porém, do rarefeito empíreo e dos etéreos páramos da emoção artística para terminar terra a terra, com uma passagem rudemente objetiva e hoje tão ou mais atual do que nos tempos de Cícero:

> Que há de mais estúpido do que o comportamento dos que compram tudo o que pode ser comprado com dinheiro, quando podem muito por causa de sua riqueza, dos seus haveres [...]? E no entanto não sabem conseguir amigos, as melhores e as mais belas, por assim dizer, mobílias da vida. Na verdade, eles não sabem para quem entesouram o que adquirem nem para quem trabalham, porque seus bens lhes podem ser tirados por quem vencer pela força. A amizade, ao contrário, é um bem que não muda de dono e cuja utilidade fica assegurada para sempre.
>
> XV

## De senectute

À parte o rigor clássico da linguagem e a forma dialogal, apenas a extensão, praticamente idêntica, aproxima De senectute de De amicitia. As duas são obras muito diferentes entre si. Mas o que é De senectute?

Escrita seguramente em 44 a.C., depois do assassinato de Júlio César, quando Cícero tinha 62/63 anos, De senectute é uma defesa da velhice:

> As censuras que os antigos dirigiam à velhice, e que sem dúvida lhe serão dirigidas eternamente não obstante a

eloquência persuasiva de Cícero, resumem-se em quatro principais, a saber: ela nos afasta dos negócios (cap. VI); tira-nos as forças (IX); priva-nos de quase todos os prazeres (XII); e, finalmente, aproxima-nos da morte (XIX).[328]

Ao longo de uma discussão entre personagens da história romana da primeira metade do século II a.C., Cícero, pela voz de seu *alter ego* Catão, o Censor (234-149 a.C.), rebate um a um tais argumentos e assim constrói uma obra-prima, até hoje inigualada, de bom senso, equilíbrio e realismo. À parte alguns de seus discursos, nos quais ele certamente supera os gregos, De senectute é possivelmente a mais perfeita obra de Cícero, pois por sua unidade e originalidade é a que mais o aproxima de seu objetivo: ser um filósofo, como Platão, seu óbvio modelo e paradigma. E talvez não seja exagero afirmar que, se ignorarmos as do próprio Platão, de Aristóteles, de Tucídides e de Paulo de Tarso, De senectute deve figurar entre as primeiras de qualquer lista, por restrita que seja, das grandes obras do pensamento analítico da Antiguidade.

Como não poderia deixar de ser, muitos fizeram e fazem a De senectute as mesmas restrições feitas a De amicitia: é a visão de um mundo ideal, irreal, restrito e arcaico. Este é um crasso engano, pois os que assim argumentam não percebem que é exatamente aí que se encontra a diferença abissal entre as duas obras. Diferença que não decorre da construção formal das mesmas, da posição social de Cícero ou de sua visão histórica. E por que não? Porque a amizade, como a vê Cícero e como foi visto, é uma relação definida e existente no contexto de uma construção social determinada, específica do tempo e do espaço. E não é? Genericamente sim. Mas o problema não é este. O problema é que De amicitia está tematicamente ancorado em uma e referido a uma construção social que, em sua época, já era – como vimos – historicamente arcaica, e portanto irreal, então e depois. Em De senectute é completamente diferente, se não oposto. Por quê? Porque a velhice, a decadência e a morte não são construções

---

[328] J. O. Spalding *in Cícero: da velhice e da amizade*. São Paulo: Cultrix, 1964.

históricas, efêmeras e mutáveis. Elas são a condição biológica, perene e inevitável, da própria natureza dos humanos, como de todos os animais! É por isto que – passe o incontornável trocadilho – De senectute não envelheceu. E quem não o percebe ou é ainda jovem no corpo ou desde sempre tardo na mente. Ou ambas as coisas.

Para terminar, mesmo que nada e nunca possa substituir a leitura integral do texto, algumas breves passagens exemplificam o até aqui dito. A primeira delas, inclusive, mostra o profundo conhecimento prático que os antigos já tinham da biologia:

> A inteligência se mantém nos velhos, desde que eles continuem ativos e estudando. E isto não ocorre apenas com as pessoas famosas e respeitadas mas também com as de vida privada e discreta.
>
> VII

> Há um curso certo da idade e um só caminho da natureza. Este é simples e sua condição própria é dada a cada uma das partes da idade: assim é que a fragilidade dos infantes, a impetuosidade dos jovens, a gravidade da idade adulta e a maturidade da velhice possuem algo de natural, que deve ser colhido no seu devido tempo.
>
> X

> O curto tempo da vida é assaz longo para se viver bem e honestamente. Se avançaste mais longe na viagem, nem por isto deves lamentar mais do que lamentam os agricultores a doçura da primavera que passou e o verão e o outono que se aproximam.
>
> XIX

> Não me agrada lamentar a vida, o que muitos muitas vezes fazem [...]. Não me arrependo de ter vivido, pois vivi de tal maneira que acredito não ter vivido em vão. E vou-me desta vida assim como quem deixa uma hospedaria, e não como quem parte de seu lar. Pois a natureza nos deu uma estalagem para permanecermos por algum tempo e não uma casa para habitar.
>
> XXIII

## De republica

No conjunto da obra de Cícero, preservada em parte considerável, a perda mais lamentável talvez seja a dos seis livros do tratado De republica (Sobre a república), dos quais restaram apenas fragmentos, ainda que relativamente extensos.[329] Se a isto se acrescentar que neles, como em todos os escritos político-filosóficos de Cícero, fica explícita a dependência em relação aos gregos, particularmente a Platão, tomado como óbvio paradigma, qualquer avaliação é problemática, se não impossível. No entanto, estes fragmentos, que cá e lá podem ser alvo das mesmas restrições feitas a De amicitia e a De senectute, são muito citados e inclusive tem-se dito, com evidente exagero ou por falta de leitura, que De republica é o que há de mais notável na obra de Cícero. Ora, tal afirmação é temerária ou, pelo menos, imprópria, pelo simples fato de serem fragmentos. Mas ela é compreensível. Por quê?

Porque estes poucos fragmentos iluminam não apenas a personalidade genial de Cícero – que salta à vista em seus discursos – como também revelam por que o Direito, que é a racionalidade prática romana aplicada ao gerenciamento da sociedade, tornou-se a terceira das colunas mestras do Ocidente – juntamente com o pensamento filosófico-científico da Hélade e o monoteísmo ético de Israel.

É o caso da longa fala de Cipião (I, 25-35) sobre as três formas básicas de governo. É um texto magistral, pela organização perfeita, pela concisão insuperável e pela clareza absoluta. É um roteiro perene para a discussão dos sistemas políticos passados, presentes e futuros enquanto – sempre Tucídides! – a natureza humana for a mesma. Tão ou mais famoso é o chamado Sonho

---

[329] Segundo alguns comentadores, eles representariam algo como um quarto da obra completa.

de Cipião, único e breve fragmento preservado do Livro VI e prova, por sua beleza, de que Cícero apenas não foi um grande lírico por realmente não ser este seu talento. O Sonho de Cipião, construído à maneira dos grandes mitos, ou lendas, de Platão e a eles não inferior, é uma convicta defesa do monoteísmo lógico e da imortalidade da alma, na linha da ética estoica:

> Uma vez afirmada e demonstrada a eternidade do Ser que se move por si mesmo, quem pode negar que a imortalidade é atributo da alma humana? Tudo o que recebe impulso externo é inanimado; todo ser animado, pelo contrário, deve ter um movimento interior e próprio; esta é, pois, a natureza e a força da alma. Com efeito, se somente ela, em todo o Universo, se move por si só, é certo que não teve nascimento e que é eterna. Exercita-a, pois, nas coisas melhores e fica sabendo que nada há de melhor do que o que tende a assegurar o bem-estar da Pátria; agitado e exercitado o espírito nestas coisas, voará veloz para este santuário,[330] que deve ser e foi sua residência, e ainda virá mais depressa se, em sublimes meditações, contemplando o bom e o belo, romper a prisão material que o prende.

Textos assim podem parecer hoje um tanto antiquados, mas De republica é mais uma prova de que – à parte o domínio da natureza, traduzido em tecnologia – pouco ou nada de novo existe sob o sol, como diria o autor do Livro do Eclesiastes. Pois, outra das tantas surpresas de quem lê/relê os clássicos da Antiguidade, lá está um dos interlocutores (Fílon) defendendo um conceito que muitos acreditam ser recentíssimo:

> Mas quais são então nossos deveres para com os animais? Não homens vulgares, mas doutos e esclarecidos como Empédocles e Pitágoras, proclamam um direito universal para todos os seres vivos, ameaçando com terríveis penas aquele que se atrever a violar o direito de um animal qualquer. Prejudicar os animais é, pois, um crime.
>
> III, 8

---

[330] O Ser uno e eterno, do qual a alma imortal se originou, como Cícero explica parágrafos antes.

## Excurso

Reler De republica foi particularmente impactante no plano pessoal por iluminar um problema que há décadas me perturbava e para o qual não encontrara solução.

Eu sempre suspeitara que o "moderno" conceito de *sociedade civil* (organizada) – entendida como conjunto de entidades autônomas não ligadas ao Estado/Governo e em confronto com ele – fosse uma consciente deturpação semântica instrumentada taticamente pelo marxismo-leninismo vulgar em sua incansável luta para eliminar o Estado de direito e implantar o totalitarismo – depois do que, por suposto, a única *sociedade civil* passa a ser o Partido...De onde se originava esta suspeita? Evidentemente, da insustentabilidade lógica do conceito, do conhecimento profundo das táticas revolucionárias do século XX e da impossibilidade de encontrar na tradição do pensamento político ocidental a origem desta "moderna" e para mim estranha, esdrúxula e absurda concepção de *sociedade civil*.

Era uma busca inútil. Traído pelo hábito, eu procurava em autores da esquerda dos séculos XIX e XX a *matriz* em que se gestara esta deturpação semântica.

No entanto, agora absolutamente já em nada importa que ela esteja ou não em Lênine, em Gramsci, seu primário aprendiz peninsular, ou em qualquer outro dos tantos epígonos do submarxismo do século XX. Porque – eis aí a surpresa! – o conceito autêntico e lógico de *sociedade civil* se encontra originalmente em De republica I, 32,[331] em parágrafo aqui transcrito no original e em tradução:

> Quare cum lex sit civilis societatis vinculum, jus autem legis aequale, quo jure societas civium teneri potest cum par non sit conditio civium? Si enim pecunias aequari non placet, si ingenia omnium paria esse non possunt, jura certe paria debent esse eorum inter se qui sunt cives in eadem re publica. Quid est enim civitas nisi juris societas civium?

---
[331] Ou I, 49, segundo a numeração de algumas edições.

Em tradução:

> Porque, sendo a lei o vínculo da sociedade civil e, portanto, o direito idêntico à lei, através de que direito a sociedade dos cidadãos pode manter-se (em pé) se a condição dos cidadãos não for idêntica? Se, pois, não se admite equalizar as posses, (e) se os talentos de todos não podem ser iguais, (então) seguramente devem ser iguais entre si os direitos daqueles que são cidadãos na mesma república. Que é pois a Cidade (o Estado) senão a sociedade de direito dos cidadãos?[332]

*Sociedade civil* é, portanto, para Cícero, o conjunto de *todos* os cidadãos da república, os quais, tornados iguais pela mediação da lei (*lex/jus*), formam o Estado.

Esta definição é tão lógica quanto transparente, pois as duas expressões usadas por Cícero – *civilis societas* e *societas civium*[333] são em latim sinônimos perfeitos. Portanto, o conceito "moderno" de *sociedade civil* é, como já foi dito, ou absurdo ou esdrúxulo ou uma deturpação semântica instrumentada como tática para inserir uma cunha entre os cidadãos, de um lado, e o Estado/Governo, de outro. Agora a alternativa dissolveu-se: é, sem qualquer dúvida, uma tática! Mas, cuidado! Ainda que tal tema tenha perdido muito de sua importância desde a última década do século XX, é necessário sublinhar que esta não é uma questão linguística. Não é nem mesmo uma questão política no sentido restrito do termo. Esta deturpação semântica é uma questão de natureza bélica, pois sempre foi e é uma clássica tática de guerra do velho e conhecido marxismo-leninismo em sua luta contra o Estado de direito e pela instauração do totalitarismo. Totalitarismo que, depois da tomada do poder, sempre transforma, coerentemente, o Partido único em única organização da *sociedade*

---

[332] Ou: uma associação de cidadãos para o direito.
[333] *Sociedade civil* e *sociedade dos cidadãos*. Não será abordado, por já tê-lo sido várias vezes nesta obra, o *conceito* de *cidadão* na Antiguidade. Aqui, o que está em questão é o *conceito* de *república*.

*civil*, interditando e liquidando todas as demais. Mais claramente ainda: como a História o comprovou repetidamente, o Partido passa então a reivindicar e impor sua condição de única, exclusiva e excludente *sociedade civil*...

Como diria Hamlet, "há mais coisas, Horácio, entre o céu e a terra do que imagina a vã filosofia" dos tolos, incautos e inocentes-úteis de todas as épocas e de todos os matizes! E os clássicos são precioso auxílio para desvendá-las!

## De officiis

Ainda que em estilo obnubilado pela pátina de uma época, ninguém apresentou melhor e mais concisamente De officiis (Sobre os deveres) do que seu competente tradutor para o português, em meados do século XX:[334]

> Compêndio de virtudes cívicas e morais, [esta obra] escrita por um grande espírito, bem merece ser divulgada e lida não só pelos jovens como por aqueles que se dedicam à causa pública. Precioso repositório da ética antiga, ou seja, dos preceitos e deveres que fizeram a grandeza do povo romano, traz no seu âmago os eternos princípios que restauram o pensamento e a fé nos destinos da Humanidade.

De officiis é isto, e muito mais. Escrita como um roteiro de vida para seu filho, que estudava em Atenas, esta obra de Cícero, composta de três livros, é verdadeiramente caleidoscópica, assemelhando-se ora a um tratado filosófico, ora a um compêndio de moral, ora a um manual de sobrevivência e de ação política, ora a uma antiga homilia cristã etc. Pois em De officiis podem ser encontradas tanto lapidares e conhecidas máximas

---

[334] João Mendes Neto, *in* Cícero, M. T. *Dos deveres*. São Paulo: Saraiva, 1965.

do Direito romano[335] quanto uma longa e complexa discussão sobre as relações entre o justo, o honesto e o útil. Ou então aquela famosa passagem sobre os dois defeitos a evitar na busca do conhecimento, que é a perene regra de ouro dos sábios de todos os tempos e a ainda mais perene desgraça dos inscientes tolos de todas as épocas:

> O primeiro defeito é dar por conhecidas as coisas desconhecidas [...]. O segundo é dedicar-se com muito entusiasmo e muito esforço às coisas obscuras, difíceis e desnecessárias.
>
> I, 6

E assim poderíamos continuar ao longo de páginas e páginas. Aqui, porém, basta concluir com aquela outra passagem, não menos memorável, cujos princípios, como frequentemente ocorre, não foram observados por quem os elaborou:

> É preciso, também, como já disse, prevenir-se contra o amor à glória, pois isso nos rouba esta liberdade pela qual os grandes corações devem lutar contra o poder. Não ambicionemos cargos; saibamos, sobretudo, segundo as circunstâncias, recusá-los ou deixá-los. Livremo-nos de toda a paixão, não só da ambição, do temor, mas também da inquietação, da alegria, da cólera; conservemos essa tranquilidade, essa segurança que nos trazem dignidade e constância. É o amor a essa tranquilidade que levou tantos homens, em todos os tempos, e ainda hoje, a se afastarem dos negócios públicos e procurarem refúgio no retiro. Nesse número, há filósofos ilustres e, como eles, personagens graves e austeros, que não puderam se acomodar nem aos costumes do povo, nem aos dos maiorais. Uns vão passar sua vida nos campos, satisfeitos em dirigir seus bens. Estes têm o mesmo destino dos reis: não necessitam de nada, não dependem de ninguém, gozam liberdade, que consiste, principalmente, em viver como se quer.
>
> I, 20

---

[335] *Summum jus, summa injuria; suum cuique tribuere; pacta sunt servanda* etc.

Sim, Cícero não leu o que ele próprio escrevera! Mas que há a dizer? Infeliz duas vezes no casamento, enlutado pela morte da filha amada (Túlia), chacinado pouco depois do assassinato do irmão (Quinto) e do sobrinho, a ninguém mais do que a Cícero, o sumo gênio da latinidade, podem ser referidos os versos de Fernando Pessoa, o sumo gênio da lírica ocidental pós-renascentista:

> Os deuses vendem quando dão,
> Compra-se a glória com desgraça,
> Ai dos felizes porque são
> Só o que passa!

## Eloquência e Cartas

Tecnicamente, depois dos discursos, a parte mais importante da obra preservada de Cícero é o conjunto dos sete tratados sobre eloquência, entre os quais se destacam Brutus seu de claribus oratoribus (Bruto ou sobre os oradores famosos), uma história da oratória romana, e De oratore (Sobre o orador), verdadeiro manual para formar o orador e para bem exercer sua função.

No entanto, em virtude da relativa e progressiva perda de importância da oratória, tanto política quanto judicial, a partir de meados do século XIX, tal tema pouco interesse desperta hoje, mesmo entre especialistas,[336] fenômeno que faz parte do inevitável e universal empobrecimento da linguagem e das línguas na era dos *mass media* instantâneos e da globalização da imagem. Mas este é outro assunto.

---
[336] Até mesmo *Institutiones oratoriae*, de Quintiliano (*c.* 30-*c.* 100 d.C.), uma espécie de vulgarização dos tratados de Cícero sobre educação e eloquência, é hoje obra pouco lembrada.

Quanto às Cartas, elas formam a parte menos conhecida da obra de Cícero – a não ser entre historiadores especializados nas décadas imediatamente anteriores ao Principado. Elas são exatamente 864, segundo informam todos os manuais de literatura latina. Muitas outras certamente se perderam, mas a preservação de número tão elevado é um verdadeiro milagre.

Distribuídas em 37 livros e organizadas segundo seu endereçamento (a Ático; aos familiares; ao irmão Quinto; de Cícero para Bruto e de Bruto para Cícero), estas Cartas formam o maior e o mais impressionante conjunto epistolográfico da Antiguidade e são um repositório inigualável e inexaurível de informações sobre a vida pública e privada de Roma no século I a.C. – mais precisamente de 68 a 43 a.C., o período terminal da República. Algumas delas são relativamente longas e tratam de temas políticos e filosóficos. Outras são apenas bilhetes, que Cícero, afastado de Roma por questões políticas, envia à família expressando suas preocupações. Eis um exemplo:

> Tullius Terentiae suae:
> Ad ceteras meas miserias accessit dolor et de Dolabellae valetudine et de Tulliae. Omnino de omnibus rebus nec quid consilii capiam nec quid faciam scio. Tu velim tuam et Tulliae valetudinem cures. Vale.
> Aos familiares XIV, 9

Em tradução:

> Túlio para sua Terência:[337]
> Às demais preocupações minhas, somou-se a aflição pela saúde tanto de Dolabela[338] como de Túlia. A respeito de todas as coisas (não) sei nem que decisão tomar nem o que fazer. Gostaria que cuidasses da tua saúde e da de Túlia. Adeus.

---

[337] Esposa de Cícero.
[338] Marido de Túlia, filha de Cícero e Terência.

### Ars longa, vita brevis...

Para encerrar este já longo comentário sobre Marco Túlio Cícero e sua obra, vale transcrever a conhecida passagem de Tusculanae disputationes (Discussões em Túsculo) sobre a brevidade da vida humana:

> Aristóteles afirma nascerem no rio Hípane, que da Europa desemboca no Ponto (Mar Negro), alguns pequenos animais que vivem apenas um dia. Deles, portanto, os que vivem oito horas alcançam idade avançada; os que morrem ao descer do sol atingem a decrepitude, e mais ainda se for no solstício (de verão). Compare-se nossa longuíssima vida com a eternidade: nela encontraremos a mesma brevidade que na daqueles animaizinhos.
>
> I, 39

# A LÍRICA

Diversamente da grega, fruto de longa evolução autônoma, a lírica latina nasceu mais ou menos *ex abrupto*, na primeira metade do século I a.C., como produto do rápido e intenso florescimento das artes e das letras a partir da crescente influência da Hélade sobre Roma, mais especificamente de Alexandria – que substituíra Atenas como grande centro intelectual e cultural do Ocidente no final da Antiguidade clássica. Politicamente, este processo foi parte da consolidação da dominação romana sobre todo o Mediterrâneo central e oriental, depois do fim da terceira guerra contra Cartago (149-146 a.C.).

É então que, pouco antes e ao longo do chamado *século de Augusto*, a lírica latina floresce, atinge seu máximo esplendor e logo praticamente desaparece, intempestivamente. Mesmo ignorando a complexa questão da *métrica*, caraterística universal da produção artístico-literária[339] da Antiguidade greco-romana, falar sobre a lírica latina é tarefa nada simples. Por quê? Pelo menos por quatro razões.

Em primeiro lugar, e ao contrário da Hélade, onde ela – depois da epopeia homérica e do drama ático – ocupa modesta terceira posição, em Roma a lírica é, incontestavelmente, a parte mais importante de seu legado artístico-literário, seguida, à dis-

---

[339] Como sempre, faz-se aqui a distinção entre as obras de natureza artística, ou simbólica, e aquelas de natureza analítica, ou científica (história, filosofia, oratória etc.).

tância, pela epopeia, pela chamada *poesia didática*, pela comédia, pela sátira, pela fábula etc.

Em segundo lugar, toda lírica se caracteriza,[340] genérica e universalmente, por temática intimista, densidade semântica e refinamento estilístico (léxico rebuscado, morfologia arcaizante, sintaxe complexa e, no caso, métrica). Por tais características, a lírica é, na prática, intraduzível – de e para qualquer língua –, ao contrário da epopeia e do drama, metrificados ou não. Como resultado, a lírica pouco se adapta a obras de divulgação como esta, não dirigidas a especialistas. A não ser que o leitor tenha o poema diante de seus olhos, no original. E consiga lê-lo. O que, no caso do hebraico e do grego é, na prática, impossível. E hoje até mesmo no caso do latim.

Em terceiro lugar, depois que ela perdeu sua ligação original e orgânica com a música e a dança, o próprio conceito de *lírica* modificou-se e tornou-se fluido. O que a definiu e a define? O tema? A métrica? A rima? Aliás, a partir do século XX até mesmo a rima deixou de ser índice para defini-la.

Em quarto lugar, finalmente, a lírica do *século de Augusto* não é apenas a parte mais importante de todo o legado artístico-literário de Roma como também um dos quatro grandes ciclos do Ocidente pós-helênico neste gênero.[341]

Deixando de lado estas diversas e complexas questões teóricas e qualificando como lírica uma obra/produção literária de extensão mais ou menos breve, de temática filosófico-intimista e centrada sobre a relação amorosa, a fugacidade do tempo, a brevidade da vida, o mistério do mundo etc., serão a seguir referidos e comentados alguns poucos poemas dos quatro líricos considerados os mais importantes do *século de Augusto*,[342] e ainda hoje citados fora das obras e dos manuais especializados. Estes são Catulo, Horácio, Virgílio e Ovídio.

---

[340] O tema foi abordado, *en passant*, na parte dedicada à lírica da Hélade. V. p. 57ss.

[341] Os outros três são o *renascentista* (de Petrarca e Dante a Villon e os *metaphysical poets*), o dito *romântico* (sécs. XVIII e XIX) e o *moderno* (final do século XIX em diante).

[342] Há outros dois, também significativos mas quase não mais lembrados: Sexto Propércio e Álbio Tíbulo.

# Catulo
(*c*. 87-*c*. 55 a.C.)

Caio Valério Catulo nasceu em Verona. Filho de uma família medianamente rica, ainda adolescente foi enviado a Roma, onde recebeu excelente educação e tornou-se muito conhecido por seu precoce e incomum talento e, segundo a tradição, também por suas aventuras amorosas. No entanto, apesar de fazer parte da *jeunesse dorée* da época, Catulo deve ter levado a sério sua formação, pois logo integrou-se aos círculos intelectuais e literários da cidade, tornando-se amigo do historiador Cornélio Nepos e de Cícero, ambos bem mais velhos do que ele. Sua morte aos trinta e poucos anos de idade representou – e aqui o chavão tem sentido – uma perda irreparável para a lírica latina. Pois em seus poemas – às vezes quase infantis, às vezes profundos, às vezes delicados, às vezes quase pornográficos – estão presentes praticamente todos os temas clássicos de todos os grandes líricos posteriores do Ocidente. Mas, diria o leitor atilado, e a lírica jônio-eólia? E Píndaro?

Eis aí um tema digno de qualquer dos sofisticados eruditos europeus da geração de Toynbee, Hauser, Spitzer, Auerbach etc. Aqui apenas é possível dizer que a leitura, mesmo superficial, dos poucos textos preservados dos líricos jônio-eólios quase sempre provoca uma sensação de estranhamento que não temos ao ler os grandes líricos latinos, e particularmente Catulo. Por quê? Provavelmente por uma óbvia razão cultural-civilizatória: para a sensibilidade ocidental-europeia pós-medieval a Hélade é um mundo distante, incomparavelmente mais distante do que a *romanitas*. Não poderia ser diferente. Mas voltemos a Caio Valério Catulo.

Preservada em sua quase totalidade e muito variada nos temas e no estilo, a obra de Catulo compõe-se de 116 poemas (*carmina*), alguns dos quais breves e relativamente simples, outros longos e bastante elaborados. A impressão que se tem ao lê-los é a de um turbilhão que se move rápida e desordenadamente em várias direções, resultado, sem dúvida, de um talento superior que mal chegou a desenvolver-se mas que mesmo assim fixou-se como perene paradigma. São disso exemplos os poemas tradicionalmente numerados como 5 e 109.

O primeiro, o famosíssimo Carmen V/quintum, é boa amostra, ainda que limitada, dos variados níveis e temas que se entrecruzam na obra de Catulo e o segundo, em sua singeleza, delicadeza e profundidade, revela um lírico genial, que *parece* ter alcançado a maturidade em todos os planos. Antes de transcrevê-los, com sua respectiva tradução e sem comentários, faz-se necessário, pelo menos, lembrar que do Carmen V os três versos que formam o segundo período (de *Soles* a *dormienda*.) estão, sem contestação, entre os mais conhecidos e mais citados de todas a produção lírica do Ocidente. Exatamente por condensarem, com exemplaridade paradigmática e magistral, os *topoi*/temas centrais deste gênero – a relação amorosa, a fugacidade do tempo, a brevidade da vida e a urgência em aproveitá-la.[343]

### Carmen V
Vivamus, mea Lesbia, atque amemus,
Rumoresque senum severiorum
Omnes unius aestimemus assis.
Soles occidere et redire possunt;
Nobis cum semel occidit brevis lux,
Nox est perpetua una dormienda.
Da mi basia mille, deinde centum,
Dein mille altera, dein secunda centum,
Deinde usque altera mille, deinde centum.

---

[343] V. acima, p. 438.

> Dein, cum milia multa fecerimus,
> Conturbabimus illa, ne sciamus,
> Aut ne qui malus invidere possit,
> Cum tantum sciat esse basiorum.

Em tradução:

> Vivamos, Lésbia minha, e amemos,
> E os murmúrios todos dos velhos rabugentos
> (Todos) de um tostão ter valor julguemos.
> Os astros morrer e tornar podem,
> A nós, quando uma vez a breve luz se apaga,
> Perpétua noite dormir imposta é.
> Mil beijos dá-me, depois cem,
> Depois mil outros, depois de novo cem,
> Depois até outros mil, depois cem.
> Depois, quando contados muitos mais tivermos,
> Os confundamos, para que não saibamos
> Ou para que alguém mau invejar não possa
> Quando souber (qual) o tanto de beijos ser.

### *Carmen 109*
> Iocundum, mea vita, mihi proponis amorem
> Hunc nostrum inter nos perpetuumque fore.
> Dei magni, facite ut vere promittere possit,
> Atque id sincere dicat et ex animo,
> Ut liceat nobis tota perducere vita
> Aeternum hoc sanctae foedus amicitiae.

Em tradução:

> Que terno e eterno seja
> Entre nós este nosso amor,
> Vida minha, me propões!
> Ó, grandes deuses, fazei com que ela
> Verdadeiramente prometê-lo possa,
> E dizê-lo de coração sincero,
> Para que nos permitido seja
> Por toda a vida manter
> Este perpétuo laço de santa amizade!

# Horácio
(65 a.C.-8 d.C.)

Quinto Horácio Flaco nasceu em Venosa, então Venúsia, na Lucânia (hoje Basilicata). Seu pai era um ex-escravo que se tornara exator e conseguira reunir algum patrimônio. Responsável e certamente consciente da importância da educação, quando o filho tinha cerca de catorze anos acompanhou-o pessoalmente a Roma e, mesmo com sacrifícios, confiou-o aos melhores mestres da época. Dos esforços e da acendrada dedicação de seu pai, Horácio, com a *imperatoria vis* de uma personalidade superior, deixou um comovente testemunho de lucidez e gratidão, que tanto quanto suas grandes odes, ou mais, contribuiu e contribuirá para sua perene glória. O texto é algo longo, mas transcrevê-lo é um imperativo, porque um dos mais memoráveis e inolvidáveis documentos de todo o legado literário latino:

> Se a minha natureza, aliás honesta, possui alguns defeitos, mas poucos, que são como pequenos sinais ou manchas num belo corpo; se ninguém tem o direito de me acusar de cúpido, avarento ou devasso e, para que eu próprio me louve, se sou puro e correto, se sou querido dos amigos, é a meu pai que devo tudo isto. Ele não era rico e não tinha senão uma modesta propriedade, mas não me quis enviar para a escola de Flávio, que era frequentada pelos filhos dos centuriões, os quais levavam no braço esquerdo as bolsas e as tábuas de escrever e pagavam, nos idos de cada mês, a contribuição de oito asses. Ele ousou levar o filho para Roma, a fim de que aí aprendesse o que se costumava ministrar aos filhos dos senadores e cavaleiros. Se alguém visse a minha roupa e os

escravos que me seguiam, julgaria que eu era possuidor de rico patrimônio. Meu próprio pai, censor severíssimo, comparecia às minhas lições. Para que dizer mais? Ele conservou minha inocência, a maior beleza da virtude, e me preservou não somente de qualquer ato vergonhoso como também de qualquer suspeita; nem temeu que alguém, um dia, o acusasse de não me ter feito pregoeiro público ou coletor de pequeno salário, como ele o foi, nem que eu me queixasse se dessa forma houvesse procedido. Justamente por isto ele merece a maior glória e o meu profundo agradecimento. Não me arrependerei, enquanto possuir senso comum, de haver tido um pai como ele, nem tão pouco procederei como grande parte dos indivíduos que dizem não ter sido sua culpa não descenderem de pais ingênuos, isto é, ilustres. Minha palavra e meu procedimento diferem muito disto. Com efeito, se a natureza ordenasse recomeçar a vida depois de decorridos alguns anos, e escolher familiares à minha vontade, eu, contente com os meus, não iria procurá-los entre os dotados de cargos consulares e cadeiras curúis.[344]

Sátiras I, 6

Continuando sua formação e sempre com o apoio paterno, quando tinha vinte anos Horácio viajou a Atenas, o destino dos filhos da elite romana de então. Ali, como a maioria absoluta de sua geração, engajou-se nas fileiras de Bruto, e a seu lado lutou em Filipos (42 a.C.), contra Antônio e Otaviano – o futuro Augusto. Depois da derrota fugiu, como todos os companheiros de armas. Quando, passados alguns anos, veio a anistia, Horácio retornou a Roma, ali enfrentando dificuldades, pois os bens de sua família haviam sido sequestrados. Contudo, graças à influência de Mecenas e de Virgílio, seu amigo,[345] aproximou-se de Otaviano, que, inclusive, o convidou para ser seu secretário. Horácio recusou, preferindo ficar longe da política e manter assim a independência. Independência esta apenas relativa, evidentemente,

---

[344] Tradução Vandick L. da Nóbrega.
[345] Por ele denominado "metade de minha alma" (*animae dimidium meae*) em Odes I, 3.

pois ele e Virgílio tornaram-se os grandes artistas oficiais do longo reinado de Augusto. E foi assim que Horácio, além de receber uma pequena fazenda como compensação pela perda dos bens da família, encontrou as condições ideais para realizar sua obra.

Esta obra, acredita-se que preservada quase na íntegra, é vasta, heterogênea e praticamente toda metrificada: odes, sátiras, epodos, epístolas etc. Nela, além das odes, destacam-se a Carta aos Pisões (*Ars poetica*) e o *Carmen saeculare*, poema cívico muito conhecido na época em que o latim fazia parte do currículo dos colégios e seminários e do qual hoje não é mais lembrada nem mesmo sua mais famosa estrofe, aqui transcrita, no original e em tradução literal:

> O alme sol, curru nitido diem qui
> Promis et celas aliusque et idem
> Nasceris, possit nihil urbe Roma
> Visere maius!

Em tradução:

> Ó almo sol, que com carro brilhante
> Abres e fechas o dia e diverso e idêntico
> Nasces, possas nada do que a cidade de Roma
> Ver maior!

Mas é nas Odes (*carmina*), em quatro livros, que o talento de Horácio fulgura em seu máximo esplendor, elevando-o às alturas supremas em que habitarão para sempre os sumos líricos do Ocidente – Píndaro, Goethe, Leopardi, Fernando Pessoa e poucos mais –, como ele próprio afirma, com *imperatoria vis*, na dedicatória a Mecenas:

> Quodsi me lyricis vatibus inseres,
> Sublimi feriam sidera vertice!

Em tradução:

> Pois se entre os poetas líricos me incluíres,
> Com a excelsa fronte os astros tocarei!

Odes I, 1

Sim, o que em Catulo era apenas promessa e rumo, abortados no berço da lírica ocidental pós-helênica, em Horácio é fruto maduro do talento superior, da formação sofisticada e da ampla experiência de uma personalidade de solidez diamantina, consciente de sua importância e de seu lugar na História. Como, aliás e mais uma vez, ele afirma profeticamente naquela famosa ode cujo primeiro verso é ainda eventualmente citado:

> Exegi monumentum aere perennius
> Regalique situ pyramidum altius,
> Quod non imber edax, non Aquilo inpotens
> Possit diruere aut innumerabilis
> Annorum series et fuga temporum.
> Non omnis moriar multaque pars mei
> Vitabit Libitinam; usque ego postera
> Crescam laude recens, dum Capitolium
> Scandet cum tacita virgine pontifex.
> Dicar, qua violens obstrepit Aufidus
> Et qua pauper aquae Daunus agrestium
> Regnavit populorum, ex humili potens
> Princeps aeolium carmen ad italos
> Deduxisse modos. Sume superbiam
> Quaesitam meritis et mihi delphica
> Lauro cinge volens, Melpomene, comam.

Em tradução:

> Construí um monumento mais perene do que o bronze
> E mais alto do que a mole real das pirâmides,
> O qual nem a chuva corrosiva,
> Nem o furioso Aquilão
> Poderá destruir, ou a sequência incontável
> Dos anos e a passagem dos tempos.
> Não de todo morrerei e grande parte de mim
> Evitará Libitina;[346] inclusive,
> Eu, há pouco chegado,
> Em fama futura crescerei

---
[346] Deusa da morte e do esquecimento.

> Enquanto ao Capitólio o pontífice
> Com a silente virgem subir.[347]
> Dito serei – [lá] onde o Ofanto[348] estruge
> E onde Dauno,[349] de água carente,[350]
> Sobre rústicos povos reinou –
> O primeiro que, de humilde a ilustre,
> O eólio canto[351]
> Aos ítalos ritmos moldou.
> Concede, ó Melpômene,[352]
> A glória por méritos reivindicada
> E os cabelos, com o délfico louro,
> Condescendente me cinge.

Esta profecia autorreferida revelou-se extremamente modesta, pois a fama de Horácio rompeu as fronteiras da Itália e perdurou por muitos e muitos séculos depois de o Capitólio, "o pontífice e a silente virgem" terem desaparecido para sempre nas sombras do passado. E perdura ainda, mesmo que esmaecida. Perdurará? Se não, dele culpa não será...

Seja como for, há pelo menos uma expressão – composta de parcas duas palavras – retirada da obra de Horácio que continua circulando insistente fora dos meios especializados, sendo inclusive e não raramente utilizada como nome de restaurantes, lojas etc. É *carpe diem* – *colhe o dia*, em tradução literal. Ou *aproveita o tempo*, *goza a vida* etc., em tradução livre. De onde provém ela?

Raríssimos sabem hoje que ela é parte do último verso de uma breve ode conhecida como Ad Leuconoem (Para Leucônoe), abaixo transcrita:

---

[347] Isto é, enquanto Roma existir.
[348] *Aufidus*, hoje Ofanto, rio do sudeste da Itália, que corre entre as províncias atuais da Apúlia e da Basilicata, terra natal de Horácio.
[349] Rei mítico da Dáunia, na região da Apúlia.
[350] No sudeste da Itália há regiões áridas.
[351] A lírica grega.
[352] Musa da tragédia, que se originou da chamada *lírica coral*. V. p. 99ss.

> Tu ne quaesieris (scire nefas) quem mihi, quem tibi
> Finem Di dederint, Leuconoe, nec babylonios
> Temptaris numeros. Ut melius quicquid erit pati!
> Seu pluris hiemes seu tribuit Iuppiter ultimam,
> Quae nunc oppositis debilitat pumicibus mare
> Thyrrhenum, sapias, vina liques et spatio brevi
> Spem longam reseces. Dum loquimur, fugerit invida
> Aetas: carpe diem, quam minimum credula postero.

Em tradução:

> Investigar não busques – é vedado saber –
> Qual fim a mim, qual fim a ti
> Darão os deuses, ó Leucônoe,
> Nem os babilônios horóscopos[353] interrogues.
> Quão melhor é tudo suportar!
> Quer te concedido tenha Jove invernos muitos,
> Quer o último (este seja),
> Que em abruptas penhas o Mar Tirreno quebra,
> Saboreia e coa o vinho
> E esperança longa em exíguo espaço põe.
> Enquanto falamos, ínvido o tempo fugido terá:
> O dia aproveita, o menos possível confiante no amanhã.

Ao longo dos séculos no Ocidente, *Ad Leuconoem* tem sido considerada o *hino universal do hedonismo*. Esta, porém, é uma visão superficial, parcial e equivocada, tanto em relação à ode em si quanto em relação à bem mais ampla e profunda concepção horaciana da vida. É verdade que, por ser dirigida a uma mulher, *Ad Leuconoem* aparenta ser apenas uma versão, em nova roupagem, do Carmen V de Catulo, que fixa definitivamente e para sempre na lírica ocidental o tema clássico da voz masculina que ensaia o que eu denominaria de *sedução pela filosofia* – vem, amada, o tempo foge, a vida passa etc. Tema que, entre tantas outras tentativas mais ou menos bem-sucedidas, produziu To his coy mistress, aquela genial obra-prima de Marvell.[354]

---

[353] Literalmente, *números babilônios*, isto é, a numerologia dos caldeus.
[354] Um dos ditos *poetas metafísicos* ingleses. V. p. 438, nota 341.

Mas Ad Leuconoem não é apenas isto. E principalmente não é um hino ao hedonismo. Muito pelo contrário. Elegante, contida, breve e *genérica*,[355] Ad Leuconoem é a *defesa racional* de um realismo equilibrado e lúcido, frio e quase gélido, e assim transcende a si próprio como tema e como ode, elevando-se a paradigma da visão horaciana de mundo em sua totalidade. Visão esta explicitada com clareza meridiana em outras odes, das quais as duas referidas a seguir talvez sejam os melhores exemplos. A primeira, cuja primeira estrofe era no passado muito citada, é uma das mais paradigmáticas de Horácio:

> Aequam memento rebus in arduis
> Servare mentem, non secus in bonis
> Ab insolenti temperatam
> Laetitia, moriture Delli,
>
> Seu maestus omni tempore vixeris
> Seu te in remoto gramine per dies
> Festos reclinatum bearis
> Interiore nota Falerni.
>
> Quo pinus ingens albaque populus
> Umbram hospitalem consociare amant
> Ramis? Quid obliquo laborat
> Lympha fugax trepidare rivo?
>
> Huc vina et unguenta et nimium brevis
> Flores amoenae ferre iube rosae,
> Dum res et aetas et Sororum
> Fila Trium patiuntur atra.
>
> Cedes coemptis saltibus et domo
> Villaque, flavus quam Tiberis lavit,
> Cedes, et exstructis in altum
> Divitiis potietur heres.

---

[355] Tanto o é que, não fosse por *credula* (adj. fem.), nada indicaria que o destinatário é mulher.

Divesne prisco natus ab Inacho
Nil interest an pauper et infima
De gente sub divo moreris,
Victima nil miserantis Orci;

Omnes eodem cogimur, omnium
Versatur urna serius ocius
Sors exitura et nos in aeternum
Exilium impositura cumbae.

Em tradução:

Ó Délio, à morte votado,
De manter lembra-te o ânimo sereno
Nas circunstâncias adversas,
Como também, nas favoráveis,
Cauto (diante) da excessiva alegria,

Quer triste sempre tenhas vivido,
Quer no distante prado, reclinado,
Nos dias felizes tenhas
Com um bom e velho Falerno te regalado.

Para que o pinheiro ingente e o branco choupo
Amam hospitaleira sombra
Com os ramos formar?
Por que pelo regato serpenteante
A corrente linfa se esforça a murmurar?

Vinhos e perfumes e da grata rosa
As tão fugazes flores ali ordena levar,
Enquanto dinheiro e idade concederem,
E das Três Irmãs[356] os atros fios.

Aos bosques que compraste renunciarás,
À casa e à *villa* que o dourado Tibre
Banha renunciarás.
E das riquezas alto amontoadas
O herdeiro se apropriará.

---
[356] As três Parcas.

Rico e do antigo Ínaco[357] nascido
Ou pobre, de classe ínfima
E ao relento habitando,
Nada importa, ó vítima do Orco[358] ímpio!

Todos ao mesmo (ponto) somos tangidos,
De todos, mais cedo ou mais tarde,
Na urna é lançada a sorte futura,
Que o eterno exílio da barca[359] nos imporá.

Na segunda, talvez o exemplo máximo da visão de mundo horaciana, encontra-se a expressão *aurea mediocritas*[360] (dourado meio-termo), que, como *carpe diem*, também tornou-se proverbial e continua sendo lembrada:

Rectius vives, Licini, neque altum
Semper urgendo neque, dum procellas
Cautus horrescis, nimium premendo
Litus iniquum.

Auream quisquis mediocritatem
Diligit, tutus caret obsoleti
Sordibus tecti, caret invidenda
Sobrius aula.

Saepius ventis agitatur ingens
Pinus et celsae graviore casu
Decidunt turres feriuntque summos
Fulgura montes.

Sperat infestis, metuit secundis
Alteram sortem bene preaeparatum
Pectus. Informis hiemes reducit
Juppiter, idem

---

[357] O mundo inferior, ou Ínferos.
[358] O primeiro rei de Argos, segundo a lenda.
[359] A barca de Caronte, que transportava os mortos para os Ínferos.
[360] No primeiro verso da segunda estrofe (sendo objeto direto, está no caso acusativo: aure*am* medioritat*em*).

Summovet. Non, si male nunc, et olim
Sic erit: quondam cithara tacentem
Suscitat Musam neque semper arcum
Tendit Apollo.

Rebus angustis animosus atque
Fortis appare; sapienter idem
Contrahe vento nimium secundo
Turgida vela.

Em tradução:

Mais feliz, ó Licínio, viverás
Nem sempre o mar aberto procurando
Nem, enquanto, cauto, procelas temes,
Por demais à perigosa praia se achegando.

Quem quer (que) o dourado meio-termo ame
Salvo está das misérias de um teto derruído
E não carece invejar solar faustoso.

Com mais frequência pelos ventos
É abalado o pinheiro ingente,
As torres altas com maior estrago ruem
E os raios ferem os altos montes.

O coração bem preparado
Enfrenta os infortúnios
E nas calmarias sorte diversa teme.
Os duros invernos Jove traz
E ele próprio ir embora os faz.

Se ruim agora está,
Não assim no futuro será;
Às vezes a cítara desperta
A silente musa,
E nem sempre Apolo o arco retesa.

Animoso e forte
Nas situações difíceis sê;
E, sabiamente igual,
As enfunadas velas recolhe
(Quando) com vento a favor demais.

# Virgílio
(71-19 a.C.)

Públio Virgílio Maro nasceu em Andes, nas proximidades de Mântua, onde sua família possuía terras. Como no caso de Horácio, o pai de Virgílio preocupou-se em dar-lhe uma educação esmerada, enviando-o a Cremona, Milão, Roma e Nápoles e confiando-o a bons mestres. Depois da batalha de Filipos (42 a.C.), as fazendas da região de Mântua, que não tinha apoiado Otaviano e Marco Antônio contra Bruto, foram desapropriadas para serem entregues a soldados veteranos. E Virgílio, que há pouco retornara à terra natal, foi enviado novamente a Roma, desta vez para queixar-se a seu amigo Mecenas. Depois de algum tempo, graças à intervenção deste, a propriedade foi devolvida à família. Mas Virgílio permaneceu em Roma e passou a fazer parte do círculo de artistas e intelectuais protegidos de Mecenas e do futuro Augusto. Em 19 a.C. decidiu ir a Atenas e à Ásia Menor. Contudo, caiu doente em uma viagem a Mégara, o que o obrigou a voltar a Atenas. Tendo ali encontrado Augusto, que retornava do Oriente, por conselho deste acompanhou-o de volta à Itália. Pouco depois da comitiva chegar a Brundusium (Bríndisi), Virgílio faleceu, em setembro daquele mesmo ano. E na estrada que vai de Nápoles a Pozzúoli, em uma tumba de autenticidade controversa, ainda hoje se lê o epitáfio por ele próprio redigido:

> Mantua me genuit,
> Calabri rapuere;
> Tenet nunc Parthenope;
> Cecini pascua, rura, duces.

Em tradução:

> Mântua me gerou;
> Os calabreses (me) sequestraram,
> Nápoles (me) tem agora;
> Cantei os prados, os campos (cultivados), os chefes.[361]

As principais obras de Virgílio, conservadas na íntegra, são a Eneida, as Bucólicas (Éclogas) e as Geórgicas. A Eneida é a *epopeia nacional* de Roma, e dela se falará logo adiante.[362] As Geórgicas,[363] escritas a pedido de Mecenas, são poemas em estilo didático, destinados a enaltecer as atividades rurais, que à época encontravam-se em franca decadência. As Bucólicas[364] abordam temas variados mas sua estrutura básica é a dos *idílios campestres* à maneira dos líricos alexandrinos, em particular de Teócrito.

Entre os historiadores e especialistas, as opiniões sobre Virgílio e sua obra divergem consideravelmente. Para alguns, ele é um gênio, à altura de Cícero e Horácio.[365] Para outros, é apenas um talento mediano lapidado por uma educação superior. Todos reconhecem, porém, que seu estilo contido, elegante e límpido lhe garante lugar entre os sumos artistas da latinidade. Controvérsias à parte, pode-se dizer que a lírica de Virgílio não tem o frescor e a impulsividade juvenil de Catulo, não alcança a profunda e clássica exemplaridade de Horácio nem traz a marca da genialidade polimórfica de Ovídio. Por isto, para a sensibilidade dos seus raros leitores de hoje, na lírica Virgílio – à parte o estilo – dá a impressão de ser o mais *arcaico* dos quatro, aproximando-se dos quase esquecidos Álbio Tíbulo e Sexto Propércio. Em outros termos, ele é o menos *moderno* – quer dizer, o menos *urbano* dos líricos latinos.

---

[361] Isto é, escrevi as Bucólicas, as Geórgicas, a Eneida.
[362] V. p. 466ss.
[363] De γέωργος = *agricultor* ou *vinhateiro*, em grego.
[364] De βουκόλος = *pastor*, também em grego.
[365] Na Antiguidade tardia, ainda fortemente impregnada pela atmosfera da *romanitas* clássica, ele era considerado o maior de todos. Agostinho de Hipona, por exemplo, o denomina *poeta magnus omniumque praeclarissimus atque optimus* (*De civitate Dei* I, 3), isto é, *o grande e de todos o mais preclaro e o melhor poeta*.

As Geórgicas pouco interesse despertam hoje, mesmo entre os raríssimos especialistas. Mas das Bucólicas alguns versos são ainda eventualmente lembrados, por variadas razões. É o caso dos três exemplos que seguem. O primeiro é o início da Écloga I (ou Bucólica I):

>  ***Meliboeus***
>  Tityre, tu patulae recubans sub tegmine fagi
>  Silvestrem tenui musam meditaris avena;
>  Nos patriae finis et dulcia linquimus arva;
>  Nos patriam fugimus; tu, Tityre, lentus in umbra,
>  Formosam resonare doces Amaryllida silvas.
>
>  ***Tityrus***
>  O Meliboee, deus nobis haec otia fecit:
>  Namque erit ille mihi semper deus; illius aram
>  Saepe tener nostris ab ovilibus imbuet agnus.
>  Ille meas errare boves, ut cernis, et ipsum
>  Ludere quae vellem calamo permisit agresti.

Em tradução:

>  ***Melibeu***
>  Sob a copa da frondosa faia deitado,
>  Uma canção bucólica
>  Na delgada flauta ensaias, ó Títiro;
>  Os confins da Pátria
>  E os doces prados deixei;
>  A Pátria abandonei.
>  Tu, Títiro, à sombra, tranquilo,
>  Os bosques ensinas
>  De Amarílis (o nome) ecoar.
>
>  ***Títiro***
>  Um deus, Melibeu, este lazer nos concedeu.
>  Por isto, para mim, ele um deus sempre será;
>  O altar dele um cordeiro jovem
>  De meus redis (com sangue) muitas vezes regará;

Meus bois, como vês, ele deixou pastar,
Ele tornou mesmo possível
O que eu quiser
Na agreste flauta tocar.

Nesta passagem há duas curiosidades. A primeira é a expressão *sub tegmine fagi*[366] (sob a copa da faia/à sombra da faia), tornada proverbial no Ocidente e mesmo no Brasil usada frequentemente no passado com o sentido de *tranquilidade, descanso, "vida feita"* etc. A segunda é o verso "deus nobis haec otia fecit" (literalmente, "deus nos fez estes lazeres"), provável referência à generosidade de Augusto para com Horácio, do qual Títiro é o *alter ego*.

A segunda passagem interessante é também da Écloga I, logo adiante, na terceira fala de Títiro:

**Tityrus**
Libertas, quae sera tamen respexit inertem,
Candidior postquam tondenti barba cadebat;
Respexit tamen, et longo post tempore venit,
Postquam nos Amaryllis habet, Galatea reliquit.

Em tradução:

A liberdade, que apesar de tardia,
Entorpecido (me) encontrou
Depois que, ao (ser) cortada,
Mais branca (minha) barba caía;
Ela de fato (me) encontrou,
E após longo tempo chegou,
Depois que Amarílis me tem
E Galateia me deixou.

No Brasil, *libertas quae sera tamen* é uma expressão ainda conhecida por pessoas com certo nível de informação política e histórica, pois está inscrita na bandeira do estado de Minas Gerais. Seria longo e complexo analisar sintática e semantica-

---
[366] Pronuncia-se *sub tégmine fági*.

mente toda a fala de Títiro, da qual foram transcritos apenas os primeiros quatro versos. Contudo, estes deixam suficientemente claro que:

1 – *Libertas, quae sera tamen* (A liberdade, ainda que tardia) é uma oração incompleta[367] e, como tal, nada significa tomada isoladamente. Para que tenha sentido quando assim apresentada, a expressão deve ser seguida não por um ponto final mas por três, isto é, pelo sinal de reticência – indicando corte ou suspensão de raciocínio e assim remetendo ao período completo, que tem sete orações.

2 – Como a tradução deixa evidente, a fala de Títiro nada tem a ver com política, pelo menos não diretamente.[368] Por isso, quem transformou *Libertas quae sera tamen* em um lema político-revolucionário efetuou, conscientemente ou não, um *deslocamento semântico*, isto é, uma mudança de sentido – sem falar na, digamos, *amputação sintática*, já indicada.

Por fim, há uma terceira passagem das Bucólicas que merece ser comentada. Quando, até por volta da metade do século XX, em todo o Ocidente, nos antigos seminários da Igreja romana os sacerdotes completavam sua formação em condições de falar e escrever em latim[369] e quando os debates teológicos faziam parte do dia a dia da elite intelectual, naquela época, a Écloga IV era muito lembrada.

Assim diz ela (versos 5-10):

> Ultima Cumaei venit iam carminis aetas;
> Magnus ab integro saeclorum nascitur ordo.
> Iam redit et Virgo, redeunt Saturnia regna;
> Iam nova progenies caelo demittitur alto.

---

[367] Na verdade, são *duas* orações incompletas, mas isto não vem ao caso aqui.
[368] A écloga como um todo sim, pois de forma um tanto velada ela parece referir-se às condições socioeconômicas das atividades agrícolas e da Itália.
[369] Hoje, infelizmente, pelo menos no Brasil, as novas gerações de clérigos são, em sua maioria absoluta, carentes de formação. Inclusive em português! *D'autres temps, d'autres moeurs...*

Em tradução:

> Do oráculo de Cumas
> Já surge a última idade.
> Da consumação dos séculos
> A grandiosa ordem nasce.
> Torna a Virgem,
> Tornam os reinos saturnais,[370]
> Do alto empíreo
> Nova progênie enviada sai.

O que é a Écloga IV? Ela é, na verdade, um longo e belo poema escrito, supõe-se, para celebrar o nascimento do filho do cônsul Asínio Polião (76 a.C.-4 d.C.), poeta e historiador, amigo de Horácio e do próprio Virgílio, além de, como Mecenas, protetor das letras e das artes. Mas desde Lactâncio (250 d.C.-c. 320), entre os Padres apologistas o poema começou a ser interpretado como uma profecia sobre o nascimento de Jesus Cristo – Virgílio deve tê-lo escrito por volta de 35 a.C. Evidentemente, o texto não fornece qualquer base para isto. E tudo indica que tal interpretação seja fruto de uma *contaminação*, pois na écloga a descrição que Virgílio faz da *idade de ouro* anunciada pelo nascimento do *menino* é surpreendentemente semelhante ao denominado *Cântico do Messias*, de Isaías 11,[371] o célebre oráculo referido pelo cristianismo primitivo a Jesus de Nazaré. E os apologistas do cristianismo do século III, em guerra aberta contra os derradeiros Césares, não perderiam a oportunidade de utilizar *pro domo sua* o texto de um pagão. Mais do que isto, de Virgílio, o ideólogo oficial do Império...

---

[370] A era de Saturno, isto é, a idade de ouro.
[371] V. p. 288.

Roma

# Ovídio
(43 a.C.-18 d.C.)

---

Públio Ovídio Naso nasceu em Sulmona, cerca de 140 km a nordeste de Roma, na antiga região dos sabinos. Filho de uma abastada família patrícia, tanto ele quanto seu irmão mais velho foram enviados, ainda adolescentes, a Roma, onde receberam excelente educação. Como era desejo de seu pai, Ovídio dedicou-se inicialmente à oratória e, inclusive, chegou a dar os primeiros passos no *cursus honorum* – o caminho, ou carreira, dos cargos públicos. Contudo, seu extraordinário talento para fazer versos[372] logo mudou o rumo de sua vida, fazendo com que se dedicasse às atividades literárias. E também, é claro, à vida mundana e às mulheres em uma Roma em que a riqueza, o fausto e a decadência moral eram a decorrência natural e o preço inevitável da construção de um Império que se estendia por toda a Europa e por parte da Ásia. E se na primeira vez fora seu talento para fazer versos que alterara o rumo de sua vida, na segunda foi este contexto social.

Integrante dos altos círculos literários e da corte de Augusto, Ovídio foi surpreendido, em 8/9 d.C., por uma ordem de desterro, decretado pelo imperador, e enviado para a longínqua Tomos, nas margens do Mar Negro. Segundo o próprio poeta, *carmen et error* (um poema e um erro) teriam levado Augusto a tomar esta decisão radical. Especula-se que *poema* seria uma referência a Ars amandi, ou Ars amatoria (A arte de amar),

---

[372] *Et quod tentabam dicere versus erat* – afirmou o próprio Ovídio. Isto é, *o que eu tentava dizer saía em verso.*

verdadeiro *manual da sedução*, publicado alguns anos antes por Ovídio e marcado por rude e agressivo amoralismo, ainda que temperado por elegância e ironia. E *erro* um episódio, de natureza jamais esclarecida, envolvendo Julia Minor, a neta de Augusto. Seja lá o que tenha ocorrido, o fato é que a Ovídio jamais foi concedido retornar à pátria, nem pelo próprio Augusto nem por seu sucessor, Tibério.

Mas foi nestes duros anos de exílio, marcados pela solidão e pelo desespero, que Ovídio, apesar de jamais alcançar a densidade e a profundidade paradigmáticas de Horácio, produziu obras de intenso lirismo – certamente as mais dignas de seu talento genial, ainda que perpassadas por um tom lamurioso e subserviente.

No conjunto do legado literário de Roma apenas Cícero, o gênio inigualado, faz sombra a Ovídio, o talento inigualável. Mas enquanto aquele, incompreensivelmente, já no final das guerras civis, decretou sua própria sentença de morte com a Segunda Filípica, este desperdiçou rasamente sua vida na farândula irresponsável do mundanismo das altas rodas, típico do apogeu da era imperial. E depois pagou alto preço em covardia e servilismo. *Os deuses vendem quando dão...* Mas, deixando de lado as armadilhas do destino, da obra de Ovídio pode-se dizer que é extensa, variada, brilhante e sofisticada. Por outro lado, é inegável que a maior parte dela, ao contrário da de Horácio, envelheceu irremediavelmente. Por diversos motivos.

O primeiro deles decorre do fato de, muito mais do que em Catulo, Virgílio e Horácio, o brilho e a beleza da arte de Ovídio serem absolutamente indissociáveis da forma, isto é, do uso magistral das potencialidades da língua e da métrica latinas. E a partir do final do século XX praticamente já não mais existe quem tenha suficiente competência para lê-lo no original. O segundo motivo, como se o primeiro não bastasse, é que uma obra como As metamorfoses – impressionante na extensão e genial nas descrições – está tematicamente muito distante dos interesses do leitor atual, ainda que ilustrado.

O mesmo se pode afirmar de Fastos, de natureza didático-cívica, e inclusive de Amores, cujo erotismo, considerado agressivamente libertino no passado, pode hoje até passar por delicado... Finalmente, o terceiro motivo pela qual a obra de Ovídio envelheceu é que, no conjunto, se comparada com as de Virgílio e Horácio, a dele não possui densidade nem profundidade, e frequentemente ressuma superficialidade, frivolidade e mundanismo. Contudo, há duas exceções a isso, por motivos radicalmente opostos entre si.

A primeira, já antes citada, é A arte de amar. Cínica e amoral, irônica e não raro sarcástica, esta obra, surpreendentemente, em quase nada envelheceu. E, como Satyricon, de Petrônio,[373] é de leitura obrigatória. Não, é claro, pelas *lições* nela contidas mas por ser um painel vivo e fascinante da vida romana no período augustano. E é curioso, e coerente com o amoralismo ovidiano, que o terceiro e último capítulo de A arte de amar seja dedicado às mulheres, ensinando-lhes as táticas adequadas para seduzir os homens. Os interessantes, é óbvio. Ao que parece, a primeira mulher do autor aprendeu bem a lição, pois o abandonou e fugiu com um procônsul para as Gálias... Razão portanto tinha Augusto, segundo o qual esta obra de Ovídio ensina "a arte de cometer adultério". Esta breve passagem dispensa outros comentários:

> Mulheres formosas, fareis bem em misturar-vos à multidão e dirigir vossos passos incertos para lugares distantes de vossas residências. A loba fica espiando várias ovelhas, para apoderar-se de uma delas apenas. E a águia persegue no ar a vários pássaros. Assim, a mulher bonita deve exibir-se em locais públicos: entre tantos homens sempre haverá um que se sinta atraído por seus encantos. Deveis mostrar-vos ávidas para agradar e estar atentas a tudo o que possa realçar vossa beleza. Que o anzol esteja sempre preparado! O peixe virá, e morderá a isca quando menos esperais.
> 
> A arte de amar, 3

---

[373] V. adiante, p. 481ss.

Como segunda e mais importante exceção, da obra de Ovídio permanece e permanecerá para sempre vivo o lirismo que ressuma de algumas passagens de Tristia (Cantos/Poemas tristes) e Epistulae ex Ponto (Cartas do Mar Negro), obras da época do exílio, e de Heroidas, um conjunto de cartas de personagens da lenda – à parte Safo – que escrevem a seus amantes. É nestas passagens que a arte de Ovídio alcança o ápice e pode seguramente reivindicar seu direito à perenidade, pois nelas se aliam seu insuperável talento para o verso e a seriedade e a simplicidade do tema. E assim, nos Cantos tristes e nas Cartas do Mar Negro, as repetitivas lamúrias deixam de sê-lo e iluminadas pelo gênio se transformam em belas e dolentes *canções do exílio*, cujo brilho nem o passar dos séculos nem o raso nível das emoções conseguiu empanar. Famoso, entre outros, é o longo terceiro canto de Tristia I, e mais famosos ainda seus primeiros versos, que em eras outras até alunos de colégios públicos sabiam recitar, de cor e com sua métrica:

> Cum subit illius tristissima noctis imago
> Qua mihi supremum tempus in Urbe fuit,
> Cum repeto noctem, qua tot mihi cara reliqui,
> Labitur ex oculis nunc quoque gutta meis.
> Iam prope lux aderat, cum me discedere Caesar
> Finibus extremae iusserat Ausoniae.

Em tradução:

> Quando (à mente) me vem
> A tristíssima lembrança
> Da noite aquela
> Que para mim em Roma
> A última foi,
> Quando a noite recordo
> Em que tantas coisas
> A mim caras deixei,

> De meus olhos cai
> Uma lágrima agora.
> O dia já raiara
> Em que Cesar
> Dos confins da Ausonia[374]
> A fronteira cruzar ordenara.
>
> Tristia I, 3, 1-6

Ou então a Carta 7 do Livro III de Cartas do Mar Negro, aquela que começa com *Verba mihi desunt...* (Faltam-me as palavras...):

> Ductus ab armento taurus detrectat aratrum,
> Subtrahit et duro colla novella iugo.
> Nos, quibus adsuevit fatum crudeliter uti,
> Ad mala iam pridem non sumus ulla rudes.
> Venimus in geticos fines: moriamur in illis,
> Parcaque ad extremum, qua mea coepit, eat.

Em tradução:

> Do rebanho retirado,
> Rejeita o touro o arado
> E ao duro jugo
> A jovem cerviz se furta.
> Nós, a quem
> O fado cruel abateu,
> A mal nenhum há muito
> Estranhos já não somos!
> Dos citas às terras chegamos,
> Nelas então que morramos!
> E que a Parca minha
> Ao desfecho conduza
> O que começou!
>
> Epistulae ex Ponto III, 7

---

[374] Itália.

Das Heroidas, a carta da furiosa e suicida Dido a Eneias, o amante ingrato, sempre foi tida como uma das mais belas. E esta opinião confirmam os memoráveis versos iniciais:

> Accipe, Dardanide, moriturae carmen Elissae;
> Quae legis, a nobis ultima verba legis.
> Sic ubi fata vocant, udis abiectus in herbis
> Ad vada Maeandri concinit albus olor.

Em tradução:

> De Elissa, a morrer fadada,
> O canto ouve, ó Dardânida:
> As que lês, de nós as derradeiras palavras lês,
> Assim (como), quando os fados chamam,
> Do Meandro às margens
> Nas úmidas folhagens
> Oculto canta o alvo cisne.[375]

Como Horácio, ainda que com menor elegância, também Ovídio revela possuir alta consciência de si e do valor perene de sua obra. Esta consciência ele a explicita nos versos finais de As metamorfoses, em uma espécie de adendo que remete a Odes III, 30 de Horácio,[376] segundo o tema e o próprio léxico o provam, sem contestação:

> Iamque opus exegi, quod nec Iovis ira nec ignis
> Nec poterit ferrum nec edax abolere vetustas.
> Cum volet illa dies, quae nil nisi corporis huius
> Ius habet, incerti spatium mihi finiat aevi;
> Parte tamen meliore mei super alta perennis
> Astra ferar, nomenque erit indelebile nostrum;
> Quaque patet domitis romana potentia terris,
> Ora legar populi; perque omnia saecula, fama,
> Si quid habent veri vatum praesagia, vivam.

---

[375] Antes de morrer.
[376] V. acima, p. 445/446.

Em tradução:

>Já uma obra construí
>Que nem de Jove a ira nem o fogo,
>Nem o ferro nem a corrosiva idade
>Demolir poderá.
>Quando aquele dia chegar
>Que só sobre este corpo império tem,
>Da incerta vida o tempo me findará.
>A parte melhor de mim, porém,
>Aos supernos astros, perene, elevarei
>E indelével nosso nome será.
>Por onde quer que, às terras submetidas,
>De Roma o poder se revelar,
>Pela boca do povo lido eu serei.
>E se dos áugures os oráculos
>De verdade algo têm,
>Por todos os séculos pela fama viverei.

Não por acaso, com certeza, esta alta consciência de si e de sua arte carateriza aqueles considerados desde sempre os dois máximos líricos do legado literário de Roma.

# A EPOPEIA E O ROMANCE

Na Hélade, a narrativa nasceu com Homero como *epopeia* e morreu na forma denominada *romance grego*, segundo foi visto.[377] Em Roma, também nisto tributária da Hélade, assumiu com Virgílio a forma pioneira e explícita de *gesta nacional*, ou epopeia oficial do Império; e depois, com Petrônio, o formato novo e surpreendente, em prosa e realista, de *romance* – fadado a ter glorioso futuro. Evidentemente, o tema não é tão simples que possa ser tratado em meia dúzia de linhas. Mas aqui é o quanto basta.

Entrando de imediato no assunto, a narrativa em Roma tem parcos títulos, díspares formas e estranhos destinos. Das quatro obras que assim podem ser qualificadas e que são seguramente as principais, a primeira, a mais famosa e a mais importante, quase não é mais lida hoje; a segunda é ainda apenas citada, mesmo que raras vezes; a terceira, a mais estranha, é virtualmente desconhecida e está presente apenas em manuais e bibliografias; e a quarta, enfim, a mais breve e a mais *vulgar*, é a única que ainda encontra leitores. Estas obras são, respectivamente, Eneida, Metamorfoses, Farsália e Satíricon. Há ainda uma quinta, O asno de ouro, pouco lida mas interessante. Mas o que são elas?

---

[377] V. acima, p. 204.

# A Eneida

Quem lê a Eneida e a Divina Comédia capta imediatamente a razão pela qual Dante, o sumo gênio da *christianitas*, escolheu Virgílio, o aedo máximo da *romanitas*, para guiá-lo, através das ínvias sendas do Inferno e do Purgatório, até as portas do Paraíso. Não foi, por certo, por ter escrito a Écloga IV.[378] Nem porque na Eneida Anquises conduz Eneias pelos caminhos do mundo inferior. Não, Dante escolheu Virgílio porque este, ao insumir os mitos fundadores da Hélade clássica nos interesses políticos da Roma imperial, ou vice-versa, começara a moldar os híbridos fundamentos sobre os quais se ergueria a Cristandade. E, também e principalmente, porque, como supremo monumento do Império e expressão artística máxima da *pax augusta*, alcançada depois de um século de carnificinas sociais e civis, a Eneida era para Dante a materialização de seu próprio sonho político: a concórdia e a paz de Florença, da Itália e da Europa – divididas desde sempre – sob a liderança única de um rei ou imperador cristão. Digressões à parte, o que é a Eneida? Ela é, ao mesmo tempo, uma gesta etiológica nacional, um panegírico político explícito e um monumento histórico e literário.

---

[378] V. acima, p. 456/457.

## Gesta etiológica nacional

A Eneida é uma *gesta* etiológica nacional, ou, em termos mais simples, a narração da cadeia de eventos que, nas origens, levaram à fundação da nação. No caso, Roma – e, mais especificamente, o Império.

Esta cadeia se inicia em uma noite, à luz fatídica das chamas que consumiam Troia, quando um grupo de fugitivos deixam para trás as ruínas de sua cidade e se lançam ao mar, liderados por Eneias, que leva consigo Anquises, seu pai, e Júlio/Ascânio, seu filho. Saindo do Egeu e adentrando o Mediterrâneo oriental, a pequena frota alcança as costas da África, demorando-se em Cartago, cidade púnica (fenícia) em que reina Dido, rainha e viúva. Esta apaixona-se perdidamente por Eneias e tenta retê-lo. Ele, porém, seguindo o que os fados haviam determinado, decide partir, carregando consigo a maldição de Dido e a missão de fundar uma cidade na Península Itálica. Depois de inúmeras peripécias, os troianos aportam ao *Latium*, onde reina o rei Latino, e ali desembarcam. Parte dos nativos se alia aos adventícios e parte lhes dá combate. Sempre intercalando os eventos lendários de Eneias e seu grupo com *vaticinia ex eventu*[379] da história de Roma, a Eneida, inacabada, encerra-se com a cena do combate singular entre Eneias e Turno, cuja alma, ao ser morto,

Cum gemitu fugit, indignata, sub umbras.[380]

E assim Roma, e o Império, começam a nascer.

---

[379] *Antecipações* ou, literalmente, *profecias a partir do (já) acontecido*.
[380] Indignada, com um gemido foge entre as sombras. *Eneida* XII, 952.

## Panegírico político explícito

Quer tenha sido escrita a pedido de Augusto, segundo reza confiável tradição, quer fosse projeto do próprio Virgílio, a Eneida contém em si mesma uma evidência: ela é um panegírico político explícito em cinco níveis, imbricados inextricavelmente em um só: a origem helênica, o patriciado do Lácio, a *Gens Julia*,[381] Augusto e o Império. Em outros termos, como a Ilíada de Homero e Oréstia de Ésquilo e como todas as grandes lendas etiológicas, a Eneida tem por objetivo fixar as origens étnico-nacionais, lembrar os feitos passados dos grupos dominantes e assim enobrecer os detentores do poder no presente. De que forma Virgílio chegou à concepção de seu projeto?

É sabido, e comprovado, que a *anexação* de Roma, se assim se pode dizer, como apêndice da já milenar lenda de Troia datava, o mais tardar, da época da conquista de Tarento, quando os latinos, deslumbrados com o brilho e a superioridade da civilização helênica na Magna Grécia, começaram a moldar-se a ela e, um passo adiante, a buscar nela seus antepassados. Aliás, é historicamente provável que por volta de meados do século VIII a.C. imigrantes de língua indo-europeia procedentes da Ásia Menor tenham alcançado as regiões centrais da Península Itálica, ali se estabelecendo. Sim, três ou quatro séculos depois da época que a lenda fixa para a guerra de Troia... Mas tal pouco importa. O certo, indiscutível e fundamental é que no *século de Augusto* há muito já se firmara a tradição da origem grega das grandes famílias patrícias do Lácio. E uma delas, a citada *Gens Julia, ou Clã dos Júlios*, derivava seu nome de *Júlio* (também dito *Ascânio*), o filho de Eneias. E por certo Júlio César, apesar de historiador metódico e objetivo, não enrubescia ao dizer-se

---

[381] À qual pertenciam Júlio César e seu sobrinho Otávio, depois Otaviano/Augusto.

da nobre alcúrnia de Anquises e Eneias e, portanto, descendente de Vênus![382] E Otávio, depois denominado Otaviano e por fim Augusto, era seu sobrinho...

Virgílio, o adventício de Mântua que muito jovem aportara à *Urbs*, mergulhara nesta atmosfera e absorvera seu espírito. E foi ali que ele encontrou o enredo de sua grande epopeia etiológico-nacional, ao natural materializada em panegírico político explícito.[383] Trabalhador incansável, com romana disciplina e espantosa erudição, ao longo de dez anos construiu para si, como Horácio e Ovídio, um *monumentum aere perennius*. Ao contrário deles, porém, disse-o de Augusto e do Império, e não de si. Mas tal nem era necessário. Pois com certeza Virgílio sabia que, enquanto destes se guardasse memória, dele também se guardaria. Porque, nas palavras de Maurice Rat:

> Romano antigo, que conhece a origem das coisas, e romano de seu tempo, que secunda, patrioticamente, os fundamentos assentados por Augusto, Virgílio insere, com habilidade maravilhosamente sutil, a história contemporânea na lenda antiga e a realidade na fábula. E (disso) equivocadamente se lamentam os incapazes de compreender que a Eneida é, antes de tudo, um canto de louvor à Roma de Augusto.[384]

Mas ninguém melhor do que o próprio Virgílio poderia revelar os móveis que o levaram a construir sua obra. E ele, como porta-voz de seu tempo e oráculo de sua raça, o faz, convicto e sem pejo, em duas passagens da longa e memorável fala de Anquises, quando este, acompanhado de Eneias, desce aos Ínferos e ali lhe mostra os espíritos daqueles que um dia, a seu tempo, se reencarnariam. Ambas dispensam comentários.

A primeira passagem é especificamente referida a Augusto, mas contém os quatro primeiros níveis temáticos acima mencionados:[385]

---

[382] Que, segundo a lenda, o tivera de uma relação com Anquises.
[383] Sobre a visão de mundo virgiliana na *Eneida*, v. Cochrane, p. 36 ss.
[384] *L'Énéide*, Introduction, p. VIII. V. bibliografia.
[385] V. acima, p. 466.

> Huc geminas nunc flecte acies; hanc adspice gentem
> Romanosque tuos. Hic Caesar et omnis Iuli
> Progenies magnum caeli ventura sub axem.
> Hic vir, hic est, tibi quem promitti saepius audis,
> Augustus Caesar, divi genus; aurea condet
> Saecula qui rursus Latio regnata per arva
> Saturno quondam; super et Garamantas et Indos
> Proferet imperium.
>
> VI, 788-795

Em tradução:

> Os gêmeos olhos para cá volve agora;
> Esta raça observa: os romanos teus.
> Aqui (está) Augusto César,
> E de Júlio a inteira prole
> Que do céu sob a magna abóbada
> Um dia surgirá. Este o herói,
> Este é o que tantas vezes
> A ti ser prometido ouves,
> [Este], de deus filho, que de novo,
> Nos campos do Lácio,
> Por Saturno outrora governados,
> A Idade de Ouro fundará
> E sobre Líbios[386] e Indos o império estenderá.

A segunda passagem, tantas vezes repetida em séculos passados, completa com o quinto os quatro níveis temáticos da primeira e assim, transcendendo o mítico e o áulico, fixa o histórico e o nacional:

> Excudent alii spirantia mollius aera,
> Credo equidem; vivos ducent de marmore vultus;
> Orabunt causas melius, caelique meatus
> Describent radio et surgentia sidera dicent:
> Tu regere imperio populos, Romane, memento.
> Hae tibi erunt artes, pacisque imponere morem,
> Parcere subjectis et debellare superbos.
>
> VI, 847-853

---

[386] Os Garamantas eram um povo que vivia nos oásis do norte da África, na região em que hoje é a Líbia.

Em tradução:

> Outros[387] mais delicadamente – de fato creio –
> Os ferventes bronzes moldarão,
> Do mármore viventes formas extrairão,
> Melhor as causas sustentarão[388]
> E do firmamento, com o compasso,
> Os movimentos descreverão
> E os surgentes astros anunciarão.
> (Mas) tu, romano, lembra
> De pelo mando as nações governar.
> Estas serão tuas habilidades:
> Da paz impor o estatuto,
> Poupar os vencidos
> E os rebeldes esmagar.

## Monumento histórico e literário

Como gesta nacional e panegírico da elite dirigente do Império, a Eneida é um documento histórico porque nela está espelhada a imagem ideal e idealizada que esta mesma elite tinha do passado, do presente e de si própria. Nenhum autor e nenhuma obra do legado romano – nem mesmo Tito Lívio, pelo menos no que de sua obra sobreviveu – conseguiu fornecer uma visão tão orgânica e tão compacta sobre a qual se assentavam o Principado e o Império em seu apogeu, milagrosamente emersos de um longo século de caos e de sangue. Augusto, como estadista e leitor, tinha plena consciência disso. Pois, segundo relatam os cronistas da época, Virgílio, insatisfeito com as imperfeições da obra,

---

[387] Os gregos, sem dúvida.
[388] Isto é, nos tribunais. Esta passagem foi considerada por muitos injusta para com Cícero, o maior orador da Antiguidade e de todos os tempos, inclusive maior do que Demóstenes. Mas eu diria que, se Platão entrar na liça, Virgílio tem razão: nada, absolutamente nada é superior a *A defesa de Sócrates*.

ainda incompleta, pouco antes de morrer ordenou que a Eneida fosse destruída. Augusto o proibiu terminantemente e, mais, determinou que o texto fosse revisto e publicado respeitando-se rigorosamente os originais. Seguramente, diante de situação semelhante, ele não teria demonstrado tanta preocupação com a preservação das Odes de Horácio, impregnadas de profundo ainda que regrado ceticismo. Para nem falar da obra do amoral e servil Ovídio, a quem mais tarde seria obrigado a expulsar de Roma... Augusto sabia, ou pelo menos intuía, que a Eneida era a obra paradigmática e o máximo testemunho do *seu* século. Os pósteros que a leram também o sabem.

Contudo, mais do que documento histórico, a Eneida é um monumento literário, e longo seria analisá-la sobre tal perspectiva. Aqui é suficiente dizer que – à parte a Ilíada, a Odisseia e a Divina Comédia – de todas as narrativas metrificadas/rimadas do legado literário ocidental, e há muitas, a Eneida é a única que alcançou dimensão e significação artísticas supranacionais. Porque, apesar de *encomendada* e de ter patente caráter *áulico*, pela suma habilidade de Virgílio a Eneida transcende o imediatismo histórico e a funcionalidade política para elevar-se às alturas de símbolo perene de uma civilização em seu apogeu e de uma visão de mundo perfeitamente coerente, elaborada e enunciada. E isto é arte. E foi por carência disso que, na Antiguidade e depois, todas as narrativas metrificadas/rimadas naufragaram – à parte as três antes citadas. E a Eneida. Nas demais, as únicas em que se pode perceber o frágil pulsar do verdadeiro *epos* são as narrativas medievais: Nibelungos, Parzifal, Beowulfo, Canção de Rolando etc. Mas a visão de mundo que as impregna é frágil, limitada, primitiva, rústica, quase bárbara. Como eram a época e o contexto em que se gestaram.

Não por acaso, pois, a Ilíada, a Odisseia, a Eneida e a Divina Comédia são o supremo relicário diacrônico da alma do Ocidente – da Hélade, de Roma e da Cristandade. E Israel? Em Israel, como vimos, a única personagem efetivamente ativa é a Divindade. As Criaturas são apenas *figuras* que vivem à Sua sombra ou que contra Ela em vão tentam rebelar-se. Por isto Israel foi sempre solo estéril para o drama e a epopeia. Ali apenas medrou a lírica, exclusivamente centrada na relação da Criatura solitária com a Divindade onipotente, nos momentos em que aquela extravasa seus sentimentos de gratidão, dor, abandono, desespero e até mesmo de revolta.[389]

Seguindo caminho e deixando à margem temas como este, que mereceriam longos ensaios, pelo menos dois versos da Eneida devem ser lembrados como testemunhas da concisão, da clareza e da elegância – além do conteúdo – que fizeram e fazem, entre tantos outros, a glória do mais famoso filho de Mântua. O primeiro é aquele que velhos políticos ou experientes causídicos do passado não raro citavam em suas inflamadas perorações, repetindo Eneias a incentivar seus companheiros à luta em meio às chamas que devoram Troia:

> Una salus victis: nullam sperare salutem.

Em tradução:

> (Só há) uma salvação para os vencidos: nenhuma salvação esperar.
>
> II, 354

O segundo era no Brasil muito apreciado pelas calejadas raposas que outrora comandaram o arcaico país sepultado na segunda metade do século XX sob a assombrosa avalanche de mais de 100 milhões de bárbaros em menos de quatro décadas. É a judiciosa advertência do velho Lacoonte, tio de Eneias, diante do cavalo de madeira enviado pelos gregos:

> Timeo Danaos, et dona ferentes.

Em tradução:

> Temo os Gregos, (até) quando trazem presentes.

Em outras palavras: Fique sempre alerta! Desconfie sempre, e de todos!

---

[389] No limite, o Livro de Jó poderia ser considerado um *drama*, no sentido helênico/ático. V. acima, p. 326ss.

# As metamorfoses

Nos últimos versos de As metamorfoses, Ovídio, imitando Horácio, manifesta a certeza de que esta obra lhe trará larga e perene glória.[390] Não foi assim, porque As metamorfoses, apesar de seu título ser às vezes ainda lembrado, dificilmente deixa o túmulo das bibliotecas, físicas e virtuais. Ao contrário, como foi visto, da Arte de amar, e das lamuriosas e servis elegias escritas muitos anos depois nos longínquos confins da Cítia. Mas o que é a obra na qual Ovídio depositava tantas esperanças?

Em primeiro lugar, as Metamorfoses está entre as mais extensas narrativas metrificadas da Antiguidade greco-romana, alcançando cerca de 300 páginas em formato médio, fato raro e até impressionante para a época. Em segundo lugar, a obra é um conjunto heterogêneo de lendas, começando com uma cosmogonia, que lembra Gênesis 1, e uma teogonia, claramente dependente de Hesíodo, e terminando com um posfácio que narra a metamorfose de Júlio César em deus e augura a mesma sorte para Augusto – vivo à época e gozando de perfeita saúde... Em terceiro lugar, do ponto de vista de uma obra de arte bem-sucedida ou não, As metamorfoses é uma espécie de anti-Eneida: o que em Virgílio há de sólido, orgânico, coerente e representativo é em Ovídio gritante ausência. Como em nenhuma outra obra sua, em As metamorfoses se evidencia o desperdício de um talento superior e de uma téc-

---

[390] V. acima, p. 470/471.

nica refinada em um tema inconsistente e, pode-se dizer, já então fora de moda. Mas disso basta. Pois, seja como for, As metamorfoses contêm partes memoráveis, como são os capítulos iniciais, nos quais são descritos a criação do mundo, o dilúvio e as quatro idades da civilização. Ou então VII, 1, em que Medeia surge, trágica, dividida entre o poder e a razão, o dever e a paixão. Mas a passagem mais presente, e com razão, nas antigas antologias é a das quatro idades, cujos primeiros e conhecidos versos vão abaixo transcritos:

>Aurea prima sata est aetas quae vindice nullo,
>Sponte sua, sine lege fidem rectumque colebat.
>Poena metusque aberant nec verba minantia fixo
>Aere legebantur, nec supplex turba timebat
>Iudicis ora sui, sed erant sine vindice tuti.
>Nondum caesa suis, peregrinum ut viseret orbem,
>Montibus in liquidas pinus descenderat undas
>Nullaque mortales praeter sua litora norant.
>Nondum praecipites cingebant oppida fossae;
>Non tuba directi, non aeris cornua flexi,
>Non galea, non ensis erat; sine militis usu
>Mollia securae peragebant otia gentes.

Em tradução:

>De ouro a idade foi a primeira criada,
>Que, sem carrasco e sem lei,
>Por própria vontade
>A lealdade e a justiça guardava.
>O castigo e o temor ausentes estavam,
>No fixo bronze intimidantes decretos
>Lidos não eram,
>Nem de seu juiz os vereditos
>A súplice turba temia,
>Mas, sem guarda(s), (todos) protegidos estavam.
>Não ainda, de seus montes cortado,
>Às líquidas ondas
>O pinheiro descera

Para o mundo distante observar.
E outras praias, além das suas,
Os mortais desconheciam.
Não ainda os fundos fossos
As cidades circundavam.
Não tuba de bronze reto,
Não clarim de (bronze) curvo,
Não elmo, não espada existia.
Sem presença de soldado(s)
Seguras as pessoas
Os doces lazeres gozavam.

E, para encerrar, o verso mais citado da descrição do dilúvio e um dos mais célebres hexâmetros de toda a narrativa latina metrificada:

Omnia pontus erat; deerant quoque litora ponto.

Em tradução:

Tudo era mar; até ribeiras faltavam ao mar.

# Farsália

Talvez seja injusto para com seu talento, mas Lucano é hoje mais lembrado por sua breve e trágica vida do que por sua longa e *estranha* obra, Farsália.

Marco Aneu Lucano (39-65 d.C.) nasceu em Córdoba, de uma família da elite local. Enviado a Roma, recebeu excelente educação, em parte por influência do filósofo Sêneca, seu tio. Demonstrando desde adolescente rara inteligência e espantosa capacidade de escrever, Lucano tornou-se rapidamente famoso por suas obras, apresentadas, segundo o costume da época, em concorridas declamações públicas. O renome assim adquirido foi tanto que o próprio Nero, insano e falto de modéstia mas não de inteligência, passou a considerá-lo um perigoso rival e o proibiu de participar daqueles eventos. E pouco depois o condenou à morte, sob a acusação de ter participado da conjuração de Pisão (65 d.C.), junto com seu tio.[391] Tendo-lhe sido permitido escolher a forma, Lucano suicidou-se abrindo as veias[392], quando ainda não completara vinte e seis anos. Desaparecia assim, na flor da idade, vítima da loucura, da inveja e da vingança, um dos três ou quatro maiores talentos de toda a literatura latina. Talento que, como o de Catulo, não encontrara tempo para se desenvolver. De precocidade incomum, Lucano escreveu várias obras. De todas elas nada restou, exceto um epigrama, ou poemeto de circunstância, e Farsália.

---
[391] V. adiante, p. 531ss.
[392] Tácito, *Anais* XV, 70.

Farsália, narrativa metrificada de idêntica, se não maior, extensão do que a Eneida, descreve o desenrolar da longa guerra civil entre Júlio César e Pompeu, dito o Grande. A última e decisiva batalha foi travada em Farsália (48 a.C.), na região centro-nordeste da Grécia Continental. Pompeu, derrotado, fugiu para o Egito, onde foi assassinado, seguindo-se a total dispersão de suas tropas.

O título original da obra de Lucano era, possivelmente, De bello civili (Sobre a guerra civil) mas a denominação *Pharsalia* consagrou-se, tardiamente, com base nos versos 985-986 do Livro X, nos quais fala o Autor, dirigindo-se a Júlio César:

> Venturi me teque legent; Pharsalia nostra vivet et a nullo tenebris damnabimur aevo,

isto é, em tradução quase literal:

> Os pósteros a mim e a ti lerão; nossa Farsália viverá e por nenhum século envoltos seremos em sombras.

Em outros termos: no futuro lerão minha obra e sobre tua vitória e nunca ninguém nos esquecerá. Bem, Júlio César é hoje mais lembrado do que Lucano e Farsália não é mais lida – a não ser por obrigação profissional. Seja como for, esta obra possui indiscutível importância no contexto do legado literário latino, por várias razões:

1 – Em perspectiva histórico-biográfica, Farsália é assombrosa. Virgílio começou a escrever a Eneida quando tinha cerca de quarenta anos, trabalhou uma década e mesmo assim não a concluiu. Farsália também ficou inconclusa mas Lucano a deve ter iniciado quando ainda adolescente, ou pouco mais. Considerada a impressionante carga de erudição e informações nela contida, Lucano, por esta obra, é um dos casos mais prodigiosos de precocidade e talento de toda a literatura ocidental.

2 – A partir da segunda metade do século XX o rápido, quase alucinante, desenvolvimento científico-tecnológico redefiniu,

em todos os sentidos e em todas as áreas, os padrões culturais/civilizatórios e, em consequência, poucos são atraídos hoje por temas histórico-literários. Mesmo assim talvez seja interessante lembrar, *en passant*, que nesta perspectiva a obra de Lucano possui importância fundamental, pois representa um ponto de corte na evolução da narrativa ocidental. Porque Farsália, como narrativa metrificada, tem por óbvio modelo as epopeias homéricas, e a própria Eneida, cujos temas eram/são míticos/lendários. Virgílio, por exemplo, apesar de instrumentalizar politicamente sua obra, segue rigorosamente o referido modelo. Lucano, porém, rompe radicalmente com ele e toma a guerra civil entre Júlio César e Pompeu um evento histórico e, além do mais, então recente – como tema central. E isto faz de Farsália um marco decisivo na história das formas de narrativa do Ocidente, porque esta obra, sob tal ângulo, parece antecipar a dita *epopeia renascentista*[393] e o próprio *romance histórico*. Mais ainda, ao justapor eventos históricos – apresentados com rigor cronológico e factual – a episódios absolutamente fantásticos (a bruxa Erichto, por exemplo, no Livro VI, e os presságios, no Livro VII), Farsália lembra também, curiosamente, alguns romances latino-americanos do século XX. Eis aí, mais uma vez, um tema fascinante para os velhos eruditos europeus do passado. Pelo que já foi dito acima sobre a mudança de padrões culturais/civilizatórios, não há interesse em avançar nesta análise. O que não deve impedir de registrar, pelo menos, que sob tal perspectiva Farsália é uma obra *estranha*, e por isto mesmo interessante.

3 – De um ponto de vista artístico-literário estrito, o talento de Lucano irrompe com a força avassaladora do gênio em passagens memoráveis – que nada ficam devendo a Virgílio –, como a descrição dos horrores da guerra civil entre Mário e Sila (Livro II) e o heroísmo de Sceva, o *hollywoodiano* centurião que, sozinho, detém as forças de Pompeu em Dirrachium e ao qual o Autor, convicto republicano, por isso a ele dirige a célebre apóstrofe:

---

[393] *Gerusaleme liberata*, de Tasso, *Os Lusíadas*, de Camões etc.

> Infelix, quanta dominum virtute parasti!,

isto é,

> Infeliz, com quanto denodo abriste caminho a um ditador!

Se nesta passagem, como em tantas outras, Lucano ataca Júlio César, na longa e impactante sequência da morte de Pompeu (Livro VIII) ele dá vazão completa à sua admiração pelo herói incontestado e personagem central de sua obra, que, estoicamente morre sem lançar um gemido,

> ne... aeternam fletu corrumpere famam,

isto é,

> para não... por nenhuma lágrima macular (sua) eterna fama.

À parte tudo o mais, Lucano, como Virgílio e Ovídio, tem imensa capacidade para criar versos concisos e apodíticos, qualidades quase sempre e inevitavelmente perdidas na tradução. Mesmo assim, pelo menos como curiosidade, são apresentados abaixo quatro exemplos clássicos, sempre tentando, quando viável, seguir aquela regra de ouro de toda tradução: tão literal quanto possível, tão livre quanto necessário:

1 – Arma tenenti omnia dat qui justa negat. I, 348/9
2 – Nescit plebes jejuna timere. III, 58
3 – Adversis non desse decet sed laeta secutos. VIII, 534
4 – Nula fides umquam miseros elegit amicos. VIII, 535

Em tradução:

1 – Ao armado tudo entrega aquele que nega o justo.
2 – A plebe faminta temer não sabe.
3 – É vergonha abandonar na desgraça os na alegria seguidos.
4 – Nenhuma fidelidade jamais escolheu miseráveis para amigos.

# Satíricon

As quase duzentas páginas de Satíricon são apenas partes, ou fragmentos, de uma obra maior, cuja real extensão é e será sempre desconhecida. Mas, desconsiderando esta e outras questões eruditas, que envolvem o título, o texto e o próprio nome do Autor, é conveniente começar ouvindo a voz autorizada do historiador Tácito, quase contemporâneo de Caio Petrônio, que, supõe-se, foi quem escreveu Satíricon:

> [Caio Petrônio] tinha o hábito de dormir durante o dia e dedicar-se às suas tarefas e aos prazeres durante a noite. E assim como alguns se tornaram conhecidos pelo trabalho, ele se tornou famoso pela vida descuidada. Não era considerado dissoluto ou pródigo, à maneira dos que disssipam seus bens, mas um *bon-vivant* de hábitos refinados [...]. Contudo, quando procônsul na Bitínia e depois cônsul, mostrou ser competente e íntegro nos negócios públicos. Em seguida, retornando, ou aparentando fazê-lo, à sua vida de prazeres, foi admitido entre os poucos íntimos de Nero, para que fosse o árbitro da elegância,[394] de tal forma que o imperador [...] só considerava adequado e sofisticado aquilo que Petrônio aprovava.
>
> Anais, XVI, 18

Evidentemente, este favoritismo despertou o ódio de outros integrantes do círculo palaciano, em particular de

---

[394] *Arbiter elegantiarum*, no original. Literalmente, *juiz das coisas elegantes*.

Ofônio Tigelino, prefeito do Pretório,[395] que através de um escravo subornado acusou Petrônio de ser amigo do senador Flávio Scevino, um dos mais importantes integrantes da conspiração liderada por Calpúrnio Pisão (65 d.C.). E continua Tácito:

> [...] naquele dia Nero se encontrava na Campânia e Petrônio, tendo chegado a Cumas, ali foi preso. Não suportou ficar à espera do perdão ou da morte e não se suicidou imediatamente mas decidiu abrir as veias, fechando-as depois, para abrir quando quisesse. E conversava com os amigos, porém não coisas importantes ou aquelas pelas quais viesse adquirir na posteridade fama de homem corajoso. Não dava atenção aos que falavam da imortalidade da alma ou dos ensinamentos dos sábios mas preferia canções leves e versos agradáveis. A alguns de seus escravos deu dinheiro e a outros mandou açoitar. Sentou-se à mesa e depois foi dormir, para que sua morte, ainda que imposta pelas circunstâncias, parecesse natural. Ao contrário do que fazia a maioria dos condenados à morte, não adulou Nero, nem Tigelino nem qualquer pessoa importante mas, sob o nome de mulheres e mancebos devassos, descreveu a vida escandalosa do Príncipe e os refinamentos de sua perversão. Selando (com o anel) o texto, enviou-o a Nero. Depois quebrou o anel, para que não fosse utilizado para fazer novas vítimas.
>
> Anais XVI, 19

Mesmo que não dissipe todas as dúvidas sobre a autoria, é inegável que estas páginas geniais fazem jus não apenas ao grande historiador que foi Tácito mas também a quem escreveu Satíricon. Pois quem lê Satíricon e em seguida lê o que diz Tácito sobre Caio Petrônio adquire certeza quase absoluta: que outro romano da era pós-augustana poderia ter criado a personagem de Eumolpo senão aquele de quem Tácito desenha o inconfundível e inolvidável retrato? Mas quem é Eumolpo e o que é Satíricon? Vejamos, por partes.

---
[395] Comandante da Guarda Palaciana.

1 – Satíricon é uma sequência de episódios que tem início em alguma cidade do norte da África, continua em um navio que atravessa o Mediterrâneo e termina em Crotona, no sul da Itália. O que dá unidade à obra – ou ao que dela restou –, escrita em prosa mas com algumas passagens metrificadas, são quatro personagens: Encólpio, o narrador; Escilto, amigo daquele; Gitão, rapazinho disputado pelos dois; e Eumolpo, que se mantém distante e à parte, na evidente posição de *alter ego* do Autor, posição, aliás, assumida também pelo narrador, que, curiosa e incoerentemente, tem caraterísticas de um erudito, pois cita Tucídides, Cícero, Sócrates etc.

É muito interessante ler hoje, no século XXI, comentários apostos a edições antigas de Satíricon, nos quais a obra, apesar de ter sua importância reconhecida, é qualificada de pornográfica, escabrosa, nojenta etc. Hoje – *d'autres temps, d'autres moeurs!* –, supondo que elas ainda existissem, seria leitura para freiras... Pois apesar de narrar as aventuras, amorosas e outras, de um bando de marginais, vagabundos, deslocados e arrivistas e de apresentar sem meios tons a licenciosidade, o homossexualismo e a desagregação moral de uma época de decadência, Satíricon praticamente não contém palavrões ou cenas "nojentas": tudo é apresentado de forma leve, elegante, quase sofisticada, e sempre sob um olhar sarcástico e irônico. Enfim, seja pelo comportamento de Eumolpo, seja pelos comentários de Encólpio e de outras personagens, o autor de Satíricon é um *moralista* do tipo clássico, que, *sottovoce*, por trás do caos e da desordem narrados, parece nos dizer:

> Vejam, leitores, se nós tivemos que suportar loucos, devassos, assassinos, intrigantes e incompetentes como Calígula, Cláudio, Messalina, Agripina e agora Nero, Tigelino e tantos outros, minhas histórias não passam de uma brincadeira inconsequente. E eu, que li Tucídides e Platão e Cícero, sei que os pósteros serão desta opinião.

Nem todos, é claro, mas particularmente os que viveram em épocas de desagregação civilizatória concordam com isso e compreendem que Satíricon, apesar de fragmentada e fragmentária, é uma obra genial como espelho de seu tempo. E que seu autor só pode ter sido aquele Caio Petrônio descrito por Tácito como *o arbiter elegantiarum* da época de Nero. Ou então alguém igual ou semelhante a ele.

2 – Como já dito, das quatro grandes narrativas aqui comentadas, Satíricon é a única que ainda encontra leitores fora dos círculos acadêmicos especializados. Por quê?

Depois de ler as quatro, não é necessário ter percepção muito aguçada para responder a esta pergunta: é porque Satíricon, ao contrário das outras três, capta com humor e ironia e de forma direta e vívida a realidade *prosaica*, vulgar, dos grupos sociais inferiores – não necessariamente em termos econômicos – do período pós-augustano, quando, ultrapassado o apogeu, o Império entrava lentamente em rota descendente. Com efeito, se a Eneida é a genial *summa* ideológica da *romanitas*, se Metamorfoses é um desperdício de talento em conteúdo e forma histórica e esteticamente já ultrapassados e se Farsália é um prodígio de precocidade que não atinge resultados definidos, Satíricon é a irrupção do novo e o anúncio da morte dos velhos modelos da arte narrativa e da desintegração da visão aristocrática de mundo à qual eles eram orgânicos. Sem dúvida, como diz Erich Auerbach em seu célebre ensaio[396] sobre "O banquete de Trimalquião", o episódio mais conhecido e admirado de Satíricon, Petrônio ainda observa do *alto* o mundo *inferior*, vulgar e grotesco de arrivistas, vagabundos, marginais e escravos, ponto de observação que sempre determinara a perspectiva de toda a narrativa e de toda a arte literária da Antiguidade, produzida, por definição, por integrantes dos restritíssimos círculos

---

[396] "Fortunata", in *Mimesis – Il realismo nella letteratura occidentale*. Torino: Einaudi, 1967; p. 30 ss.

aristocráticos ou por quem fora por estes absorvido. Perspectiva esta, aliás, que seria implodida apenas na literatura cristã primitiva, herdeira e mensageira do monoteísmo e do decorrente igualitarismo radical sinaíticos, à época proclamados pelos quatro cantos do Império por Paulo de Tarso e por todos os seguidores de Jesus de Nazaré – isto é, pelos adeptos da religião israelita modernizada.

Não é, portanto, fortuita coincidência que Caio Petrônio seja contemporâneo dos principais autores da literatura cristã primitiva. Nem, é claro, que a expansão do cristianismo – o terremoto que liquidou a Antiguidade tardia – encontrasse eco e se espalhasse irresistível e irreversível precisamente entre aqueles grupos sociais descritos e vistos *do alto* em Satíricon. Afinal, tudo e todos eram fenômenos de uma mesma época, a época em que o mundo antigo rumava célere ao encontro de sua nêmesis fatal.

3 – Longo, e fascinante, seria seguir adiante, sempre em contraponto ao ensaio de Auerbach, e analisar Satíricon como prenúncio de formas narrativas *realistas* em prosa que mais de um milênio depois, já nos derradeiros estertores da Idade Média, reapareceriam na Europa com Bocaccio, Chaucer, Grimmelshausen etc. e que se consolidariam definitivamente na *novela picaresca* e no *romance*. Tal, porém, não se enquadra nos objetivos desta obra. Mais interessante é transcrever duas ou três passagens de Satíricon. Saídas da boca de Encólpio, o narrador, ou de outras personagens, elas refletem a visão de mundo do Autor. E explicam porque Satíricon continua sendo lido. E continuará enquanto... Mas, por uma vez, deixemos os manes de Tucídides em paz! E passemos ao que diz Caio Petrônio.

### *Sobre a decadência na educação dos jovens:*

> Quem, pois, deve ser acusado (como responsável) por tais fatos? Os pais principalmente, que rejeitam as vantagens que obteriam seus filhos se submetidos a um regime severo.

### Sobre os professores:

No nosso tempo, aprendíamos coisas bem diferentes. O mestre contentava-se com nos dizer: "Ide direto para vossas casas; cuidado com as brincadeiras nas ruas, e não insulteis as pessoas mais velhas". Mas agora nada disso tem importância. Não encontrarás um (mestre) que valha dois tostões. Quanto a mim, como vês, agradeço a Deus por tudo o que aprendi.

### Sobre o valor do estudo:

Por isso repito (ao meu filho) todos os dias: "Ouve as minhas palavras. Tudo que aprendes é para teu bem. Veja Filero, o advogado: se ele não tivesse estudado, hoje passaria fome. Há quanto tempo carregava ainda sacos nas costas? [...] a ciência é um tesouro e sempre convém possuir uma profissão".

### Sobre os artistas, os prêmios literários, a independência intelectual e a integridade de caráter:

Eu sou um poeta – disse ele – e, espero, poeta cuja inspiração não é das mais vulgares. Pelo menos se se der algum crédito aos prêmios, que muitas vezes também são concedidos aos medíocres. Por que, então, dirás, estás tão mal vestido? Por isto mesmo: o amor à arte nunca enriqueceu ninguém.

O que confia no mar
Grandes lucros alcança;
E o cinturão de ouro
Exibe o que a guerra enfrenta.
Ébrio, o adulador recostado
Vive sobre a púrpura bordada;
O que corrompe as matronas
Do adultério recebe o prêmio;
Somente a eloquência tirita
Sob os trapos gelados
E com voz miserável
Invoca em vão as artes abandonadas.

> Esta é a verdade: aquele que, inimigo de todos os vícios, resolve caminhar direito na vida atrai antes de tudo o ódio de todos pelo contraste de suas atitudes – pois podeis aprovar princípios contrários aos vossos? Além disso, aqueles que não pensam senão em construir uma fortuna não querem que os outros possam acreditar na existência de algo superior àquilo que eles possuem. Assim, perseguem de todas as maneiras os amantes das belas-letras, para mostrar que estes também se curvam ante o dinheiro.

E, para encerrar, um pensamento que poderia estar em Píndaro ou no Livro do Eclesiastes:

> O que somos nós? Bexigas cheias que andam. Somos menos do que moscas, pois estas possuem alguma resistência. Somos apenas bolhas de sabão.

## O asno de ouro

É necessário ainda pelo menos mencionar uma quinta narrativa, tão extensa quanto as três primeiras e em prosa e com tons cômicos à maneira de Satíricon. É O asno de ouro, de Lúcio Apuleio (*c.* 125-*c.* 170 d.C.), originalmente denominado Metamorfoses, ou Livro das metamorfoses. Lúcio, a personagem central, em uma viagem à Grécia é, por engano, transformado em burro por uma feiticeira e a partir daí enfrenta as aventuras e desventuras de sua condição. O asno de ouro contém passagens divertidas e curiosas, revelando um autor de indiscutível talento narrativo. Há também várias passagens eróticas, pelas quais a obra era muito popular no passado. Não mais por tal razão, é claro, O asno de ouro continua sendo uma leitura muito interessante. E, inclusive, possui, como Satíricon, certa importância na história da narrativa ocidental, por justapor episódios típicos da fábula clássica a outros de sólido realismo e de inegável comicidade.

Curiosamente, a história de Lúcio – transformado em animal e, depois de muito sofrer, novamente em homem – já foi considerada uma exemplificação da teoria da transmigração das almas e de sua redenção pelo sofrimento, tal como ela aparece em Fedro, de Platão. Para quem leu as duas obras, tal ponto de vista é um equívoco. Parece bem mais lógico ver a obra de Apuleio como sátira, isto é, como uma paródia ao famoso diálogo de Platão. Seja como for, O asno de ouro, da mesma forma que Satíricon, é uma obra que merece ser lida.

# A HISTÓRIA

Seja pelo número de autores e de obras, seja pela extensão do conjunto produzido, os textos históricos representam seguramente o segundo segmento mais importante da literatura latina em seu conjunto – depois da lírica. Na verdade, mais exato seria dizer *representariam*, porque infelizmente a parte que sobreviveu à passagem dos séculos é pequena, quase diminuta, em relação à totalidade. Além disso, apesar de todos os recursos hoje disponíveis, edições legíveis, em línguas modernas, das obras supérstites dificilmente se encontram à disposição no mercado, e mesmo nas bibliotecas, inclusive nas virtuais.

Deixando aos manuais e às obras especializadas, também raras, discorrer a respeito destas questões, a seguir serão feitas algumas breves e genéricas observações sobre a história em Roma e listados e sucintamente comentados, por ordem cronológica, os autores mais importantes, cujas obras foram, no todo ou em parte, conservadas: Júlio César, Tito Lívio, Salústio, Tácito e Suetônio.

## A história em Roma

Na Hélade, a história apresenta, entre outros, dois traços singulares e salientes: não possui *cor nacional* e lança um olhar filosófico sobre o mundo. Coerentemente, pois aos gregos era, de um lado, estranha a ideia de unidade política – a não ser no espaço paroquial da *pólis* – e, de outro, compulsiva a tendência à busca das causas e à análise da totalidade, do que já os logógrafos, Hecateu e o próprio Heródoto são exemplos. Para nem falar de Xenofonte e, particularmente, de Tucídides e Políbio.

Em Roma é diferente. Ali a história começa com as memórias familiares e com os registros públicos. E quando assume a forma clássica de narrativa, com Catão, o Censor (234-149 a.C.), traz significativamente o título *Origens* e, mais significativamente ainda, é escrita em latim, na contracorrente do universal filo-helenismo da elite romana do século III a.C. Somente cerca de dois séculos depois, com Salústio, a situação se modifica realmente. Mas apenas em parte, pois a obra monumental de Tito Lívio é a paradigmática e insuperável encarnação do *espírito* romano e de sua visão de mundo, como se verá.

# Júlio César
(100-44 a.C.)

General, orador, escritor, político e ditador, Caio Júlio César pertencia à *Gens Julia*, uma das mais destacadas famílias da velha aristocracia do Lácio e de Roma. Como tal, recebeu excelente educação, tendo inclusive viajado à Grécia para aperfeiçoar seus conhecimentos em retórica, além de dedicar-se ao estudo da astronomia. Ao retornar, ainda muito jovem começou sua vida pública, e ascendeu meteoricamente.

Como general, consolidou o domínio de Roma sobre o noroeste (Gália/França), chegando até a Inglaterra, e acumulou enorme fortuna pessoal. Como político, fez de suas campanhas militares e da riqueza privilegiado trampolim para o poder pessoal absoluto, enterrando definitivamente a já cambaleante República. E, traindo seus pares da aristocracia, instalou a ditadura, foi o primeiro a apoiar a integração dos *bárbaros* na *romanitas*[397] e abriu as portas ao Principado. Como escritor, utilizou a oratória e a história para secundar as armas e o dinheiro em seu fulminante *cursus honorum*. E assim transformou-se, à sua maneira, como um Péricles latino, na mais saliente, fascinante e completa personalidade da história de Roma. Partidário de Mário, conseguiu na juventude sobreviver aos massacres do período de Sila e foi assassinado, quando já ditador, na conspiração dos republicanos radicais liderados por Bruto e apoiados por Cícero.

---

[397] V. Cochrane, op. cit., p. 339.

No que aqui importa, suas obras sobre a conquista da Gália (Commentarii de bello gallico) e sobre a guerra contra Pompeu (Commentarii de bello civili) são historicamente fundamentais para mapear factualmente a fase terminal da República e os pródromos do Principado. Mas Júlio César não é propriamente um historiador no sentido clássico, tucidideano, do termo. Tanto Comentários sobre a guerra gálica quanto Comentários sobre a guerra civil são uma descrição minuciosa – e, segundo os especialistas, geralmente objetiva e correta – de suas campanhas militares. Neste sentido, as duas obras são relatórios quase burocráticos, e por isso mesmo extraordinários repositórios de informações, sejam elas especificamente táticas e estratégicas, sejam elas geográficas, etnográficas, políticas etc. Portanto, quem se dispuser a ler tais obras não deve esperar mais do que isso. Porque Júlio César não é Heródoto, ou Políbio. Nem, muito menos, Tucídides. Ou Salústio, ou Tácito. Historiograficamente, o mérito de Júlio César é este: ser um memorialista consciencioso e metódico de eventos decisivos de um período crucial da política externa e interna de Roma e, por extensão, do Império.

À parte sua importância como general, político e historiador, Júlio César possui também relevância indiscutível por ser um dos grandes clássicos da língua latina e, como tal, por suas obras terem desempenhado papel fundamental na história da pedagogia até meados do século XX e, por decorrência, na formação de toda a elite intelectual do Ocidente ao longo de quase um milênio, fosse esta elite eclesiástica ou laica, fosse ela humanística, científica ou artística. E há nisto granítica coerência, pois Júlio César e Cícero são *clássicos* exatamente porque mestres da concisão, da precisão e da clareza, tendo transformado assim, muito mais do que outros, a língua latina em dúctil, poderosa e eficientíssima ferramenta para atingir seus objetivos. E aqui faz-se necessária uma digressão.

## Excurso

A eliminação do latim do currículo escolar da fase de formação é produto integrante, ainda que residual, da intempestiva mudança de patamar científico-tecnológico e, portanto, histórico-civilizatório da sociedade ocidental – e planetária – ocorrida a partir de meados do século XX. E para quem leu todos, ou quase todos, os grandes clássicos do Ocidente seria ilógico, para não dizer patético, deblaterar contra a rapidez ou contra os efeitos do processo histórico, que, como disse Bárbara Tuchman e antes dela também outros, não raro é a "marcha da insensatez". Mas, para ficar apenas no caso do latim, sua eliminação do currículo escolar foi uma perda pedagógica cuja exata dimensão nunca foi e nunca será adequadamente avaliada. E muito menos compreendida, no Basil.

Mas por que foi uma perda? Porque não mais se formam grandes professores, filósofos e teólogos como aqueles que, até a década de 1970, eram capazes de escrever e dar aulas em latim? Porque já não há mais grandes latinistas ou grandes oradores e advogados como os que se comp raziam em ler e citar Cícero e Virgílio, de cor e no original? Claro que não foi por tais razões. Afinal, a velha Igreja romana perdeu suas referências pedagógicas, ideológicas e operacionais, e não mais necessita de professores, filósofos e teólogos competentes. A ela lhe bastam hoje, pelo menos no Brasil, clérigos politizados e de esquerda, analfabetos ou não. E para ser um eficiente orador ou um grande advogado hoje é suficiente – ainda que até isto seja raro! – dominar razoavelmente a língua vernácula e conhecer alguns elementos rudimentares de retórica. Mas por que então a eliminação do latim do currículo escolar foi uma grande perda no processo pedagógico? Aqui faz-se necessária uma digressão dentro da digressão.

Não foram – pelo menos a partir de determinado momento – apenas acasos favoráveis e eventos fortuitos que determinaram a elaboração do pensamento lógico-científico pelos povos de língua indo-europeia, que depois construíram os grandes impérios europeus pós-renascentistas, formataram a civilização tecnológico-industrial e através dela dominaram e homogeneizaram – para o bem e para o mal da espécie – todo o planeta. Para tentar desenhar um cenário rudimentar deste processo seria necessário um alentado volume, com o concurso de pelo menos uma dezena de competentes especialistas em áreas tão díspares quanto linguística e lógica formal, antropologia e economia, etnologia e neurologia etc. Aqui serão referidos apenas alguns poucos conceitos elementares.

1 – As línguas indo-europeias possuem estrutura *analítica*,[398] isto é, contêm, revelam e favorecem organicamente a capacidade de seccionar, descrever e catalogar a realidade observada, capacidade que é a base da *ciência*.

2 – Esta capacidade se explicita, como já o haviam racionalizado há quase dois milênios e meio os primeiros lógicos e gramáticos da Hélade, na *oração*[399] (enunciação/declaração), formada sempre por dois núcleos estruturais essenciais e um complementar, este último, quando existente, aposto aos dois primeiros e a si próprio: o sujeito (agente ou suporte), o predicado[400] (ação ou situação) e o(s) complemento(s).

3 – A distribuição, ou *ordenamento espacial*,[401] dos núcleos ou das partes que formam a oração é um indicador por demais rudimentar para determinar o conteúdo (sentido) exato dela. Por isso, as línguas mais evoluídas do grupo indo-europeu desenvolveram instrumental variado e sofisticado para elevar a clareza e a precisão dos enunciados – isto é, das orações/afirmações. Esta digressão deixaria de sê-lo para transformar-se em ensaio ou livro se começássemos a analisar

---

[398] *Análise*, em grego, significa *desmembramento*, *dissolução* (em partes).
[399] Do latim *os, oris* = boca.
[400] Do latim *predicatum* = dito, afirmado (de algo ou de alguém).
[401] Isto é, a localização (no início, no meio, no fim etc.).

todas as componentes desta espantosa caixa de instrumentos que é uma língua indoeuropeia. Um deles, porém, deve ser aqui mencionado: é o *indicador sintático*. Mas o que é *indicador sintático*?

4 – Simplificadamente, *indicador sintático*[402] é a forma específica (diferenciada) que os nomes (substantivos), pronomes e adjetivos assumem de acordo com a função sintática – agente/suporte, resultado/situação, complementos variados – que eles desempenham na oração. Outro tratado seria necessário para analisar tal tema. Com a desvantagem de que as línguas não pertencem à área das ciências exatas... Fiquemos, porém, com um exemplo primário, daqueles com os quais, quando se estudava latim, qualquer aluno da então 1ª Série Ginasial – 6ª ou 7ª do atual Ensino Fundamental – logo se familiarizava. E logo entendia, passando a penetrar, em nível rudimentar mas de forma rápida e prática, na lógica (organização) das línguas indo-europeias. E por que entendia? Vejamos.

Quando, em português, alguém enuncia duas orações, como

1) O pai ama o filho

e

2) O filho ama o pai,

pode-se dizer que o sentido de ambas é óbvio. Por quê? Porque parte-se do pressuposto implícito de que a posição *espacial* dos elementos das duas orações estabelece/determina a posição *lógica* (função de sentido) deles: agente, ação, objeto da ação. Mas não é necessariamente assim.[403] E no latim e no grego[404] absolutamente não era! E quem não penetrasse na lógica das línguas indo-europeias não tinha, quando se estudava latim e grego, a mínima condição de traduzir de/para tais línguas uma oração de dois ou três elementos, como as referidas! Imagine-se

---

[402] *Sintaxe*, em grego, significa *ordem, posição, distribuição* (no caso, não *espacial* mas *lógica*, isto é, de *sentido*).

[403] Para percebê-lo basta começar a alterar a posição *espacial* dos elementos.

[404] No eslavo, por exemplo, e também rudimentarmente no alemão, continua sendo. E até mesmo nas línguas neolatinas, no caso de textos estilisticamente sofisticados.

então no caso de orações complexas ou de longos períodos! Por isto, era/é imprescindível conhecer as *declinações*, isto é, a forma (morfológica) assumida pelos nomes, pronomes e adjetivos de acordo com a função sintática que desempenham na oração.

Aceitando que nas duas orações utilizadas como exemplo o sentido é o indicado pela posição *espacial* de seus elementos, traduzidas para o latim elas assim ficariam:

1) Pat*er* amat fili*um*

e

2) Fili*us* amat patr*em*.

Como se observa pelas partes grafadas em itálico, em latim as palavras *pai* e *filho* assumem formas específicas, denotadoras de sua função sintática: *pater* e *filius* quando sujeitos e *filium* e *patrem* quando objetos da ação. Em decorrência, o sentido destas orações é/será sempre unívoco e claro, *não tendo a mínima importância a posição espacial* em que se encontrarem seus elementos! No caso, em 1) O pai é o agente e o filho é o objeto. E vice-versa em 2). Mas a alteração da *ordem espacial* dos elementos não tem qualquer importância. O sentido das duas orações é sempre claro, óbvio, evidente.

Portanto, quando se estudava latim – e grego – nenhum aluno corria o risco de vir a tornar-se um analfabeto funcional.[405] Esta não é uma ironia gratuita ou um sarcasmo deslocado. É a mais absoluta verdade, pois o pesado e diuturno exercício de lógica exigido pelo aprendizado, ainda que rudimentar, das línguas latina e grega enquadrava, moldava e formatava as mentes de todos, inclusive a dos menos dotados pela natureza. E o fazia – eis o óbvio segredo de sua eficiência – em idade biológica e antropológica apropriada. E assim retornamos ao início desta digressão. E a Júlio César.

---

[405] Como é o caso, hoje, de 70 a 80% dos brasileiros alfabetizados, que, segundo estatísticas do IBGE, não conseguem captar o sentido de textos de jornal.

Sim, a grande perda pedagógica decorrente da eliminação do latim do currículo escolar foi o descarte de uma ferramenta fundamental e insubstituível de exercício da lógica e, consequentemente, de disciplina e desenvolvimento mental – ou de expansão das ligações neuronais, como se diz agora.[406] E nisto o constante exercício de lógica aplicada exigido para entender a língua de César e Cícero sempre foi e é, reconhecidamente, muito mais eficiente do que o domínio da lógica abstrata de disciplinas como matemática, física etc. E seria longo explicar o porquê. E disso basta. Quanto a Júlio César, seguem transcritas duas passagens, paradigmáticas de seu estilo objetivo, metódico, frio. Enfim, o estilo de um *latim castrense*, como diziam os antigos latinistas. A primeira passagem é o início de De bello gallico, obra que ao longo de mais de um milênio de ensino altamente eficiente foi utilizada para apresentar a clareza, a precisão e a lógica do latim clássico aos que seriam a elite intelectual do Ocidente. No Brasil, os que nasceram até o final da década de 1940, e puderam estudar, ainda se lembram desta passagem, quando não a sabem de cor:

> ***Descrição da Gália***
> Gallia est omnis divisa in partes tres, quarum unam incolunt Belgae, aliam Aquitani, tertiam qui ipsorum lingua Celtae, nostra Galli appellantur. Hi omnes lingua, institutis, legibus inter se differunt. Gallos ab Aquitanis Garumna flumen a Belgis Matrona et Sequana dividit. Horum omnium fortissimi sunt Belgae, propterea quod a cultu atque humanitate provinciae longissime absunt, minimeque ad eos mercatores saepe commeant atque ea, quae ad effeminandos animos pertinent, important; proximique sunt Germanis, qui trans Rhenum incolunt, quibuscum continenter bellum gerunt.
>
> De bello gallico I, 1

---

[406] Idêntico efeito – afinal, é a mesmíssima coisa! – tinha/tem a *análise sintática*, hoje abandonada por ser *velharia*. Na verdade, por incompetência técnica e pedagógica de ensiná-la.

Em tradução:

> A Gália inteira está dividida em três partes, das quais os Belgas habitam a primeira, os Aquitanos a segunda e os que em nossa língua são denominados Gauleses, e na deles Celtas, a terceira. Todos estes se diferenciam entre si pela língua, pelos costumes e pelas leis. O rio Garona separa os Gauleses dos Aquitanos e o Matrona (Marne) e o Sequana (Sena) dos Belgas. De todos eles, os mais fortes são os Belgas, porque os (seus) territórios estão extremamente afastados da cultura e da civilização e os mercadores raras vezes chegam até eles e eles (os Belgas) de maneira nenhuma importam aquelas coisas que servem para enfraquecer os espíritos; e estão próximos dos Germanos, que habitam além do Reno, com os quais estão constantemente em guerra.

A segunda passagem, a celebérrima descrição da construção da ponte sobre o Reno, é um dos mais memoráveis documentos da engenharia civil/militar da baixa Idade do Ferro, que só encontra paralelo no relato de Heródoto (VII, 34-36) sobre a ponte construída por ordem de Xerxes para transpor o Helesponto (Estreito de Dardanelos).

A tradução do texto de César não é fácil. Das duas traduções consultadas, partes não me pareceram satisfatórias. E da minha também! Esta dificuldade não é tanto de ordem linguística/estilística – no que tange a isto, as odes de Horácio, por exemplo, são muito mais complexas. O maior problema com este texto de César decorre – já que ele não deixou nenhum desenho da ponte... – da terminologia específica e da carência de informações a respeito das técnicas da engenharia de construções da época. Talvez a tarefa fosse mais fácil para um latinista especializado em Vitrúvio...[407] Seja como for, o precário desenho aposto à tradução serve para dar, pelo

---

[407] Arquiteto romano do século I d.C. Sua obra, *Sobre a arquitetura*, em dez volumes, foi dedicada a Augusto.

menos, uma razoável ideia da mais famosa ponte já construída sobre o Reno, e destruída logo depois por ordem do próprio César – para que os germanos não pudessem utilizá-la.

### *A ponte sobre o Reno*

Pelas causas que mencionei,[408] César decide atravessar o Reno. Contudo, atravessar em barcos ele não julgava ser suficientemente seguro, nem considerava (ser próprio) de sua dignidade e da do povo romano. Assim, ainda que se apresentasse dificuldade suma de fazer a ponte, em virtude da largura, da velocidade e da profundidade do rio, pensava porém ser necessário tentá-lo; ou, do contrário, não transportar o exército. Elaborou (então) o seguinte projeto de ponte.

Unia, com a distância de dois pés entre si, duas toras de pé e meio de largura, um pouco pontiagudas na parte inferior e dimensionadas (em comprimento) à profundidade do rio. Estas, lançadas com máquinas no rio, ele as fincou e as enterrou com malhos, não como estacas perpendicularmente ao prumo, mas bastante inclinadas, para que pendessem no sentido da correnteza; defronte a estas (toras), determinou (colocar) outras duas, na parte inferior (do rio), distantes quarenta pés, unidas da mesma forma (e) voltadas contra a força e a correnteza do rio.

Estas (toras), duas a duas, depois de colocados por cima vigões (que cobriam) o quanto de vão existia entre elas, eram (mantidas) separadas de ambos os lados, na parte superior, por gatos (de ferro); abertos os quais e dobrados em sentido contrário, a solidez da obra e a natureza dos componentes eram tais que, quanto maior se tornasse a força da água, mais compactamente estes se manteriam unidos. Esta estrutura era ligada por barrotes retos de madeira e (depois) coberta por pranchas e por galhos e folhas de árvores. Como se isto não bastasse, na parte inferior do rio eram enterradas estacas que, posicionadas como aríete e

---

[408] É o próprio César que narra, sempre em terceira pessoa, dando ao relato um tom de distanciamento e imparcialidade.

ligadas à obra toda, quebravam a força do rio; e da mesma forma outras (estacas foram colocadas) a pouca distância acima da ponte, para que, se troncos de árvores e barcos fossem lançados pelos bárbaros com o objetivo de destruir a obra, a força deles se tornasse menor e eles não causassem prejuízo à ponte.

De bello gallico, IV, 17

# Tito Lívio
(59 a.C.-17 d.C.)

---

Tito Lívio nasceu em Pádua, quando seus habitantes já possuíam o direito de cidadania romana plena. De sua vida pouco se sabe, além do fornecido por uma óbvia inferência: sua família devia ter posses e pôde assim dar-lhe sofisticada formação – do que sua obra e seu estilo são provas irrefutáveis. Acredita-se que o gigantesco projeto de narrar a história de Roma desde sua fundação tenha sido concebido por Tito Lívio por volta de 25 a.C., absorvendo o resto de sua vida. Dos 142 livros escritos, que chegavam, possivelmente, até meados do reinado de Augusto – outros oito, talvez projetados, se encerrariam com a morte deste –, conservaram-se apenas 35, em blocos que abrangem períodos diversos.

A obra de Tito Lívio é conhecida sob vários títulos: Annales (Anais), Res gestae ab Urbe condita (Fatos ocorridos/realizados desde a fundação de Roma), Ab Urbe condita libri (Livros desde a fundação de Roma), Ab Urbe condita, História romana ou simplesmente Décadas. Deles, os mais utilizados são os dois últimos, sendo que Décadas faz referência à provável intenção do próprio Tito Lívio, ou à decisão de outros após sua morte, de agrupar/editar em séries de dez os 142 livros escritos – ou os 150 projetados.

De todos os grandes historiadores da Antiguidade, Tito Lívio foi o que, no passado, mais atraiu a atenção da *intelligentsia* política ocidental pós-renascentista, sendo este um dado revelador, em diversos sentidos. Por outra parte, é o que, por várias e variadas razões, maiores dificuldades apresenta, seja para lê-lo, seja para analisá-lo, seja mesmo para elaborar uma simples e breve recensão. Destas razões, algumas são resumidamente expostas a seguir.

1 – Tito Lívio trabalhou trinta anos, ou mais, para escrever Décadas, que assombra pela monumentalidade. Esta obra é, de longe, a mais extensa de toda a Antiguidade greco-romana, superando, inclusive, a obra completa de autores extremamente prolíficos como Platão e Cícero – para não falar em Aristóteles, que foi o primeiro no Ocidente a ter uma equipe de redatores. Por dela terem se perdido cerca de três quartos (97 livros), é difícil fazer um cálculo confiável de sua extensão, mas acredita-se que, impressa hoje em formato e corpo médios, a obra de Tito Lívio alcançaria entre oito mil e dez mil páginas. Ou talvez mais.

2 – Em consequência, e como no caso de Cícero – neste pelo grande número de títulos e pela diversidade dos temas tratados –, mesmo o que restou de Décadas encontrou no passado e encontra ainda hoje dificuldades para ser editado. É compreensível, pois não é fácil nem barata a tarefa de traduzir e editar 2.000/3.000 páginas de uma obra que interessa apenas a alguns poucos e cada vez menos numerosos leitores da história de Roma. Sim, hoje nas bibliotecas virtuais os 35 livros preservados estão disponíveis a todos, mas quantos ainda são capazes de ler latim e de enfrentar o sempre elíptico e não raro arcaizante estilo de Tito Lívio? E quem estaria disposto a despender boa parte de sua vida para lê-lo no original? Ou mesmo muitos e muitos dias para lê-lo em tradução? Em outras palavras, se no passado as dificuldades técnicas, econômicas e culturais faziam de Tito Lívio um autor difícil de ser traduzido, editado e lido, hoje – com o agravante do crescente desinteresse pela área das Humanidades – elas o

relegaram à extensa estante dos autores quase esquecidos.[409] Mas há mais.

3 – Visto com olhos, digamos, modernos, Tito Lívio provoca uma cisão radical até mesmo entre seus parcos possíveis leitores. De um lado aqueles, quase todos, nos quais não desperta qualquer interesse, por óbvia ignorância, ou nos quais provoca até repúdio, por seu tom frequentemente áulico e comprometido com os construtores do Império. De outro lado aqueles, apenas alguns poucos, para os quais ele desvela um cenário fascinante em que – como se fosse em uma obra de arte – pulsam e pensam, iluminados pela luz meridiana emanada de um *gênio orgânico*, os corações e as mentes dos arquitetos do maior Império que a Antiguidade conheceu. Por que isto?

Porque se Virgílio, na Eneida, é o aedo sumo da *Gens Julia*, de Augusto e do Principado – que para ele encarna o apogeu da *romanitas* –, Tito Lívio é o ideólogo máximo da República aristocrática, já então tragada pela catástrofe das guerras sociais e civis, e o convicto apologista dos herois que, em sua visão, por direito e por dever haviam para ela conquistado o mundo. Mas, então, qual a diferença entre ambos? Nenhuma. E, ao mesmo tempo, imensa! Pois Virgílio, como artista, tinha todos os direitos, inclusive o de cantar o Principado, mas Tito Lívio, como historiador, não tinha pelo menos um: o de ignorar que o Principado, enterrando a República moribunda e salvando o Império periclitante, coroara a obra daqueles *pais da Pátria* dos quais ele faz o panegírico. Outros[410] já provaram estas afirmações, e não há sentido nem espaço para repeti-las aqui. Aliás, mais do que suficiente é o que o próprio Tito Lívio declara no prefácio de sua obra, considerando-a um meio para esquecer o presente:

---

[409] Para os raros que, no Brasil, poderiam interessar-se por Tito Lívio, existem três edições acessíveis do que restou de sua obra. Duas em espanhol: uma da El Ateneo, de 1955, que às vezes aparece em sebos, e a outra da Gredos, recente, volumosa e cara. E uma em português, da Editora Universidade de Brasília, praticamente fora de mercado.

[410] V., por exemplo, *Tito Lívio*, instigante ensaio de J. Irazusta.

> [...] buscarei como recompensa, ao rememorar todos aqueles fatos antigos, apartar-me da visão das desgraças que nossa época presenciou por tantos anos.
>
> I, 1

Esta concepção dicotômica, que, por não entendê-los, idealiza o passado e rejeita o presente, ilumina as qualidades e as limitações[411] de Tito Lívio, incapaz de desvendar os nexos férreos que unem a expansão imperial de Roma nos séculos III/II a.C. e a subsequente morte da República. Mas, se comparado a Políbio, Salústio e Tácito – para nem falar em Tucídides! –, Tito Lívio pode ser considerado ingênuo, e não raro parcial, é exatamente sobre sua *ingenuidade* e sobre sua *parcialidade orgânicas*, impregnadas tanto de acendrado patriotismo quanto de superior potência narrativa, que se assenta sua monumental construção – lamentavelmente em grande parte perdida para sempre. Mais do que isso, estes mesmos defeitos desvelam e revelam, em um cenário híbrido desenhado pela razão e impregnado pela emoção, a essência do gênio latino e a alma rústica e épica de um povo capaz de, do nada, construir uma civilização que – nela incluídos Bizâncio e o Papado – ditou os caminhos do Ocidente por muito mais de dois milênios. E em parte ainda dita.

Eis porque ler Tito Lívio, no todo ou em partes do que dele restou, é apaixonante. Nas palavras de Irazusta:[412]

> Ali estão, em todo seu plástico relevo, todos os quadros de uma empresa memorável: a fundação da cidade, a obra da monarquia e a expansão da República. É como se fosse uma galeria de maravilhosas pinturas históricas, a mais completa que possa existir. A narrativa é tão perfeita em clareza e concisão quanto são elevados os conceitos que vão explicando as ações à medida que elas se desenrolam. As palavras e os feitos daqueles homens que, em sucessivas gerações, realizaram a façanha de fundar um grande

---

[411] V. Irazusta, op. cit., p. 57.
[412] Op. cit. p. 9-10.

Estado e de, através dele, exercer influência sobre o resto do mundo, multiplicam sua força contagiante quando filtrados pelo gênio de Tito Lívio.

4 – O interesse dos pensadores políticos ocidentais pós-renascentistas e iluministas pela obra de Tito Lívio[413] resulta, evidentemente, da simpatia do historiador pela república e do fato de terem sido preservados integralmente os livros da Primeira Década, nos quais é apresentada, se assim se pode dizer, a evolução político-institucional de Roma desde sua fundação até inícios do III século a.C. (final das guerras contra os samnitas).

Esta visão é uma falácia, desculpável pelo contexto da Ilustração, mas mesmo assim uma falácia. Afinal, que solidez factual e que consistência teórica podem ter análises que, quase dois milênios e meio depois, se assentam sobre a visão ingênua, idealizada e *edificante* que Tito Lívio tinha da república romana? Pois pelo seu *partis-pris* e pelas próprias condições da época em termos de documentação, a Primeira Década não raro mais se aproxima de uma obra de ficção – sem dúvida brilhante – do que de história no rigoroso sentido tucidideano. Temos porém que ignorar áridos atalhos, mesmo que fascinantes. De qualquer forma, aqui fica pelo menos a lembrança de um tema talvez capaz de atrair a atenção de algum competente e abnegado estudioso que tenha o tempo e a paciência suficientes para debruçar-se sobre a evolução, e as armadilhas, do pensamento político ocidental dos últimos cinco séculos. Para concluir este breve comentário, nada mais adequado do que transcrever o apólogo do corpo humano, célebre[414] e no passado frequentemente citada passagem de Décadas.

---

[413] Depois de Maquiavel (*Comentários sobre a Primeira Década de Tito Lívio*), destacam-se, entre outros, Montesquieu (*Grandeza e decadência dos romanos*) e Taine (*Ensaio sobre Tito Lívio*).

[414] Há outras passagens também famosas. Entre elas estão, por exemplo, o suicídio de Lucrécia depois de violentada por Sexto Tarquínio (I, 57-58) e toda a campanha de Aníbal, desde a tomada de Sagunto, acima do Júcar (Ebro), e a travessia do Ródano e dos Alpes até a catastrófica batalha de Canas (XXI – XXII).

Corria o ano de 509 a.C. Não há muito, com a expulsão do rei Tarquínio, dito o Soberbo, a monarquia fora abolida e tinha-se instituído a república. Devido ao estado de guerra com os volscos e ao conflito entre o senado e a plebe, a tensão política atingira um ponto crítico. Foi então que grande parte da plebe amotinou-se, atravessou o Tibre e instalou-se no Monte Sagrado (segundo outros, no Aventino). E ali ficou, à espera de que os senadores aceitassem suas exigências. Com a cidade paralisada, os debates se acirraram no senado, que não sabia o que fazer. Mas certo dia chegou-se a um acordo. Nas palavras de Tito Lívio:

> Decidiu-se então enviar aos amotinados (o senador) Menênio Agripa, homem eloquente e simpático à plebe, pois dela provinha. Conta-se que, quando os amotinados permitiram sua entrada no acampamento, ele lhes falou de maneira simples e segundo o antigo costume, dizendo-lhes apenas o seguinte:
> No tempo em que todas as partes do corpo, ao contrário do que ocorre hoje, não estavam de acordo entre si e cada uma seguia isoladamente suas decisões e seus impulsos, elas se amotinaram em conjunto contra o ventre, argumentando que não era razoável que elas se dedicassem apenas a ele e estivessem continuamente a seu serviço, enquanto ele repousava no centro do corpo e nada fazia além de regalar-se com o que elas lhe preparavam. E então, unidas, elas conspiraram. A mão prometeu à boca não mais lhe entregar alimentos; a boca prometeu à mão não mais recebê-los; e os dentes juraram nada mais mastigar. Continuando rebeladas, elas pensavam assim submeter o ventre pela fome e chamá-lo à razão. Mas (aconteceu que) elas começaram a perder as forças e, como todas as demais partes do corpo, foram dominadas pela fraqueza. Então percebeu-se que as funções do ventre também tinham sua utilidade, que este não se alimentava mais do que as outras partes e que ele próprio as alimentava, enviando em todas as direções, de-

pois de ter digerido os alimentos, este sangue que corre nas veias e que sustenta todo o corpo.

Comparando assim a revolta do corpo com a indignação da plebe contra o senado, (Menênio Agripa) acalmou os ânimos e os predispôs a (aceitar) um acordo. Desta forma começou-se a negociar um acordo concedendo à plebe magistrados próprios, para que assim a ela fossem dadas garantias contra a autoridade dos cônsules, e estabeleceu-se que jamais algum senador poderia ocupar os referidos cargos. Foram criados então dois tribunos da plebe.

II, 32-33

Este apólogo genial e a plasticidade insuperável da narrativa podem ancorar-se em um evento histórico, ou ser simplesmente uma criação de Tito Lívio.[415] Pouco importa. Ele prova, como já escrevi em outro lugar,[416] que se alguém pretender encontrar as origens da *democracia* – no sentido moderno do termo – fora da tradição israelita-cristã, então terá que ir a Roma e não, absolutamente não, a Atenas. E para convencer-se disto basta ler A política, de Aristóteles, e As leis, de Platão – como já vimos.[417] E Tito Lívio. Este pode ser, e é, o nostálgico apologista da república aristocrática que desaguara no Principado. E pode não entender, e não entende, que no Principado ela encontrara sua nêmesis. Mas seu *gênio orgânico*, como em milagre sublime, paira acima de suas limitações de historiador e encarna, absoluta, a *romanitas* das origens. Afinal, se, ao contrário de Tucídides, Tito Lívio não é um filósofo, ele ao menos está fundamente impregnado daquele sólido realismo capaz de identificar, com primária e clássica objetividade romana, a natureza

> de todas aquelas coisas das quais é insaciável a cupidez entre os mortais: [de] terra, [de] dinheiro, [de] honrarias.
>
> VI, 35

---

[415] É certo que o apólogo era conhecido muito antes de Tito Lívio. V. Jaeger, *Cristianismo primitivo y paideia griega*, p. 20.
[416] V. *Eu encontrei Jesus*, p. 311.
[417] V. acima p. 150ss.

# Salústio
(*c.* 86-35 a.C.)

Caio Salústio Crispo nasceu em Amiterno (hoje Terni), no país dos sabinos, a cerca de 100 km a nordeste de Roma. Filho de uma família plebeia mas de grandes posses, Salústio recebeu excelente educação na Urbe e ali, ainda muito jovem, lançou-se com paixão na carreira política, nos turbulentos anos do consulado de Cícero, da conjuração de Catilina e da ascensão de Júlio César. Partidário incondicional deste e por ele sempre protegido, ascendeu a postos importantes, mas não demonstrou brilhantismo. Ao abandonar a vida pública, declarou-se arrependido e documentou, no início de A conjuração de Catilina, sua contrição naquela que é, sem concessão, a mais contundente e famosa confissão pública de toda a Antiguidade greco-romana:

> E assim, no começo, ainda muito jovem, me transferi, como outros tantos, do estudo à política, onde encontrei inúmeras coisas que me provocavam repugnância. Pois que ali, em vez da moderação, da frugalidade e da virtude, reinavam a falta de vergonha, a corrupção e a ambição. E apesar de meu caráter, não inclinado às coisas vergonhosas, rejeitar estas atitudes, ainda jovem tornei-me presa, em meio a tantos vícios, da ambição degradante. E, por mais que não aprovasse o comportamento dos demais, fui dominado, como eles, pela mesma avidez de fama e de honrarias.[418]

---
[418] Nesta e nas demais citações sigo de perto a tradução do Infante D. Gabriel. V. adiante, p. 510, nota 419.

Em parte, talvez, por ser visto como traidor de seus iguais, em parte, sem dúvida, por ter amealhado enorme fortuna quando governador na África – e ter podido assim, tranquila e regradamente, retirar-se para a vida privada –, seus detratores, tanto os contemporâneos quanto os pósteros, não o pouparam, traçando-lhe um perfil ajustado àquele antigo provérbio medieval: Quando o Diabo fica velho, torna-se monge... Mas que importância tem isso? E como saber se a confissão em que declara merecida a má fama que o perseguia, e perseguiria, é arrependimento sincero, à moda de Paulo de Tarso, ou apenas um movimento tático que conjuga, genialmente, ataque e defesa? Mas para que serve – a não ser para boa ficção – perquirir, dois milênios depois, a alma daquele que foi, se não o maior historiador da latinidade, pelo menos o mais importante de todos os discípulos de Tucídides? O que importa é ler sua obra, fantástico e insuperado, ainda que fragmentário, testemunho de seu tempo, escrita no calor da hora e com a *imperatoria vis* daqueles que, como disse Heráclito de Éfeso, conhecem a natureza humana por terem investigado a si próprios.

Retirando-se da vida pública depois do assassinato de Júlio César (44 a.C.), Salústio viveu ainda cerca de uma década, ao longo da qual produziu quatro obras de caráter monográfico: Historiae (Histórias), De ordinanda republica (Sobre como deve ser organizada a república), De Catilinae conjuratione (Sobre a conjuração de Catilina) e Bellum jugurthinum (A guerra contra Jugurta). Da primeira, que abrangia o período entre a morte de Sila (78 a.C.) e os anos que precederam o consulado de Cícero (63 a.C.), restaram apenas alguns fragmentos; a segunda, formada de dois ensaios em forma de cartas endereçadas a Julio César, é de autenticidade pouco segura; quanto às duas últimas, foram integralmente conservadas e estão entre as primeiras de qualquer lista de leitura obrigatórias do conjunto do legado literário de Roma.

# A conjuração de Catilina

Com lugar assegurado, apesar de sua reduzida extensão, entre os grandes títulos da historiografia da Antiguidade – e do Ocidente –, A conjuração de Catilina é uma obra singular. Alternando depoimentos pessoais, análises antropológicas e filosóficas, perfis psicológicos, relatos objetivos e magníficos discursos, Salústio não apenas registra, com inolvidável e insuperável maestria, a época em que viveu como também elabora, consciente e coerentemente, sua visão de mundo, na qual, além de "destilar a decepção e a amargura de uma vida dedicada à política",[419] expõe, apoditicamente, sua concepção da natureza humana e seus ideais ético-comportamentais. Por isso, como A guerra do Peloponeso, de Tucídides, e A defesa de Sócrates, de Platão, A conjuração de Catilina é uma daquelas obras que dificultam a seleção de passagens exemplares: elas estão em cada página, quase em cada parágrafo. Por questão de brevidade, foram escolhidas o perfil de Semprônia, o paralelo entre Júlio César e Catão e o epílogo, no qual Salústio descreve o campo de batalha juncado de cadáveres e a morte de Catilina. Comentários são dispensáveis.

### *O perfil de Semprônia*
Uma destas mulheres (atraídas para o grupo de Catilina) era Semprônia, que não raras vezes cometera excessos próprios de homens. Era muito rica por herança e beleza, e não menos por seu marido e pelos filhos. Conhecia o grego e o latim e dançava com mais requebros do que conviria a mulher honesta. Possuía muitos daqueles dotes que favorecem a luxúria e não tinha qualquer apreço pelo pudor e pela

---
[419] Francisco Montes de Oca, em seu extraordinário estudo introdutório a *Salustio – La conjuración de Catilina/La guerra de Jugurta*, México, DF, Porrúa, 1986.

decência. Era tão pródiga de seu dinheiro quanto de sua honra e tão despudorada que quase sempre seduzia os homens mais do que era seduzida por eles. Muito tempo antes (de entrar na conjuração), em várias ocasiões não cumprira sua palavra, cometera perjúrio, tomara parte em assassinatos e praticara todo tipo de excessos por leviandade e por necessitar de dinheiro. Por outro lado, tinha talento para a poesia, para o humor e para a conversação, fosse esta decente, romântica ou impudica. Em resumo, era dotada de muita inteligência e muito charme.

### *Júlio César e Catão*
Ambos eram quase idênticos por nascimento, idade e eloquência. Idênticos na superioridade do caráter e na glória. Mas cada qual diverso. César era considerado grande por sua liberalidade e por seus donativos. Catão pela integridade de sua vida. A fidelidade e a calma tornaram aquele famoso. A este a severidade o fez respeitado. César conquistou renome doando, socorrendo e perdoando. Catão nada concedendo a ninguém. Um era o refúgio dos miseráveis. O outro a ruína dos maus. Daquele louvava-se a afabilidade. Deste a firmeza. Em resumo, César tinha por lema trabalhar, preocupar-se e dar atenção aos problemas de seus amigos, descuidando dos seus próprios e nada negando desde que fosse razoável. Ambicionava ter muito poder, comandar o exército e sempre guerrear, para demonstrar sua coragem. Catão buscava a moderação, o respeito e a firmeza de espírito. Por isto, não aspirava nem a ser mais rico nem a ter mais seguidores do que os outros mas a sobrepujar em valor o esforçado, em honestidade o cordato e em integridade o virtuoso. Em resumo, procurava antes ser bom do que parecê-lo, resultando que, quanto menos ambicionava a glória, tanto mais se lha concedia.

*A batalha final e a morte de Catilina*
Terminada a batalha, foi possível observar quanta determinação e quanto denodo havia no exército de Catilina, pois praticamente o mesmo lugar que cada soldado ocupava ao se iniciar o combate estava ocupado, ao final, por seu cadáver. Somente os poucos dispersados pela coorte pretoriana, que irrompera por entre eles, caíram um pouco mais distante. Mas face a face com o inimigo. Entre os mortos e algo longe dos seus, Catilina foi encontrado ainda com vida, mantendo em seu rosto aquela ferocidade que possuía em vida. Ao final, de todo aquele exército ninguém foi feito prisioneiro, nem durante a batalha nem ao ser perseguido, pois tão pouco valor tinham dado todos tanto às suas vidas quanto às de seus inimigos. Nem a vitória foi fácil ou de pouco custo para o exército do povo romano, e muitos que deixaram os acampamentos por curiosidade ou para despojar os inimigos encontravam entre os cadáveres alguns o amigo, outros o hóspede ou o parente. E houve muitos até que conheciam seus inimigos. Desta forma, a alegria e a tristeza, a felicidade e o pranto iam se alternando entre todo o exército.

## A guerra contra Jugurta

De maior extensão, porém sem a densidade e a exemplaridade absolutas que caracterizam A conjuração de Catilina, A guerra contra Jugurta narra os eventos que, em 104 a.C., culminaram com a derrota e a prisão de Jugurta, rei da Numídia, diante das tropas romanas comandadas por Mário, auxiliado por Sila. Tematicamente, A guerra contra Jugurta é uma obra variada, apresentando tanto sutis análises políticas quanto interessantes descrições geográficas do norte da África – que Salústio conhecia, segundo foi visto –, além de um relato detalhado das operações bélicas a partir do momento em que Mário e Sila assumem o comando das mesmas. Não são porém estas passagens as que despertam maior interesse. São aquelas que descrevem, com detalhes, a corrupção generalizada e a venalidade universal vigentes então nos mais altos escalões da república, corrupção e venalidade, aliás, que Jugurta conhecia muito bem – como aliado que fora dos romanos – e que utilizava com maestria para alcançar seus objetivos. Ao se combinar tais passagens com as que traçam o perfil do plebeu Mário e relatam sua fulminante ascensão ao consulado capta-se o fio condutor, às vezes oculto, que dá unidade à obra: o apodrecimento das já arcaicas estruturas republicanas e a inevitável ascensão, de consequências imprevisíveis, das novas forças sociais gestadas no seio do Império depois da derrota definitiva de Cartago em meados do século II a.C.

Fácil seria, mas longo, elencar as provas desta concepção de indiscutível matriz tucidideana, meridianamente clara nos momentos em que Salústio explicita sua visão antropológica, política e filosófica,[420] que lhe garante assento entre os grandes historiadores do Ocidente. Aqui, por breves, seguem transcritas apenas duas passagens, talvez não as mais incisivas e importantes, suficientes porém como exemplos. A primeira pertence ao prólogo e diz respeito à atividade política e a seus riscos, remetendo claramente à confissão pública acima transcrita,[421] contida no prólogo de A conjuração de Catilina. A segunda, brevíssima e impactante pela concisão e pela clareza, soa como evidente autodefesa do próprio Salústio e se encontra no discurso de Mário, aliás uma das grandes peças da oratória redacional de todos os tempos.[422]

---

[420] O longo prólogo, o discurso de Mário antes de partir para a África etc.
[421] V. p. 508.
[422] Embora menos lembrada que os discursos de Tucídides, Xenofonte e Lucas.

### A carreira política

Porque [...], a meu ver, todos os cargos políticos são hoje bem pouco desejáveis, pois, no que a eles diz respeito, não se leva em conta o mérito, e os que, sem o possuírem, os obtêm através de fraudes nem por isto são melhores ou vivem mais seguros. Por outro lado, alguém ter o poder em sua pátria e sobre seus concidadãos e impor-se a eles pela força, mesmo quando tal for possível e se corrijam os abusos, é sempre tarefa difícil e arriscada [...]; e esforçar-se em vão para consegui-lo, sem outra vantagem que fazer inimigos à custa de fadigas, é a maior das loucuras; a não ser para quem, dominado por detestável e maléfico desejo, queira fazer de sua liberdade e de sua honra um presente a outrem.

### A opinião dos outros

Na verdade, estou convicto de que nada do que digam pode prejudicar-me. Pois, se falarem a verdade, falarão apenas bem. Do contrário, minha vida e minhas atitudes os desmentirão.

# Tácito
(*c*. 54-*c*. 120 d.C.)

Caio Cornélio Tácito nasceu talvez em Roma – ou, mais provavelmente, em Terni (a antiga Interamna), na Úmbria. Certo é que, descendendo de nobre e rica família, recebeu excelente educação. Ainda muito jovem, iniciou seu *cursus honorum* sob Vespasiano. Depois de se ter afastado por alguns anos da política e de Roma, possivelmente por temer a inveja de Domiciano, Tácito alcançou o consulado sob Nerva em 97 d.C. Integrante destacado dos mais altos círculos políticos e literários de sua época, deixou cinco obras: Dialogus de oratoribus (Diálogo sobre os oradores), De vita et moribus Julii Agricolae (Sobre a vida e os costumes de Júlio Agrícola), De origine, situ, moribus ac populis Germanorum (Sobre a origem, a localização, os costumes e as tribos dos Germanos), Annales (Anais) e Historiae (Histórias).

Formando com Salústio e Tito Lívio a tríade dos grandes historiadores romanos, Tácito situa-se entre a argúcia filosófica e a frieza analítica do primeiro e o republicanismo explícito e a ingênua nostalgia do segundo. E, refletindo sua época, na qual o Império – depois de Nero e à parte os últimos anos de Domiciano – viveu um longo ciclo de relativa estabilidade e tranquilidade internas, Tácito tem o perfil de um *outsider*, quase um dissidente da classe a que pertence. Sem deixar de ser um historiador rigoroso e responsável, demonstra surpreendente autonomia intelectual e grande liberdade de expressão, ainda que frequentemente veladas pela ironia e pela sutileza. Sempre cético, às vezes irônico e não raro amargo e cáustico, é arguto observador da realidade e implacável pintor de caracteres. Dono de um estilo tão clássico quanto direto, marcado pela concisão mas sem prejuízo da clareza, Tácito está, ao lado de Cícero, entre os máximos prosadores da língua latina.

Em outros termos, ele é – entre todos os historiadores da Antiguidade – o que mais se aproxima de um *publicista* brilhante, da mesma forma que Xenofonte é um jornalista *avant la lettre*. Por isto, Tácito não necessita ser interpretado, explicado, comentado. *Há que lê-lo!* O que não é tão difícil, pois é o mais traduzido e editado dos historiadores romanos. As breves notas e citações que seguem pretendem apenas despertar a curiosidade – que leva à leitura – pela obra de um dos maiores *clássicos* do legado literário da latinidade.

## Anais

A última a ser escrita e a mais famosa de Tácito, esta obra, extensa apesar das várias partes perdidas, abrangia todo o período compreendido entre a morte de Augusto (14 d.C.) e a de Nero (68 d.C.). Entre suas inúmeras passagens antológicas, três, breves, vão aqui referidas: a intenção da obra, a posse de Tibério e, inevitável, a morte de Jesus de Nazaré (Cristo) durante o reinado do mesmo Tibério, quando a Palestina era governada pelo procurador (*praefectus*) Pôncio Pilatos.

### A intenção da obra

Depois de condensar em um período a história anterior de Roma, diz Tácito:

Mas os eventos felizes e infelizes da antiga República romana já foram narrados por autores ilustres. E não faltaram homens brilhantes para descrever a época de Augusto, até que, com a crescente bajulação, eles silenciaram. A história de Tibério, de Caio (Calígula), de Cláudio e de Nero foi falsificada: por medo deles, enquanto estavam no poder; e, depois de morrerem, por serem recentes os malefícios por eles praticados. Por isto decidi narrar alguns poucos eventos, os últimos, da época de Augusto e depois discorrer sobre o reinado de Tibério e demais acontecimentos – sem rancor e sem aleivosia,[423] sentimentos cujas causas estão de mim distantes.

Anais I, 1

Conta-se que Napoleão qualificou Tácito de *detrator da Humanidade*. É lógico: é da natureza do poder ser avesso a críticas de qualquer tipo, sejam ou não rancorosas e parciais.

## A posse de Tibério

Concluídas as cerimônias fúnebres em memória de Augusto e promulgado um decreto determinando a construção de um templo e a instituição de um culto em sua honra, Tibério, o sucessor, entra em cena, discursando na tribuna do Senado. E Tácito comenta, de forma lapidar e irrecorrível, dando razão a Napoleão e a outras almas sensíveis:

> [Ali] Tibério discorria de variadas formas sobre a grandeza do Império e sobre sua própria modéstia. Em tal discurso havia mais pretensão do que convicção. Tibério, fosse por natureza, fosse por hábito, sempre se valia de termos ambíguos e obscuros, inclusive quando nada pretendia ocultar. Nesta ocasião, porém, buscava encobrir completamente suas intenções, e mais do que nunca as marcava pela obscuridade

---

[423] *Sine ira et studio*, no original. Esta famosíssima expressão pode ser traduzida também por "sem ódio e sem parcialidade".

e pela ambiguidade. Mas os senadores, que receavam apenas deixar transparecer que o entendiam, lamentavam-se, faziam votos e estendiam suas mãos às estátuas dos deuses, à de Augusto e aos joelhos de Tibério.

I, 11

## Jesus de Nazaré

No passado, quando a Igreja romana e o cristianismo representavam a força ideológica mais poderosa do Ocidente e quando seus inimigos se esforçavam para provar que Jesus de Nazaré nunca existira, o nome de Tácito era frequentemente citado. Porque em Anais se encontra uma passagem – de estilo inconfundível e de autenticidade incontestada – que confirma dados fornecidos pelos Evangelhos sobre a morte de Jesus de Nazaré. No capítulo em que relata o incêndio de Roma no ano de 64 d.C. e a perseguição aos cristãos decretada pelo imperador Nero com o objetivo de abafar os rumores de que ele próprio, Nero, fora o mandante, Tácito escreve:

> Portanto, para sufocar este rumor, Nero acusou de culpados e submeteu a refinadas torturas aqueles que são denominados *cristãos*, (sendo) a origem deste nome Cristo, o qual, sob Tibério imperador, fora entregue ao suplício pelo procurador Pôncio Pilatos. Reprimida momentaneamente, esta superstição detestável aparecia de novo, não só na Judeia, origem deste mal, mas também em Roma, onde desembocam e onde são aceitas as coisas cruéis e nefandas existentes em qualquer parte.

XV, 44

# Histórias

Abrangendo o período de 68 d.C. (morte de Nero) a 96 d.C. (morte de Domiciano), Histórias compunha-se possivelmente de catorze livros, dos quais foram preservados apenas os quatro primeiros e uma parte do quinto. Tanto quanto em Anais, nesta obra são recorrentes as passagens que lembram Salústio, e até mesmo Tucídides. Entre elas estão os dois primeiros capítulos, abaixo transcritos quase integralmente. Comentários são dispensáveis.

Inicio (a narração de) uma obra repleta de desgraças, de terríveis batalhas e de revoltas. E cruel até mesmo na paz: quatro imperadores assassinados, três guerras civis, várias no exterior e frequentemente sobrepostas umas às outras [...]. A Cidade consumida pelo fogo e seus templos mais antigos – até mesmo o Capitólio – incendiados pelos próprios cidadãos; profanavam-se os ritos, praticavam-se adultérios horripilantes, o mar estava coberto de desterrados e as rochas tingidas de sangue. Horror maior ainda era a crueldade em Roma: considerava-se um crime tanto aceitar cargos, riquezas e honrarias quanto recusá-los. E a morte era o prêmio da virtude. As recompensas dos delatores não eram menos odiosas do que os seus crimes: distribuíam-se como despojos de guerra os cargos sacerdotais, os consulados, os postos dos procuradores e a influência na corte. E, logo a seguir, tudo se convertia em terror. Os escravos eram subornados para delatar seus proprietários e os libertos para denunciar seus patrões. E aqueles que não tinham inimigos encontravam em seus amigos a perdição.

Contudo, esta época não foi tão deserta de virtudes que não tivesse apresentado bons exemplos: mães acompanhavam seus filhos em fuga e esposas seus maridos no desterro; houve parentes corajosos, genros fiéis e escravos cuja lealdade se manteve mesmo nos tormentos; derradeiras provações suportadas com heroísmo por homens ilustres e mortes comparáveis àquelas admiradas nos antigos [...]. Assim, com tantas desgraças que se abateram sobre o povo romano, nunca tornou-se tão evidente e tão bem comprovado que, se não estão preocupados com nossa segurança, os deuses estão sem dúvida interessados em nosso castigo.

I, 2-3

É também em Histórias que se encontra o discurso no qual, pela boca do imperador Galba, Tácito confessa sua simpatia pela República mas reconhece, com realismo ausente em Tito Lívio, que o processo histórico a tornara obsoleta:

> Se o imenso corpo do Império pudesse estar e manter-se em equilíbrio sem um chefe, eu me sentiria chamado a fazer com que a República renascesse.

I, 16

## Germania

Sobre a origem, a localização, os costumes e as tribos dos Germanos – ou, simplesmente, Germania – é, ou era no passado, a mais lida de todas as obras de Tácito. Breve, direta, fluente, sem artifícios retóricos e repleta de informações interessantes, é uma peça rara do que hoje seria denominado *alto jornalismo investigativo*. Sem dúvida, e já ocorreu, alguns discutem a precisão dos dados geográficos, etnográficos e sociológicos apresentados, o que não será feito aqui.

O inegável, como outros já afirmaram, é que Germania deve basear-se, pelo menos em parte, em informações colhidas *in loco* ou em relatos tidos como fidedignos. Do contrário, além de admirável historiador, Tácito deveria ser considerado também um talentoso ficcionista. O que é mais que improvável. Seja como for, vale a pena ler Germania, que vai muito além de um texto agradável e estilisticamente exemplar, segundo o comprovam as passagens abaixo, a começar por aquela que esteve sempre entre as mais lembradas:

### *O poder e a autoridade*

(Os Germanos) elegem os reis por sua nobreza e os chefes por seu valor. Os reis não têm um poder arbitrário nem ilimitado; os chefes mandam antes pelo exemplo do que pela autoridade (que possuem), e pela admiração que provocam quando se destacam pela sua coragem e quando marcham à frente (dos seus) para a batalha.

VII

### *O casamento*

(Entre os Germanos) os casamentos são monogâmicos, e é o que há de mais admirável em seus hábitos: pois estão entre os raros bárbaros que se contentam com uma só mulher [...]. Assim, protegidas por sua honestidade, as mulheres levam a vida sem serem corrompidas por espetáculos picantes ou por banquetes que as desencaminhem.

XVIII/XIX

### *A bebida*

Ninguém é mal visto por passar o dia e a noite bebendo. As brigas são frequentes, como é costumeiro entre os bêbados. Contudo, elas não degeneram em altercações mas em ferimentos e mortes.

XXII

## A vida de Júlio Agrícola

Concebida como panegírico, pois Júlio Agrícola era seu sogro, esta obra de Tácito, apesar de breve, é algo cansativa, pois narra sucessivas operações bélicas do biografado, que, sob Domiciano, recebera a missão de sufocar a rebelião na Britânia (Inglaterra). Em compensação, há passagens memoráveis. Uma delas, muito citada em obras de história do Império romano, é o discurso de Gálgaco, o chefe bárbaro, por cuja boca, em celebérrima declaração, Tácito, sob forma oblíqua mas luminosa, deixa aos pósteros, em alto contraste, seu autorretrato: Pertenci à elite, servi à elite, compreendi a elite, estive acima da elite. Ou nas palavras de Gálgaco, em sua lapidar anatomia do comportamento dos senhores do mundo então conhecido a ocidente:

> Nem o Oriente nem o Ocidente os satisfizeram. São os únicos no mundo que cobiçam tanto as nações ricas quanto as pobres. Roubar, matar, saquear: a isto dão o falso nome de Império. E dizem também ter pacificado um país quando, em verdade, fizeram dele um deserto.
>
> XXX

Aqui também são dispensáveis comentários.

Depois de concluir o relato das campanhas de Júlio Agrícola na Britânia, Tácito reserva os capítulos finais da obra para um longo e implacável *acerto de contas* com Domiciano – contra o qual destila a letal peçonha de sua ironia e de seu mal contido ódio – e para um comovente panegírico ao sogro, que, segundo alguns rumores, morrera envenenado por ordens do próprio imperador e sem poder ter a seu lado a filha e o genro.

Este panegírico, por alguns considerado uma peça de estudada e refinada eloquência, é muito antes, em meu entender, um emocionado e quase desesperado tributo de gratidão àquele a cujos méritos a esposa, a filha e o próprio Tácito deviam a vida, ameaçada pela inveja e pela insânia de Diocleciano – o que parece ficar evidente no texto. Seja como for, esta página imortal de Tácito, que a não poucos levou e leva às lagrimas permaneceu e permanecerá para sempre – lado a lado com aquela em que Horácio presta homenagem ao seu pai[424] – como um dos raros máximos e sublimes píncaros do legado literário de Roma ao Ocidente. Nele nada, a não ser, incidentalmente, a lírica do próprio Horácio, ascende a tais alturas. Nem mesmo a refinadíssima retórica de Cícero em De supliciis. Porque em Cícero a emoção brota da uma construção sobre a dor de outrem, enquanto que em Tácito e em Horácio ela emana da própria alma a sangrar.

## Diálogo sobre os oradores

Obra juvenil e sem maior importância se comparada, por exemplo, com os tratados de Cícero sobre o tema, Diálogo sobre os oradores deixa entrever a objetividade e a argúcia extremas que Tácito revelaria na maturidade, como historiador. Demonstrando já ter adquirido consciência da extraordinária importância da oratória como ferramenta de luta política em sua época – e na Antiguidade em geral – e referindo-se ao conturbado período compreendido entre as últimas décadas do século II a.C. e a instauração do Principado, Tácito afirma:

---

[424] V. p. 442.

Não houve naquela época quem alcançasse grande poder sem (usar) a eloquência.

XXXVIII

E abordando a natureza da oratória judiciária escreve:

> Se houvesse uma sociedade em que ninguém praticasse crimes, o orador seria tão supérfluo quanto o médico entre os sãos.

XLI

# Suetônio
(*c.* 70-*c.* 140 d.C.)

Caio Suetônio Tranquilo nasceu provavelmente em Óstia, colônia romana no norte da África. De sua vida, o pouco que se sabe provém das cartas de Plínio, o Jovem, de quem era amigo e a quem acompanhou quando o mesmo foi nomeado procônsul da Ásia Menor, sob Trajano. Suetônio pertencia, portanto, a uma família da elite. Depois de pensar em ser advogado, abandonou a carreira logo no início. Sob Adriano, foi convidado por este para ser seu secretário, mas permaneceu apenas dois ou três anos no cargo, tendo sido demitido por comportamento inadequado. Ou por intrigas palacianas, indefectíveis nas cortes, à época e ainda hoje. Suetônio então abandonou tudo, retirou-se da vida pública e dedicou-se a escrever biografias e pequenos ensaios. Publicou muitas obras, quase todas perdidas. Delas restaram, além dos títulos, alguns fragmentos importantes de De viris illustribus (Sobre homens importantes) e A vida dos doze Césares, cujo título original não é conhecido. Talvez fosse Vitae Caesarum (As vidas dos Césares) ou De vita Caesarum (Sobre a vida dos Césares).

Mais biógrafo do que propriamente historiador no sentido clássico do termo, nesta obra Suetônio narra a vida de doze imperadores, começando com (Caio Júlio) César e terminando com Domiciano. Assim, apesar de não ser rigoroso na apreciação do valor das fontes e das informações colhidas, pinta, ao longo de cerca de trezentas páginas, um extraordinário painel da vida de Roma que abrange um século e meio, aliás um período crucial do Império. E, sob tal ângulo, até a credulidade, o gosto por oráculos e eventos prodigiosos e a importância dada a detalhes, não raro escabrosos, da vida privada de seus biografados deixam de ser defeitos para se transformarem em qualidades, pois envolvem o leitor e o transportam quase fisicamente para um mundo ao mesmo tempo distante e próximo – como ocorre, sob outra forma, com as comédias de Aristófanes, Plauto e Terêncio.

Estas características e o estilo direto e despojado de Suetônio fizeram de A vida dos doze Césares uma das obras mais conhecidas e mais lidas do legado literário de Roma – ainda que no passado, é forçoso reconhecer, para tanto em muito tenham colaborado aquelas partes, digamos, *picantes*. Como, aliás, ocorreu no caso de Satíricon, de Petrônio. Apenas por curiosidade, e não como incentivo à leitura – o que, nos tempos atuais, seria risível – vão abaixo duas destas passagens que, injustamente para o texto como um todo, fizeram a *má fama* de Suetônio. Descrevendo a vida de Tibério em Capri, depois de entregar o governo ao seu favorito Sejano e deixar Roma, diz Suetônio:

> Ali, um grupo selecionado de moças, rapazes e devassos [...], aos quais denominava *mestres da voluptuosidade*, se uniam em grupos de três e assim entrelaçados se penetravam diante do imperador para, com tal espetáculo, despertar o já tardo desejo dele.
>
> Tibério, XLIII

E continua, logo adiante:

> (Tibério) levou a obscenidade ainda mais longe, inclusive até excessos tão difíceis de acreditar quanto de relatar. Conta-se que treinara menininhos – aos quais dava o nome de *meus peixinhos* – para que, na piscina, brincassem entre suas pernas [...].
>
> Idem, XLIV

O que os *peixinhos* faziam pode ficar nas reticências, mesmo porque o mais interessante nesta passagem não são as perversões do imperador mas a permanência milenar da semântica: em língua portuguesa, o sentido do diminutivo utilizado por Tibério continua até hoje mais ou menos o mesmo... Teria ele sido introduzido na língua por algum antigo apreciador da obra de Petrônio? Isto pouco importa. Importa mesmo, como dizem os comentadores, é que a leitura combinada de A vida dos doze Césares, de Petrônio, e do que restou de Anais e Histórias, de Tácito, oferece a nossos olhos um multifacetado e fascinante painel daquele século e meio que se inicia com a morte da República e o assassinato de Júlio César e se encerra com a primeira perseguição (oficial) aos cristãos e o assassinato de Domiciano. Anunciado, aliás, segundo o próprio Suetônio, por uma gralha poliglota que, do pináculo do Capitólio crocitara, em grego: *Tudo ficará bem...*

# A FILOSOFIA

É tradicional afirmar-se, em ensaios e manuais, que a filosofia em Roma a rigor não existiu, a não ser como glosa, ou extensão secundária, da filosofia grega. De fato, em parte assim é, e não poderia deixar de sê-lo: Cícero, Sêneca e Lucrécio estavam historicamente condenados a ancorar-se nos pré-socráticos, em Platão, em Aristóteles, em Epicuro, em Epicteto... Afinal, desde sempre o *gênio* latino propendeu antes à ação prática imediata que à elaboração mental abstrata. Por tal razão, a leitores curiosos e/ou cultos mas não especializados, pouco interesse há, e menos interesse despertaria, em discorrer, por exemplo, sobre se Cícero entendeu Platão e se Sêneca cita corretamente Aristóteles, ou sobre o que diferencia em Roma os epicuristas dos estoicos etc.

Além disso, é um equívoco afirmar que em Roma o pensamento filosófico – no sentido amplo do termo – não possui originalidade. Ele a possui, sim, à sua maneira, e neste sentido apresenta características únicas. Afinal, obras como De officiis (Sobre os deveres) e De senectute (Sobre a velhice), de Cícero,[425] podem ser consideradas *filosofia de autoajuda* – e tal expressão não contém qualquer viés pejorativo. Pelo contrário, tais obras possuem indiscutível originalidade e perene

---

[425] V. acima, p. 424 e 431.

valor, pois que a reflexão sobre a vida e sobre o mundo nelas contida é autenticamente latina, isto é, fundamentalmente impregnada de sentido operacional e utilitário – sem prejuízo da objetividade e da profundidade. Para mim – e creio que para todos que conheçam o legado da Antiguidade – estas obras, tradicionalmente conhecidas como *tratados morais*, contêm o que de mais elevado Roma produziu no campo do pensamento analítico. Por isto, e mais ainda pela simplicidade da forma e pela *utilidade* do conteúdo, algumas delas foram, e continuam sendo, as mais conhecidas de toda a produção literária latina.

Também no caso de Cícero, tais obras são ainda lidas, mas não representam, segundo foi visto, a parte mais significativa de sua produção. O inverso ocorre com Sêneca, em uma contraposição, aliás, que a própria tradição consagrou: Cícero é lembrado primordialmente como *orador* e Sêneca quase exclusivamente como *filósofo*. Mas quem foi Sêneca?

# Sêneca
(*c.* 4 a.C.-65 d.C.)

---

Lúcio Aneu Sêneca nasceu em Córdoba, na Espanha. De família abastada e de sólida tradição intelectual — seu pai, Aneu Sêneca, foi escritor, retórico famoso e grande admirador de Cícero –, Sêneca residiu algum tempo no Egito, durante sua juventude, provavelmente por motivos de saúde. Depois, junto com a família, fixou-se definitivamente em Roma, ali vivendo ao longo de quase todo aquele terrível período que vai dos últimos anos de Tibério até a morte de Nero (68 d.C.). Integrante destacado dos mais elevados círculos do poder, Sêneca pagou alto preço por sua posição: quase assassinado a mando de Calígula – que o poupou apenas por acreditar que, por sua saúde frágil, dele logo se livraria –, desterrado por Cláudio para a Córsega sob acusação de adultério e chamado de volta oito anos depois por Agripina para ser preceptor de Nero, foi mais tarde obrigado por este a suicidar-se, acusado de ter participado da conjuração de Pisão (65 d.C.). Pela mesma razão e na mesma ocasião, Lucano – o autor de *Farsália*,[426] e primo de Sêneca – teve o mesmo destino. Suetônio (Cláudio/Nero) e Tácito (Anais XIV/XV) fornecem detalhadas informações sobre tais episódios.

---

[426] V. p. 447ss.

## A personalidade

À parte talvez Horácio, apenas o multiforme e superior gênio de Cícero faz sombra a Sêneca na extensa e diversificada produção literária latina. Em compensação, como personalidade – ou como *personagem*! – é, indiscutivelmente, o mais controvertido de todos os seus pares, muito mais do que Salústio e do que o próprio Cícero.

Acusado de usurário, hipócrita, farsante, bajulador, corrupto e covarde, na imagem dele fixada pela tradição é difícil, e até impossível, separar a calúnia da verdade e o perfil desenhado por seus inimigos da sua real identidade psicológica e moral. Para alguns, que forjaram a lenda de seus colóquios com Paulo de Tarso, Sêneca é uma espécie do Sócrates romano, um mártir cristão, apesar de pagão. Para outros, não passava de um cortesão ambicioso típico de seu tempo, que, inclusive, na fracassada conspiração de Pisão teria reservado para si o papel de sucessor de Nero. Na ausência de documentos que dirimam liminarmente a controvérsia, os próprios especialistas se dividem: segundo alguns, esta imagem negativa é fruto direto da inveja e do ódio de seus inimigos, e não eram poucos, que encontraram um competente porta-voz em Públio Suílio, conhecido panfletário da época, que trabalhava a soldo produzindo em série pasquins difamatórios contra quem quer que fosse – e que assim se tornara riquíssimo.

Onde estaria a verdade? No meio-termo, como quase sempre? É impossível saber, pois as informações transmitidas por Suetônio e, em particular, por Tácito parecem ter Públio Suílio como uma das fontes. Algo, porém, é indiscutível: quem aceitar integralmente a imagem de Sêneca pintada pelos detratores e a seguir ler, por exemplo, De brevitate vitae e Ad Helviam matrem de consolatione será fatalmente obrigado a curvar-se e render homenagem a um gênio: pois se a verdade está com os detratores e se tais obras são dele, então Sêneca é o mais sofisticado hipócrita e o mais refinado farsante de toda a literatura ocidental. Em tal caso – de probabilidade tendente a zero, para quem conhece a natureza humana –, Sêneca deixaria de ser personagem histórico para elevar-se à condição de personagem de ficção. Esta é uma situação similar àquela que no passado envolvia o ícone do cristianismo: os que, contra toda a probabilidade e todas as evidências, negavam a existência real, histórica, no século I d.C., na Palestina, de um pregador itinerante, curandeiro e exorcista chamado Jesus de Nazaré, estes laboravam em um oxímoron de meridiana clareza para qualquer mente esclarecida e equilibrada: pois se Jesus de Nazaré não existira, então Paulo de Tarso e os quatro Evangelistas deveriam necessariamente ser considerados os maiores ficcionistas já surgidos na história universal. E, além disso, todos trabalhando de comum acordo, inclusive criando conscientemente insolúveis contradições entre si para assim se tornarem mais verossímeis aos pósteros!... Mas deixemos à parte tais absurdas elucubrações e tornemos ao mundo real de Sêneca. E de sua obra, cujas citações permitirão ao leitor tirar suas próprias conclusões. Ou não.

## A obra

Da vasta e variada produção de Sêneca, grande parte foi perdida. Entre as obras preservadas destacam-se ensaios, tragédias, cartas e um número considerável de escritos diversos, que nem os especialistas sabem exatamente como catalogar.

As tragédias têm apenas importância histórica: em número de nove, foram as únicas obras do gênero escritas em Roma.[427] Delas, Medeia, ainda eventualmente representada, é sem dúvida a melhor, mas não foge à regra geral das outras: imitação servil dos grandes trágicos gregos – no caso, Eurípedes –, com personagens sem alma, tom declamatório e diálogos carregados de ideias e conceitos abstratos e não com emoções reais, interessa

---

[427] No passado, acreditava-se ser de Sêneca também *Octávia*, tragédia de tema romano, literariamente muito superior às demais. De autor desconhecido, a peça tem por personagem central a filha de Cláudio e Messalina, Octávia, que se tornou mulher de Nero e depois foi assassinada por ordem deste, em 62 d.C.

apenas à história do teatro ocidental. Na verdade, das obras supérstites de Sêneca, as únicas de fato fundamentais e ainda hoje de leitura obrigatória são aquelas em que se expressa sua *filosofia moral*. E elas são várias.

Muito mais do que Lucrécio,[428] devotado soldado de Epicuro, muito mais do que Cícero, sofisticado paladino do utilitarismo, Sêneca é um verdadeiro *filósofo moral*, como já Dante o denominou, colocando-o no limbo entre o grupo dos maiores pensadores da Antiguidade pré-cristã:

> Poi ch 'innalzai un poco più le ciglia,
> Vidi 'l maestro di color che sanno
> Seder tra filosofica famiglia.
> Tutti lo miran, tutti onor li fanno:
> Quivi vid' io Socrate e Platone,
> Che 'nnanzi alli altri più presso li stanno;
> Democrito, che 'l mondo a caso pone,
> Diogenès, Anassagora e Tale,
> Empédoclès, Eraclito e Zenone,
> [...]
> Tullio e Lino e *Seneca* morale.[429]

Mas o que é um *filósofo moral*? Na semântica do senso comum, e seguramente na de Dante, filósofo moral é o que pensa o mundo colocando a espécie humana como centro, e estabelecendo, a partir daí, regras de comportamento[430] para a mesma. Apesar de não citar Lucrécio, não se pode discordar de Dante: Cícero e Sêneca são os maiores pensadores da Antiguidade latina. Esta era a visão da Idade Média e é, ainda hoje, a visão de quem lê De officiis e De senectute, do primeiro, e De brevitate vitae, Ad Helviam matrem de consolatione, De tranquilitate animi e De providentia, do segundo. Deste, as obras mais conhecidas, e ainda editadas, são as três primeiras acima citadas.

---

[428] V. a seguir, p. 542ss.
[429] Inferno *X*, 130-138; 141. *Tullio* é Cícero e *Lino* um lendário poeta grego.
[430] *Moral* vem de *mos, moris* = comportamento, hábito ou costume, em latim.

## De brevitate vitae

Endereçado a um certo Paulino, que talvez fosse o sogro de Sêneca e, em terminologia moderna, o secretário de Abastecimento de Roma, De brevitate vitae (Sobre a brevidade da vida) é um pequeno ensaio, com cerca de 30 páginas. Parecendo, no início, quase um plágio de De senectute, de Cícero, logo revela, à medida que se avança na leitura, profundas diferenças. Não no tema – que, afinal, é o mesmo –, mas na perspectiva: menos cerebral e mais sensível; menos retórico e mais espontâneo; também utilitário, porém mais profundo. Eis algumas passagens clássicas desta pequena grande obra, tão paradigmática da visão de mundo latina quanto De officiis e De senectute:

> Ouvirás muitos dizer: "A partir dos cinquenta anos vou retirar-me para a vida privada. Aos sessenta, deixarei de lado os negócios". Mas que garantias tens de que viverás tanto? Quem te assegura que os fatos ocorrerão segundo desejas? E não tens vergonha de reservar para ti os restos da vida e de guardar para os bons pensamentos o tempo que para outra coisa já não serve?
>
> III, 5

> Ao longo de toda a vida é necessário aprender a viver. E, eis o de que mais te admirarás: durante toda a vida, há que aprender a morrer.
>
> VII, 3

> Ninguém te restituirá o passado, ninguém a ti próprio te devolverá. A vida seguirá em frente, pelo caminho iniciado. Não tornará atrás. Não deterá seu curso. Avançará silenciosamente e não perceberás sua velocidade.
>
> VIII, 5

> A vida se divide em três partes: a passada, a presente e a futura. Destas, a presente é breve, a futura duvidosa e a passada garantida. Precisamente sobre esta o acaso perdeu seu poder [...].
>
> X, 2
>
> Longa, pois, é a vida do sábio. Seus limites são diversos daqueles dos demais. É o único não submetido às limitações da espécie. Todas as épocas a ele obedecem, como a um deus. O tempo passou? Dele se apossa com a memória. Está presente? Dele faz uso. Está no futuro? O controla antecipadamente.
>
> XV, 5

## Ad Helviam matrem

Escrito na Córsega, durante seus anos de exílio, Ad Helviam matrem de consolatione (Para a mãe Hélvia, sobre a consolação), este texto de Sêneca busca infundir ânimo e dar conforto à mãe – mulher de elevado e reconhecido padrão moral e intelectual –, para que suporte corajosamente as atribulações e agruras da vida. Apesar de menos conhecida do que De brevitate vitae e de, cá e lá, a retórica empanar um pouco seu brilho, Ad Helviam matrem é a mais paradigmática, a mais densa e a melhor obra de Sêneca, podendo ser colocada, incontestavelmente, entre o que de mais elevado Roma produziu na área do pensamento filosófico – e no conjunto da literatura latina em geral. As passagens que seguem podem confirmá-lo.

> Os homens que se agarram a seus bens como a coisas das quais temos perpétua propriedade – e que por eles desejam ser invejados pelos outros – jazem prostrados quando os falsos e fugazes prazeres abandonam sua alma vã e pueril, que

ignora qualquer prazer verdadeiro. Mas quem na prosperidade não se ensoberbeceu não se abala se as coisas mudam.

V

Por toda parte nos seguem as duas coisas mais belas: a natureza comum a todos e a virtude individual. Crê-me, isso foi feito por aquele que deu forma ao universo, seja ele Deus, senhor de tudo, seja a incorpórea razão, artífice das maiores obras; seja o divino espírito difundido com igual intensidade em todas as coisas, máximas e mínimas, seja a sorte e a série imutável das causas ligadas uma à outra: isto, digo eu, foi feito para que não fiquem ao arbítrio alheio senão as coisas de menor valor. O que no homem há de melhor está além de toda a força humana e não pode ser dado nem tirado. Esse céu, que é a coisa maior e mais bela que a natureza tenha criado, e a alma que o contempla e o admira – e dele é a parte mais nobre – são nossos, sempre, e conosco ficarão enquanto vivermos. Por isso, alegres e de cabeça erguida iremos com passo intrépido para onde quer que a sorte nos levar, percorreremos qualquer terra: entre os confins do mundo não há exílio; porque nada daquilo que está dentro dos confins do mundo é estranho ao homem. De qualquer parte o olhar levanta-se igualmente para o céu, a mesma distância separa em qualquer parte as coisas divinas das humanas.

VIII

[...] para o sábio todo lugar é pátria.

IX

Quanto a mim, cada vez que volto com o pensamento aos antigos tempos, tenho pudor do procurar confortos à pobreza: pois a corrupção de nosso tempo chegou a tal ponto que a ração de viagem que se fornece hoje aos desterrados é maior do que aquilo que era uma vez o patrimônio dos ricos. É sabido que Homero teve um só escravo; Platão três; Zenão, de quem teve origem a austera e viril escola estoica, nenhum; e quem, sem arriscar parecer aos outros, por esta opinião, infelicíssimo ele próprio, afirmará que aqueles tiveram uma vida infeliz?

XII

Se te livrares da avareza, que é o mais violento flagelo da Humanidade, a ambição não retardará teu caminho; se consideras a morte não como uma pena mas como uma lei da natureza, de modo que a alma fique desembaraçada do medo dela, nenhum outro medo ousará vir aborrecê-la; se estás convencido de que a união dos sexos foi dada ao homem não para o prazer mas para a continuação da espécie, e não violas essa lei arcana e severíssima, profundamente enraizada em nossas vísceras, estarás imune a qualquer outro desejo de prazer. A razão não vence os vícios um por um, mas os abate todos de uma vez. Pode-se acreditar que o sábio seja perturbado pela infâmia, ele que reúne tudo em si e está tão afastado das opiniões do vulgo? Mais ainda do que a infâmia é uma morte infamante. Contudo, Sócrates, com o mesmo rosto, com o qual certa vez, único em Atenas, dominara os Trinta Tiranos, entrou no cárcere, tornando-o com isso menos infamante: porque o cárcere não é cárcere quando nele está um Sócrates.

XIII

## De tranquilitate animi

Sempre pondo à parte o nível ético/moral e literário – sem tal restrição a comparação seria inominável ofensa ao gênio de Sêneca –, é não raro impressionante a semelhança, digamos, *formal* entre De tranquilitate animi e algumas obras da já citada literatura de autoajuda. Construído como resposta a uma carta (fictícia) em que o amigo Aneu Sereno (personagem real) solicita orientações para que possa alcançar a paz de espírito, De tranquilitate animi compõe, com De brevitate vitae e Ad Helviam matrem, a tríade dos mais célebres *tratados morais* de Sêneca. Repositório de regras de bem-viver dirigidas ao cidadão sábio e consciente, esta obra, breve na extensão e variada nos temas, possui valor perene e universal, ensinando, entre outras coisas, como comportar-se na vida pública e privada, que valor dar ao dinheiro e à riqueza e como enfrentar a depressão e a tristeza. Neste último caso, aconselha Sêneca, inclusive, o uso eventual e moderado do vinho! Eis alguns exemplos do que diz ele nesta pequena mas excepcional obra:

> Quão mais feliz é aquele que não deve nada a ninguém, exceto àquele a quem é fácil recusar: isto é, a si mesmo!
>
> VIII

> Para o dinheiro, a verdadeira medida consiste em não cair na pobreza, (mas) aproximando se dela o mais possível [...]. Esta limitação nos será genuinamente agradável se tomarmos previamente o gosto pela economia, sem a qual mesmo as maiores fortunas são insuficientes e mesmo as mais modestas se prestarão ao desperdício.
>
> VIII/IX

> As despesas de ordem literária, as mais justas de todas, mesmo estas não são razoáveis, a não ser que sejam moderadas [...]. Quantas pessoas desprovidas da mais elementar cultura têm também livros, que não são de modo algum instrumento de estudo mas que apenas adornam suas salas de refeições! Compremos os livros dos quais temos necessidade, não os compremos por ostentação.
>
> IX

> É necessário frequentemente recolhermo-nos em nós mesmos, pois a relação com pessoas diferentes demais de nós perturba nosso equilíbrio, desperta nossas paixões, irrita nossas restantes fraquezas e nossas chagas ainda não completamente curadas. Misturemos todavia as duas coisas: alternemos a solidão e o mundo. A solidão nos fará desejar a sociedade e esta nos conduzirá novamente a nós mesmos; elas serão antídotos uma à outra: a solidão curando nosso horror à multidão e a multidão curando nossa aversão à solidão.
>
> XVII

É preciso governar nosso espírito e conceder-lhe de tempos em tempos um descanso, que terá sobre ele o efeito de um alimento restaurador. É necessário igualmente ir passear em pleno campo, pois o céu aberto e o ar puro estimulam e avivam a inteligência. Algumas vezes uma alteração, uma viagem, uma mudança de horizontes, assim como uma refeição com um pouco mais de bebida, lhe darão novo vigor.

XVII

## Sêneca e a escravidão

Alguns conceitos presentes nos *tratados morais* de Sêneca são surpreendentemente semelhantes aos do cristianismo primitivo, por sua vez legítimo e direto herdeiro da tradição israelita/sinaítica. E não é de admirar que alguns, desconhecedores desta tradição, da pregação dos profetas clássicos de Israel e do igualitarismo radical de Paulo de Tarso, acreditem ingenuamente que a rejeição da escravidão pelo cristianismo nasça não daquela tradição mas da doutrina estoica defendida ardorosamente por Sêneca.[431] Mas tal questão já foi suficientemente analisada anteriormente,[432] e a ela não voltaremos. Aqui importa sublinhar que Sêneca – à parte o ex-escravo e filósofo Epicteto[433] – é o único autor da Antiguidade greco-romana a enfrentar diretamente o tema da escravidão e a atacá-la de forma contundente e sem meias palavras. Segundo foi visto ao se discutir a posição de Platão e Aristóteles a respeito da questão, o trabalho servil era a mola mestra e a lei de ferro da economia antiga. E, assim sendo, representava um tabu para a classe proprietária – fosse ela rural

---
[431] V. G. D. Leoni *in Sêneca: Obras*. São Paulo: Atena, s.d. As citações seguem esta tradução.
[432] V. p. 246 e 160ss.
[433] V. p. 197.

ou urbana –, da qual procediam, por definição, os letrados. Nas obras do autores consultados não encontrei qualquer referência a esta possibilidade, mas o ódio que, segundo parece, parte da elite romana nutria contra Sêneca e a campanha de difamação contra ele montada não seriam produto de sua posição antiescravista, que fazia dele, na teoria e na prática, um traidor da própria classe? Talvez sim, talvez não. Mas inegável é que no século I d.C. em Roma deviam soar muito estranhas afirmações como as abaixo, saídas não da boca de um ex-escravo letrado como Epicteto ou de membros da *exótica* seita dos cristãos mas de um dos mais destacados integrantes dos altos escalões do poder:

> São escravos, mas são homens; escravos, mas nossos companheiros; escravos, mas nossos humildes amigos. E se, por um momento, meditarmos sobre o poder que o destino tem sobre eles e sobre nós, eles são escravos unidos a nós pela mesma servidão.
> 
> Cartas, 47

> Nós somos como membros de um só corpo, a natureza nos uniu e nos fez com a mesma origem e para o mesmo fim. A natureza colocou em nós o instinto do amor recíproco e da vida social [...]. Ela nos faz sentir que é melhor sofrer o mal do que praticá-lo e nos impõe estender as mãos para auxiliar a quem necessita.
> 
> Cartas, 95

Lendas como a da correspondência trocada entre Sêneca e Paulo de Tarso não passam de criações de apologetas cristãos tardios. Mas textos como os acima citados testemunham que o cristianismo venceu não apenas pelo intrínseco e elevado valor ético de sua mensagem mas também porque, no contexto da pesada e generalizada desagregação moral que começara a engolfar o Império na era pós-augustana, havia espíritos lúcidos e ansiosos por novos conceitos civilizatórios capazes de colocar diques à crescente barbárie interna e de salvar para a posteridade os princípios fundadores da antiga *romanitas*. E deles Sêneca foi, incontestavelmente, o mais paradigmático.

# Lucrécio
(*c.* 95-*c.* 55 a.C.)

Tito Lucrécio Caro nasceu em Roma e ali viveu e morreu, tendo sido testemunha ocular do horror das guerras civis que abalaram a cidade e o Império ao longo da primeira metade do século I a.C. – e depois continuaram durante os triunviratos. A esta situação, aliás, ele faz referência em sua celebérrima invocação a Vênus, na abertura do Livro I:

> E tu, ó Deusa, solta dos lábios tuas doces palavras e pede para os romanos, ó cheia de glória, a plácida paz [...] nesta época terrível para a pátria.

No restante, pouco se sabe sobre sua vida. Conta-se que teria enlouquecido depois de ingerir uma beberagem – mais especificamente, uma poção amorosa –, suicidando-se e deixando incompleta De rerum natura (Sobre a natureza das coisas), sua única obra. Pela sua vida e pelo que escreveu, Lucrécio assemelha-se muito a Lucano, autor de Farsália: um talento incontestavelmente genial, uma vida curta e infeliz e uma única obra, monumental e *sui generis*, mas que hoje pouca ou quase nenhuma atenção desperta. Contudo, quem lê Farsália ou Sobre a natureza das coisas não consegue ficar indiferente. De Lucano já falamos. Quanto a Lucrécio, ele é mais interessante ainda, e por várias razões. Mas, afinal, o que é De rerum natura?

É um longo poema ou, mais precisamente, uma longa narrativa metrificada dividida em seis livros, formando um volume de cerca de 250 p., em formato médio. Dedicada a um certo Mênio, filho de ilustre família romana, é uma obra paradigmática do que a tradição, talvez sem muita propriedade semântica mas com evidente senso prático, denominou *poesia didática*.[434] Isto é, uma obra cujo conteúdo essencial é a informação e cujo objetivo final é a formação. Em De rerum natura Lucrécio busca explicitamente três coisas: expor e exaltar a doutrina de Epicuro – apresentado como um quase-deus; atacar a religião e as superstições – que infelicitam as pessoas por infundirem nelas o terror do além; e fornecer uma explicação naturalista/materialista para *todos* os fenômenos do Universo – do nascimento deste aos terremotos, do surgimento das línguas à peste de Atenas, e assim por diante.

Os dois primeiros objetivos de Lucrécio pertencem, respectivamente, à história da filosofia na Antiguidade tardia e à história das religiões. Quanto ao terceiro – a explicação totalizante dos fenômenos do Universo –, diz respeito às ciências. E aqui Lucrécio, baseando-se em Demócrito e Epicuro, fornece explicações não raro surpreendentemente *modernas*, como, por exemplo, no caso dos terremotos – concepção próxima à das placas tectônicas – e da natureza da matéria (os átomos). Evidentemente, em outros casos as explicações são, e nem poderia ser diferente, incompletas ou equivocadas, o que não impede que até nisso De natura rerum continue sendo uma leitura ainda hoje atraente, por ser um extenso repositório do que se poderia denominar *ciência antiga*.

Mas é no contexto específico do legado literário de Roma que De natura rerum apresenta-se como realmente monumental, pois a linguagem quase sempre torrencial, o estilo não raro sublime e a beleza avassaladora de suas imagens colocam Lucrécio entre os sumos gênios da língua latina, ao lado de Cícero. Por isso, à semelhança de Lucano, que não encontrou o tema adequado a seu talento, e de Ovídio, que desper-

---

[434] V. logo adiante, p. 545ss.

diçou parte do seu em frivolidades, Lucrécio ficou sempre em segundo ou terceiro plano entre os autores latinos. E hoje mais do que no passado, pois quase ninguém mais domina suficientemente a língua para lê-lo no original, e ser tocado pelo vigor de seu gênio indiscutível. Mesmo assim, em sua conhecida tradução para a língua portuguesa, Agostinho da Silva[435] consegue preservar pulsante a força telúrica que impregna De natura rerum. Além da abertura, já mencionada, a obra contém inúmeras passagens antológicas, algumas de sabor homérico, como a que segue, clássica, escolhida para concluir esta breve notícia.

> Assim, frequentemente os lanígeros gados que se deslocam pelas colinas trincando os pingues pastos por toda parte a que os incitam as ervas em que brilham como pedras preciosas as gotas de recente orvalho, enquanto os cordeiros saciados brincam e retouçam brandamente, não nos aparecem de longe senão confusos e como uma brancura imóvel sobre a colina verde; (assim também) o mesmo sucede quando as legiões numerosas enchem com suas evoluções o campo de Marte e nos apresentam uma imagem da guerra, quando o brilho das armas se eleva até ao céu e toda a terra à volta resplandece com o bronze e se levanta sob os pés dos homens o rumor que vem da sua força, e os montes feridos pelos gritos lançam o eco para os astros celestes, e caracolam cavaleiros, e de repente, com valente impulso, atravessam, abalando-o, o campo; há, apesar de tudo, um lugar nos altos montes onde parecem estar firmes e haver apenas um brilho, imóvel, sobre os campos.
>
> II

---

[435] A primeira edição desta famosa tradução integrou a Biblioteca dos Séculos, da antiga Editora Globo, de Porto Alegre.

# Fedro
(*c.* 35 a.C.-44 d.C.)

## A fábula

Caio Júlio Fedro nasceu na Trácia, então pertencente à província da Macedônia. Seu pai, grego e escravo, foi levado a Roma por volta de 20 a.C. e, com sua família, ficou a serviço de Augusto, que posteriormente libertou a todos. Tendo recebido quando menino, ainda na Trácia, excelente educação, Fedro integrou-se rapidamente aos altos círculos literários de Roma. Durante os últimos anos de Tibério, foi exilado por influência de Sejano, tendo depois retornado à capital e ali, segundo se acredita, terminado seus dias. Sua obra, em cinco livros, compõe-se de 123 fábulas e epigramas de extensão variável – de algumas linhas a uma página ou mais. Antes de comentá-la são necessárias três observações.

1 – No prólogo de sua obra diz Fedro:
   Aesopus auctor quem materiam repperit,
   Hanc ego polivi versibus senariis.

Em tradução livre:

   Foi Esopo quem teve a ideia,
   E eu a poli em versos senários.[436]

---
[436] Verso de seis pés (ou compassos).

Modesta e honestamente, mas também espertamente,[437] Fedro credita a Esopo a paternidade das fábulas apresentadas. E assim testemunha que o público ao qual se dirigia tinha pelo menos notícia delas. Pode-se, portanto, concluir que as mesmas circulavam entre as pessoas cultas de Roma, possivelmente em língua grega – aliás, a língua materna de Fedro. Mas quem era Esopo?

Personagem semilendário, que teria vivido na Grécia Continental entre 650 e 550 a.C., Esopo, segundo a tradição, era escravo e teria redigido em prosa pequenas histórias em que os animais falavam. Sabe-se também que Demétrio de Falero (c. 350-280 a.C.), político e historiador ateniense, fez delas uma compilação. Contudo, esta não chegou até nós. Quanto a Fábulas de Esopo, obra tardiamente atribuída a ele, é na verdade de autoria do monge bizantino Planúdio (1260-1330), que deixou também uma antologia de textos de autores gregos. Portanto, não se sabe sob que forma e em que condições Fedro, possivelmente ainda durante sua infância na Macedônia, entrou em contato com estas fábulas. Mas isto não importa. Importa é que as Fábulas de Fedro são parte fundamental e perene da arte literária de Roma.

2 – Nos manuais, costuma-se colocar as fábulas de Fedro sob a rubrica, já mencionada, de *poesia didática*, que reúne obras tão díspares quanto Geórgicas, de Virgílio; Fastos, de Ovídio; Epístolas, de Horácio; Sobre a natureza das coisas, de Lucrécio etc. Outras vezes, Fedro é posto junto com satíricos como Juvenal e Marcial. À parte catalogações didáticas e discussões teóricas, a meu ver as fábulas de Fedro deveriam ser consideradas *tratados morais*, apesar de sua brevidade, e de sua forma, totalmente diversa daquelas das obras de Cícero e Sêneca assim denominadas. Pois se a dita *poesia didática* se caracteriza pelo conteúdo informativo e formativo e a sátira pela crítica pessoal e social direta e datada, as Fábulas de Fedro não. Mas, afinal, qual é a natureza da fábula?

---

[437] Já que o fato era conhecido.

3 – A fábula é *genérica*, isto é, não datada no tempo nem delimitada no espaço. E sua estrutura é fechada, circular e segmentada em três movimentos: a identificação de um comportamento humano pressuposto como perene; a construção de um enredo em que animais *representam* este comportamento; a moral ou, mais apropriadamente, a *conclusão*. Quando este terceiro movimento é conectado ao primeiro, decreta-se apoditicamente: assim é o comportamento humano, esta é sua consequência.

A fábula é expositiva, não argumentativa. E, no entanto, ela é imperativa. E aí está o fascínio deste *gênero*: ele dispensa a argumentação, porque seu pressuposto inamovível é a identificação absoluta e *a priori* entre o enredo zoomórfico *narrado* e o comportamento humano *observado*.

A fábula é moral/filosófica[438] porque, ao registrar imperativamente o comportamento humano, ela analisa/disseca, também imperativamente, a natureza da espécie. Portanto, a fábula não contém, originariamente, qualquer moral taxinômica (orientada) nem, muito menos, crítica comportamental restrita. Pelo contrário, cada fábula, ainda que envolta em roupagens enganosamente simplórias, quase infantis, é um sintético ensaio de filosofia, de antropologia, de sociologia, de psicologia etc.

## As fábulas de Fedro

Fedro é um fabulista genial, jamais superado depois. Mesmo que se conceda a Esopo o mérito de ter elaborado o *modelo* clássico da fábula, é com Fedro que este se eleva às alturas da máxima perfeição, nela unindo, se assim se pode dizer, a profundidade e a sutileza de observação do gênio grego com a objetividade e a perfeição de elaboração do gênio latino. E tudo

---

[438] *Moral* no sentido original do termo (do latim *mos, moris* = comportamento).

indica que ter sido Fedro um grego nativo foi fator fundamental para ele alcançar o nível de absoluta perfeição como fabulista. Com efeito, seu latim primário, descarnado e seco – *escolar*, dir-se-ia – amalgamou-se e confundiu-se osmoticamente com o gênero e com os temas, criando assim o estilo clássico da fábula: simples, objetivo, direto e transparente.

À parte outras considerações de natureza teórica, aqui dispensáveis, é interessante observar que, de todos os grandes autores latinos, Fedro talvez tenha sido o mais injustiçado por eruditos e tratadistas. Não raro, – certamente por ser enganadoramente simples e falsamente *popular* – sua obra foi considerada epigonal e secundária. E sem grande importância. Em compensação, ela é, ao lado daquela de Cícero, a mais lembrada e citada do legado literário de Roma. *Vox populi, vox Dei...*

### As rãs pedem um rei

Fábulas como A raposa e as uvas e O lobo e o cordeiro, além de outras, estão gravadas na memória coletiva do Ocidente, transitando livremente pelos vários níveis sociais e culturais. Contudo, fugindo ao mais tradicional, prefiro dar como exemplo outra – também às vezes lembrada –, que talvez seja a suprema criação de Fedro, ou de Esopo, como se queira: As rãs pedem um rei, aqui traduzida o mais literalmente possível, à parte duas ou três alterações dos tempos verbais:

> Quando, por leis justas, Atenas florescia,
> Desenfreada liberdade a cidade abalou
> E a licença a avita ordem dissolveu.
> Então, coligados os grupos das facções (oligárquicas),
> Pisístrato, o tirano, o poder tomou.
> Ao lamentarem os atenienses a triste servidão
> – não por ser cruel aquele mas porque
> desabituados completamente ao pesado fardo –,
> E ao se queixar começarem,

Esopo (a eles) a seguinte fábula narrou:
Por abertos charcos vagantes,
Com grande clamor as rãs a Júpiter um rei pediram
Que os dissolutos costumes pela força reprimisse.
Riu o rei dos deuses e a elas enviou
Pequeno poste, que às águas de súbito lançado
Com som e fúria a pávida raça (das rãs) apavorou.
Estando este por longo tempo no lodo mergulhado,
Em silêncio uma (das rãs) por acaso
Fora d'água a cabeça colocou.
E, observado o rei, as demais todas convocou.
Elas, perdido o medo, a nado chegam, em desafio,
E, atrevida, sobre o poste a turba salta.
Como de todo ultraje o cobrissem,
A Júpiter outro rei pedir mandaram
Por inútil ser o que (lhes) dado fora.
Então (Júpiter) uma hidra lhes envia
Que, uma a uma, com afiado dente, as devora.
Em vão, inermes – o terror a voz cala –,
Da horrível morte fogem elas.
Por isso, em segredo, a Mercúrio,
Para Júpiter, missão confiam:
Que as rãs, desesperadas, (venha) socorrer.
Então, em resposta, o deus:
– Já que vosso bem aceitar não quisestes – disse –,
O mal aguentai!
– Vós também, ó cidadãos – falou (Esopo) –,
Para que mal maior não sobrevenha,
Isto (que aí está) suportai!

Em seu metafórico e universal charco, os humanos aprenderam que o preço da civilização é a repressão e que ela, a civilização, é uma dura conquista da espécie, mas jamais será definitiva, pois logo adiante, na volta da próxima esquina – ou na água da próxima poça – a barbárie pode estar à espreita. E então tudo terá que recomeçar, ao custo de mais repressão ainda! No charco, metafórico e universal, em Atenas ou seja lá onde for...

Eis o que diz esta fábula. Contudo, quando lembrada, ela é interpretada sempre como se contivesse apenas a seguinte lição: "Cuidado, não reclame! A situação pode piorar". Ou: "Suporte as adversidades! Pense que existem situações mais duras" etc. Tal interpretação, aliás explicitada com clareza meridiana no próprio texto, é parcial e talvez superficial. Por quê? Porque esta fábula genial é na verdade um compacto tratado de antropologia filosófica, talvez o mais profundo que a mente latina – mediada por um grego! – conseguiu elaborar. Ainda que impregnada pela clássica visão utilitarista do gênio latino, não há em todo o legado de Roma um texto que capte com tanta profundidade e tanta precisão a natureza da fatídica herança da espécie: a eterna luta entre barbárie e civilização, entre instinto e repressão. Sigamos o enredo.

No charco (re)instalou-se o caos, deletério e fatal. Diante do risco da regressão, à consciência da espécie, marcada pelo indelével sinete da experiência imemorial, aflora então a óbvia solução: o retorno à ordem, através do terror. Não o terror material, físico, que é apenas o *instrumento*, mas, como Júpiter sabe, o terror psíquico, *produto* daquele e internalizado por cada um dos habitantes do charco. Assim, gravado a ferro e fogo na alma de cada indivíduo, o terror, que no passado se transformara em *imperativo categórico* e em penhor da civilização e da paz, volta a desempenhar no presente idêntica função no charco, antes presa da recente desordem. Eis porém que certo dia – a civilização jamais é definitiva! – um atilado membro do grupo emerge das águas, e por acaso justamente ao lado daquele que, segundo contavam os antigos, fora enviado pelos deuses para estabelecer a paz. Guiado pela pulsão do conhecimento – pulsão que é a glória e a maldição da espécie –, ele descobre que o enviado dos deuses não passava de um inerte e inútil poste! A notícia se espalha, a barbárie se reinstala e tudo volta aos primórdios. E, mais uma vez, a História recomeça. E o preço a pagar para reimpor a ordem será tanto mais elevado quanto maior tiver sido o caos que voltara a reinar no charco. Porque a repressão pode controlar os corações e as mentes dos *indivíduos* mas a civilização – produto daquela – jamais foi e jamais será intrínseca à natureza da *espécie*. Ou, em termos modernos, ao seu DNA.

Seguramente, nem Esopo nem Fedro leram o Livro do Êxodo. Mas é espantoso que em todo o legado literário da Antiguidade não existam dois relatos ao mesmo tempo tão díspares em tudo e em tudo tão semelhantes quanto Êxodo 32, e As rãs pedem um rei. Espantoso? Nem tanto, pois se suas formas são absolutamente estranhas entre si, seu conteúdo é absolutamente idêntico. Porque a espécie é a mesma. E porque civilização é repressão. No metafórico charco da fábula, em Israel, na Hélade, em Roma. Ou em qualquer lugar e em qualquer tempo, enquanto, idêntica, a espécie vagar, perdida, pelos caminhos sombrios de seu mistério.

# EPÍLOGO

### A aurora da Cristandade

E assim chegamos ao final de nossa longa jornada pelos caminhos que gestaram e formataram a Cristandade, a Europa e o Ocidente. Com Marco Aurélio e Plutarco, com Paulo de Tarso e Lucas e com Tácito e Fedro encerra-se a lista dos autores mais significativos do que convencionalmente se denomina *Antiguidade*. E quem, corajosamente, acompanhou esta saga até aqui pode, também aqui, tranquilamente encerrá-la. Contudo, fiel ao projeto logo no início enunciado,[439] este *guia de leitura* não poderia deixar de fornecer, como complemento, alguns dados, ainda que parcos, sobre os fundamentos próximos do que, até recentemente, o subiluminismo de matriz franco-ibérica qualificava – não sem razão, mas invertida[440] – de *as trevas da Idade Média*.

Este período, que vai, aproximadamente, da ascensão de Marco Aurélio (161) à queda do Império do Ocidente (476), carateriza-se preponderantemente por uma produção

---
[439] V. p. 11.
[440] Porque na Idade Média os Padres da Igreja e os mosteiros foram a luz da civilização e não as trevas da barbárie. V. adiante.

decadente em termos de valor artístico e de combate ideológico em termos de conteúdo. No entanto, é um período crucial e fascinante em termos históricos, porque é ao longo dele que se trava a luta de vida e morte entre o agonizante mundo antigo e o nascente mundo novo, entre, de um lado, Israel, a Hélade e Roma e, de outro, a Cristandade, que, absorvendo a tríplice herança do passado e insumindo os bárbaros no presente, preparava o parto da Europa. Sim, é um período fascinante. E o é, paradoxalmente, por ser epigonal, fluido, indefinível, como se fosse um mar revolto, em fúria, no qual o passado, múltiplo e despedaçado, vaga sem rumo em busca de um futuro que nem mesmo tênue se desenha no horizonte.

Internamente, o cristianismo começava a avançar, avassalador, enquanto às margens do Reno e do Danúbio o Império, em desespero, tentava conter a avalanche bárbara, que rompia as fronteiras e ameaçava tudo engolfar. No século III o Império desaba. E no início do IV o gênio político de Constantino compreende que só lhe restava aliar-se ao inimigo, iniciando então o lento processo de integração da *romanitas* há muito decadente com a *christianitas* já quase triunfante, reunidas depois para sempre, à sombra do poder, na era de Teodósio e Ambrósio. E já era tempo! Dentro de poucas décadas o Império do Ocidente enfrentaria sua nêmesis. E a Igreja inauguraria seu reinado terreno, absorvendo os bárbaros e salvando a *romanitas*. E pagando o preço. Sim, as portas do Inferno, como anunciara o Crucificado,[441] já nada mais poderiam contra ela. Porque ela, já híbrida, dele agora passara a fazer parte! Começava ali, em Roma, a nascer a Europa medieval. E o Estado papal. Era, enfim, a materialização dos sonhos delirantes de Paulo de Tarso: o reino universal do Senhor Jesus, o Messias/Rei de Israel. Modelado, é verdade, não exatamente segundo ele o imaginara...

---

[441] Mateus 16,17-18.

Sim, uma época fascinante! Não por nada sobre ela debruçaram-se Gibbon, Toynbee, Cochrane e outros grandes historiadores do Ocidente. Mas, como disse Hipócrates, a arte é longa, a vida é breve... e as poucas páginas que seguem são meras notas à margem de um projeto já concluído. Estas notas serão divididas em quatro sucintos tópicos: as heresias, os Padres da Igreja – com atenção especial a Agostinho de Hipona – e Boécio.

# AS HERESIAS

*Heresia, herege, herético* são termos que carregam, e não apenas em língua portuguesa, sentido negativo, pejorativo. É interessante observar que há séculos tal sentido tornou-se *genérico*, não mais se restringindo àquele que possuía no contexto histórico-ideológico específico em que surgiu – ao longo dos séculos III e IV da era cristã – e que depois manteve no Ocidente enquanto a ortodoxia romano-católica reinava absoluta. Mas o que é *ortodoxia*? E qual o exato sentido da palavra *heresia*? Vejamos.

Em grego *háiresis* (substantivo feminino) significa *escolha, opção, preferência*. E, por extensão, também *partido, facção*. Portanto, originalmente o termo não possuía qualquer sentido negativo ou pejorativo. Quando ele começa a adquiri-lo? A questão é ampla e complexa e analisá-la exaustivamente exigiria um tratado. E não breve. Contudo, algumas informações fundamentais podem ser fornecidas em poucos e sucintos parágrafos.

Tudo começa, remotamente, por volta do final do século I d.C., quando o cristianismo – que fora algumas décadas antes apenas uma seita do judaísmo palestinense da época – já se espalhara qual rastilho de pólvora por todo o Mediterrâneo, encontrando cada vez mais adeptos na gentilidade, inclusive entre pessoas de elevada formação cultural, por definição *helenizadas*. É então que Jesus de Nazaré, que para os primitivos cristãos fora apenas o Messias/Rei de Israel, ressuscitado por Deus, começa a ser transformado lentamente em Divindade específica (Logos/Verbo, Filho, Terceira Pessoa da Trindade). Esta transformação ocorre em um longo e complexo processo cultural-ideológico influenciado preponderantemente pelo platonismo. Este processo, ao qual não eram estranhas outras correntes filosófico-religiosas da época, como por exemplo a *gnose*, desembocaria finalmente, cerca de dois séculos depois, na *ortodoxia* fixada em Niceia (325), por imposição de Constantino.

*Ortodoxia* em grego significa *opinião verdadeira*. Ou *doutrina correta*. Mas que interesse poderia ter Constantino, como imperador, na fixação da *doutrina correta* do cristianismo? Era muito mais do que interesse! Era uma óbvia e vital razão de Estado. Voltemos atrás algumas décadas.

Em 312, quando promulgara o Edito de Milão, concedendo liberdade de culto e garantia de proteção aos cristãos, ele não o fizera graciosamente ou por simples inclinação pessoal. Com o Império às bordas da ruína depois das sucessivas catástrofes do século III, Constantino, um gênio político, identificara no cristianismo, em meteórica ascensão, a derradeira esperança da *romanitas*. E dele próprio, na batalha da Ponte Mílvia!

Mas jamais foi da natureza do poder conceder benesses gratuitas. E Constantino passara a exigir a contrapartida. E qual seria esta? Naturalmente, a colaboração ativa dos cristãos para manter *a paz e a concórdia* no Império. E era portanto um absurdo, mais do que isto, uma inominável ingratidão que eles, os cristãos, em vez de colaborar com o Estado, seu benfeitor, protagonizassem conflitos intestinos, não raro matando-se entre si por fúteis divergências doutrinárias!

Não afeito a dilações e tergiversações, Constantino convocou então e presidiu pessoalmente[442] o Concílio de Niceia

---
[442] Segundo se conta, Constantino encerrou em um recinto os 318 bispos que haviam atendido à convocação e determinou que dali não saíssem antes de fixar em

(noroeste da Turquia asiática, em 325) com o objetivo de definir, fixar e impor de uma vez por todas a *ortodoxia de todos os cristãos* – que mais tarde, no Estado teodosiano, passaria a ser *de todos os súditos do Império*.

Foi a partir desta *ortodoxia*, ou doutrina correta, estabelecida em Niceia[443] que o termo *háiresis*/heresia começou a perder o sentido original de *escolha*, *opção* ou *preferência* para adquirir o de *erro* ou *desvio* doutrinário. E não raro, *ça va sans dire*, também de *dissidência política*...

Foi assim que Constantino, depois cognominado o Grande, alcançou seu objetivo, conquistando para si o posto de maior estadista do Ocidente. Mas por que os cristãos estavam divididos e lutavam furiosamente entre si? Como sempre, por interesses pessoais e políticos. Por poder, enfim. Sim, mas, à parte o óbvio, por que eram exatamente as divergências/preferências doutrinárias o estopim destas lutas?

Como já foi mencionado, tudo começara quando o cristianismo primitivo deixara o espaço palestinense e invadira o ecúmeno mediterrâneo, há muito completamente helenizado em termos culturais – isto é, comportamentais, religiosos, filosóficos etc. Neste novo contexto, o cristianismo primitivo foi submetido a um lento processo de evolução, no qual passou de seita milenarista do *judaísmo tardio* a nova religião, marcadamente híbrida em virtude das influências do pensamento religioso e filosófico do entorno. É então que surgem as *heresias* – no sentido original da palavra grega, isto é, as *escolhas*, as *preferências*. Enfim, os grupos que optavam por esta ou aquela interpretação dos ensinamentos da nova religião.

A história destas *heresias* é longa, complexa e não raro confusa. E não cabe aqui nem mesmo resumi-la. Contudo, de forma

---

definitivo os *artigos da fé* cristã.

[443] É o *Credo*, em latim, ou πιστεύω, em grego. Denominado também Símbolo dos Apóstolos, o texto do *Credo* niceno sofreu apenas leve correção no Concílio de Constantinopla (381). Por isso é conhecido também como *Credo* niceno-constantinopolitano.

altamente simplificada é possível afirmar que tudo girava em torno da nova divindade procedente do Oriente semita e monoteísta e integrada ao Ocidente indoeuropeu e politeísta do Mediterrâneo. Em outras palavras: qual era, afinal, a natureza de Jesus de Nazaré? Ele fora apenas um homem como qualquer outro, como afirmavam os adeptos do rígido monoteísmo transcendente israelita? Ou era de fato um deus, mais um entre os tantos das variadas religiões da época, segundo preferiam os politeístas? Mas sua *verdadeira natureza* (*hipóstase*, em grego) não poderia ser a união da divindade com a humanidade, como preferiam outros? Neste caso, como e quando teria se processado tal união? Isto é, Jesus de Nazaré fora sempre deus ou adquirira esta natureza apenas depois da ressurreição? E o que fora feito de seu corpo mortal? Ou seria este apenas *aparência*? E Jesus de Nazaré não poderia ser simplesmente o Revelador celestial descido à terra, como acreditavam os gnósticos? Ou o Logos/Verbo, segundo os que seguiam a filosofia de Platão? Em tal caso ele seria parte de uma Trindade!... Se assim fosse, qual a relação entre os Três? Etc., etc., etc.

De tais e tão díspares perguntas resultou o inevitável: cada adepto da nova religião – cada presbítero, cada bispo e, até, cada imperador! – dava a(s) resposta(s) de sua *preferência* (háiresis). Em resumo, as heresias eram as várias e variadas facções envolvidas em um conflito generalizado – e nem sempre apenas ideológico/doutrinário! – para determinar se a nova Divindade seria preponderantemente israelita, grega, iraniana, gnóstica etc. E, por decorrência, para definir quem teria mais influência e mais poder.

Qual destas facções saiu como vencedora desta luta? Em primeiro lugar, por sobre todas elas, o poder – a natureza humana não mudara deste Tucídides!... –, pois em Niceia Constantino obteve a maior vitória estratégica de toda a sua vida, incomparavelmente maior do que aquela contra Maxêncio. Em segundo lugar, doutrinariamente, a *ortodoxia* fixada em Niceia representou, como era inevitável, a hegemonia de uma combinação, por osmose, das duas mais poderosas forças em luta: o monoteísmo israelita (Javé) e a filosofia helênica/platônica (o Motor Primeiro/o Pai, o Verbo Criador/Filho e a Força Vivificadora/o Espírito). Mas nesta solução de compromisso foram contempladas também, secundariamente, as três mais importantes entre as facções derrotadas: o politeísmo indo-europeu (A Trindade), a gnose iraniana (O Revelador celestial descido à terra) e o milenarismo judaico (a proximidade do fim do mundo).

E foi assim que a híbrida *háiresis* do Credo niceno-constantinopolitano fixou-se para a posteridade, e para a eternidade, como *ortodoxia* e, envolta no sagrado manto da una, santa, católica e apostólica Igreja, transformou-se em mãe e parteira da Cristandade e da Europa. Foi assim também que o sentido de *háiresis* sofreu a partir de então radical mutação, segundo o que vimos.

Encerrando este tópico, para mim – modesto discípulo de Tucídides! – um dos aspectos mais intrigantes, fascinantes e, por que não?, patéticos da história das *heresias* – no sentido pré-Niceia – é observar a luta feroz de humanos entre si para determinarem, eles!, a exata natureza da Divindade! Evidentemente, e já foi dito, os móveis ocultos por trás destas disputas eram interesses pessoais, políticos e até econômicos, como sempre foi, como continua sendo e como sempre será enquanto a natureza humana etc. Mas, se bem analisado, o fenômeno revela insuspeitados ângulos antropológicos, históricos e filosóficos. Deles, contudo, não há tempo para falar. É suficiente ter explicado o que era/é *heresia*.

Bem dizia Cícero que "a História é a mestra da vida". Não, seguramente, porque ela nos ensine como *devemos* agir mas, muito antes, porque ela nos desvela e revela o *contexto* em que agimos. E, mais uma vez, tem-se a impressão de que o sumo gênio da latinidade não possuía o hábito de ler o que ele próprio escrevia...

# OS PADRES DA IGREJA

Os Padres (do latim *Patres* = Pais) da Igreja são escritores cristãos gregos e latinos ativos, aproximadamente, entre o final do século I e inícios do século VII que

> se distinguiram pela qualidade de sua doutrina, pelo caráter exemplar de sua vida e pela aprovação posterior da Igreja.[444]

Essa definição clássica resume o conteúdo da *patrística* – ou *patrologia* –, uma disciplina específica da história do cristianismo. Em outros termos podemos dizer também que os Padres da Igreja são aqueles escritores que no Oriente, no norte da África e no Ocidente iniciaram, desenvolveram e consolidaram, sobre as ruínas e o legado de Israel e da Hélade e no contexto da globalização romana do Mediterrâneo, uma nova visão de mundo ao longo do período histórico tradicionalmente denominado *Antiguidade tardia*.

Esta nova visão de mundo – a *filosofia trinitária*, na expressão de Cochrane[445] –, condensada e posta em letra, a mando de Constantino, no monumental *Credo* de Niceia e depois

---

[444] Liébaert, Jacques. *Os Padres da Igreja – 1*, p. 11. A obra de Liébaert foi completada por Michel Spanneut com os *Padres da Igreja – 2*. V. bibliografia. Ambas são leitura obrigatória para quem desejar iniciar-se no assunto.
[445] V. p. 230 ss.

imposta aos súditos de todo o Império pelo Estado teodosiano, foi a Carta Magna da Cristandade por mais de um milênio e meio – e provavelmente continuará sendo a confissão de fé dos cristãos enquanto existirem.

Mas os Padres da Igreja foram muito mais do que isso. No Oriente, como herdeiros diretos da *paideia* grega,[446] e no Ocidente, como herdeiros dela e também da *romanitas*, eles foram a (nova) elite intelectual da Antiguidade tardia, quando o mundo clássico, já batendo em retirada, encontrava em Celso, em Porfírio e depois em Juliano, cognominado o Apóstata, seus maiores e derradeiros paladinos. No Ocidente, depois que a avalanche bárbara reduzira o Império a escombros, a doutrina dos Padres da Igreja foi o luminoso fanal que, brilhando por entre as trevas de quase um milênio, traçou os caminhos de uma nova civilização. Porque, para o mal ou para o bem, esta é a verdade histórica: a Igreja, domando e moldando os corações e as mentes dos bárbaros, foi a construtora da Europa. E as fortalezas dos mosteiros, guardiães dos tesouros do mundo clássico, a sólida arquitetura das igrejas românicas e a monumentalidade etérea das catedrais góticas são o apodítico testemunho desta pétrea realidade.

Digressões à parte, resta pelo menos citar os nomes dos principais Padres da Igreja e de uma que outra de suas obras mais conhecidas. Não dando demasiada atenção à divisão entre orientais e ocidentais e entre eclesiásticos e leigos e ignorando divergências e controvérsias aqui dispensáveis, é prático e suficiente listá-los de acordo com a divisão tripartite tradicional: Padres apostólicos, Padres apologistas e Padres do século IV e V (ou período clássico).

---

[446] V. Jaeger, W. *Cristianismo primitivo y paideia griega*.

Epílogo

# Os Padres Apostólicos

Os Padres apostólicos são de importância fundamental para a história dos primórdios do cristianismo, mais especificamente daquele período em que, antes de insumir-se na gentilidade e no helenismo, ele mantém ainda ligação umbilical com os *apóstolos*, isto é, os líderes da seita judaica palestinense dos nazarenos – nas décadas que vão da morte de Jesus até o início do século II.

Os escritos deste período são praticamente todos de natureza pastoral e/ou parenética e, em vários casos, de autoria desconhecida ou controversa.[447] Dos Padres apostólicos os mais conhecidos são Clemente Romano e Inácio de Antioquia, autores de cartas pastorais a comunidades cristãs da Grécia e da Ásia Menor. A Carta aos Coríntios, de Clemente, é de particular importância histórica por demonstrar que o bispo de Roma, no final do século I, já possuía ascendência sobre comunidades cristãs do Mediterrâneo oriental.

---

[447] Uma excelente obra introdutória ao tema é *Padres Apostólicos*, Ed. Paulus. V. bibliografia.

# Os Padres Apologistas

Quando, a partir de meados da primeira metade do século II, o cristianismo se espalha rapidamente por todo o Mediterrâneo e seu entorno a oriente, a ocidente e pelo norte da África, um novo mundo começava a nascer. Mas o mundo antigo resistiria por muito tempo ainda. É neste embate, ao longo de dois séculos, que surgem os Padres *apologistas*.[448]

Filhos de famílias já cristãs – mas educados à moda antiga – ou convertidos em idade adulta, os Padres apologistas e suas obras são, respectivamente, a elite intelectual e o registro histórico de uma era de transição do cristianismo. Gregos, africanos ou latinos, eles são os timoneiros da nau capitânea que avançava célere para transformar o mundo antigo no reino do Crucificado. Deles três devem ser, pelo menos, citados.

## Justino

Também denominado Justino Mártir, é autor de Apologia e Diálogo com Trifão. Estas obras, escritas em meados do século II, fazem de Justino a testemunha de que nesta época o cristianismo se helenizava rapidamente, transformando-se, na simbiose de Paulo de Tarso com Platão, em uma nova religião.

---

[448] Ou *defensores*, em grego.

# Orígenes

De vasta erudição, líder intelectual em Alexandria e depois na Palestina (Cesareia), e influenciado por Fílon e Platão, Orígenes é, junto com Tertuliano, o grande paradigma dos Padres apologistas do século III. Brilhante, cultíssimo, inflamado e controverso, dele, de uma ou de outra forma, todos os Padres posteriores são devedores. Curiosamente, ele foi também responsável pela preservação do pensamento do filósofo Celso, seu contemporâneo e adversário ferrenho do cristianismo. A obra de Celso perdeu-se mas Orígenes, ao redigir, em 248, uma refutação de seus ataques, faz recorrentes e longas citações literais dela.

# Tertuliano

Um publicista genial, "um homem fogoso" (São Jerônimo), um polemista implacável, um adversário radical de qualquer relação entre os cristãos e o Império, Tertuliano nasceu e viveu na África (Cartago), sendo o primeiro escritor cristão a utilizar a língua latina – apesar de dominar muito bem o grego. Autor de expressões lapidares como "A alma é naturalmente cristã",[449] "Creio porque é absurdo",[450] "Sêneca é um dos nossos" e "O sangue dos mártires é a semente de novos cristãos", a importância de Tertuliano não se restringe a questões doutrinárias. Além de ser o primeiro escritor cristão a usar o latim, ele é, literariamente, o autor mais interessante da Igreja ocidental – depois de Santo Agostinho.

---

[449] Em latim: *Alma naturaliter christiana*.
[450] Em latim: *Credo quia absurdum (est)*.

# Os Padres dos séculos IV e V

Com o Edito de Milão (312), os tempos heroicos da história do cristianismo haviam ficado para trás. E então a bússola da Igreja girou, apontando novos rumos e novos temas: a fixação da *ortodoxia*, a consolidação do poder espiritual, as relações com o poder temporal e a evangelização/absorção dos bárbaros. Já foi dito e redito: esta é uma época crucial para o Ocidente. E fascinou e fascina os historiadores porque neste crítico *crossing-over* do passado com o presente gestava-se o futuro. E ali, no olho do furacão, estavam os Padres da Igreja, testemunhas e personagens desta radical alteração de cenário. Nele, uma das questões mais candentes por eles então enfrentadas foi a relação da Igreja com o Estado, isto é, o Império.

No passado, ainda tão recente, o radicalismo de Tertuliano tinha uma lógica incontestável: se o Império via os cristãos como inimigos, estes tinham também que assim vê-lo. Ou, pelo menos, ignorá-lo, como se não existisse. Contudo, num golpe, o Edito de Milão tudo mudara. Como reagir agora diante do novo? O que aconteceu então era previsível historicamente: duas tendências tornaram-se logo preponderantes, anunciando um dilema que a Igreja ocidental teria que enfrentar até o século XX, nas últimas décadas que precederam seu inevitável declínio.[451] A primeira destas tendências foi asso-

---

[451] O Tratado de Latrão e a ação dos adeptos da assim dita *teologia da libertação* – em particular na América Latina – parecem ter sido os derradeiros ecos desta controvérsia milenar.

ciar-se ao Estado constantiniano, *por não* ser mais inimigo. A segunda continuar dele distante, *apesar de não* mais sê-lo.

Sob esta perspectiva, de inegável importância para a história política do Ocidente, pelo menos quatro dos Padres da Igreja do início do século IV devem ser lembrados, dois a dois: Eusébio de Cesareia e Lactâncio, e Atanásio de Alexandria e Ósio de Córdoba. Os dois primeiros, apologistas explícitos de Constantino, são paradigmáticos da primeira tendência. Os dois outros, adaptando Tertuliano ao novo cenário, alinham-se com a segunda.

O tema é vasto e exerce atração irresistível sobre os que – como diria Tito Lívio – apreciam mergulhar no passado para esquecer a barbárie do presente. Mas o dever impede alterar a rota. É impossível, porém, deixar de citar a lapidar e para sempre memorável advertência de Ósio, bispo de Córdoba – que fora conselheiro de Constantino! –, ao imperador Constâncio, quando este ameaçava Atanásio de Alexandria por divergências doutrinárias:

> Não vos intrometais nos negócios eclesiásticos. Não nos prescrevais nada sobre isso. Aprendei, antes, de nós, o que deveis crer. Deus vos deu o governo do Império, e a nós o da Igreja. Quem quer que ouse atentar contra vossa autoridade opõe-se à ordem de Deus. Tomai cuidado, igualmente, para não vos tornardes culpado de um grande crime, usurpando a autoridade da Igreja. Ordenaram-nos que déssemos a César o que pertence a César e a Deus o que pertence a Deus. Não é permitido atribuirmo-nos a autoridade imperial. Assim, não tendes também nenhum poder no ministério das coisas santas.[452]

---

[452] Apud Spanneut, p. 169.

# O período clássico

O Concílio de Niceia (325) e a transferência da capital para Constantinopla (330) marcam o início do século de ouro dos Padres da Igreja – a elite intelectual do Império em suas décadas derradeiras.

Com efeito, obtida a paz, fixados os fundamentos da ortodoxia e definido o espaço geográfico e cultural de atuação – sacramentada depois com a divisão do Império (395) –, formatam-se as bases do duplo e divergente futuro da Igreja: a leste, herdeira direta da filosofia e da *paideia* gregas e insumida no atávico despotismo do Estado vétero-oriental, resigna-se à subalterna mas segura função de serviçal do poder.[453] A oeste, lançada no centro do convulso turbilhão de novas, heterogêneas e caóticas forças históricas em conflito, herda também, por adição e *à contre-coeur*, a *romanitas* já sem norte e a assume integralmente, estoica e agradecida, para civilizar os bárbaros e assistir, com sua tropa de elite, a construção da Europa. E assim, arquiteta da Cristandade, torna concretos os delírios de Paulo de Tarso, salva a tradição sinaítica e funda o Ocidente. E paga o preço, condenada a partir de então, por longos e longos séculos, a oscilar perigosamente entre a irresistível tentação de *ser* Estado – e descer ao Inferno do mundo real – e a imperativa necessidade de ignorá-lo – e pairar no vácuo do rarefeito empíreo doutrinário.

---

[453] Aqui, no Oriente, o derradeiro eco desta tradição foi a imediata canonização, pela Igreja Ortodoxa russa, depois da debacle da União Soviética, de todos os membros da família dos Romanov, chacinada na Revolução de 1917. Como diziam os gregos, a túnica de Clio, a musa da História, não tem costura...

Mas nos séculos IV e V o futuro ainda mal se desenhava no horizonte e a Igreja ocidental era, já e ainda – por imposição de Constantino! –, uma força ideológica compacta e homogênea, e os Padres seus intimoratos arautos. Na impossibilidade absoluta de levar adiante esta análise, os principais Padres da Igreja do período clássico, divididos em gregos/orientais e latinos/ocidentais, serão apenas listados, com eventuais breves comentários.[454]

## Padres orientais/gregos

Dos Padres orientais/gregos, os mais importantes são os três conhecidos como *capadócios* – por serem da região centro/leste da Ásia Menor (Anatólia) – e João Crisóstomo.

Os três capadócios – Basílio de Cesareia, Gregório de Nissa e Gregório de Nazianzo (ou Nazianzeno) – desenvolveram sua atividade ao longo da segunda metade do século IV e caraterizam-se pela sofisticada formação clássica[455] e pelo poderoso pensamento filosófico-teológico, que detalhou e fixou para sempre a doutrina trinitária de Niceia. Desenvolveram também intensa ação pastoral. À parte isto, Gregório é um lírico não desprezível, como bem o demonstra o Hino à noite, o mais conhecido de seus "poemas dogmáticos".

Também de sólida formação clássica, e de obra vasta, João Crisóstomo é conhecido por seu "socialismo" *à outrance*, que prega um igualitarismo radical – com a contundência dos profetas clássicos e na linha de Lucas (Atos 2,44-47), chegando a afirmar que os ricos são parasitas e inúteis que nem merecem viver. Mais uma prova, portanto, de que a igualdade e a fraternidade não foram criação do subiluminismo dos séculos XVIII e XIX...

---
[454] Sempre seguindo Spanneut. V. bibliografia.
[455] Os "herdeiros da paideia", na visão de W. Jaeger. V. bibliografia.

## Padres ocidentais/latinos

À parte Agostinho de Hipona, a seguir comentado com mais vagar, entre os Padres ocidentais/latinos destacam-se, também na segunda metade do século IV, Ambrósio de Milão e Jerônimo.

Filho de família rica e ilustre – seu pai havia sido prefeito das Gálias –, Ambrósio, com apenas trinta anos, ocupava o posto de governador da província da Emília-Ligúria quando, por aclamação do povo, foi feito bispo de Milão, em 370. Misto de Atanásio de Alexandria, João Crisóstomo e Ósio de Cordoba, ao tornar-se bispo ele distribuiu seus bens entre os pobres e passou a dedicar-se a estudar profundamente a doutrina cristã e a defender a ortodoxia nicena e a independência da Igreja.

Padre da Igreja, estadista, poeta e músico,[456] Ambrósio é a figura mais fulgurante da elite eclesiástica ocidental daquela época. Apenas o africano Agostinho – por ele batizado – lhe faz sombra em termos de importância histórica. Da obra de Ambrósio, não tão vasta quanto a de Agostinho, mas também importante, vale a pena citar duas brevíssimas passagens. Na primeira ele se revela um *leveler avant la lettre*[457] e na segunda enfrenta o imperador Valentiniano I, defendendo a rigorosa separação entre Igreja e Estado:[458]

---

[456] Considerado o criador do canto dito, por isto, *ambrosiano* (melodicamente de influência oriental), é o autor de hinos litúrgicos famosos, como Aeterne rerum conditor, Deus creator omnium, Veni redemptor gentium e Iam surgit hora tertia –, hinos que até meados do século XX eram ainda entoados em mosteiros, seminários e igrejas paroquiais dos mais longínquos rincões do Ocidente.

[457] *Levelers* (niveladores): integrantes da ala radical da *Glorious Revolution*, de Cromwell, em 1648.

[458] Spanneut, p. 154.

A natureza derramou todas as coisas em comum para todos. Com efeito, Deus mesmo ordenou que todas as coisas fossem criadas de tal sorte que o alimento fosse comum para todos e que a terra, por conseguinte, fosse uma espécie de propriedade comum de todos. Foi, pois, a natureza que produziu o direito comum, e a usurpação (usurpatio) que criou o direito de propriedade.

Sobre os deveres dos clérigos I, 28

Se o bispo deve receber lições de um leigo, o que resultará daí? Ao bispo não restará outra coisa senão ouvir o debate conduzido pelo leigo: ou seja, o bispo será aluno do leigo. Mas, francamente, se consultássemos o conjunto das divinas Escrituras ou os tempos passados, quem ousaria contestar que, em matéria de fé – eu disse em matéria de fé – são os bispos que de ordinário são juízes dos imperadores cristãos, e não os imperadores juízes dos bispos!?

Epístolas, 21

## Jerônimo

Jerônimo nasceu na Dalmácia, no seio de uma família abastada, que cedo o enviou a Roma, onde foi confiado aos melhores mestres da época. De inteligência superior, mas também temperamental, inquieto e idiossincrático, teve, como Agostinho de Hipona, uma vida agitada, dividindo-se entre os apelos do mundo e o sonho de uma vida regrada e dedicada ao estudo e à ascese. Em 374 parte para a Síria, onde aprofunda seu conhecimento do grego e começa a estudar hebraico. Contudo, como um nômade, não consegue fixar-se. Retoma a caminhada, viaja para o oeste, se detém em Constantinopla e volta a Roma, sempre ligado aos altos círculos políticos, eclesiásticos, literários e mundanos. Inclusive a várias mulheres, de variadas idades, da alta aristocracia, para as quais, a partir de 385 – já de novo no Oriente! – funda mosteiros.

Enquanto isso, escreve, estuda, polemiza e ataca furiosamente adversários e desafetos – entre os quais Agostinho e Ambrósio! E traduz para o latim toda a Bíblia – a partir do hebraico, do aramaico e do grego.[459] E termina sua agitada vida na Palestina, em 419.

Para o leitor de hoje, a vida de Jerônimo é mais interessante do que sua obra, porque, como disse Spanneut, "ele é fundamentalmente um tradutor".[460] Aliás, nem sempre muito interessado na fidelidade ao texto, pois em sua visão "o que importa são as ideias, não as palavras".[461] Seja como for, Jerônimo é uma figura singular e curiosa entre os Padres da Igreja, pois seu elevado talento, seu comportamento de *outsider* e sua língua viperina é que dão graça a muitos de seus textos. Tanto que neles se pode recolher um "rico bestiário",[462] no qual seus adversários e desafetos são premiados com amáveis qualificativos como "asnos bípedes", "cães furiosos", "porcos que grunhem", "porca empanturrada", "gralha ridícula", "víbora ibérica" e similares. Enfim, epítetos não muito adequados à pena de um santo...

---

[459] É a tradução conhecida como *Vulgata*, hoje caída em desuso.
[460] Op. cit., p. 183.
[461] Spanneut, p. 183.
[462] Idem, p. 189.

# AGOSTINHO DE HIPONA
(354-430)

Agostinho de Hipona, Santo Agostinho, Aurélio Agostinho ou, simplesmente, Agostinho nasceu em Tagaste (Numídia), cidade não muito importante do norte da África, à época. Filho de Patrício, um pequeno proprietário e funcionário do município, e de Mônica, uma cristã conhecida por sua grande religiosidade, Agostinho foi enviado, ainda muito jovem, para Madaura, cidade vizinha, a fim de estudar retórica. Ali permaneceu por pouco tempo. Em 369 retorna a Tagaste, dali partindo novamente, logo em seguida, desta vez rumo a Cartago, destino da *jeunesse dorée* norte-africana de então. Na grande cidade, entrega-se então às suas grandes paixões: o teatro e as mulheres. Em 372, com dezoito anos de idade, tem um filho, Adeodato, com cuja mãe vive maritalmente por dez anos. A morte do pai, dois anos depois, o obriga a voltar a Tagaste, onde passa a dar aulas de retórica. Acusado de heresia e libertinagem, é expulso de casa pela própria mãe. Romaniano, amigo da família e cidadão abastado, o ajuda a continuar os estudos, pois reconhecia no jovem um grande talento. Agostinho torna então a Cartago e abre uma escola de retórica. Em 383 parte para Roma e, depois de algum tempo, fixa residência em Milão. Ali também exerce a função de professor de retórica. Admirador de Ambrósio, o já famoso bispo da cidade, aproxima-se dele e em 387 é por ele batizado, juntamente com o filho Adeodato. Em 389 Adeodato morre, com dezessete anos. E logo depois Mônica. Agostinho retorna então à África.

Em Hipona, importante cidade da região, o bispo Valério, já em idade avançada, procurava um presbítero (sacerdote) para ajudá-lo. Em 391 o povo manda buscar Agostinho em Tagaste e o aclama. Em 395 é sagrado bispo e no ano seguinte sucede a Valério. Depois de quatro décadas de incansável atividade pastoral e intelectual, Agostinho falece em agosto de 430, durante o cerco de Hipona pelas tropas do rei vândalo Genserico.

## A obra

Um dos mais prolíficos autores de toda a Antiguidade tardia, Agostinho de Hipona escreveu cerca de noventa tratados, quinhentos sermões e centenas de cartas. Esta obra, quase toda sobre temas teológicos, doutrinários, bíblicos e filosóficos, revela, indiscutivelmente, um gênio: o derradeiro da Antiguidade e o primeiro da Europa. E nisto tudo se resume, porque isto o faz arcaico e moderno, frágil e sólido, obscuro e transparente, admirável e patético, inútil e imprescindível, romano e bárbaro, cristão e pagão. E, pode-se acrescentar, devasso e regrado, santo e demônio. Não por nada, apesar da incomensurável influência exercida em sua época e depois, apesar de ter, com sua retórica insuperável e devastadora,[463] desfechado o golpe de misericórdia no paganismo e nas heresias, a ortodoxia da Igreja e os círculos eclesiásticos sempre dele mantiveram respeitosa e reticente distância. Certamente não por mera coincidência

---
[463] Seu famoso sermão De excidio Urbis (Sobre a queda de Roma) e os primeiros capítulos de *A cidade de Deus* são dela os melhores exemplos.

Lutero era um monge da ordem fundada pelo próprio Agostinho em Hipona...

Sim, apesar da força explosiva de seu gênio, da amplitude de sua atividade, da monumentalidade de sua obra e da vastíssima influência desta entre os contemporâneos e os pósteros, Agostinho de Hipona jamais foi unanimidade no cânone dos grandes gênios do Ocidente, nem naquele da Igreja, nem naquele da laicidade. Por quê? Porque, finda a Antiguidade, ninguém, à exceção talvez de Shakespeare, encarnou como ele e em nível tão sumo um mundo à deriva, um mundo que há muito perdera seu centro e ainda não encontrara seu norte, um mundo, como diria um milênio depois Michel de Montaigne, em que tudo oscilava perigosamente.

Porque, no tempo em que a Agostinho de Hipona foi dado viver, a *pólis* helênica era longínqua memória, o templo de Javé fora por duas vezes ruínas e o Império dos Césares agonizava. E a Cristandade, deles todos herdeira, não se elevara ainda sobre a linha do horizonte, que "na difusa luz da antemanhã"[464] já há muito era recortado pelo compacto perfil das multi-hordas da avalanche bárbara. Porque também não é apenas fortuito evento que, cercado por uma destas hordas, na cidade cujo nome a posteridade agregaria ao seu, Agostinho entregasse a alma ao Criador. Era apenas um evento a mais do novo mundo que a História começara a partejar.

Mas, tornando à obra propriamente dita de Agostinho de Hipona, ela hoje quase não mais é lida e quase nenhum interesse desperta, a não ser entre especialistas em história do cristianismo e da Igreja romana, da teologia e da filosofia no final da Antiguidade tardia e, obviamente, dos pródromos da Idade Média. Há, porém, duas exceções: A cidade de Deus, que, com seu conteúdo múltiplo e vário, apresenta algumas páginas memoráveis, e As confissões, esta sim uma obra fundante e seminal, *data venia* para o surrado jargão dos pseudoeruditos acadêmicos de hoje.

---

[464] F. Pessoa.

# A cidade de Deus

Ao final da última das cerca de mil páginas de A cidade de Deus, a sensação é de assombro e perplexidade. Assombro porque esta obra é a prova inquestionável do talento genial de Agostinho de Hipona. Perplexidade porque, lado a lado com a erudição enciclopédica e uma retórica não raro comparável à de Cícero e Demóstenes, A cidade de Deus – ao contrário de Confissões – desenha o painel de um mundo estranho e morto. E que por isto mesmo não deixa de ser fascinante e fundamental. Eis um paradoxo, desfeito apenas quando compreendemos a obra como testemunha da História no testemunho de um gênio que, ao perder-se nela, nela encontrara a si.

Longo seria, e pouco útil, seguir esta trilha – e nela talvez também perder-se. Mais adequado é simplesmente dizer que, mesmo para alguém medianamente informado, mas sem interesse profissional específico, A cidade de Deus é hoje uma obra desinteressante. No entanto, cá e lá encontram-se partes e páginas surpreendentes, antológicas – entre as mais luminosas escritas por este incansável *buscador do Infinito* que foi Agostinho de Hipona. Como, pela própria natureza da obra, estas partes e páginas são quase sempre longas, serão apenas citadas, e brevemente comentadas, algumas delas. Os algarismos romanos indicam o livro e os arábicos os respectivos capítulos, quando for o caso.[465]

---

[465] Não tenho notícia de uma edição completa de *A cidade de Deus* em língua portuguesa. Ao eventual interessado, aconselha-se a clássica edição bilíngue (latim e espanhol) da Biblioteca de Autores Cristianos (BAC). V. bibliografia.

## I – VII – *Defesa e ataque*

Os primeiros sete livros perfazem cerca de um quarto de A cidade de Deus e, no conjunto, são os mais interessantes para o leitor de hoje. Como se sabe, à época os inimigos dos cristãos os acusavam de serem os responsáveis pelas desgraças que se haviam abatido sobre o Império e, mais especificamente, pelo saque e pela devastação de Roma por Alarico (410). Porque estas desgraças, diziam eles, eram um castigo dos antigos deuses, por seu culto ter sido abandonado e até proibido. Agostinho parte então para o ataque e, com retórica demolidora, impressionante erudição e vasto conhecimento dos autores latinos do período clássico, prova que a história da Roma pagã fora um ordálio de crimes, guerras e carnificinas. E em magistral movimento pelos flancos afirma: foram os romanos, por seus méritos e virtudes, que construíram o Império. E não pela proteção de deuses farsantes, devassos e criminosos!

Particularmente impactante é a descrição (III, 26-29) dos horrores do período dos Gracos e de Mário e Sila.

## XIII, 9-11 – *O precursor do existencialismo*

Estes capítulos são famosos – ou, pelo menos, eram, em meados do século XX – por demonstrarem que a visão pessimista e trágica do chamado *existencialismo* (Kierkegaard, Mounier etc.) já fora plenamente elaborada por Agostinho de Hipona cerca de um milênio e meio antes! A partir de um ângulo de visão diverso, é claro.[466]

## XIV, 16-18 – *Libido e instinto, repressão e pudor*

Partindo do mito da Queda e de Paulo de Tarso (Romanos 4-9), Agostinho analisa o conflito entre instinto e repressão e desvela a natureza do *pudor*. São páginas geniais, que assim permanecerão – mais uma vez! – enquanto a natureza humana for a mesma.

---

[466] Aliás, quem vem desde o início acompanhando estas páginas poderá, com razão, dizer que já encontramos esta visão no próprio mito da Queda, no Livro de Jó, no Livro do Eclesiastes... E até em Píndaro!

## XIX, 12-14 – *A paz é o sumo bem*

A paz é a suprema aspiração de todas as criaturas, diz o gênio de Hipona nestas páginas, que estão entre as mais famosas e nas quais ele constrói a mais perfeita e sublime utopia já criada pela espécie: a Cidade de Deus, o reino da paz absoluta e da felicidade eterna.

## XXII, 22 – *A lista dos males*

No tempo em que se estudava retórica/eloquência, esta passagem era apresentada como exemplo clássico de uma figura de estilo denominada *enumeração* ou *elencação*. E com razão, pois a lista das desgraças que, segundo Agostinho, se abateram sobre a Humanidade depois da Queda provoca ainda hoje impacto no leitor. E possivelmente é uma das mais longas e completas já elaboradas.

## XXII, 30 – *Obra gigantesca*

Ao terminar A cidade de Deus, diz Agostinho, em palavras que imodestamente poderíamos fazer nossas:

> Acredito ter, com a ajuda do Senhor, saldado a dívida (de escrever) esta imensa obra. Aos que (parecer) limitada, ou aos que (parecer) demasiada, (estes) me perdoem. Aos que, porém, parecer suficiente, (estes) não a mim mas comigo, agradecidos, a Deus rendam graças. Amém!

# As confissões

Já por outros denominado o *maior clássico cristão*, As confissões é o único título da vasta produção do gênio de Hipona que ainda encontra não poucos leitores fora dos círculos religiosos e teológicos ou daqueles interessados em história do cristianismo, da Antiguidade tardia ou da Idade Média. Além disso, As confissões é a obra mais importante, se não a única realmente significativa, em termos literários amplos, escrita no Ocidente no período de cerca de um milênio que vai de Marco Aurélio a Dante. Nem mesmo De consolatione Philosophiae,[467] de Boécio, e as grandes obras da chamada *épica medieval* (Os Nibelungos, A canção de Rolando, El Cid etc.) continuam sendo tão lidas e admiradas. Por quê? Por vários motivos.

1 – Em primeiro lugar, porque nesta obra se desnuda, intensa e dramática, híbrida e sutil, a complexa personalidade de Agostinho de Hipona, que, por igual, estranho e familiar, surge para nós qual cindido Jano, a demarcar a linha entre passado e futuro, entre barbárie e civilização, entre a Cidade de Deus e a Cidade dos Homens. Enfim, entre a Antiguidade que submerge no ocaso e a Cristandade que alvoresce no oriente. Sim, já foi dito, ele e sua época, ele e sua obra são isto. Mas é aqui, em suas confissões, que o peso da História, a força vulcânica do gênio e o impacto da emoção, ora contida, ora derramada,

---
[467] V. adiante, p. 595ss.

explodem os diques que os represavam e fluem livres, em fúria, em dor e, por fim, em paz. E fazem com que, por sobre os séculos e as traduções, os pósteros não contenham suas lágrimas. Não pelo filho que encontra seu porto nem pela mãe que entrega sua alma à Divindade, mas por si próprios, dolentes, a vagar, também perdidos, pelos caminhos do mundo.

2 – Em segundo lugar, porque a intensidade e o quase despudor com que Agostinho de Hipona desvela seus *movimentos d'alma* e as relações com os que o cercam fazem desta obra o primeiro *clássico* do que se convencionou chamar de *psicologia* – seja lá o que signifique hoje tal desgastada e vulgarizada palavra. Este aspecto – à parte os de caráter estritamente histórico – marca indelevelmente As confissões e é o penhor indiscutível de sua permanência. E longo e pouco útil seria aqui analisá-lo. Porque, tanto ou mais que outras, As confissões é uma obra que deve ser *lida*! E não discutida.

3 – Contudo, em terceiro lugar, é imprescindível – pelo menos como incentivo à leitura – comentar brevemente uma questão que cá e lá ressurge. Tem-se afirmado, recorrentemente, que o fato e a forma de expor sua individualidade e suas emoções fazem de Agostinho de Hipona um pioneiro e, mais que isto, único no Ocidente pré-Romantismo.[468] Não vem ao caso discutir se tal afirmação é verdadeira ou falsa. Este seria um tema para eruditos e especialistas desocupados. Seja como for, a questão é controversa. Pois, a partir de tal ângulo de visão, os protestos contundentes de Hesíodo, os poemas de Arquíloco de Paros e Safo de Lesbos não seriam expressão autêntica de sua individualidade? E o testamento de Aristóteles, o depoimento de Horácio sobre seu pai, os poemas de Catulo e as lamúrias líricas de Ovídio seriam o quê?

---

[468] No sentido que este termo possui na história da arte *europeia* – particularmente na literatura (ficção, drama e lírica), na pintura, na música e na escultura – no período entre meados do século XVIII e meados do século XIX, período marcado, segundo esta concepção, pelo individualismo exacerbado, pela absoluta liberdade de expressão, pelo extravasamento das emoções pessoais, pelos sentimentos nacionalistas etc.

# Epílogo

É certo, sem dúvida: a *imperatoria vis* com que Agostinho *se confessa* e o impacto provocado nos leitores não são meros produtos de sua retórica – ainda que ela não possa ser descartada, pois nisso ele é um mestre, como outras obras suas o comprovam. Contudo, disputas estéreis à parte, fundamental é compreender as origens desta necessidade, desta urgência, deste desespero que impõem a Agostinho desnudar publicamente sua alma, sua interioridade. E para tal quatro sumárias observações se fazem necessárias. E suficientes.

• Agostinho não foi um *mutante*, ao contrário do que alguns parecem acreditar. E As confissões não são a prova arqueológica do aparecimento de um *homem novo*. Também na Antiguidade, fosse ela israelita, grega ou romana, os indivíduos eram dotados de emoções... E as expressavam, fosse diretamente, fosse pela mediação da produção simbólica – a arte. Contudo – eis aí! –, os indivíduos tinham então menos espaço para "expandir-se", para expor sua interioridade. Por quê? Porque eram mundos centrados e regrados por imperativos apodíticos, fossem eles os do código sinaítico, os do totalitarismo da *pólis* ou os das Doze Tábuas e do *pater familias*.

• Inversamente, de pé sobre as ruínas do mundo antigo, Agostinho – em toda sua obra, mas em particular nas duas aqui brevemente resenhadas – é o atalaia em desespero, a buscar insone um luzeiro, um penhor de salvação. E em meio ao naufrágio universal é comovente observá-lo tentando provar em cada palavra, em cada linha, em cada obra – antes de tudo para si próprio! – e fazer os outros acreditar que um novo e sólido mundo estava a emergir do pélago revolto e que, à luz da aurora a despontar, a civilização venceria a barbárie e a Cidade de Deus reinaria pelos séculos dos séculos.

• Não sólido e absoluto como Sólon de Atenas, não etéreo e distante como Moisés, o lugar-tenente de uma Divindade furibunda, não lendário e rústico à maneira de Licurgo e Rômulo, Agostinho de Hipona é o legislador histórico e concreto condenado a construir, solitário, sua própria alma e sua própria *pólis*. E nesta titânica e sisífica missão a primeira lei é conhecer a si próprio e a primeira batalha é civilizar-se. Sim, neste sentido, Agostinho é um *homem novo*, porque novo é o contexto histórico que vive, e que ele tenta, desesperadamente, solitariamente, furiosamente, ordenar. Filho, como diria Horácio,[469] das escaldantes areias – ou dos mortais arrecifes do norte da África –, dominado pela irrefreável pulsão do conhecimento e civilizado, na periferia bárbara, por uma *romanitas* há muito exangue, Agostinho é o gênio duplamente cindido: entre os apelos da carne e as exigências do espírito, de um lado, e entre o passado já morto e o futuro ainda não definido, de outro.

● As confissões e, por extensão, o próprio Agostinho só podem ser compreendidos como produtos orgânicos do cristianismo. Nascendo e florescendo por entre os escombros das três grandes civilizações que por mais de um milênio haviam dominado e moldado o Mediterrâneo e todo seu entorno, o cristianismo trazia a marca original da *experiência do Sinai*: a relação direta da Criatura solitária e lábil com a Divindade transcendente e onipotente, solo de onde brota a consciência da individualidade autônoma e livre, mas também contraditória e frágil. Não por nada os conceitos do *livre arbítrio* da Criatura e da *graça* como concessão da Divindade cimentam, compactamente, a vasta arquitetura teológica concebida pelo gênio de Hipona.

Seria fascinante seguir por esta trilha, mesmo porque As confissões contêm, nítido, o *pattern* psíquico, intelectual e cultural do *homem europeu* – isto é, da *elite* europeia do futuro. Mas, como sempre, e agora já no final da jornada, é imperativo evitar os desvios. E perguntar: quais as passagens mais célebres desta obra? Antes de responder, porém, uma advertência:

---

[469] Ad Aristium Fuscum (Odes I, 22)

a não ser que seja vista, em conjunto com todas as demais obras, como produto da múltipla e proteica personalidade de Agostinho, não se pode afirmar que As confissões tenha rigorosa unidade. Nem muito menos! Com efeito, nela encontramos autobiografia, autoanálise, antropologia, psicologia, filosofia, teologia, sociologia, exegese bíblica etc. À parte isto, para o leitor atual apenas os primeiros nove livros, que correspondem mais ou menos ao título, possuem interesse.[470] E, por suposto, é neles que se encontram algumas das passagens mais célebres não apenas desta mas de todas as obras do gênio de Hipona. Estas passagens são várias, mas aqui somente três, brevíssimas, serão transcritas e duas outras, celebérrimas, lembradas.

### *Inquieto está...* (I, 1)

Inquieto está nosso coração enquanto em Ti não descansar.[471]

Resumo sumo da personalidade do incansável buscador do Infinito que ele foi, esta passagem do parágrafo que abre a obra condensa em si a alma de Agostinho, o espírito do seu tempo e a própria natureza da espécie, com sua vã e infinda ânsia pela voz da Divindade, distante e silente em seu eterno e pétreo mistério.

### *Fazei-me casto...* (VIII, 7)

Fazei-me casto e continente! Mas não imediatamente.

Assim orava Agostinho em sua juventude, revelando o talento dos que se elevam muito acima dos demais. Falando de si, e de todos, ele sintetiza, em algumas palavras, o que, desde as eras primevas, foi e é a marca indelével e o drama perene da espécie: o conflito entre instinto e repressão, entre libido e autocontrole, entre barbárie e civilização.

---

[470] De um ponto de vista histórico-antropológico, o livro X – sobre a natureza da memória – é também um texto clássico.
[471] No original: *Inquietum est cor nostrum donec in Te non requiescat.*

### *Vai em paz, Mônica...* (III, 12)

Havia em Tagaste um bispo, já avançado em anos e muito sábio. Era a época em que o jovem Agostinho vagava, perdido e indomável, em busca de seu destino. Em casa, a mãe, paradigma de civilização, debulhava-se em lágrimas. Mas lhe restava uma esperança: o bispo! E ela a ele se agarrava, importunando-o e suplicando que aconselhasse e assim salvasse o filho transviado. Prudente e experiente – *el diablo es diablo más por viejo que por diablo!* –, o sábio bispo se recusava a fazê-lo, dizendo-lhe que continuasse rezando, que tivesse paciência, que ele próprio, na juventude, se desencaminhara etc.

Agostinho não o diz com todas as letras, mas fica evidente: o velho bispo não estava disposto a enfrentar o monstro! Mônica, porém, não lhe dava trégua. Um dia, agastado e não suportando mais tantas lamúrias, mandou-a embora, com estas palavras:

> Vai em paz, Mônica, pois não há de perder-se um filho de tantas lágrimas!

Santo, sábio e inominado bispo! Seguramente não poderia ele imaginar que suas palavras seriam guardadas pelos séculos futuros e repetidas por aqueles capazes de compreendê-las como um monumento à experiência, à civilização e à pedagogia.

### *O furto das peras* (II, 4-10)

Sem contestação, de toda a vasta obra de Agostinho de Hipona esta é a passagem mais famosa. Célebre pela sutileza e pela profundidade, o furto das peras é um texto clássico de análise socio-antropológica e psicológica.

## *A morte e os funerais de Mônica* (VIII, 8-13)

Menos conhecidos e menos citados do que o episódio do furto das peras, os capítulos que relatam a vida, a morte e os funerais de Mônica estão entre as páginas mais delicadas e comoventes de toda a literatura biográfica/memoralística do Ocidente.

Sem a monumental dimensão histórica daquelas que narram as últimas horas de Sócrates, no Fédon, de Platão, mas fundamente impregnadas de uma emoção que não aflora completamente à superfície daquela em que Horácio rende inolvidável tributo de gratidão a seu pai, estas páginas de Agostinho trazem a marca indelével das lágrimas da mãe que salvara o filho para a vida. E para a Eternidade – segundo a diamantina fé de ambos.

# MONAQUISMO E FORMAS LITERÁRIAS

Relacionados com os Padres da Igreja, há ainda dois temas, pelo menos, que poderiam ser aqui analisados, mas que serão apenas brevemente lembrados: os mosteiros e a evolução das formas literárias. Por motivos díspares e em escala diversa, ambos são significativos.

## Os mosteiros

O monaquismo ocidental – sua origem, sua transformação e sua natureza – é um tema de vasta importância para a história da pedagogia, da cultura, da literatura e até da economia (a autossuficiência dos mosteiros) da Idade Média e da Europa. Influenciado por experiências orientais, o monaquismo ocidental nasceu e consolidou-se a partir dos inícios do século V, com a ação de Agostinho, em Hipona, e, mais tarde, de Cassiodoro – ex-ministro de Teodorico – na Calábria e do grande Bento de Núrsia em Monte Cassino.

Fruto de condições históricas específicas, o monaquismo teve papel civilizatório e cultural decisivo na Idade Média, e mesmo depois, por sua larga influência não apenas sobre a Igreja e as ordens e congregações religiosas posteriores mas também sobre o Ocidente em geral, através da preservação dos tesouros da cultura clássica e da formação de praticamente toda a elite intelectual europeia até os séculos XVI e XVII. Sua influência começou a estiolar-se apenas a partir da Revolução Industrial e do Iluminismo, para extinguir-se, pelo menos institucionalmente, em meados do século XX, depois de quase um milênio e meio.

Na impossibilidade de ampliar esta análise, aqui fica uma longa citação do *Pacis nuntius* (Mensageiro da paz), um *breve* de Paulo VI, de 1964:[472]

> Mensageiro da paz, artífice de união, mestre da civilização e, antes de tudo, arauto da religião de Cristo e fundador da vida monástica no Ocidente, tais são os títulos que justificam a glorificação de S. Bento, Abade. Quando desabava o Império Romano já agonizante, quando algumas regiões da Europa se afundavam nas trevas, enquanto outras não conheciam a civilização e os valores espirituais, foi ele que, por seu esforço constante e assíduo, fez erguer-se sobre o nosso continente a aurora de uma nova era. Foi ele sobretudo e seus filhos que, com a cruz, o livro e a charrua, levaram o progresso cristão às populações que se estendem desde o Mediterrâneo à Escandinávia, da Irlanda até as planícies da Polônia.
>
> Com a cruz, quer dizer, com a lei de Cristo, ele consolidou e desenvolveu a organização da vida pública e privada. Convém lembrar que foi ele que ensinou aos homens a primazia do culto divino com o *Opus Dei*, isto é, a prece litúrgica e assídua. E foi assim que ele cimentou esta unidade espiritual da Europa, graças à qual povos de línguas, raças e culturas muito diversas tomaram consciência de constituir a insígnia de povo de Deus; unidade essa que, graças ao esforço

---
[472] *Apud* Spanneut, p. 317.

constante destes monges que se colocavam no seguimento de um mestre tão notável, se tornou a característica da Idade Média. Essa unidade, como o diz Santo Agostinho, é "o modelo de toda beleza". Essa mesma unidade foi infelizmente quebrada pelas vicissitudes da história e, hoje em dia, todos os homens de boa vontade trabalham para restabelecê-la.

Desconsiderada a argumentação *pro domo sua*, é incontestável a verdade histórica contida neste documento.

## As formas literárias

Ainda ligado aos Padres da Igreja, há, entre tantos outros possíveis, um tema que merece aqui menção – este de interesse bem mais restrito, considerada a quase nula atenção hoje dada à formação e aos estudos clássicos. É o tema da evolução das formas da arte literária, mais especificamente da *lírica* e da *narrativa* (epopeia).

O assunto é tecnicamente complexo. Sucintamente, aqui é suficiente dizer que a lírica e a narrativa (epopeia) clássicas, na Hélade e em Roma, tinham por base formal a combinação de sílabas longas e breves distribuídas em *pés* (compassos). Isto porque a primeira originariamente possuía linha melódica (canto) e ritmo (dança). E a segunda, por ser recitada, fazia do ritmo um instrumento de memorização (processo mnemônico).

Como é sabido, a desintegração de estruturas sócio-históricas concretas resulta na evanescência completa ou na reformulação parcial das formas simbólicas/artísticas que eram àquelas orgânicas. Pois é exatamente entre os séculos IV e VI que se inicia lentamente o processo de abandono dos modelos formais da lírica e da epopeia clássicas e a substituição deles por outros – processo que culminaria na epopeia medieval "bárbara", na "epopeia cristã" de Dante (Divina Comédia), na "lírica religiosa" de Iacopone da Todi (Stabat Mater) e outros, no "renascimento" da lírica propriamente dita, já sob outra roupagem formal (Dante, Petrarca) e na disseminação das narrativas em prosa (Boccaccio, Chaucer). É então que se fixam definitivamente as inovações técnicas e os modelos que marcariam para sempre a arte literária ocidental do II milênio: a reformulação da métrica – que abandona os conceitos de sílabas longas e breves, substituindo-os pela combinação do número delas, divididas em tônicas e átonas –, o aparecimento da rima e do soneto, a prosa do conto e do romance...

## Poetas pagãos, poetas cristãos e bispos

Mas isto foi depois, muito depois. Quanto ao século IV, nele marcam presença os derradeiros líricos "pagãos", dos quais Ausônio é seguramente o mais importante e o melhor – alguns de seus epigramas possuem intenso sabor horaciano. É também na segunda metade deste século que aparece Prudêncio Clemente, o primeiro lírico/poeta cristão, segundo fica explícito na estrofe que abre seu Kathemerinon (Livro das horas):

> Ales diei nuntius
> Lucem propinquam praecinit;
> Nos excitator mentium
> Iam Christus ad vitam vocat.

Em tradução:

> Do dia o alado núncio
> A luz que se avizinha canta
> E Cristo, das almas o clarim,
> À vida já nos chama.

# Epílogo

Como se pode observar, no original latino já se insinua claramente a rima. Mas ela teria que esperar cerca de sete séculos para consagrar-se definitivamente, com o Florentino...

Nos séculos V e VI surgem na Gália alguns poetas, que são também bispos. Deles, Venâncio Fortunato e Sidônio Apolinário podem ser considerados os mais importantes.

Fortunato, um italiano que migrara para a Gália, tornou-se bispo de Poitiers no final do século VI. De inegável talento poético, é autor de hinos famosos, como Vexilla Regis prodeunt (Os estandartes do Rei avançam) e Pange, lingua, gloriosi lauream certaminis (Canta, ó língua, a vitória na gloriosa batalha), hinos que, integrados à liturgia da Semana Santa, até meados do século XX eram ainda ouvidos – como os de Ambrósio de Milão – em todos os rincões do Ocidente cristão.

Apolinário nasceu em Lião e fez carreira política, chegando a prefeito de Roma. Em 471 torna-se bispo de Auvergne (hoje Clermont-Ferrand). Não tinha grande talento – e viveu um século antes de Fortunato – mas, poeta e historiador e homem do século e da Igreja, conhecia bem o mundo. Do que é prova a mais famosa passagem de suas obras, escolhida, nestes tempos de penúria – como diria Hölderlin –, para encerrar este capítulo:

> Com o fim das classes sociais, da mais humilde à mais elevada, de agora em diante o único sinal de nobreza será o conhecimento das letras.[473]

Sábias e perenes palavras de um aristocrata do espírito a contemplar à sua volta, resignado, o avassalador avanço da barbárie!

---

[473] *Apud* Spanneut, p. 312.

# BOÉCIO
(c.480-524)

Anício Mânlio Torquato Severino Boécio nasceu em Roma, no seio de uma família da alta nobreza, e foi educado de acordo com os mais elevados padrões da cultura clássica, já então em seu ocaso. Sobre sua vida, nada melhor do que conceder a palavra ao poeta e romancista argentino Leopoldo Marechal (1900-1970), no belo prólogo a De la consolación por la Filosofía:[474]

> Descendente de antiga e nobre família romana, foi destino de Boécio nascer no século que assistiu à derrocada do Império do Ocidente e à ascensão dos primeiros reis bárbaros [...]. Nascido no período de transição entre um mundo que agonizava e outro que começava a surgir, Boécio abandonou Roma aos dez anos de idade, acompanhado pelo célebre e virtuoso Símaco, seu mestre na infância, seu amigo na idade adulta e seu companheiro na morte. O preceptor e seu aluno se fixaram em Atenas, onde Boécio estudou filosofia e matemática, transformando-se em súmula viva do saber antigo. Cassiodoro[475] lhe diria mais tarde, em uma de suas

---
[474] Buenos Aires, Emecé, 1944.
[475] Político e historiador (c.480-c.580). Foi prefeito do Pretório sob Teodorico. Ao retirar-se para o mosteiro de Vivarium, no sul da Itália, dedicou-se à preservação das obras dos autores antigos. (Nota minha, JHD)

cartas: "Tu fizeste que os romanos possam ler em sua própria língua a música de Pitágoras, a astronomia de Ptolomeu, a aritmética de Nicômaco, a geometria de Euclides, a lógica de Aristóteles e a mecânica de Arquimedes. E tudo quanto sobre as ciências e as artes os gregos deixaram escrito, isto tu ofereceste a Roma em língua latina com tal propriedade e elegância de estilo que os próprios autores, se tivessem conhecido as duas línguas, teriam tido em grande estima teu trabalho".

Aos vinte e oito anos, Boécio retornou a Roma, onde o chefe ostrogodo Teodorico, depois de ter vencido Odoacro,[476] cingira a coroa real. Teodorico não tardou em conquistar a simpatia de seus súditos: adotou e fez seus ostrogodos adotarem os trajes romanos, manteve a estrutura das velhas instituições itálicas e até fomentou as letras e as artes, ele, que mal sabia escrever seu nome! Não é de estranhar, pois, que Boécio encontrasse em Roma um ambiente tão favorável a seu talento nem que ascendesse tanto na estima de seus concidadãos e no apreço de seu rei [...]. Durante muitos anos Boécio experimentou o gosto da admiração popular e das benesses reais, sendo estas evidenciadas nas honrarias com que Teodorico o cumulou, fazendo cônsul a ele e aos dois filhos que tivera com sua esposa Rusticana, filha de Símaco. A lembrança de tantas honrarias e favores atormentou Boécio mais tarde, na prisão em Pavia, quando a roda da fortuna, por uma de suas caprichosas voltas, o lançou nas agruras do encarceramento e o levou a escrever as admiráveis meditações que o leitor encontrará em *De consolatione Philosophiae*.

Com seu grande talento potencializado por vasta formação clássica, Boécio escreveu várias obras sobre retórica, música, filosofia e matemática. Contudo, delas a única ainda lembrada e lida é De consolatione Philosophiae (Sobre a consolação da Filosofia), breve e magistral texto que pode ser considerado

---

[476] Chefe dos hérulos. Em 476 depôs Rômulo Augúslulo, último imperador do Ocidente. (Nota minha, JHD)

o derradeiro lucilar do mundo antigo antes de mergulhar para sempre em uma noite sem auroras.

De fato, é uma obra admirável. Não pelo conteúdo em si, pois, escrita por quem era considerado "a súmula do saber antigo", pouco ou nada de novo nela encontrará quem tiver lido as obras-primas dos autores da Hélade, de Israel e de Roma. Mas Sobre a consolação da Filosofia é admirável por várias outras razões, que a fazem única como o último clássico da Antiguidade e um dos grandes clássicos do Ocidente; e seria longo sobre ela discorrer. Ficam aqui apenas duas breves observações.

1 – Como o Livro de Jó, a obra de Boécio é um drama centrado sobre a instabilidade das coisas e, como o Livro do Eclesiastes, uma implacável dissecação da inanidade do mundo e da vida. Mas, diversamente destas duas obras, em Sobre a consolação da Filosofia o tema do drama e o objeto da análise é a vida do próprio Autor, personagem real da história dos pródomos da Europa e da Cristandade! Sim, cá e lá o texto de Boécio traz a marca da retórica antiga no estilo e do alambicamento conceitual na argumentação. Mas, por Deus!, em nenhum momento o leitor consegue esquecer que o Autor é um prisioneiro em Pavia, é um homem que ascendera aos píncaros da glória possível na corte de um rei bárbaro, um ex-ministro que deles fora precipitado aos abismos da desgraça e que logo será executado sem julgamento, acusado de traição! Sim, era inevitável que ele se comparasse a Sócrates, logo no início da obra (I, Prosa 3). Mas o Sócrates de Apologia e Fédon é uma personagem de Platão. E Platão era um artista, enquanto Boécio é apenas personagem de si mesmo! E o que lhe resta não é a perene glória construída por terceiros mas a dura eternidade nascida de seu desconsolo, fixada para sempre por sua treinada pena mergulhada em seu próprio sangue. O que lhe restou foi ser "o último romano" a enfrentar estoicamente a morte disfarçando a dor e o desespero sob as tênues e – ele o diz – já andrajosas vestes de sua Filosofia...

2 – Se tudo o que Agostinho de Hipona escreveu é produto do titânico esforço para convencer a si próprio de que um novo mundo estava nascendo, o pouco que de Boécio lembramos é o derradeiro testemunho de um mundo extinto. Por sempre estar impregnada de esperança, a retórica de Agostinho jamais roça o trágico, ao passo que em Boécio este aflora quando aquela submerge – em alguns dos poemas intercalados, por exemplo. Porque em Agostinho a força imperativa de uma nova civilização emerge dos escombros do passado e em Boécio a vida a esvair-se é o último fulgor de uma civilização já morta.

Mas basta! Tal qual Confissões, A consolação da Filosofia é uma obra para ser lida, não para ser comentada. E para encerrar esta obra, já por demais longa, me seja permitido citar os versos[477] com que Boécio deu início à sua:

> Os versos que cantei
> Na doce primavera de meus anos,
> E de minha sonora lira as fantasias,
> Ah, como se transmutaram em elegias...

---

[477] Seguindo a tradução do poeta espanhol Esteban Manuel de Villegas (1596-1669).

# REFERÊNCIAS

### HÉLADE

ARISTÓFANES. *A revolução das mulheres; A greve dos sexo (Lisístrata)*. Tradução de Mário da Gama Kury. Rio de Janeiro: Civilização Brasileira, 1964.

———. *Pluro (a riqueza)*. Tradução de Américo da Costa Ramalho. Brasília: Editora Universidade de Brasília, 1999.

ARISTÓTELES. *A política*. Tradução de Nestor Silveira Chaves. São Paulo: Atena, 1963.

———. *Arte retórica e arte poética*. Tradução de Antônio Pinto de Carvalho. São Paulo: Difusão Européia do Livro, 1964.

———. *Poética; Organon; Política e Constituição de Atenas*. Tradução de Therezinha Monteiro Deutsch et al. São Paulo: Nova Cultural, 2000.

———. *Poética*. Tradução de Eudoro de Sousa. Porto Alegre: Globo, 1966.

ARISTOTELES. *Obras*. Tradução de Francisco de P. Samaranch. Madrid: Aguilar, 1967.

AURÉLIO, Marco. *Pensamentos para mim próprio*. Tradução de José Botelho. Lisboa: Estampa, 1978.

BUCOLIQUES grecs tome I: Théocrite. Paris: Les Belles Lettres, 1967.

CODINO, Fausto. *Introduzione a Omero*. Torino: Giulio Einaudi, 1965.

DEMÓSTENES. *A oração da coroa*. Tradução de Adelino Capistrano. Rio de Janeiro: Edições de Ouro, 1965.

———. *As três filípicas; Oração sobre as questões da quersoneso*. Tradução de Isis Borges B. da Fonseca. São Paulo: Martins Fontes, 2001.

ÉSQUILO. *Agamêmnon*. Tradução de Mário da Gama Kury. Rio de Janeiro: Civilização Brasileira, 1964.

———. *Oréstia: trilogia dramática*. Tradução de Joaquim Alves de Sousa. Braga: Livraria Cruz, 1960.

ESQUILO. *Tragedias*. Tradução de Fernando Segundo Brieva Salvatierra. Buenos Aires: Losada, 1964.

EURIPIDE. *Hippolyte; Andromaque; Hécube*. Paris: Les Belles Lettres, 1956.

EURÍPIDES. *Alceste; Electra; Hipólito*. Tradução de J. B. Mello e Souza. Rio de Janeiro: Edições de Ouro, 1966.

———. *Medéia*. Tradução de Flávio Ribeiro de Oliveira. São Paulo: Odysseus, 2006.

# Referências

——. *Obras dramáticas*. Tradução de Eduardo Mier y Barbery. Buenos Aires: El Ateneo, 1966.

FINLEY, M. I. *El mundo de Odiseo*. México, DF: Fondo de Cultura Económica, 1961.

——. *Los griegos de la antigüedad*. Barcelona: Labor, 1966.

GORGIAS. *Fragmentos y testiomonios*. Tradução de José Barrio Gutiérrez. Buenos Aires: Aguilar, 1966.

GOTTLIEB, Anthony. *Sócrates: o mártir da filosofia*. São Paulo: Editora UNESP, 1999.

HAUSER, Arnold. *Storia sociale dell'arte*. 2. ed. Torino: Giulio Einaudi, 1956. v. 1 e 2.

HÉLIODORE. *Les éthiopiques*. Paris: Les Belles Lettres, 1960.

HÉSIODE. *Théogonie; Les travaux et les jours; Le bouclier*. Paris: Les Belles Lettres, 1967.

HESÍODO. *Teogonia: a origem dos deuses*. Tradução de Jaa Torrano. São Paulo: Iluminuras, 2006.

——. *Teogonia; Los trabajos y los días; El escudo*. Tradução de Roque Vicente Caputo. Buenos Aires: Centro Editor de América Latina, 1968.

HISTORIADORES griegos: Los nueve libros de la historia; Anabasis; Helenicas; Descripcón de Grecia; Historia de la guerra del Peloponeso. Tradução de Francisco de P. Samaranch et al. Madrid: Aguilar, 1969.

HOMERO. *Ilíada*. Tradução de Octávio Mendes Cajado. São Paulo: Difusão Européia do Livro, 1961.

——. *Odisseia*. Tradução de E. Dias Palmeira et al. Lisboa: Sá da Costa, 1972.

JAEGER, Werner. *Paideia: los ideales de la cultura griega*. México, DF: Fondo de Cultura Económica, 1967.

——. *Demóstenes*. México, DF: Fondo de Cultura Económica, 1994.

JOSEFO, Flávio. *Seleções de Flávio Josefo: Resposta a Ápio; Antiguidades judaica; As guerras judaicas*. Tradução de P. Vicente Pedroso. São Paulo: Editora das Américas, 1974.

LE ROMAN de Callimaque et de Chrysorrhoé. Paris: Les Belles Lettres, 1956.

LESKY, Albin. *La tragedia griega*. Barcelona: Labor, 1970.

LEVI, Mario Attilio. *Péricles: um homem, um regime, uma cultura*. Brasília: Editora Universidade de Brasília, 1991.

LONGUS. *Pastorales*. Paris: Les Belles Lettres, 1960.

MANFREDI, Valerio. *Akropolis: a grande epopéia de Atenas*. Porto Alegre: L&PM; Rio de Janeiro: Rocco, 2008.

MARX, Karl. *Diferença entre as filosofias da natureza em Demócrito e Epicuro*. São Paulo: Global, [s.d.].

MONDOLFO, Rodolfo. *El genio helénico*. Buenos Aires: Columba, 1960.

———. *La conciencia moral de Homero a Demócrito y Epicuro*. Buenos Aires: Editorial Universitaria de Buenos Aires, 1962.

MURRAY, Gilbert. *La religión griega*. Buenos Aires: Nova, 1956.

NAVARRO, Eduardo de A. *O pensamento vivo de Sócrates*. São Paulo: Martin Claret, 1987.

NIETZSCHE. *La nascita della tragedia*. [s.l.]: Laterza Bari, 1971.

NILSSON, Martin P. *Historia de la religiosidad griega*. Madrid: Gredos, 1970.

OHLWEILER, Otto Alcides. *A religião e a filosofia no mundo greco-romano*. Porto Alegre: Mercado Aberto, 1990.

OS FILÓSOFOS pré-socráticos. Tradução de Gerd. A. Bornheim. São Paulo: Cultrix, 1967.

OS PENSADORES originários: Anaximandro, Parmênides, Heráclito. Tradução de Emmanuel Carneiro Leão et al. Petrópolis: Vozes, 1993.

PARMENIDES, Zenon e Meliso. Tradução de Jose Antonio Miguez. Buenos Aires: Aguilar, 1965.

PLATÃO. *Diálogos II: Fédon; Sofista; Político*. Tradução de Jorge Paleikat et al. Porto Alegre: Globo, 1961.

———. *Diálogos III: A República*. Tradução de Leonel Vallandro. Porto Alegre: Globo, 1964.

———. *Diálogos: Fédon, Sofista e Político*. Tradução de Jorge Paleikat et al. Rio de Janeiro: Edições de Ouro, 1968.

PLATON. *Obras completas*. Tradução de Maria Araujo et al. Madrid: Aguilar, 1969.

PLUTARCO. *Como tirar proveito de seus inimigos, seguido de Da maneira de distinguir o bajulador do amigo*. Tradução de Isis Borges B. da Fonseca. São Paulo: Martins Fontes, 1997.

———. *Vidas paralelas: Alexandre e César*. Tradução de Júlia Rosa Simões. Porto Alegre: L&PM, 2005.

———. *Vidas*. Tradução de Jaime Brunca. São Paulo: Cultrix, 1963.

POLIBIO. *Historia universal*. Tradução de Ambrosio Rui Bamba. Buenos Aires: Solar, 1965.

PROTAGORAS. *Fragmentos y testiomonios*. Tradução de José Barrio Gutiérrez. Buenos Aires: Aguilar, 1965.

ROSTOVTZEFF, M. *História da Grécia*. Rio de Janeiro: Zahar, 1983.

SCHÜLER, Donaldo. *Literatura grega*. Porto Alegre: Mercado Aberto, 1985.

SÉCHAN, Louis. *El mito de prometeo*. Buenos Aires: Editorial Universitaria de Buenos Aires, 1960.

SNELL, Bruno. *La cultura greca e le origini del pensiero europeo*. Torino: Giulio Einaudi, 1963.

SÓFOCLES. *A trilogia tebana: Édipo Rei; Édipo em Colono; Antígona*. Tradução de Mário da Gama Kury. Rio de Janeiro: Jorge Zahar, 1996.

_____. *Tragédias do ciclo tebano: Rei Édipo; Édipo em Colono; Antígona.* Tradução de Pe. Dias Palmeira. Lisboa: Sá da Costa, 1957.

ELECTRA e As Troianas. Tradução de Mário da Gama Kury. Rio de Janeiro: Civilização Brasileira, 1965.

THÉOPHRASTE. *Caractères.* Paris: Les Belles Lettres, 1964.

TOYNBEE, Arnold J. *Helenismo: história de uma civilização.* Rio de Janeiro: Zahar, 1975.

TRÊS tragédias gregas: Antígone, Prometeu prisioneiro, Ájax. Tradução de Guilherme de Almeida et al. São Paulo: Perspectiva, 1997.

WILAMOWITZ-MOELLENDORFF, Ulrich von. *Euripides Herakles.* Darmstadt: Wissenschaftliche Buchgesellschaft, 1959.

XENOFONTE. *Ciropedia.* Tradução de João Félix Pereira. Rio de Janeiro: Ediouro, [s.d.].

XÉNOPHON. *Cyropédie.* Paris: Les Belles Lettres, 1971.

_____. *Les éphésiaques.* Paris: Les Belles Lettres, 1926.

## ISRAEL

A FORMAÇÃO do Novo Testamento. José O'Callaghan (Org.). São Paulo: Paulinas, 2000.

ABREGO DE LACY, J. M. *Os livros proféticos.* São Paulo: Ave-Maria, 1998.

ARENS, Eduardo. *Ásia Menor nos tempos de Paulo, Lucas e João.* São Paulo: Paulus, 1997.

AUNEAU, J. *Evangelhos sinóticos e Atos dos Apóstolos.* São Paulo: Paulinas, 1985.

BARBAGLIO, Giuseppe. *São Paulo, o homem do Evangelho.* Petrópolis: Vozes, 1993.

BERGER, Klaus. *Qumran e Jesus: uma verdade escondida?* Petrópolis: Vozes, 1994.

BÍBLIA sagrada. 167. ed. São Paulo: Ave-Maria, 2005.

BORNKAMM, G. *Paulo, vida e obra.* Petrópolis: Vozes, 1992.

BRIGHT, J. *História de Israel.* São Paulo: Paulus, 1978.

BROWN, R. E. *A comunidade do discípulo amado.* São Paulo: Paulinas, 1983.

_____. *As Igrejas dos Apóstolos.* São Paulo: Paulinas, 1986.

_____. *Antioch & Rome.* New York/Ramsey: Paulist Press, 1982.

COTHENET, Édouard. *As epístolas pastorais.* São Paulo: Paulus, 1995.

_____. *Os escritos de São João e a epístola aos hebreus.* São Paulo: Paulinas, 1998.

CRANFIELD, C. E. B. *Carta aos Romanos.* São Paulo: Paulinas, 1992.

CROSSAN, John Dominic. *Jesús.* Buenos Aires: Planeta, 1996.

_____. *The birth of Christianity.* New York: HarperSanFrancisco, 1998.

CULLMANN, Oscar. *Cristologia do Novo Testamento*. São Paulo: Custom, 2002.

DACANAL, J. H. *Eu encontrei Jesus:* viagem às origens do Ocidente. Porto Alegre: EST/Leitura XXI, 2004.

DONNER, Herbert. *História de Israel e dos povos vizinhos*. 2. ed. São Leopoldo: Sinodal; Petrópolis: Vozes, 1997. 2 v.

DREYFUS, François. *Jesus sabia que era Deus?* São Paulo: Loyola, 1987.

EDWARDS, Douglas R. *Religion and power:* pagans, Jews, and Christians in the Greek East. Oxford: Oxford University Press, 1996.

ELLIS. Peter F. *Os homens e a mensagem do Antigo Testamento*. Aparecida: Santuário, 1985.

ESCRITOS e ambiente do Novo Testamento: uma introdução. Petrópolis: Vozes, 2002.

FABRIS, Rinaldo. *Jesus de Nazaré:* história e interpretação. São Paulo: Loyola, 1988.

FOHRER, Georg. *Estruturas teológicas fundamentais do Antigo Testamento*. São Paulo: Paulinas, 1982.

FOX, Robin Lane. *Pagans and christians*. New York: Alfred A. Knopf, 1989.

FRAGMENTOS dos evangelhos apócrifos. Petrópolis: Vozes, 1999.

FREYNE, Sean. *A Galiléia, Jesus e os Evangelhos*. São Paulo: Loyola, 1996.

GABEL, John. B. *A Bíblia como literatura*. São Paulo: Loyola, 1993.

GALVÃO, Antônio Mesquita. *O antigo Israel:* dos apiru à dominação romana. Porto Alegre: EST, 2000.

GARCÍA MARTÍNEZ, Florentino. *Os homens de Qumran:* literatura, estrutura e concepções religiosas. Petrópolis: Vozes, 1996.

GNILKA, Joachim. *El evangelio segun San Marcos*. 4. ed. Salamanca: Sigueme, 1999. v. 1.

———. *El evangelio segun San Marcos*. 3. ed. Salamanca: Sigueme, 1997. v. 2.

GOTTWALD, Norman Karol. *As tribos de Iahweh:* uma sociologia da religião de Israel liberto. São Paulo: Paulus, 1986.

GOURGUES, M. *Os hinos do Novo Testamento*. São Paulo: Paulus, 1995.

GRADL, Felix. *Israel e seu Deus*. São Paulo: Loyola, 2001.

GRELOT, P. *O livro de Daniel*. São Paulo: Paulus, 1995.

HISTÓRIA: Questões e Debates. Curitiba, Ed. da UFPR, v. 1, n. 1, 1980.

HOLZNER, Josef. *Paulo de Tarso*. São Paulo: Quadrante, 1994.

HORSLEY, Richard A. *A mensagem e o reino*. São Paulo: Loyola, 2000.

———. *Bandidos, profetas e messias:* movimentos populares no tempo de Jesus. São Paulo: Paulus, 1995.

———. *Arqueologia, história e sociedade na Galiléia:* o contexto social de Jesus e dos rabis. São Paulo: Paulus, 2000.

―――. *Paulo e o império:* religião e poder na sociedade imperial romana. São Paulo: Paulus, 2004.

JEREMIAS, J. *As parábolas de Jesus.* São Paulo: 1986.

―――. *Jerusalém no tempo de Jesus.* São Paulo: Paulinas, 1983.

―――. *Teologia do Novo Testamento.* São Paulo: Paulinas, 1977.

KRAYBILL, J. Nelson. *Culto e comércio imperiais no Apocalipse de João.* São Paulo: Paulinas, 2004.

KÜMMEL, Werner Georg. *Introdução ao Novo Testamento.* São Paulo: Paulus, 1982.

―――. *Síntese teológica do Novo Testamento de acordo com as testemunhas principais: Jesus, Paulo, João.* São Leopoldo: Sinodal, 1983.

LÉON-DUFOUR, Xavier. *Leitura do Evangelho segundo João I.* São Paulo: Loyola, 1996.

―――. *Leitura do Evangelho segundo João II.* São Paulo: Loyola, 1996.

L'EPLATTENIER, Charles. *Leitura dos Evangelhos de Lucas.* São Paulo: Paulinas, 1993.

LÍNDEZ, José Vílchez. *Sabedoria e sábios em Israel.* São Paulo: Loyola, 1999.

LOHSE, Eduard. *Contexto e ambiente do Novo Testamento.* São Paulo: Paulinas, 2000.

LOWERY, R. H. *Os reis reformadores: culto e sociedade no Judá do Primeiro Templo.* São Paulo: Paulinas, 2004.

MACCOBY, Hyam. *The mythmaker:* Paul and the invention of Christianity. Barnes & Noble Books, 1998.

MACK, Burton L. *O evangelho perdido: o livro de Q e as origens cristãs.* Rio de Janeiro: Imago, 1994.

MACMULLEN, Ramsay. *Christianizing the Roman Empire.* Yale: Yale University Press, 1984.

MATEOS, Juan. *Jesus e a sociedade de seu tempo.* São Paulo: Paulus, 1992.

MAZZAROLO, Isidoro. *Paulo de Tarso.* Porto Alegre: EST, 1997.

―――. *A Bíblia em suas mãos.* Porto Alegre: EST, 1998.

―――. *O Apocalipse de São João:* esoterismo, profecia ou resistência? Porto Alegre: EST, 1999.

MEEKS, Wayne A. *O mundo moral dos primeiros cristãos.* São Paulo: Paulus, 1996.

MEIER, John P. *Um judeu marginal:* repensando o Jesus histórico. 3. ed. Rio de Janeiro: Imago, 1992. v. 1.

―――. *Um judeu marginal:* repensando o Jesus histórico. Rio de Janeiro: Imago, 1996. v. 2, livro 1.

―――. *Um judeu marginal:* repensando o Jesus histórico. Rio de Janeiro: Imago, 1997. v. 2, livro 2.

_____. *Um judeu marginal:* repensando o Jesus histórico. v. 2, livro 3. Rio de Janeiro: Imago Ed., 1998.

MINISSALE, A. *Sirácida: as raízes na tradição.* São Paulo: Paulinas, 1993.

MÜLLER, Ulrich B. *A encarnação do Filho de Deus:* concepções da encarnação no cristianismo incipiente e os primórdios do docetismo. São Paulo: Loyola, 2004.

MURPHY-O'CONNOR, Jerome. *A antropologia pastoral de Paulo.* São Paulo: Paulus, 1994.

_____. *Paulo: biografia crítica.* São Paulo: Loyola, 2000.

OS ATOS DOS APÓSTOLOS. Tradução e comentários de Rinaldo Fabris. São Paulo: Loyola, 1991.

OS EVANGELHOS, I. Tradução e comentários de Giuseppe Barbaglio et al. São Paulo: Loyola, 1990.

OS EVANGELHOS, II. Tradução e comentários de Rinaldo Fabris et al. São Paulo: Loyola, 1995.

OS PROFETAS. Organização de José Luis Sicre. São Paulo: Paulinas, 1998.

OVERMAN, J. Andrew. *Igreja e comunidade em crise:* o Evangelho segundo Mateus. São Paulo: Paulinas, 1999.

_____. *O Evangelho de Mateus e o judaísmo formativo.* São Paulo: Loyola, 1997.

PAASSEN, Pierre van. *Por que morreu Jesus?* São Paulo: [s.n.], 1952.

PATTE, Daniel. *Paulo, sua fé e a força do Evangelho:* introdução estrutural às cartas de São Paulo. São Paulo: Paulinas, 1987.

PAUL, André. *O judaísmo tardio.* São Paulo: Paulinas, 1983.

PESCE, Mauro. *As duas fases da pregação de Paulo.* São Paulo: Loyola, 1996.

PRITZ, Ray A. *Nazarene jewish Christianity:* from the end of the New Testament period until its disappearance in the Fourth Century. Jerusalem: The Magnes Press – The Hebrew University, 1992.

RAVASI, Gianfranco. *A boa nova, v. 2: as histórias, as idéias e os personagens do Novo Testamento.* São Paulo: Paulinas, 1999.

REICKE, Bo. *História do tempo do Novo Testamento.* São Paulo: Paulus, 1996.

RUSSEL, D. S. *Desvelamento divino:* uma introdução à apocalíptica judaica. São Paulo: Paulus, 1997.

SACHOT, Maurice. *A invenção do Cristo:* gênese de uma religião. São Paulo: Loyola, 2004.

SALDARINI, Anthony J. *A comunidade judaico-cristã de Mateus.* São Paulo: Paulinas, 2000.

SANDERS, E. P. *Paulo, a lei e o povo judeu.* São Paulo: Paulinas, 1990.

SAULNIER, Christiane. *A Palestina no tempo de Jesus.* São Paulo: Paulus, 1983.

SCARDELAI, Donizete. *Movimentos messiânicos no tempo de Jesus:* Jesus e outros messias. São Paulo: Paulus, 1998.

## Referências

SCHMIDT, Francis. *O pensamento do Templo:* de Jerusalém a Qumran. São Paulo: Loyola, 1998.

SCHNELLE, Udo. *A evolução do pensamento paulino.* São Paulo: Loyola, 1999.

SCHUBERT, Kurt. *Os partidos religiosos hebraicos da época neotestamentária.* São Paulo: Paulinas, 1979.

SCHWEITZER, Albert. *A busca do Jesus histórico.* São Paulo: Editora Cristã Novo Século, 2005.

SELLIN, Ernst. *Introdução ao Antigo Testamento.* São Paulo, Paulinas, 1977. v. 1 e 2.

SICRE, José L. *A justiça social nos profetas.* São Paulo: Paulinas, 1990.

──. *De Davi ao Messias:* textos básicos da esperança messiânica. Petrópolis: Vozes, 2000.

──. *Profetismo em Israel.* Petrópolis: Vozes, 1996.

STAMBAUGH, John E. *O Novo Testamento em seu ambiente social.* São Paulo: Paulus, 1996.

TABOR, James. *La véritable histoire de Jésus.* Paris: Robert Laffont, 2007.

THEISSEN, Gerd. *O Jesus histórico: um manual.* São Paulo: Loyola, 2002.

──. *Sociologia da cristandade primitiva.* São Leopoldo: Sinodal, 1987.

TÜNNERMANN, Rudi. *As reformas de Neemias.* São Leopoldo: Sinodal; São Paulo: Paulus, 2001.

VADEMECUM para o estudo da Bíblia. São Paulo: Paulinas, 2000.

VERMES, Geza. *Jesus e o mundo do Judaísmo.* São Paulo: Loyola, 1996.

──. *Os manuscritos do Mar Morto.* São Paulo: Mercuryo, 1997.

WESTERMANN, Claus. *Teologia do Antigo Testamento.* São Paulo: Paulinas, 1987.

WIÉNER, C. *O Dêutero-Isaías:* o profeta do novo êxodo. São Paulo: Paulus, 1980.

WILSON, Edmund. *Los rollos del Mar Muerto.* México, DF: Fondo de Cultura Económica, 1956.

ZUURMOND, Rochus. *Procurais o Jesus histórico?* São Paulo: Loyola, 1998.

### ROMA

APULEIUS. *Der goldene Esel.* München: Wilhelm Heyne Verlag, 1969.

AUERBACH, Erich. *Mimesis: il realismo nella letteratura occidentale.* 2. ed. Torino: Giulio Einaudi, 1956. v. 1 e 2.

CARCOPINO, J. *Las etapas del imperialismo romano.* Buenos Aires: Paidós, 1968.

CARDOSO, Zélia de Almeida. *A literatura latina.* Porto Alegre: Mercado Aberto, 1989.

CÉSAR, Júlio. *Comentários sobre a Guerra Gálica.* Tradução de Francisco Sotero dos Reis. Rio de Janeiro: Edições de Ouro, 1967.

CÍCERO, Marco Túlio. *Da República*. Tradução de Amador Cisneiros. Rio de Janeiro: Edições de Ouro, [s.d.].

——. *Catilinárias*. Tradução de Maximiano Augusto Gonçalves. Rio de Janeiro: H. Antunes, 1957.

——. *Dos deveres*. Tradução de João Mendes Neto. São Paulo: Saraiva, 1965.

——. *In catilinam orationes IV*. São Paulo: Saraiva, 1953.

CICÉRON. *Orationes, I*. Paris: Delalain, [s.d.].

GUARINELLO, Norberto Luiz. *Imperialismo greco-romano*. São Paulo: Ática, 1987.

HORACIO. *Odas y Sátiras*. Tradução de José Torrens Bejar. Barcelona: Iberia, 1957.

IRAZUSTA, Julio. *Tito Livio*. Buenos Aires: Editorial Universitaria de Buenos Aires, 1968.

LUCAIN. *La guerre civile (La pharsale)*. Paris: Les Belles Lettres, 1967. v. 1 e 2.

LUCRÉCIO, Tito. *Da natureza*. Tradução de Agostinho da Silva. Porto Alegre: Globo, 1962.

O EPICURISMO: contendo uma "Antologia de textos de Epicuro" e "Da natureza" de Lucrécio. Tradução de Agostinho da Silva. Rio de Janeiro: Edições de Ouro, [s.d.].

OVIDE. *Héroïdes*. Paris: Les Belles Lettres, 1965.

OVIDIO, Publio. *Arte de amar y Las metamorfosis*. Tradução de F. C. S. de R. Barcelona: Iberia, 1955.

——. *L'arte d'amare*. Milano: Rizzoli, 1958.

PETRÔNIO. *Satiricon*. Tradução de Miguel Ruas. Rio de Janeiro: Edições de Ouro, [s.d.].

A COMÉDIA latina: Anfitrião; Aululária; Os cativos; O gorgulho; Os adelfos; O eunuco. Tradução de Agostinho da Silva. Rio de Janeiro: Edições de Ouro, 1969.

POESIA lírica latina. Organização de Maria da Gloria Novak e Maria Luiza Neri. São Paulo: Martins Fontes, 1992.

ROSTOVTZEFF, M. *História de Roma*. Rio de Janeiro: Zahar, 1977.

SALUSTIO. *La conjuración de Catilina/La Guerra de Jugurta*. Tradução de Infante don Gabriel. México, DF: Porrúa, 1986.

SÊNECA, Lúcio Aneu. *Obras: Consolação a minha mãe Hélvia; Da tranquilidade da alma; Medéia; Apokolokyntosis*. Tradução de Giulio Davide Leoni. São Paulo: Atena, 1957.

——. *Orações*. Tradução de Giulio Davide Leoni. São Paulo: Atena, 1957.

——. *Sobre a brevidade da vida*. Tradução de Lúcia Sá Rebello, Ellen Itanajara Neves Vranas e Gabriel Nocchi Macedo. Porto Alegre: L&PM, 2006.

SÉNECA. *Sobre la brevedad de la vida*. Tradução de Angel. J. Cappelletti. Buenos Aires: Editorial Universitaria de Buenos Aires, 1966.

## Referências

SUETONIO, Cayo. *Los doce Césares*. México, DF: Secretaría de Educación Pública, 1988.

TÁCITO, Cayo Cornelio. *Obras completas*. Organização de Vicente Blanco y García. Madrid: Aguilar, 1957.

TÁCITO, Cornélio. *Germânia*. Tradução de João Penteado Erskine Stevenson. São Paulo: Brasil Editôra, 1952.

TITO LÍVIO. *História de Roma I*. Tradução de Mônica Costa Vitorino. Belo Horizonte: Crisálida, 2008.

──────. *Historia Romana I/II*. Tradução de Francisco Navarro y Calvo. Buenos Aires: El Ateneo, 1955.

VIRGILE. *L'Énéide*. v. 1. Paris: Garnier, 1955. v. 1 e 2.

### EPÍLOGO

BOËTHIUS. *Trost der philosophie*. Stuttgart: Reclam-Verlag, 1965.

COCHRANE, Charles Norris. *Cristianismo y cultura clásica*. México, DF: Fondo de Cultura Económica, 1992.

COPLESTON, F. C. *El pensamiento de Santo Tomas*. México, DF: Fondo de Cultura Económica, 1960.

EUSÉBIO, Bispo de Cesaréia. *História eclesiástica*. São Paulo: Paulus, 2000.

JAEGER, Werner. *Cristianismo primitivo y paideia griega*. México, DF: Fondo de Cultura Económica, 1965.

JUSTINO, Mártir. *Apologias/diálogo com Trifão*. São Paulo: Paulus, 1995. v. 1 e 2.

LIÉBAERT, Jacques. *Os Padres da Igreja*. 2. ed. São Paulo: Loyola, 2004. v. 1.

MARX, Karl. *Formações econômicas pré-capitalistas*. Porto, Portugal: Escorpião, 1973.

NUEVO Testamento trilingue. Edición crítica de José María Bover e José O'Callaghan. Madrid: Biblioteca de Autores Cristianos, 1999.

PADRES Apostólicos. Tradução de Ivo Storniolo et al. São Paulo: Paulus, 1995.

PIERINI, Franco. *Curso de História da Igreja*. São Paulo: Paulus, 1998. v. 1.

SAN AUGUSTIN. *La Ciudad de Dios*. Tradução de Jose Moran. Madrid: Biblioteca de Autores Cristianos, 1958.

SANT'AGOSTINO. *Confessioni*. Milano: Rizzoli, 1958.

SANTO AGOSTINHO. *Confissões*. Tradução de Maria Luiza Jardim Amarante. São Paulo: Paulus, 1984.

SPANNEUT, Michael. *Os Padres da Igreja*. São Paulo: Loyola, 2002. v. 2.